Gilles Deleuze
Voir, parler, penser
au risque du cinéma

Presses Sorbonne Nouvelle
8 rue de la Sorbonne - 75005 Paris
Tel : 00 33 (0)1 40 46 48 02 - Fax : 00 33 (0)1 40 46 48 04
Courriel : psn@univ-paris3.fr

http://psn.univ-paris3.fr

Directeur de la collection : Jean-Louis Leutrat

ISBN 978-2-87854-435-0

Dork Zabunyan

Gilles Deleuze
Voir, parler, penser
au risque du cinéma

à Claire

Remerciements

Je remercie Jacques Aumont d'avoir bien voulu diriger et accompagner ce travail avec une attention et une disponibilité inappréciables. Le présent livre voudrait lui témoigner toute ma reconnaissance, au nom d'une entente intellectuelle qui, sans jamais se démentir, s'est nouée au fil des années autour et par-delà les *Cinéma* de Deleuze.

Je remercie vivement Jean-Louis Leutrat, éditeur de cet ouvrage et commentateur scrupuleux de *L'Image-mouvement* et de *L'Image-temps*, sans qui nous serions loin de mesurer avec justesse la richesse inépuisable du diptyque deleuzien.

Merci à Élie During, lecteur *sobre* de l'œuvre de Deleuze, et à Laurent Jeanpierre, *voyant* des temps contemporains.

Merci à ma sœur Elvan, ma lectrice préférée.

Merci à Isil et Sarkis, pour leur discret et indéfectible soutien.

Sommaire

3 – Voir et penser

4 – Voir et parler

ABRÉVIATIONS UTILISÉES

AŒ	*L'Anti-Œdipe*
B	*Le Bergsonisme*
CC	*Critique et clinique*
D	*Dialogues*
DR	*Différence et répétition*
E	*L'Épuisé*
ES	*Empirisme et subjectivité*
F	*Foucault*
ID	*L'Île déserte*
IM	*Cinéma 1 – L'Image-mouvement*
IT	*Cinéma 2 – L'Image-temps*
K	*Kafka*
LS	*Logique du sens*
LSensation	*Logique de la sensation*
MP	*Mille plateaux*
NP	*Nietzsche et la philosophie*
P	*Pourparlers*
PCK	*La Philosophie critique de Kant*
Pli	*Le Pli*
PS	*Proust et les signes*
PSM	*Présentation de Sacher Masoch*
QqP	*Qu'est-ce que la philosophie ?*
S	*Superpositions*
SPE	*Spinoza et le problème de l'expression*
SPP	*Spinoza – Philosophie pratique*
2RF	*Deux régimes de fous*

Introduction

Du cinéma à la philosophie, et inversement

« Nous ne voulons pas constituer d'avance ce qu'on rencontrera, et nous voulons pourtant rencontrer, rendre possible la rencontre », Jean Hyppolite [1]

Au commencement de ce travail, il y a une énigme. Elle concerne le statut des deux volumes que Gilles Deleuze consacre au cinéma, *L'Image-mouvement* (*Cinéma 1*) et *L'Image-temps* (*Cinéma 2*). Lors d'un entretien publié en 1988, interrogé sur les ruptures et continuités qui composent son œuvre, Deleuze signale que ces deux ouvrages « sont des livres de philosophie » [2]. Voilà l'énigme, l'étonnement : comment un essai de près de sept cents pages sur le cinématographe peut-il constituer un livre de philosophie ? Comme toujours, une énigme est précédée d'autre chose qui la fait surgir ou la rend possible. Dans le cas présent, il s'agissait pour nous d'une première lecture qui reposait sur une volonté de savoir principalement cinéphilique (non philosophique), captivée par la multiplicité des descriptions filmiques que comportent les deux *Cinéma*. Aussi, si ces livres étaient bien écrits par un philosophe, ils ne laissaient guère entrevoir l'existence en creux d'une philosophie *du* cinéma, c'est-à-dire d'un système formé au préalable qui viendrait s'appliquer du dehors à l'art des images en mouvement ; impression que venaient confirmer, sans surprise cette fois, certaines déclarations de l'auteur.

1 Cité par V. Goldschmidt, in *Annales bergsoniennes, I – Bergson dans le siècle*, F. Worms (éd.), Paris, PUF, 2002, p. 74.
2 P, p. 187.

> Le cinéma n'était pas pour moi un prétexte, ou un domaine d'application. La philosophie n'est pas un état de réflexion extérieure sur les autres domaines (...) je n'ai pas prétendu faire de la philosophie sur le cinéma [1].

Cette déclaration participe de la critique deleuzienne d'une conception de la philosophie considérée comme puissance de « réfléchir-sur ». Cette critique, négative, semble aujourd'hui acquise ; en témoigne la fréquence avec laquelle on la cite ordinairement. Toutefois, ce rappel reste peu fécond en soi si l'on omet de définir l'autre versant, positif, qui permet de savoir comment Deleuze a effectivement abordé l'art du cinéma, et rédigé deux « livres de philosophie » à son sujet. Seule l'exploration de ce versant que l'on pourrait qualifier d'opératoire (en tant qu'il a trait aux exigences de méthode et aux concepts deleuziens eux-mêmes) saura nous aider à résoudre, sinon à éclaircir, l'énigme mentionnée.

Cette approche suppose que l'on inscrive *L'Image-mouvement* et *L'Image-temps* dans l'économie générale de l'œuvre, à moins que l'examen exclusif de ces deux textes suffise à déterminer le rapport de la philosophie et du cinéma tel qu'il est envisagé par Deleuze. Les « conclusions » du second volume apportent des précisions non négligeables à cet égard, évoquant l'idée d'une « interférence » entre les disciplines : « C'est au niveau de l'interférence de beaucoup de pratiques que les choses se font, les êtres, les images, les concepts, tous les genres d'événement », et c'est à la lumière de cette interférence qu'il convient d'appréhender les « concepts que le cinéma suscite » [2]. Cette idée n'est pas développée davantage, de sorte que la notion d'un *court-circuitage disciplinaire* demeure relativement indéterminée. Cette apparente indétermination n'est pas un défaut de l'analyse ; elle possède une signification profonde dans la mesure où elle renvoie aux « conditions internes » de sa démarche, et qui ne sont pas énoncées comme telles, *ou ne peuvent pas même l'être.* Ces « conditions » désignent « l'image qu'elle se donne de ce que signifie penser, faire usage de la pensée, s'orienter dans la pensée... » [3]. Là se trouve le sens de l'expression « image de la pensée » ; c'est elle dont le philosophe ne rend pas ou ne peut rendre compte. Le passage qui suit, extrait de l'entretien de 1988, doit être saisi eu égard à cette même « image » : « les philosophes apportent de nouveaux concepts, ils les exposent, *mais ils ne disent pas, ou pas complètement les problèmes auxquels ces concepts répondent* », sachant que les problèmes résultent

1 2RF, p. 114.
2 IT, p. 365.
3 QqP, p. 39-41.

précisément de cet élément « pré-philosophique » dont procède leur pratique [1]. En d'autres termes, si Deleuze n'explicite pas la manière dont il conçoit le rapport cinéma-philosophie, c'est parce que ce rapport relève fondamentalement de « l'image de la pensée » qui anime sa propre philosophie.

Avant même de retrouver ce thème dans *Qu'est-ce que la philosophie?*, paru en 1991, Deleuze lui consacre déjà un développement entier au sein de *Différence et répétition*, « l'image de la pensée » étant le titre du troisième chapitre de cet ouvrage majeur publié en 1968. La tonalité du propos est sensiblement critique, et la dénonciation porte sur toute pensée « qui se présuppose elle-même », cette présupposition, pour reprendre les termes utilisés, coïncidant avec le « postulat de la récognition », et plus généralement celui de la « représentation ». À cette conception de la pensée, qui, dans ces conditions, ne peut « *commencer* » à penser (la problématique du « commencement » en philosophie parcourant l'ensemble de ce chapitre), Deleuze en oppose une autre, qui ne présuppose rien d'elle-même dans la mesure où « ce qui est premier dans la pensée, c'est l'effraction, la violence (...) et rien ne suppose la philosophie », puisque tout part d'une rencontre qui « *force* à penser » [2]. Ce motif de la rencontre est essentiel, bien entendu; c'est lui qui permet de comprendre « ce que signifie » l'acte de penser, et en quoi il engage sa philosophie vers une pensée qui n'est pas seulement « remplie (...) d'une image d'elle-même » [3]. Louis Althusser a proposé sur ce point une thèse qui fait écho à celle que développe Deleuze. On remarquera, écrit Althusser, qu'une « philosophie [de la rencontre] est en tout et pour tout une philosophie du *vide* (...) une philosophie qui *fait le vide philosophique* pour se donner l'existence » [4]. Deleuze ne soutient probablement rien d'autre lorsqu'il avance qu'il « [n'a] pas de culture disponible, aucune réserve », affirmation ironique qu'il convient de ramener à son « image de la pensée » pour en découvrir la véritable portée, étant entendu « qu'il n'y a de pensée qu'involontaire, suscitée, contrainte dans la pensée » [5].

1 P, p. 186 (nous soulignons; dans la suite de ce travail, nous signalerons les mots ou expressions soulignés seulement lorsqu'ils le sont par les auteurs cités).

2 Sur tous ces points, voir DR, p. 180 et sq. Deleuze distingue dans *Différence et répétition* « l'image de la pensée » de la « pensée sans image » (qui ne présuppose rien d'elle-même), mais cette distinction ne sera plus effective par la suite, comme en témoigne *supra* la citation de *Qu'est-ce que la philosophie?*, l'expression « image de la pensée » s'appliquant à toute pensée, qu'elle échappe ou non aux postulats de la représentation.

3 DR, p. 181.

4 L. Althusser, « Le courant souterrain du matérialisme de la rencontre » (1982), in *Écrits philosophiques et politiques*, Paris, Livre de Poche, 1999, p. 561.

5 Respectivement P, p. 188 et DR, p. 181.

« Faire le vide » en philosophie, c'est s'exposer à cette « contrainte » de la rencontre, tout en s'interdisant une position de surplomb vis-à-vis de son objet, comme si celui-ci constituait une simple occasion de penser parmi d'autres ; ce qui n'empêche pas que le philosophe soit *en attente* de certaines rencontres, et de certains problèmes enveloppés dans ces rencontres. C'est en ce sens que nous pouvons entendre la phrase où Deleuze révèle l'une des raisons qui l'a conduit à s'intéresser au cinéma :

> Je n'étais pas bête au point de vouloir faire une philosophie du cinéma, affirme-t-il, *mais une rencontre m'impressionnait* : j'aimais des auteurs [en philosophie] qui réclamaient qu'on introduise le mouvement dans la pensée (...) Comment ne pas rencontrer le cinéma qui introduisait le « vrai » mouvement dans l'image ? [1]

Voilà l'exemple d'une interférence entre pratiques, où l'une court-circuite l'autre et la relance, où la « contingence d'une rencontre » se confond avec ce qui force à penser.

Le thème de la rencontre, qui nous avait porté au chapitre III de *Différence et répétition*, semblait néanmoins devoir être approfondi davantage. Car nous pressentions qu'à le tenir pour acquis, le risque était grand de le transformer en slogan, sinon en mot d'ordre. D'autant plus que, à en rester à ce seul niveau de l'analyse – « nous pensons lorsque quelque chose nous force à penser » –, il était difficile de savoir en quoi la conception de la pensée qui en découle dans le texte pouvait en effet échapper au monde de la représentation. Or c'est là, au cours de l'étude de ce chapitre central de *Différence et répétition*, qu'un passage a surtout attiré notre attention. Celui-ci nous a paru d'autant plus intrigant qu'il se situe au cœur du raisonnement où la thématique de la rencontre est examinée, et qui, alors, cadrait selon nous assez mal avec elle. Il s'agit du passage où Deleuze questionne la « doctrine des facultés », principalement chez Kant, dont il cherche à mettre au jour les présupposés ; questionnement qui, de fait, entraîne une condamnation de la manière dont elle fonctionne, *mais non de la doctrine des facultés en général*. C'est l'autre pôle de ce fragment de « L'image de la pensée », qui redoublait en quelque sorte notre surprise initiale, puisque Deleuze note en outre que cette doctrine forme une « pièce (...) *tout à fait nécessaire* dans le système de la philosophie », et qu'il regrette même

1 2RF, p. 264. On constatera que Deleuze énonce cette idée au cours d'un entretien, et non à l'intérieur de *L'Image-mouvement* où il expose le ou les concepts que cette rencontre autorise, en fonction du problème mentionné dans l'interview (mais qui ne l'est pas dans le livre).

« le discrédit dans lequel [elle] est tombée *aujourd'hui* »[1]. La critique d'un philosophe s'accompagnant toujours chez Deleuze d'une ouverture théorique, il était clair que cette dernière remarque augurait d'une doctrine des facultés spécifique à *Différence et répétition*, et ce depuis le motif de la rencontre dans son opposition au « modèle de la récognition ».

De quoi s'agit-il ? La tâche éminente est de parvenir à un usage des facultés qui soit véritablement « génétique », et qui ne dépende en conséquence d'aucun postulat de nulle sorte ; cette tâche doit concerner aussi bien l'usage d'une faculté en particulier que l'enchaînement des facultés entre elles, enchaînement qui ne doit guère être « réglé » d'avance, car ce serait toujours supposer donnée la façon dont elles s'exercent. Indiquons schématiquement le reproche que Deleuze adresse à Kant à ce propos. L'auteur de la *Critique de la raison pure*, par sa méthode transcendantale, est certes louable d'avoir cherché à déterminer les « conditions de l'expérience possible », témoignant ainsi d'un souci de genèse de nos représentations, mais le fonctionnement des facultés qu'il pose au sein des différentes *Critiques* trahit ce souci, dans la mesure où, à chaque fois, le type de communication qui les met conjointement en rapport dépend d'une forme du « sens commun » (théorique, pratique ou esthétique), laquelle se rapporte en définitive au « modèle indélébile de la récognition »[2]. De telle sorte que leur usage, prétendu transcendantal, consiste seulement en un « décalque » de l'empirique, ce que Deleuze appelle aussi la « banalité quotidienne » ; la pensée, même chez Kant (malgré son exigence génétique), se présuppose encore elle-même. À cela, Deleuze oppose une doctrine des facultés où l'on ne saurait préjuger de rien, puisque tout commence par « une *rencontre* fondamentale » qui met en question la notion de représentation. Il en résulte un « jeu discordant » où chaque faculté, affranchie du point de vue du sens commun, atteint à sa « limite » (à son usage « supérieur »), tout en opérant une genèse d'elle-même et de son objet (lequel, pour être saisi, requiert désormais davantage qu'un acte de reconnaissance)[3]. Le motif de la rencontre, dès lors, se complique, et au lyrisme qui lui est immanquablement associé se combine maintenant une théorie rigoureuse d'inspiration post-kantienne. C'est bien en tout cas la tradition philosophique dont Deleuze se réclame, en faisant sienne l'objection que celle-ci a formulée à l'encontre de Kant : « Les postkantiens, notamment Maïmon et Fichte, adressaient à Kant une objection fondamentale :

1 DR, p. 186.
2 Sur cette expression, voir DR, p. 178.
3 DR, p. 182 (souligné par Deleuze).

Kant aurait ignoré les exigences d'une méthode génétique », cette objection portant notamment sur le fait « qu'il invoque des facultés toute faites (...) en supposant déjà qu'elles sont capables d'une harmonie quelconque »[1].

La doctrine deleuzienne des facultés, qui correspond à l'un des aspects cruciaux de « l'empirisme supérieur », n'a pas échappé à certains commentateurs du philosophe, bien qu'elle ne fasse l'objet que d'un traitement mineur[2]. Encore cette référence se limite-t-elle à sa présence dans *Différence et répétition*, sans que l'on envisage d'entrevoir si elle fonctionne également ailleurs, au sein d'autres livres. Or il nous est apparu que cette doctrine parcourait l'ensemble du corpus après 1968, jusqu'au dernier texte publié du vivant de l'auteur, *Critique et clinique*, en 1993. Quand Deleuze annonce au début de ce recueil d'articles sur la littérature qu'il s'organise autour du « problème d'*écrire* », et que l'écrivain « met à jour de nouvelles puissances grammaticales ou syntaxiques. Il entraîne la langue hors de ses sillons coutumiers », il faut comprendre qu'il élève la faculté de parler à un usage supérieur qui se distingue de son usage empirique ou ordinaire, puisqu'il fait « *naître* » une autre langue – une « langue étrangère » – dans la langue. Et si écrire ne se sépare pas non plus d'un « problème de *voir* et d'*entendre* », c'est parce qu'un écrivain n'atteint pas à la « limite » du langage sans qu'elle se rapporte, dans la discordance, aux limites de ces autres facultés, si bien qu'il y a « une peinture et une musique propres à l'écriture, comme des effets de couleurs et de sonorités qui *s'élèvent* au-dessus des mots »[3]. Quand Deleuze affirme par ailleurs que les musiciens ont pour tâche de « rendre audibles des forces non-audibles par elles-mêmes », ces formes non-audibles s'adressent en réalité à une oreille « supérieure », ou « impossible », comme il est dit dans ce texte consacré à Pierre Boulez[4]. Et dans *Foucault*, lorsqu'il analyse les deux formes du « Savoir », le « visible » et « l'énonçable », Deleuze en appelle à une sensibilité particulière pour qui veut les appréhender :

1 ID, p. 86. Sur le post-kantisme tel qu'il est défendu par Deleuze, voir aussi NP, p. 58, DR, p. 225 et CC, p. 49. Gérard Lebrun est l'un des rares à avoir noté ce trait chez Deleuze, voir « Le transcendantal et son image », in *Gilles Deleuze : Une vie philosophique*, Éric Alliez (éd.), Paris, Éditions Synthélabo, collection « Les Empêcheurs de tourner en rond », 1998, p. 211-212.

2 Aussi, aucune entrée spécifique ne lui est-elle réservée dans les deux « Vocabulaires » aujourd'hui disponibles. Cf. Fr. Zourabichvili, *Le Vocabulaire de Deleuze*, Paris, Ellipses, 2003 et *Le Vocabulaire de Gilles Deleuze*, R. Sasso et A. Villani (éd.), *Les Cahiers de Noesis*, n° 3, 2003.

3 CC, p. 9 (les verbes « écrire », « voir » et « entendre » sont soulignés par Deleuze).

4 2RF, p. 146.

> Tant qu'on en reste aux choses et aux mots (…) on en reste à un *exercice empirique*. Mais, dès qu'on ouvre les mots et les choses, dès qu'on découvre les énoncés et les visibilités, *la parole et la vue s'élèvent à un exercice supérieur*[1].

Nous pourrions multiplier les exemples de cette insistance de la doctrine facultaire au sein de l'œuvre, depuis *Différence et répétition* qui en constitue le lieu d'élaboration. Ce travail, en un sens, voudrait en rendre compte. Non sous la forme d'un catalogue des différentes occurrences où cette distinction entre « usage empirique » et « usage supérieur » des facultés survient au fil des textes ; mais à travers, justement, le « *cas* » des livres sur le cinéma. Car à relire les deux volumes que lui consacre Deleuze, la présence de cette doctrine s'y révélait à nous de façon saisissante. Nous croyons aujourd'hui que leur compréhension en dépend. Cette présence, voire cette prégnance, de l'exercice des facultés et de leur enchaînement discordant nous a semblé être sous-estimée, sinon ignorée de la part des commentateurs des *Cinéma*, y compris lorsqu'il est question de la disjonction, souvent citée, du visuel et du parlant dans le « cinéma moderne », alors même que la référence y est explicite : « *aucune des deux facultés* [voir et parler] *ne s'élève à l'exercice supérieur sans atteindre à la limite qui la sépare de l'autre…* »[2]. Il nous a paru important d'essayer de répondre à cette lacune, d'autant plus que la doctrine des facultés ne traverse pas l'essai sur le cinéma en extériorité ou de manière accessoire ; au contraire, elle intervient en des points déterminants de l'analyse, jusqu'à influer sur sa composition même. La « dissonance » du visuel et du sonore, à peine évoquée, engage ainsi la définition du « cinéma audio-visuel » chez Deleuze ; elle vient clore le second volume et permet de soulever en conclusion le problème du *cinéma à venir*. Signalons un autre point de la démonstration, qui a suscité et suscite encore de nombreuses interrogations : le passage d'une image-mouvement à une image-temps. La rupture du schème sensori-moteur, qui met en crise la première, n'advient pas sans que de nouveaux personnages apparaissent à l'écran : ce que Deleuze appelle des « voyants ». Or la voyance désigne très exactement une vision supérieure, « la vision de Tirésias », sachant que cette vision « impossible » provient des composantes de l'image avant de dépendre d'un type de personnage. Tout le début de *L'Image-temps* propose en ce sens une série de descriptions de films appartenant à un « cinéma de voyant », expression qui

1 F, p. 72.
2 IT, p. 340 (souligné par Deleuze).

devient peu à peu générique et finit par désigner l'ensemble de la production moderne : « un cinéma de voyant, non plus d'action »[1]. Il serait toutefois erroné d'en conclure à un rapport d'opposition entre ces deux régimes de l'image, comme si l'un relevait d'un usage empirique et l'autre d'un usage supérieur des facultés ; nous verrons qu'il n'y a pas d'opposition ; seulement, la faculté supérieure de voir sert formellement à qualifier le cinéma moderne, sans que Deleuze institue de hiérarchie de valeur entre ce cinéma et celui, « classique », de l'image-mouvement.

Nous avons indiqué deux moments essentiels de l'essai deleuzien où la doctrine facultaire insiste et se déploie, moments qui seront étudiés en détail au sein de deux parties successives, et qui convoqueront chacune d'autres thématiques non moins fondamentales qui leur sont étroitement liées. Ainsi, le passage d'un type d'image à un autre, à travers le motif de la voyance, ne saurait esquiver la question des rapports entre cinéma et histoire chez Deleuze ; ou encore, l'examen de la « parole supérieure » à l'intérieur de l'image audio-visuelle ne pourra être abordé sans avoir investi au préalable le problème cinéma-langage. Dans tous les cas, ce travail ne prétend pas redoubler, suivant un ordre de lecture linéaire, les ressources inépuisables de ces livres sur l'image-cinéma. Notre démarche voudrait se présenter autrement : il s'agirait de suivre la façon dont les facultés et leurs « jeux discordants » opèrent au niveau des analyses et des descriptions filmiques où ils sont sollicités, et de savoir comment une philosophie s'y développe, étant donné, conformément à la déclaration liminaire de Deleuze, qu'aucune pensée préexistante (ni poétique, ni philosophie *du* cinéma) ne saurait s'appliquer à l'art des images. Notre commentaire, cependant, ne pourra esquiver l'objection touchant à ce problème de « l'applicationnisme » : soutenir que la doctrine des facultés fonctionne en des passages-clés de l'argumentation est une chose ; montrer qu'elle ne constitue pas une extrapolation d'un système philosophique dans le domaine des images en est une autre. Nous voilà d'une certaine manière à nouveau confrontés au motif de la rencontre entre philosophie et cinéma, motif qui a ouvert cette étude et nous a portés vers la théorie des facultés apparue avec *Différence et répétition*. Il faudra revenir en deçà de cette théorie, et retrouver le « geste » heuristique qui préside à l'empirisme supérieur, lequel se présente comme une philosophie locale de la « puissance du cas », sachant qu'un cas, c'est ce qui « force à penser ».

1 IT, p. 9. Voir aussi p. 18 et 166 pour la même formule, et p. 340 pour la « vision de Tirésias ».

Signalons sommairement la démarche adoptée dans les pages qui suivent. Le chapitre d'ouverture consistera à présenter le contexte théorique au sein duquel la doctrine des facultés se met en place chez Deleuze. Ces pages ne forment pas une confrontation avec la pensée de Kant à proprement parler, au sens où il s'agirait de proposer un exposé sur Deleuze *et* Kant, qui mériterait assurément une étude à part entière. Il s'agit davantage de chercher à identifier l'écart que Deleuze instaure entre sa théorie des facultés et celle de Kant. Écart qui n'empêche toutefois pas Deleuze de « sauver » la doctrine kantienne en invoquant « le cas de l'imagination » dans le sublime, qui favorise un exercice aux limites des facultés (en l'occurrence, entre l'imagination et la raison), décisif pour appréhender la nature des « accords discordants » à l'œuvre dans *L'Image-temps*. Aussi, cette mise au point sera-t-elle complétée par la théorie deleuzienne de « l'apprentissage », authentique *paideïa* à l'intérieur de *Différence et répétition*, et dont le geste paradigmatique – *élever* une faculté à son exercice supérieur, de telle sorte qu'elle se soustraie aux postulats de la représentation – accompagnera par la suite l'auteur tout au long de son travail. Ce chapitre est par conséquent en retrait par rapport aux autres ; il pose dans une certaine mesure les conditions des développements suivants, d'où également sa nécessité ; il permet aussi de mettre en évidence une continuité de la démarche philosophique deleuzienne, continuité qui se révèle là où peut-être on ne l'attendait pas.

Le chapitre suivant aura pour tâche de décrire comment le philosophe rencontre effectivement l'image en mouvement ; comment, autrement dit, il crée des concepts à partir de cette « puissance suscitante » qu'est le cinéma, comme l'écrit Badiou (que nous discuterons sur ce point)[1]. Ce sera là une tentative pour résoudre l'énigme signalée plus haut – celle d'un essai philosophique à deux volets intitulés *Cinéma* –, et peut-être répondre à l'antinomie de toute philosophie de la rencontre que Jean Hyppolite, dans la formule placée ci-dessus en exergue, a finement énoncée. Par cette approche, nous avons cherché à *dire* ce que Deleuze *ne dit pas* complètement dans son texte ; en quoi, éventuellement, ce protocole est adéquat à celui-là même que le philosophe emploie pour commenter d'autres auteurs. Intitulé « Pédagogie du concept cinématographique », ce chapitre nous portera également au cœur de la « déduction » de l'image-mouvement, le philosophe trouvant au cinéma une source d'inspiration profonde, qui vient redoubler les « commentaires de Bergson ». Nous verrons la part qui revient à l'auteur de *Matière et mémoire* dans l'établissement

1 A. Badiou, *Deleuze – La Clameur de l'Être*, Paris, Hachette, 1997, p. 29.

de la taxinomie de *Cinéma 1*, dont le rôle à cet égard est beaucoup plus important que celui de Peirce.

Cette mise au point nous portera au seuil du volume suivant, où nous étudierons les modalités du passage, voire *des* passages de *L'Image-mouvement* à *L'Image-temps*. Dans cette perspective, la détermination de ce que désigne un « cinéma de voyant » nous sera d'un apport considérable. Notre chapitre « Voir et penser » s'efforcera d'y contribuer. Il en résultera notamment une théorie de la « description » cinématographique (résolument non-phénoménologique), qui conduira Deleuze vers une définition de l'image-temps directe, l'ensemble du développement procédant d'une « esthétique visionnaire » dont la finalité est d'*apprendre à voir*. Ce qu'il faut voir, c'est ce que Deleuze nomme « *l'intolérable* », motif qui hante selon lui le cinéma après-guerre, et qui constitue un concept fondamental de *L'Image-temps*, l'intolérable désignant l'Événement de ce volume, « l'horizon des événements », la situation-limite (qui n'est pas forcément extraordinaire) où les facultés de voir et de penser s'élèvent à leurs exercices supérieurs. Ce qui sera déterminant pour appréhender le chapitre 7 de *L'Image-temps*, « La pensée et le cinéma » ; chapitre qui nous autorisera à émettre l'hypothèse d'une nouvelle « image de la pensée » en train de s'annoncer chez Deleuze, particulièrement sensible dans les pages consacrées à « l'image-choc », *qui ne force plus à penser*. Entre-temps, nous aurons tenté d'expliquer la différence de nature qui réside entre les deux taxinomies, celle de l'image-mouvement et celle de l'image-temps, et ce en fonction du renversement des rapports de l'image et du signe (lequel est synonyme de « force » dans l'argumentation, en écho aux forces du devenir qui « doublent » l'histoire).

La dimension éthique et politique de ce passage de *Cinéma 2* caractérise éminemment les films du « cinéma de voyant », ce dont témoigne le thème de la « croyance » que nous analyserons également. Cette dimension enveloppera les raisonnements de la fin de l'ouvrage consacrés aux « composantes de l'image ». Il seront étudiés dans notre dernier chapitre, « Voir et parler », où nous chercherons à montrer combien les divers cas de division du visuel et du sonore rapportés par Deleuze, de leur « non-rapport qui est un rapport », sont solidaires de sa doctrine des facultés. Le concept cinématographique « d'interstice » en particulier, qui forme la « limite commune » aux deux composantes, reste selon nous relativement flou tant qu'on ne l'appréhende pas à la lumière de la notion d'accord dissonant que cette doctrine rend possible. Une note consacrée à l'essentialisme supposé de Deleuze (qui parle « d'énoncé spécifiquement cinématographique ») précédera le paragraphe où nous aborderons « le plus lourd problème », celui des rapports du cinéma avec le langage : ce sera l'occasion de présenter la portée philosophique de la critique, extrêmement précise, que Deleuze adresse à la sémiologie de Christian Metz. Positivement, cette critique éclairera en retour la « sémiotique pure » dont il se réclame, et nous comprendrons alors pourquoi le nom de Peirce est absent de *L'Image-temps*. L'ensemble des développements de ce chapitre a pour tâche de déterminer, suivant différents points de vue (linguistique, sémiotique, politique, etc.), le statut des dissonances entre voir et parler dans le « cinéma audio-visuel ». Une fois cette tâche achevée, apparaîtront, au moment de conclure ce travail, les périls qui, de l'extérieur, guettent l'existence même de ce cinéma, aussi bien que les nouvelles possibilités d'invention qui s'offrent à lui.

1

DU PROBLÈME DE LA RENCONTRE À LA DOCTRINE DES FACULTÉS

La doctrine des facultés dans Différence et répétition

L'une des critiques essentielles que Deleuze adresse aux philosophes qui l'ont précédé est contenue dans le problème général du commencement en philosophie. Il existe, dans l'œuvre deleuzienne, une affirmation qui revient de façon lancinante : le philosophe ne commence à penser que si une perception, une émotion, un signe le forcent à penser. C'est un fait, et ce fait est une énigme : « On ne sait jamais d'avance par quelles rencontres on est philosophe »[1]. Une réalité étrange émeut la pensée du dehors, en même temps qu'un mouvement imprévisible s'empare d'elle du dedans. Tels sont les deux événements susceptibles de témoigner d'un commencement, et d'un recommencement en philosophie[2]. Ils s'opposent à deux présupposés qui parcourent pratiquement l'ensemble de l'histoire de la philosophie, à savoir : l'existence d'une bonne volonté du penseur, et l'assurance d'une nature droite de la pensée. Ces deux présupposés sont d'ordre subjectif; ils ont la persistance aveugle du sentiment inconscient[3].

---

1 DR, p. 215.

2 Ces événements donnent son titre à l'ouvrage fondamental de Deleuze; ils constituent « les deux puissances de la différence et de la répétition, du commencement et du recommencement philosophiques », DR, p. 217.

3 Deleuze distingue les présupposés objectifs, généralement repérés et discutés parmi les philosophes (par exemple Descartes critiquant la définition aristotélicienne de l'homme comme animal raisonnable), des présupposés subjectifs, de type affectif, plus profonds et moins perceptibles : ainsi Descartes qui prétend, avec le Cogito, « conjurer tous les présupposés objectifs qui grèvent les procédés opérant par genre et différence » et qui pourtant « n'échappe pas à des présupposés d'une autre sorte, subjectifs ou implicites, c'est-à-dire enveloppés dans un sentiment au lieu de l'être dans

Il suffirait ainsi de vouloir être philosophe pour le devenir ; il suffirait aussi d'un peu de rigueur et de méthode pour atteindre au vrai. Cette conception de la pensée, selon laquelle tout le monde est censé la posséder (sinon en acte, du moins en puissance) renvoie à l'élément du sens commun, qui détermine une « image de la pensée »[1]. Les philosophes, très souvent, emploient un discours qui, implicitement, tend à englober le plus grand nombre de sujets connaissants[2]. Deleuze repère la forme de ce discours, qui, sur un mode préphilosophique, sous-tend tout naturellement que « tout le monde sait… ce que signifie penser et être… »[3]. Le sens commun est cet élément sans lequel la philosophie ne saurait prétendre à être universellement communicable ; il offre à l'activité philosophique un point de départ légitime, suffisant selon elle, à partir duquel elle va pouvoir se déployer droitement. Pour Deleuze, dans ces conditions, le philosophe se donne seulement l'air de commencer, en même temps qu'il se fait une conception « trop simple » de la pensée[4].

Si la philosophie deleuzienne accorde une importance au thème de la rencontre, si elle constitue non pas uniquement le lieu d'un questionnement, mais aussi celui d'une expérimentation des relations de la philosophie à son « dehors », il n'en reste pas moins que son auteur ne cesse de marquer la spécificité de la discipline qu'il pratique : d'une part au regard des autres pratiques qu'elle rencontre, et d'autre part à l'encontre d'une « image de la pensée » qui préjuge des pouvoirs de la philosophie sans se rendre compte qu'elle en limite la *puissance*[5]. En faisant dépendre l'acte de penser d'une simple possibilité naturelle, les philosophes instituent selon Deleuze une tâche fort aisée : ils se fixent un terme, ou un objet, qu'il s'agit d'atteindre ou de reconnaître, retrouvant à l'état explicite ce qui était posé au départ, de manière implicite. La démarche

---

un concept : il est supposé que chacun sait sans concept ce que signifie moi, penser, être » (DR, p. 169).

1 Quand Deleuze parle d'une « image de la pensée » au sein de *Différence et répétition* (il en ira autrement dans la suite de l'œuvre), il invoque fondamentalement l'Image (avec une majuscule) d'une pensée en quête d'« identités » et de « ressemblances », qui participe du seul « monde de la représentation ».

2 Sur ce point chez Kant, voir notamment le § 40 de la *Critique de la faculté de juger*.

3 DR, p. 170.

4 DR, p. 172-173.

5 C'est sur la base de cet argument que Deleuze entreprend la « critique radicale de l'Image [de la pensée] et des "postulats" qu'elle implique ». Il s'agit d'engager, au nom d'une pensée libérée de tout présupposé, « une lutte rigoureuse contre l'Image, dénoncée comme *non-philosophie* » (DR, p. 173). La non-philosophie n'est pas ce qui diffère, comme discipline, de la philosophie, mais ce qui, au sein même de la démarche philosophique, en son niveau pré-philosophique, l'empêche de « commencer » vraiment.

philosophique ressemble alors à un cercle; elle fait prévaloir l'universalité de son résultat, qui répond bien à celle des prémisses, définies au début dans l'élément du sens commun. Or c'est la « rencontre » qui permet d'appréhender les puissances méconnues de l'esprit; c'est elle qui en assure la genèse, le commencement authentique; « cette genèse implique quelque chose qui fait violence à la pensée, qui l'arrache à sa stupeur naturelle, à ses possibilités seulement abstraites »[1]. Aux initiatives forcément relatives d'une bonne volonté, Deleuze préfère les rencontres fortuites qui mènent la pensée à ce qui l'intéresse en propre. En ce sens, ce qui arrive du dehors peut entraîner la pensée vers sa « passion »[2]. Le « penseur passionné » s'éveille au monde de la pensée par-delà ce que tout le monde est censé penser ou savoir; il fait l'épreuve d'un commencement radical en philosophie, hors de l'élément du sens commun. Avec lui, l'acte de penser n'est plus soumis aux réquisits d'un sujet universel. Il arrive que Deleuze accuse la philosophie d'avoir trop souvent oublié ou négligé la noblesse de son intention de départ : elle qui avait le projet de rompre avec l'opinion – la *doxa* – la retrouve au niveau de ses conditions subjectives; elle qui avait décidé de dénoncer l'opinion telle qu'elle existe *en fait*, dans sa diversité particulière, voilà qu'elle la réhabilite *en droit*, par l'intermédiaire d'un sens saisissable par tout un chacun. En témoignent notamment la banalité et le caractère dérisoire des exemples choisis par une « image de la pensée » dont Platon et Descartes sont les représentants majeurs : « c'est une table, c'est une pomme, c'est le morceau de cire, bonjour Théétète »[3]. Les faits les plus insignifiants servent d'argumentation à une pensée fondée en droit. Dans cette perspective, il y a peu de chance de voir la pensée se détacher de ce à quoi elle croyait échapper. Certes, écrit Deleuze, elle prévient l'erreur, mais ancrée dans les conformités du sens commun, elle possède le même modèle que ce dernier : le modèle de la récognition.

On ne saurait simplement définir ce modèle comme renvoyant à l'acte de reconnaissance d'un objet quelconque. Plus profondément, la récognition est *affaire de facultés*; elle désigne un modèle qui règle le rapport des facultés entre elles. Elle engage non seulement la pensée comme faculté, mais toutes les autres facultés (imagination, mémoire, etc.), qu'elle s'efforce de faire concorder ensemble. C'est que la récognition sous-tend un processus d'identification qui

---

1 PS, p. 119.
2 Deleuze évoque ainsi une « Passion de la pensée », qui « découvre ce qui ne peut être que pensé », LS, p. 92.
3 DR, p. 176.

immobilise nos rapports aux choses ; elle fixe nos facultés, qui sont autant de manières d'exprimer ces rapports, en vue de consacrer la forme d'identité de l'objet.

> La récognition se définit par l'exercice concordant de toutes les facultés sur un objet supposé le même : c'est le même objet qui peut être vu, touché, rappelé, imaginé, conçu[1].

La convergence des différentes facultés subsume la diversité du donné : peu importe la manière dont l'entendement conçoit, ou la mémoire se souvient, etc., puisque l'attention subjective est occupée à reconnaître formellement un objet, et ce, sans se soucier de la manière singulière dont cet objet est susceptible d'être appréhendé singulièrement par différentes facultés. Comme dit encore Deleuze :

> c'est le même objet que je vois, que je flaire, que je goûte, que je touche, le même que je perçois, que j'imagine et dont je me souviens... et c'est dans le même monde que je respire, je marche, je veille ou dors, allant d'un objet à l'autre suivant les lois d'un système déterminé[2].

Les facultés peuvent différer en nature, mais tout entières acquises à la cause de la récognition, elles semblent toutes identiques dans leurs approches, leurs actes, c'est-à-dire dans la manière dont chacune investit le donné. Elles sont devenues comme interchangeables, au nom d'un objet qui, lui, ne change pas.

L'homme de la reconnaissance possède en outre une qualité que lui confère l'élément du sens commun : l'unité d'un Moi. Si, d'un point de vue objectif, le modèle de la récognition implique une organisation des facultés au niveau d'une chose supposée la même, subjectivement, elle sous-tend l'existence d'un individu de structure uniforme, qui, précisément, sert de fondement à la forme d'identité de l'objet. C'est par exemple le Cogito cartésien, sans lequel on ne comprendrait pas la possibilité d'une concordance des facultés ; c'est aussi le Je Pense kantien, qui accompagne toutes mes représentations, et qui rend effective la collaboration réglée des facultés entre elles. On pourrait dire, en un sens, qu'il n'y aurait pas d'identité de l'objet sans une unité du sujet, et soutenir, en un autre sens, que le sujet unifié ne peut que se rapporter à un objet souverain dans le règne du Même. Il en résulte dans tous les cas le concept d'un sujet pensant universel, qui confère une véritable consistance philoso-

---

1 DR, p. 174.
2 LS, p. 96.

phique au présupposé du sens commun, suivant lequel, nous l'avons vu, on sait ce que signifie penser et être, surtout l'être du monde de la représentation. « L'identité du Moi dans le Je Pense » est ainsi « le sens commun devenu philosophique »[1].

Il existe un philosophe, remarque Deleuze, chez qui la notion de sens commun possède des acceptions multiples, et ce philosophe se nomme Kant. Kant est le grand théoricien des facultés, même si les facultés qui l'intéressent sont en petit nombre : sensibilité, imagination, entendement, raison. Il présente au fil de ses trois *Critiques* plusieurs ordonnancements facultaires, qui tous diffèrent en nature. Deleuze a ainsi raison de noter que « la doctrine [kantienne] des facultés forme un véritable réseau », « un véritable réseau de permutations », engendrant une série de « variations systématiques dans le rapport entre facultés »[2]. Chacun de ces rapports sous-tend un type d'accord, lequel détermine un sens commun spécifique. Dans les deux premières *Critiques,* cet accord se confond avec une collaboration stricte des facultés, où domine une faculté active, et à laquelle se soumettent les autres (ainsi l'entendement, qui légifère dans la *Critique de la raison pure*, et la raison, qui opère dans la *Critique de la raison pratique*). Ce sont ces facultés législatrices qui, en fonction des intérêts de la raison qu'elles servent, assignent l'objet qui est à reconnaître : l'objet de la connaissance, dans le premier cas; la loi morale, dans le second. La démarche kantienne n'échappe donc pas, selon Deleuze, au modèle de la récognition; bien plus, elle en augmente le nombre. Un troisième modèle apparaît même dans la dernière *Critique*, au moment de l'analyse du Beau, où, bien que soit libre et indéterminé l'accord entre l'imagination et l'entendement, un sens commun proprement esthétique nous amène à exiger une « communicabilité du sentiment » de plaisir éprouvé devant la beauté; quand je dis, contemplant la belle nature, que « c'est beau », je suppose que tout le monde ressent le même effet, et énonce un même jugement de satisfaction.

La raison kantienne a ses intérêts – spéculatif, pratique ou moral – qui fixent le bon usage des facultés. Les relations qu'entretiennent celles-ci doivent être en conséquence réglées, un accord objectif et a priori assurant naturellement la légitimité de leurs exercices (sauf dans l'analyse du Beau, où cet

1 DR, p. 174.

2 PCK, respectivement p. 17 et 97. Voir aussi ID, p. 81 : « les facultés entrent dans des rapports ou des proportions harmonieuses suivant la faculté qui légifère dans tel ou tel intérêt. *On conçoit donc diverses proportions, ou des permutations dans le rapport des facultés* » (souligné par Deleuze).

accord est harmonieux, subjectif et libre). C'est qu'il s'agit de ne pas dévier de la direction accordée par Kant au sens commun, lequel conduit en droit aux fins essentielles de la nature humaine. Il y a une figure anthropologique, qui préjuge de tout l'édifice kantien : un homme qui sait, mais qui croit aussi, et qui espère. Kant, dit Deleuze, n'échappe ainsi pas aux présupposés implicites, inscrivant, à sa façon, la pensée dans les rets de « l'Image ». La dénonciation deleuzienne, toutefois, laisse entrevoir une nuance critique fondamentale : Kant aurait pu échapper à l'Image de la pensée, bien plus : « il semblait armé pour renverser l'Image de la pensée »[1]. En quel sens ? Il apparaît que Kant ne s'intéresse plus au concept d'erreur, mais à celui d'illusion ; il se méfie moins du témoignage précaire des sens, exposés aux objets extérieurs, qu'il ne se préoccupe des illusions internes à la raison. Il y aurait ainsi moins des choses (avec leurs qualités premières ou secondes) à reconnaître, qu'une intériorité (avec ses composantes facultaires) à connaître. Un nouveau point de vue cognitif est né : le déplacement kantien porte l'attention de l'objet vers le rapport à l'objet. Kant semble ainsi rompre avec le strict modèle de la récognition, d'autant plus qu'il invente une méthode confirmant cette rupture : la méthode transcendantale[2]. Deleuze, pour sa part, loue une telle découverte :

> de tous les philosophes, écrit-il, c'est Kant qui découvre le prodigieux domaine du transcendantal. Il est l'analogue d'un grand explorateur ; non pas un autre monde, mais montagne ou souterrain de ce monde[3].

Avec Kant, la philosophie peut enfin se déployer au-delà de ce qui est reconnaissable, par-delà la surface des choses telles qu'elles nous sont données en fait. L'invention du transcendantal nous entraîne vers la pointe où se concentre notre pensée, ou bien nous contraint à en forer les profondeurs, afin de concevoir la nature du rapport de la pensée à ce monde-ci, en vue d'appréhender la façon dont, en droit, notre pensée est rendue possible en lui.

Nous percevons la portée philosophique de la critique deleuzienne : Kant n'a pas su, ou n'a pu mener l'entreprise transcendantale à son terme. Les intérêts de la raison, prétendus naturels, ont en quelque sorte figé l'exploration transcendantale, faisant rabattre les conditions de possibilité de la pensée dans

---

1 DR, p. 178.

2 La méthode transcendantale s'applique à « toute connaissance qui s'occupe en général non pas tant d'objets que de notre mode de connaissance des objets en tant qu'il est possible en général », voir *Critique de la raison pure*, in *Œuvres philosophiques*, Paris, Gallimard, Bibliothèque de la Pléiade, 1980, t. I, p. 777.

3 DR, p. 176.

l'élément du sens commun, ne lui offrant que des objets à reconnaître. En témoignent les collaborations de facultés entre elles, qui répondent chacune à un modèle de récognition, que celui-ci soit logique, moral, ou esthétique. Nous retrouvons ainsi sur le plan même du droit, au niveau de l'activité philosophique, l'image d'une pensée qui se présuppose elle-même en fait, de telle sorte qu'elle décide, avant même d'avoir commencé à cheminer pour soi, de ses orientations. « Il est clair, déclare Deleuze, que Kant décalque ainsi les structures dites transcendantales sur les actes empiriques d'une conscience psychologique »[1]. La connaissance transcendantale laissait augurer des voyages insolites, sur les cimes ou dans le sans-fond de nos pensées, et nous voilà de nouveau en compagnie d'une conscience commune et sans surprise. Nous espérions assister à une véritable genèse de la pensée, indépendamment de tout état de fait de la pensée ; nous constatons au contraire la persistance d'un exercice empirique des facultés, telles qu'elles apparaissent sous la détermination du sens commun : un exercice certes légitime et concordant, mais en vérité ordinaire et donné d'avance : en effet, il y a toujours quelque chose à reconnaître, qui préjuge nécessairement de la démarche philosophique, fût-elle transcendantale.

Deleuze, précisément, s'efforce de construire une philosophie transcendantale qui resterait à l'écart d'une quelconque forme de prédestination de la pensée. Il s'agit de saisir ce qui, génétiquement, rend possible la pensée en tant que telle, et ce, sans qu'aucune figure empirique préalablement posée ne détermine sa relation aux choses. Lorsque Kant, au niveau transcendantal, énonce les intérêts de la raison d'après les exigences d'un sens commun, il est fatal que sa pensée repose alors sur des conditions de fait, c'est-à-dire des conditions qui sont supposées être connues. En ce sens, il est certain que nous n'avons toujours pas commencé à penser, que « *nous ne pensons pas encore* »[2], dans la mesure où nous ne cessons pas de faire prévaloir l'empirique, le « bien connu-trop connu », sur le transcendantal, grâce auquel, pourtant, nous pourrions explorer les régions inconnues de la pensée, en ces lieux inquiétants où l'on pourrait capter son authentique genèse. C'est pourquoi Deleuze en appelle à un renversement « [des] relations ou [des] répartitions de l'empirique et du transcendantal »[3] telles qu'elles nous ont été jusque-là présentées : il en va du destin d'une pensée sans « Image », sans présupposés. Quel est donc ce renversement invoqué par Deleuze ? Remarquons d'abord que les deux notions

1 DR, p. 176-177.
2 Sur cette expression, que Deleuze emprunte à Heidegger, voir DR, p. 188.
3 DR, p. 216.

d'empirique et de transcendantal ne sont pas dans un rapport d'opposition, sinon il n'y aurait pas de « décalque » possible entre elles. Il n'y a donc pas à choisir entre l'une et l'autre, à exclure l'une au profit de l'autre. En vérité, l'empirique tel qu'il apparaît dans *Différence et Répétition* est un fait soumis au règne du Même, et pour lequel se mobilisent les diverses facultés, afin seulement de le reconnaître. À ce propos, il est clair que le fait empirique ainsi défini n'a rien à voir avec le donné tel que le conçoit l'empiriste. L'empiriste respecte trop le donné de l'expérience pour chercher à lui appliquer une forme d'identité, ou le soumettre à un jeu réglé des facultés ; ce qui l'intéresse, c'est la façon dont le sujet humain se réapproprie, à sa manière, ce donné produit par l'expérience. C'est pour cette raison qu'il faut prendre soin de ne pas confondre l'*empirique*, que l'auteur dénonce dans ses textes, et l'*empirisme*, dont il se réclame spécifiquement. Quelle est justement la nature de cet empirisme ? Deleuze, on le sait, le nomme « empirisme supérieur ». Il s'inscrit dans le domaine du transcendantal, à la suite de Kant, et contre Kant. Il nous engage à arpenter les « profondeurs » de la pensée, celles qui la rendent véritablement possible, là où la différence est à l'œuvre et se répète, hors de l'élément du sens commun, hors du modèle de la récognition. Il est par ailleurs fondamentalement un empirisme dans le mesure même où il naît, puis se développe, après un contact avec un dehors hétérogène : la rencontre est sa condition de possibilité.

Il existe un texte philosophique que Deleuze aime à citer, un passage du livre VII de la *République* dans lequel Platon distingue deux sortes de choses dans le monde : les choses qui n'émeuvent pas la pensée, qui la « laissent tranquille », et celles, au contraire, qui forcent la pensée à penser, qui la mettent en mouvement[1] ; d'une part les « objets *reconnaissables* », de l'autre les « signes *rencontrés* »[2]. Il y a une violence de la rencontre ; la rencontre est une contrainte. Mais que veut dire Deleuze lorsqu'il déclare que la pensée naît de la contrainte, qu'elle est amenée, grâce à un signe venu du dehors, à penser enfin ? Ce qui est rencontré relève de l'intensité sensorielle : l'objet rencontré est d'abord et avant tout appréhendé par la sensibilité. La sensibilité est une faculté. Celle-ci

---

1 Le texte en question se trouve dans la *République*, en 523b-525b. Deleuze le cite dans au moins deux passages importants, qui traitent explicitement de « l'Image de la pensée » : DR, p. 180 et sq., ainsi que PS, p. 122 et sq. Voir aussi NP, p. 124, note 1 où Deleuze évoque « le fameux passage sur les "doigts" (distinction de ce qui force à penser et de ce qui ne force pas à penser) ».

2 PS, p. 123 (souligné par Deleuze). Voir également DR, p. 182 : « Il y a dans le monde quelque chose qui force à penser. Ce quelque chose est l'objet d'une *rencontre* fondamentale, et non d'une récognition » (souligné par Deleuze).

n'est pas seulement réceptive à ce qui est rencontré, et qui n'est pas reconnu, mais elle l'éprouve, transie par ce qui la traverse et que néanmoins elle vise à saisir : la rencontre est une épreuve pour la sensibilité. C'est que la sensibilité est *seule*, seule à être visée par ce qui arrive, seule à viser ce qui est ainsi rencontré. C'est-à-dire qu'elle n'est pas, en tant que faculté, interchangeable avec les autres facultés. Autrement dit, ce qui est senti – l'objet sensible de la rencontre – *ne* peut être senti *que* par elle, et par aucune autre faculté. En ce sens, la fonction de la sensibilité contraste radicalement avec l'usage qui en est fait dans une pensée prédéterminée par le sens commun, hantée par l'acte de reconnaissance,

> car le sensible dans la récognition n'est nullement ce qui ne peut être que senti, mais ce qui se rapporte directement aux sens dans un objet qui peut être rappelé, imaginé, conçu [1].

On perçoit la façon dont s'exerce la sensibilité, dès lors qu'elle est vouée, au même titre que les autres facultés avec lesquelles elle collabore, au modèle de la récognition : son exercice reste empirique. Elle saisit, de l'être sensible, quelques qualités seulement (son étendue, sa couleur, etc.), se transformant ainsi en faculté d'identification. Une question, dès lors, s'impose : nous comprenons bien le caractère banal d'un exercice empirique de la sensibilité, mais quel serait alors son exercice transcendantal ? Le transcendantal deleuzien est le domaine où les facultés se trouvent devant ce qui les intéressent en propre : le transcendantal devient pour elles le lieu des « passions ». Une faculté atteint à sa passion, dans la mesure même où l'objet qu'elle appréhende est informe, sans identité – « irrécogniscible » [2]. Ainsi, la sensibilité, dans son exercice transcendant [3], suite à la rencontre qui la bouleverse, saisit dans le sensible, sans

1 DR, p. 182. À ce propos, du point de vue de l'objet, Deleuze écrit aussi : « un objet est reconnu quand une faculté le vise comme identique à celui d'une autre », DR, p. 174. Et dans *Proust et les signes* : « Toutes les facultés s'exercent… *l'une à la place de l'autre*, dans l'arbitraire et dans l'abstrait » (p. 121).

2 Deleuze emploie ce mot pour évoquer « l'identité perdue » de l'objet, dès lors qu'on opère un renversement du sens commun, voir LS, p. 96. C'est dans cette perspective que l'auteur affirme que la sensibilité, dans son exercice transcendantal, saisit « l'insensible » – l'insensible est seulement tel pour un exercice empirique de la faculté.

3 Il arrive à Deleuze d'utiliser suivant une même acception les termes de « transcendant » et de « transcendantal » : « La forme transcendantale d'une faculté se confond avec son exercice disjoint, supérieur ou transcendant » (DR, p. 186). Cette identité de sens, qui peut surprendre un lecteur de Kant (lequel distingue rigoureusement les deux termes), ne peut se comprendre qu'à la condition de donner une nouvelle signification au mot « transcendant » : « Transcendant ne signifie pas du

rien anticiper du tout, l'intensité même du sensible, « l'être *du* sensible », c'est-à-dire ce sans quoi on ne pourrait dire qu'elle est essentiellement une sensibilité. « L'objet de la rencontre fait réellement naître la sensibilité dans le sens » ; l'objet de la rencontre n'étant pas « une qualité, mais un signe », pas « un être sensible, mais l'être *du* sensible », pas « le donné, mais ce par quoi le donné est donné ». C'est pourquoi, aussi, Deleuze privilégie le concept d'« intensité » à celui de « qualité » (tel que Platon le détermine) qui, trop souvent associé à la notion d'opposition ou de contrariété sensorielles, manque précisément l'élément substantiel du sensible :

> Ce n'est pas l'opposition qualitative dans le sensible, mais un élément qui est en lui-même différence... : cet élément est l'intensité, comme pure différence en soi, à la fois l'insensible pour la sensibilité empirique qui ne saisit d'intensité que déjà recouverte ou médiatisée par la qualité qu'elle crée, et pourtant ce qui ne peut être que senti du point de vue de la sensibilité transcendante qui l'appréhende immédiatement dans la rencontre.

La saisie de l'intensité réclame une véritable *pédagogie des sens* :

> Saisir l'intensité indépendamment de l'étendue ou avant la qualité dans lesquelles elle se développe, tel est l'objet d'une distorsion des sens. Une pédagogie des sens est tournée vers ce but, et fait partie intégrante du « transcendantalisme »[1].

Nous disions que la sensibilité est seule dans la rencontre : en effet, il n'y a qu'elle pour recevoir un signe du dehors, il n'y a qu'elle pour accueillir la différence. Cette solitude de la sensibilité est aussi son privilège, car elle seule peut témoigner d'un vrai commencement dans la pensée ; elle est le point de départ involontaire d'une aventure qui mène à penser. Mais précisément, qu'en est-il de la pensée, et des autres facultés en général ? Que désigne, désormais, l'acte de penser, de se souvenir, d'imaginer, etc., au regard de cet événement fortuit qu'est la rencontre dans la sensibilité ? Le hasard de ce qui force à penser, force la pensée à penser par-delà tout présupposé implicite. Le thème de la rencontre, tel qu'il apparaît chez Deleuze, engendre une destitution des deux postulats constitutifs du sens commun : une pensée volontaire, une pensée droite. Aussi, l'esprit ne possède plus ses intérêts en lui, comme s'ils étaient immuables et éternels. Dans ces conditions, il n'est plus possible de préjuger d'une collabo-

---

tout que la faculté s'adresse à des objets hors du monde, mais au contraire qu'elle saisit dans le monde ce qui la concerne exclusivement, et qui la faît naître au monde » (*ibid.*).

1 Voir en particulier DR, p. 182 et 305.

ration rigide des facultés entre elles, puisque l'objet n'est pas seulement reçu dans les sens, avant d'être soumis à la synthèse d'autres facultés, il est d'abord et surtout senti, sans qu'on puisse véritablement savoir ce qui peut advenir par la suite, dans l'imagination, dans la mémoire, dans l'entendement, etc. L'imprévisible qui nous saisit, l'inconnu dans lequel nous sommes projetés : ainsi nous affectent les signes. Toutefois, il faut tenter de suivre le mouvement qui s'est fait en nous. Pour cela, il est nécessaire de prendre à la lettre le leitmotiv deleuzien : si la pensée est forcée par une chose à s'émouvoir, c'est que cette chose suit un chemin, depuis la sensibilité jusqu'à la pensée, comme si elle parcourait, suivant un certain rythme, nos autres facultés. Celles-ci ne sont plus régies par une collaboration exercée par un Moi autonome sur un objet identique : elles communiquent maintenant entre elles, à la manière d'« *une chaîne forcée et brisée* »[1], faisant dissoudre le Moi, et se dérobant à la forme d'identité de l'objet. En ce sens, une communication entre facultés n'est effective que si leur exercice est transcendant, que si chacune, autrement dit, est parvenue à conquérir sa « passion », sa limite propre où elle apparaît comme complètement « déréglée » pour un exercice empirique. Les facultés ne sont pas devenues différentes de ce qu'elle étaient auparavant, dans le sens commun. Seulement, c'est leur usage qui a changé : il est dorénavant transcendantal, et n'est plus décalqué sur rien, ne ressemble plus à rien ; nous sentons, nous expérimentons qu'il est différent.

Les signes nous laissent entrevoir l'élément de la différence, qui se répète ensuite au sein des autres facultés, prises dans une même discorde. Ils contraignent la sensibilité dans la rencontre, mais c'est la sensibilité, dans un deuxième temps, qui contraint une autre faculté ; ainsi la mémoire, seule apte, en tant que mémoire transcendantale, à saisir l'être *du* passé, « l'immémorial » ; et la mémoire, à son tour, force la pensée à saisir ce qui ne peut être que pensé, l'« impensable », ou encore l'essence du signe, déjà enveloppée en lui[2]. Citons à cet égard un texte particulièrement dense de Deleuze, dans lequel il indique la nature essentielle de cette communication « discordante » des facultés :

> Du *sentiendum* au *cogitandum*, s'est développée la violence de ce qui force à penser. Chaque faculté est sortie de ses gonds. Mais qu'est-ce que les gonds, sauf la forme du sens commun qui faisait tourner et converger toutes les facultés ?

---

1 DR, p. 190.

2 Deleuze définit ainsi ce qu'il nomme les trois « caractères » de la rencontre, qui correspondent en vérité aux effets de la rencontre sur les trois « instances » – la sensibilité, la mémoire et la pensée – qui communiquent entre elles.

> Chacune a, pour son compte et dans son ordre, brisé la forme du sens commun qui la maintenait dans l'élément empirique de la *doxa*, pour atteindre à sa nième puissance comme à l'élément du paradoxe dans l'exercice transcendant. Au lieu que toutes les facultés convergent, et contribuent à l'effort commun de reconnaître un objet, on assiste à un effort divergent, chacune étant mise en présence de son « propre » en ce qui la concerne essentiellement. Discorde des facultés, chaîne de force et cordon de poudre où chacune affronte sa limite, et ne reçoit de l'autre (ou ne communique à l'autre) qu'une violence qui la met en face de son élément propre, comme de son disparate ou de son incomparable [1].

Il est certain, à lire ce passage, que l'analyse kantienne du Sublime a eu, sur la théorie deleuzienne des facultés, une influence déterminante. Dans son analyse, en effet, Kant découvre la limite d'une faculté – l'imagination –, son impuissance devant ce qui la dépasse dans la nature (l'informe ou le difforme) ; cette faculté est ainsi amenée à quitter son exercice empirique et par conséquent à ne plus collaborer suivant un sens supposé commun ; elle communique désormais autrement avec la raison [2], en lui transmettant la violence dont elle est la proie, et cette communication engendre précisément un accord d'un nouveau type, un *accord discordant*. Dans l'étude que fait Deleuze de ce passage de la troisième *Critique*, nous retrouvons sensiblement la même argumentation que celle à l'œuvre dans le texte de *Différence et Répétition* préalablement cité : ainsi Kant, dans le sublime

> fait jouer les diverses facultés de telle manière qu'elles s'opposent l'une à l'autre comme des lutteurs, que l'une pousse l'autre à son maximum ou à sa limite, mais que l'autre réagisse en poussant l'une à une inspiration qu'elle n'aurait pas eue toute seule. L'un pousse l'autre à la limite, mais chacun fait que l'un dépasse la limite de l'autre. C'est au plus profond d'elles-mêmes, et dans ce qu'elles ont de plus étranger, que les facultés entrent en rapport. Elles s'étreignent au plus loin de leur distance (...) les diverses facultés se donnent mutuellement les harmoniques les plus éloignées les unes des autres, si bien qu'elles forment des accords essentiellement dissonants [3].

---

1 DR, p. 184.

2 Ajoutons ici qu'un sens commun correspond au sentiment du sublime : dans le sublime dynamique, en effet, est mise en évidence, par l'accord de l'imagination et de la Raison, la prédestinée d'un être moral.

3 CC, p. 48-49 ; la formule poétique en question est extraite de deux lettres de Rimbaud adressés respectivement à G. Izambard (lettre du 13 mai 1871) et à P. Demeny (lettre du 15 mai 1871). Deleuze analyse en outre « le cas de l'imagination » dans le Sublime à la note 1 de la p. 187 de *Différence et Répétition*. En ce qui concerne l'accord discordant, Deleuze a bien vu qu'avec lui, en lui, l'accord entre facultés est *engendré*, et non plus seulement *présumé*, comme c'est le cas dans les

L'influence philosophique, cependant, ne doit pas masquer le dépassement critique opéré, car ce que Kant fait avec une seule faculté (l'imagination), Deleuze le réalise avec toutes. Toutes les facultés sont susceptibles d'un exercice singulier, qui n'est pas « illégitime » ; toutes prennent la mesure véritable de ce qu'elles peuvent, et mènent l'esprit vers des régions inexplorées, où il découvre ses limites insoupçonnées ; toutes sont libérées de la forme du sens commun, au profit de la présentation d'un sens paradoxal, qui en droit fait sens, puisqu'il témoigne d'une genèse de l'acte de penser. Telles sont les conditions transcendantales qui déterminent la possibilité d'un empirisme supérieur, ainsi que le revendique Deleuze, c'est-à-dire d'un empirisme qui reste « le seul moyen de ne pas décalquer le transcendantal sur les figures de l'empirique » [1].

L'empirisme transcendantal est indissociable de la doctrine deleuzienne des facultés. Quand Deleuze entreprend la critique de la philosophie kantienne, il ne condamne pas l'existence d'une doctrine des facultés en général, mais la façon dont celle-ci est élaborée, construite, au regard des présupposés subjectifs sur lesquels elle repose. C'est sur ce point, et sur ce point seulement, que Deleuze pose le problème du fonctionnement des facultés chez Kant, et qu'il le dénonce à un niveau philosophique, qui n'est pas celui de l'objection de fait. Kant a découvert le transcendantal, mais les facultés qu'il projette et fait se collaborer en ce domaine restent soumises à un jeu empirique et sans « passion » (à l'exception de ce qui a lieu dans le Sublime). Ce procédé, selon Deleuze, explique le déclin de la doctrine des facultés, qu'il regrette pour sa part vivement :

> Le discrédit dans lequel est tombée aujourd'hui la doctrine des facultés, pièce pourtant tout à fait nécessaire dans le système de la philosophie, s'explique par la méconnaissance de cet empirisme proprement transcendantal, auquel on substituait vainement un décalque du transcendantal sur l'empirique [2].

---

deux premières *Critiques* de Kant (sur ce point, voir PCK, p. 75). Voir en outre ID, p. 87 : « le sublime met l'imagination face à son maximum, la force à atteindre sa propre limite, la confronte avec ses bornes. L'imagination est poussée *jusqu'à la limite de son pouvoir* (...) un accord *naît* au sein de ce désaccord (...) La raison met l'imagination en présence de sa limite dans le sensible ; mais inversement, l'imagination éveille la raison comme la faculté capable de penser un substrat suprasensible pour l'infinité de ce monde sensible. Subissant une violence, l'imagination semble perdre sa liberté ; mais aussi bien, elle s'élève à un exercice transcendant, prenant pour objet sa propre limite ».

1 DR, p. 187.

2 DR, p. 186. À noter le sous-titre de la monographie sur Kant, qui se veut précisément être l'analyse de la « Doctrine des facultés » dans la philosophie critique kantienne ; ce sous-titre témoigne bien de l'importance de ce thème pour Deleuze.

Deleuze veut rendre à la doctrine des facultés ses lettres de noblesse, et édifier dans cette perspective une « doctrine complète »[1]. Édifier? Mais sur quel fondement, dès lors qu'on sait que l'empirisme supérieur trouve son origine dans une rencontre fortuite? Deleuze indique explicitement qu'il ne s'agit pas d'« établir » ou de fonder une telle doctrine : « Notre sujet n'est pas ici l'établissement d'une telle doctrine des facultés. *Nous ne cherchons à déterminer que la nature de ses exigences* »[2]. C'est que l'empirisme transcendantal est une « aventure de l'involontaire », une « exploration » inquiète qui ne repose sur rien, sinon sur un événement advenu par hasard dans le temps. En ce sens, il nécessite davantage un *apprentissage*, au sein de cette symphonie dissonante (composée de facultés discordantes), qu'il n'a besoin d'une méthode et des fondations. L'apprenti, ou l'explorateur, est la figure deleuzienne de « la philosophie future ». La « philosophie future », en l'occurrence, naît selon Deleuze de la rupture opérée par Kant dans l'Analytique du Sublime :

> Un exercice déréglé de toutes les facultés, qui va définir la philosophie future, comme pour Rimbaud le dérèglement de tous les sens devait définir la poésie de l'avenir[3].

Pour cela, une « *rencontre* fondamentale » est nécessaire. La rencontre apporte la différence dans la sensibilité; des voies de traverse apparaissent qui mobilisent les autres facultés : la pensée est émue, activée; toutefois, « *on ne sait jamais d'avance* » quelle essence celle-ci va découvrir; l'essence est fonction de la rencontre, laquelle se répète comme différence dans les facultés. L'apprentissage est le cheminement singulier d'un esprit, qui en étudie les résonances internes. C'est en ce sens que Deleuze évoque « cette incertitude quant aux résultats de la recherche, cette complexité dans l'étude du cas particulier de chaque

---

1 DR, p. 187. Après avoir établi la critique du système des facultés chez Kant (lequel, d'ailleurs, à la fin de l'Introduction de la *Critique de la faculté de juger*, propose « un tableau » qui « peut permettre d'embrasser toutes les facultés supérieures dans leur unité systématique »), il nous semble que cette déclaration de Deleuze ne va pas sans une certaine ironie. D'autant plus que la complétude qu'il appelle de ses vœux inclurait des « facultés non encore soupçonnées, à découvrir ». Plus exactement, le mot « complet » ne fait pas référence à une doctrine exhaustive des facultés qui, par définition, serait close; il invite plutôt à prendre en considération non pas seulement les facultés étudiées par les philosophes dans l'histoire de la philosophie, mais toutes les facultés possibles, quelles qu'elles soient, ainsi, par exemple, « la vitalité, dont l'objet transcendant serait aussi bien le monstre » ou « la sociabilité, dont l'objet transcendant serait aussi l'anarchie ». Il se peut, aussi, « que de nouvelles facultés se lèvent, qui étaient refoulées par cette forme du sens commun » (*ibid.*).

2 *Ibid.*

3 CC, p. 49.

faculté »[1]. C'est pourquoi il préfère indiquer les « *exigences* » d'une doctrine des facultés (auxquelles se mêlent les conseils de prudence), plutôt que d'en déduire les fondements ; c'est pourquoi, aussi, l'empirisme transcendantal, comme tout empirisme, est davantage soucieux de la pratique et de ses trouvailles, qu'il ne se préoccupe de la connaissance et de ses prémisses. Dans tous les cas, commencer et recommencer en philosophie ne va pas sans un certain « dressage » de celui qui « apprend » :

> la culture est le mouvement d'apprendre, l'aventure de l'involontaire, enchaînant une sensibilité, une mémoire, puis une pensée, avec toutes les violences et cruautés nécessaires, disait Nietzsche[2].

L'apprentissage comme « paideïa » deleuzienne

> Que penser soit l'exercice naturel d'une faculté, que cette faculté ait une bonne nature et une bonne volonté, écrit Deleuze, cela ne peut s'entendre *en fait*. Tout le monde sait bien qu'en fait les hommes pensent rarement, et plutôt sous le coup d'un choc que dans l'élan d'un goût[3].

L'exercice de la pensée est fonction d'une rencontre qui du dehors nous force à penser, non d'une décision prise dans l'apparente clarté de la conscience. L'acte de penser, en quelque sorte, dépend de nous, mais ne dérive pas de notre bon vouloir. Nous connaissons la critique deleuzienne d'une certaine image de la pensée, critique au cours de laquelle transparaît un des problèmes qui hante le plus intensément l'œuvre du philosophe : « qu'est-ce que penser ? », ou plus exactement : qu'est-ce que la pensée, dès lors qu'elle naît dans la pensée, hors de toute préméditation ? Ce problème s'accompagne d'une condamnation rigoureuse du « *savoir* », du savoir en tant que pris dans le système de la représentation, au sens où ce système conditionne l'expérience, fait de l'expérience une expérience seulement possible, où règne le modèle de la récognition, et

---

1 DR, p. 187.

2 DR, p. 215. Le « dressage de l'esprit » ne va pas sans une « pédagogie des sens » (évoquée plus haut). La référence à Nietzsche concerne le texte de la troisième des *Considérations Inactuelles*, « Schopenhauer éducateur », où Nietzsche, dans un autre contexte, évoque « le combat pour la culture » et remarque à ce propos « *l'étroitesse et la rareté extraordinaires du savoir* » (souligné par l'auteur), voir Nietzsche, *Œuvres complètes*, t. I, Pléiade, p. 620.

3 DR, p. 173. Ce motif traverse l'ensemble de l'œuvre : voir NP, p. 118, PS, p. 118-119, F, p. 93 et QqP, p. 55.

où savoir c'est reconnaître[1]. Il existe une soumission des objets de l'expérience au savoir, dans la mesure même où ce savoir possède une méthode qui veille à penser, conformément à une nature commune de la pensée, à penser des objets qui restent simplement reconnaissables, mais qui apparaissent en vérité comme « le vieux décalogue que l'identique imposa à la différence »[2]. Il y a une *collaboration* de nos différentes facultés (sensibilité, langage, imagination, etc.) au nom de ce même savoir, une collaboration qui veille à l'identité de l'objet comme à l'unité du sujet, un sujet de la connaissance dont l'acte principal réside précisément dans la détermination des conditions de l'expérience possible. Celles-ci définissent un réel indifférencié, pour un penseur qui fait de la *méthode* son meilleur allié.

> La méthode est un artifice, mais par lequel nous rejoignons la nature de la pensée, nous adhérons à cette nature et conjurons l'effet des forces étrangères qui l'altèrent et nous distraient[3].

La méthode est le garant du savoir ; elle détermine un accord *réglé* entre facultés, apportant avec elle un oubli de ce dont est capable chaque faculté, entraînant aussi une ignorance de la discordance avec laquelle les facultés peuvent s'enchaîner[4]. Suivre ou appliquer une méthode, entendue comme méthode au service d'un savoir du même et du semblable, c'est inévitablement, selon Deleuze, condamner les facultés qu'elle subordonne à un exercice arbitraire,

---

1 Deleuze évoque la présence, tout au long de l'histoire de la philosophie, d'une volonté de conquérir le « trophée constitué par la *Cogitatio natura universalis,* trophée de la récognition et de la représentation pures » (DR, p. 178).

2 Cette expression appartient à Michel Foucault, voir « Theatrum philosophicum », in *Dits et Écrits*, t. II, Paris, Gallimard, 1994, p. 91, dont un passage substantiel est notamment consacré à la question du savoir et du modèle de la récognition, telle qu'elle est posée dans *Différence et répétition*.

3 NP, p. 118, et Deleuze ajoute : « Peu importent l'heure et le lieu, si nous appliquons la méthode : elle nous fait pénétrer dans le domaine de "ce qui vaut en tous temps, en tous lieux" ». Sur la distinction entre les « conditions de l'expérience possible » et les « conditions de l'expérience réelle », qui favorisent une genèse véritable, voir notamment DR, p. 93-95 : « Les concepts élémentaires de la représentation sont les catégories définies comme conditions de l'expérience possible (...) Tout change lorsque nous déterminons des conditions de l'expérience réelle ». Voir aussi DR, p. 225, où Deleuze loue Maïmon d'avoir su critiquer Kant sur son propre terrain, en montrant que ce dernier a en fin de compte « [renoncé] à toute exigence génétique ».

4 Sur ce dernier point, voir notamment DR, p. 292, où Deleuze évoque ce moment paradoxal au cours duquel, la différence ayant rencontré la sensibilité, « les facultés dissociées entrent dans ce rapport de violence où l'une transmet sa contrainte à l'autre », créant par là un exercice déréglé – mais non désordonné – de toutes les facultés.

à une apparence d'activité, à laquelle manque la garantie de la nécessité : c'est que, dans ce cas,

> toutes les facultés s'exercent sur ces objets [de récognition], mais dans un exercice contingent, qui nous fait dire « c'est un doigt », c'est une pomme, c'est une maison..., etc. [1].

Assujetties à une réglementation explicite, les facultés se perdent dans la contingence d'un exercice empirique, sachant que chez Deleuze, l'empirique désigne ce qui n'est pas engendré comme tel. Est transcendantale, au contraire, une faculté qui est *forcée* de s'exercer, sous la contrainte d'une rencontre fortuite, indépendamment des efforts de notre volonté. Chaque faculté, affrontant alors sa limite propre, se confronte à sa « passion », à ce qu'elle *peut*, à sa puissance, et pénètre dans le champ du transcendantal, là où a proprement lieu sa genèse, là où s'avère « la griffe de sa nécessité » [2]. Nous devinons que cette genèse n'est pas simplement donnée, à partir du choc de la rencontre, mais qu'elle se conquiert, de même que les facultés deviennent transcendantales au prix d'une expérimentation qui ne doit rien à l'artifice de la méthode. Le transcendantal deleuzien est l'épreuve proprement philosophique. Le transcendantal, pour celui qui l'« endure », est ce qui donne consistance à l'exercice des facultés, dans la mesure même où ces facultés se trouvent constituées dans et à travers les donnés de l'expérience, tels qu'ils ont été rencontrés dans l'expérience, réconciliant ainsi l'empirisme et le transcendantal [3].

Le philosophe de la différence indique qu'une faculté contrainte ne saurait se satisfaire des conventions de la méthode ; il sait que le transcendantal, de même que la vérité qu'il prétend énoncer « à tous égards est affaire de production, non pas d'adéquation » [4]. Si elle veut en effet atteindre un usage

1 PS, p. 122-123.

2 PS, p. 116. On retrouve la même expression dans DR, p. 181. Voir aussi, toujours dans PS, la p. 24, où Deleuze, après Proust, dénonce les « vérités abstraites » de la philosophie, qui « restent gratuites, parce qu'elles sont nées de l'intelligence, qui ne leur confère qu'une possibilité, et non pas d'une rencontre ou d'une violence qui garantirait leur authenticité ». C'est pourquoi, s'« il y a bien une raison de la philosophie », « c'est une raison synthétique, et contingente – une rencontre » (QqP, p. 90).

3 Comme l'affirme Bernard Stiegler : « Philosophique veut dire (qui endure la question) *transcendantale* (même l'empirisme, lorsqu'il est philosophique comme chez Hume, *endure* la question transcendantale) », et de préciser que la philosophie empiriste de Hume « par son concept d'expérience, vise une *constitution* », voir *La Technique et le Temps*, « La Faute d'Epiméthée », t. I, Paris, Galilée, 1994, p. 113. En outre, dans son ouvrage sur Hume, Deleuze indique bien que « le donné n'est plus donné à un sujet, [mais que] le sujet se constitue dans le donné » (ES, p. 92).

4 DR, p. 200.

transcendantal, la faculté doit faire l'épreuve d'une genèse authentique, faire l'expérience d'une transfiguration fondamentale, à partir de l'objet-limite que constitue pour elle la différence, le méconnaissable et le « sub-représentatif » de la rencontre. Celle-ci laisse présager les conditions d'une expérience enfin réelle, où chaque faculté naît à elle-même, avant d'entrer singulièrement en rapport avec d'autres, loin de toute réglementation définitive par laquelle les facultés ne font que servir un savoir soucieux des conditions d'une expérience possible. Le transcendantal deleuzien substitue « un point de vue de la genèse effective au simple point de vue du conditionnement », une « genèse intrinsèque » à « un conditionnement extrinsèque » [1]. Nous disions que l'obtention de ce transcendantal nécessitait une conquête : il faut le conquérir pour pouvoir expérimenter la genèse des sens dans la sensibilité, la genèse de la pensée, « ce que signifie penser », etc., comme si nous avions affaire aux exigences d'une véritable *paideïa*. Deleuze emploie un verbe pour désigner le mouvement d'acquisition du transcendantal : il s'agit « d'*élever* » chaque faculté à son exercice supérieur [2]. Élever une faculté, c'est la porter à sa limite, là où à raison même de la force rencontrée, on dirait ne plus la reconnaître, là où en vérité se révèle sa puissance, la puissance qu'elle a aussi de capter ce qui assurément n'est plus reconnaissable.

> Il faut porter chaque faculté au point extrême de son dérèglement, où elle est comme la proie d'une triple violence, violence de ce qui la force à s'exercer, de ce qu'elle est forcée de saisir et qu'elle est seule à pouvoir saisir, pourtant l'insaisissable aussi (du point de vue de l'exercice empirique) [3].

C'est cela « élever » une faculté à son exercice transcendantal ; une épreuve au cours de laquelle nous n'assistons guère à un dépassement, ou à ce que l'on pourrait nommer une *relève* de l'usage empirique, dans la mesure où rien n'est à proprement parler conservé de l'usage empirique ; bien plus, le fait même d'« élever » une faculté *ne dépend pas* de la suppression de cet exercice empirique. Une faculté s'élève à l'horizon transcendantal, comme elle s'affirme dans l'élément de l'incomparable : sa distinction s'opère au moment même où elle commence à s'exercer vraiment, dans la positivité d'un commencement radical. Nous devons prendre à la lettre l'expression de Deleuze, lorsqu'il souligne

---

1 DR, respectivement p. 210, p. 200.

2 Voir surtout DR, p. 213-215.

3 DR, p. 186. Et Deleuze spécifie, à la suite de ce passage essentiel : « Chaque faculté découvre alors la passion qui lui est propre (...) sa manière de naître ».

qu'au sein de l'usage transcendantal, une faculté fait l'expérience de sa « naissance », c'est-à-dire de sa genèse véritable, comme un *oubli* « naïf » ou innocent des déterminations du sens commun, au sein duquel s'affirme un usage exclusivement empirique des facultés. Il n'y a aucune trace de cet usage dans le transcendantal deleuzien. Les facultés agissent en l'occurrence par-delà les formes de la récognition, chaque faculté étant confrontée à ce qui, comme nous venons de le voir, reste « insaisissable » pour une faculté prise dans son exercice empirique : ainsi la sensibilité, forcée de saisir ce qui est « insensible » (ce qui est insensible pour une sensibilité indifférente, qui méconnaît sa « passion »), l'imagination, contrainte d'affronter ce qui semble « impossible à imaginer », de même pour le langage, un certain « *loquendum*, silence en même temps? »[1]. C'est que le transcendantal chez Deleuze, contrairement à ce qui est à l'œuvre chez Kant, n'est pas « *décalqué* » sur l'empirique. Le contraire « d'élever », c'est justement « décalquer », c'est ne pas satisfaire aux exigences génétiques du transcendantal, c'est prétendre à une genèse de l'acte de pensée et de l'objet tel qu'il est réellement appréhendé, pour en fin de compte « élever au transcendantal une simple figure de l'empirique, quitte à faire tomber dans l'empirique les vraies structures du transcendantal »[2].

L'acte d'élever les facultés à leur exercice supérieur ne saurait être justiciable d'une méthode (au sens où nous l'avons définie avec Deleuze). Comme l'écrit Georges Didi-Huberman,

> ce que la chose inattendue est incapable d'offrir – une réponse aux axiomes de la recherche en tant que *demande* quant au savoir –, elle en fait don ailleurs et autrement : dans une ouverture heuristique, dans une expérimentation de la recherche en tant que *rencontre*. Autre genre de connaissance[3].

Élever une faculté à son usage transcendantal, c'est une expérimentation à la fois de la faculté par elle-même et de cet événement que constitue pour elle la rencontre; cette expérimentation chez Deleuze a un nom précis : « *apprentissage* ». Il existe dans l'œuvre deleuzienne la présentation d'un « apprentissage essentiel », « l'apprenti » étant celui qui « élève chaque faculté à l'exercice

1 DR, p. 187.
2 DR, p. 201. Sur le verbe « décalquer », voir notamment DR, p. 186 : « Si l'exercice transcendant ne doit pas être décalqué sur l'exercice empirique, c'est précisément parce qu'il appréhende ce qui ne peut être saisi du point de vue d'un sens commun, lequel mesure l'usage empirique de toutes les facultés d'après ce qui revient à chacune sous la forme de leur collaboration », ainsi que p. 249.
3 G. Didi-Huberman, voir *Phasmes*, Paris, Minuit, 1998, p. 9-10 (le mot « rencontre » est souligné par l'auteur).

transcendant »[1]. Si l'apprentissage désigne une aventure, force est de constater que cette aventure reste dans son principe essentiellement « involontaire »[2]. L'acte d'élever une faculté à son exercice transcendant s'inscrit en effet dans une recherche à laquelle nous sommes voués comme malgré nous : « au lieu d'une intelligence volontaire, d'une mémoire volontaire, d'une imagination volontaire, toutes ces facultés surgissent sous leur forme involontaire et transcendante », et chacune de ce fait « découvre ce qu'elle est seule à pouvoir interpréter, chacune explique un type de signes qui lui fait violence en particulier ». Et Deleuze d'ajouter : « L'exercice involontaire est la limite transcendante ou la vocation de chaque faculté »[3].

Aventure involontaire, l'apprentissage est aussi, et par voie de conséquence, indéterminé dans sa progressivité. Comment prévoir les découvertes « étranges » (de l'inconnu et du nouveau), que nous sommes susceptibles de faire au niveau de chaque faculté, et – qui sait ? – au niveau de facultés dont nous ignorons même l'existence, et dont la réalité peut nous être dévoilée par l'apprentissage en son cours ? Deleuze est très clair sur ce point : « *on ne peut rien dire d'avance, on ne peut pas préjuger de la recherche* »[4]. L'apprenti nous apparaît ainsi dans une situation relativement instable, dans une situation de « proclivité », pour reprendre un mot de l'historien de l'art Jean Clay, qui décrit en ces termes la « position du sujet peignant », lequel est un « apprenti » à sa manière, dans son domaine particulier ; la « proclivité » désignant cette « négociation du sujet aux prises avec la résistance de la matière qu'il a choisi d'investir, dans un balancement incessant du projet et du procès »[5]. L'apprentissage, à ce niveau de

1 DR, p. 214.

2 Voir surtout DR, p. 189 et aussi PS, p. 119.

3 PS, p. 121. Dans la même page, l'auteur affirme que « chaque fois qu'une faculté prend sa forme involontaire, elle découvre et atteint sa propre limite, elle *s'élève* à un exercice transcendant, elle comprend sa propre nécessité comme sa puissance irremplaçable ». Voir aussi DR, p. 189. Sur la distinction du « volontaire » et de « l'involontaire », dans leurs relations à l'usage des facultés, Deleuze apporte une précision importante : « Volontaire et involontaire ne désignent pas des facultés différentes, mais plutôt un exercice différent des mêmes facultés » (PS, p. 120), confirmant l'absence de tout lien (dialectique ou non) entre usage empirique et usage transcendant des facultés.

4 DR, p. 187. Plus avant dans son développement, Deleuze affirme aussi qu'« on ne sait jamais d'avance comment quelqu'un va apprendre » (DR, p. 215). On retrouve presque la même phrase dans PS, p. 31.

5 La notion de « proclivité » provient de l'étude que Jean Clay consacre à l'œuvre de Manet, intitulé « Onguents, fards, pollens », in *Bonjour Monsieur Manet*, Centre Georges Pompidou, Paris, p. 17. J. Clay décrit le travail du peintre en des termes qui nous semblent correspondre éminemment à ce que Deleuze exprime ici par le concept d'« apprentissage », en tant que ce concept joue de l'indétermination qu'il implique, et qui n'est pas envisagé comme un trou dans un savoir : bien

l'analyse, peut bien être considéré comme une « négociation », négociation non savante durant laquelle celui qui subit la pression de l'objet rencontré adhère malgré tout à l'inconnaissable qui s'ouvre à lui. Quand je décide ainsi d'élever une faculté à son exercice transcendant, je choisis par là même de veiller à une recherche qui se caractérise par une incertitude manifeste quant à ses résultats. Deleuze indique toutefois que cette incertitude est pratiquement le corollaire d'un renouveau de la doctrine des facultés, étant entendu que cette doctrine, répondant aux exigences d'un empirisme supérieur, échappe à la forme du sens commun, à la collaboration réglée entre facultés, où règne dans le fond le modèle de la récognition. Rappelons-le,

> cette incertitude quant aux résultats de la recherche, cette complexité dans l'étude du cas particulier de chaque faculté, n'ont rien de regrettable pour une doctrine [des facultés] en général ; l'empirisme transcendantal [étant] le seul moyen de ne pas décalquer le transcendantal sur les figures de l'empirique[1].

Apprendre, en ce sens, c'est l'expérimentation de la genèse des facultés. C'est pourquoi « c'est sur "l'apprendre" et non sur le savoir, que les conditions transcendantales de la pensée doivent être prélevées »[2]. Le fait d'« apprendre » est considéré le plus souvent comme une activité en devenir, incomplète, lacunaire, au service d'une tâche estimée plus importante et plus consistante, qui réside justement dans l'achèvement du savoir. L'apprentissage, dans une certaine mesure, « disparaît » dans le savoir[3] ; il est l'intermédiaire entre une ignorance originaire et le savoir incrusté dans son architechtonique. Mais l'apprenti reste malgré tout l'homme du non-savoir, l'ami d'une science encore confuse : il tâtonne essentiellement. Deleuze ne néglige pas l'expérience à l'œuvre dans ce tâtonnement ; il cherche au contraire à en marquer le caractère transcendantal, l'épreuve pratique essentielle à laquelle elle donne lieu, et où est en jeu la genèse même de l'esprit pensant. En référence à Platon, Deleuze en appelle à un « apprendre [qui soit] vraiment le mouvement transcendantal de l'âme, irréductible au savoir autant qu'au non-savoir »[4]. Le savoir avait peut-être la prétention de représenter à lui seul tout le champ transcendantal, là où les

---

plus, l'apprenti, partant de cette indétermination, va chercher à la maintenir le plus longtemps possible au sein d'un processus, dans lequel, à partir du choc de la rencontre, il est pris et opère.

1 DR, p. 187.

2 DR, p. 216.

3 Sur ce point, voir DR, p. 215.

4 DR, p. 215-216.

facultés s'« élèvent », là où une certaine passion les saisit, mais tout cela est seulement possible dans l'apprentissage, qui permet l'élaboration d'une synthèse vivante où se fait jour une genèse authentique des facultés.

2

PÉDAGOGIE DU CONCEPT CINÉMATOGRAPHIQUE

Retrouver le « vrai » mouvement

Bergson et *Peirce*

La première phrase de *L'Image-mouvement* est une proposition négative ; elle signale ce que cet ouvrage n'est pas : « Cette étude n'est pas une histoire du cinéma »[1]. Dans un entretien où il évoque les deux volumes sur le cinéma, Deleuze souligne par ailleurs que « ce sont des livres de philosophie »[2], lesquels se présentent comme deux manières de *classer* les images et les signes. La philosophie adopte en ce sens la forme de la taxinomie, et il nous appartiendra de montrer en quel sens les deux classifications qui animent respectivement *L'Image-mouvement* et *L'Image-temps* diffèrent en nature. Pour l'heure, il s'agit de mettre en lumière une double « confrontation » qui engage, dans les *Cinéma*, la combinaison singulière du travail d'un logicien et celui d'un philosophe, à savoir les œuvres fort distinctes de Peirce et de Bergson. Deleuze estime qu'une confrontation de cette nature est « nécessaire » à l'effectuation de son projet taxinomique[3]. Si la notion de « classification » trouve son origine chez Peirce, il est à noter qu'elle intervient plutôt tardivement dans le cheminement de l'argumentation. C'est à la fin du chapitre 4 du premier volume, intitulé « l'image-mouvement et ses trois variétés », que le nom de Peirce paraît pour la première fois. Cette mention advient après que Deleuze a établi une déduction des trois sortes d'images (image-perception, image-action, image-

1 IM, p. 7.
2 P, p. 187.
3 Voir IM, p. 7.

affection) depuis « l'image en soi » (ou image-mouvement) telle qu'elle est exposée selon lui dans le premier chapitre de *Matière et mémoire* de Bergson. C'est dans ce même passage que la « possibilité » d'images « très différentes des images-mouvement » – les images-temps – est abordée, et qu'il y aurait, de fait, « un grand nombre de variétés d'images dont il faudrait faire l'inventaire ». C'est alors que Deleuze cite Peirce, « qui est allé le plus loin dans une classification systématique des images »[1]. Autrement dit, la référence à la taxinomie peircienne succède à « l'inventaire » des types d'images que Deleuze appelle de ses vœux, et que le « second commentaire de Bergson » (sous-titre de ce chapitre 4) vient à peine d'esquisser concernant l'image-mouvement.

Cet enchaînement de Bergson à Peirce possède une grande importance dans l'analyse, à au moins deux titres. D'une part, il met en évidence le fait que les images de la classification proposée, dans la terminologie employée, proviennent des commentaires que l'auteur consacre à *Matière et mémoire*. Le procès de spécification des images-mouvement sert en effet à définir les trois variétés d'images déjà énoncées, et désigne, par la division que cette spécification opère, un embryon de taxinomie, ce que Deleuze nomme un « inventaire ». L'étude de la pensée bergsonienne surdétermine ainsi la classification des images, *aussi bien dans* Cinéma 1 *que dans* Cinéma 2 ; les deux commentaires supplémentaires du texte de Bergson, au sein de *L'Image-temps* (chapitres 3 et 5), permettront également d'agencer les images qui constituent cet autre volet de l'essai deleuzien. Peirce, pour sa part, est absent de ce second volume. Nous verrons les raisons pour lesquelles Deleuze ne se réfère pas à ses écrits ; bien plus, il s'agira de montrer en quel sens il *ne peut plus* s'y référer d'après les exigences de la « nouvelle image » en train de naître, laquelle le conduira à une nouvelle manière de classer aussi rigoureuse que celle que nous trouvons dans *L'Image-mouvement*. L'une de ces raisons résidera dans le changement du rapport de l'image *et* du signe, étant donné que Deleuze décrit ses livres sur le cinéma comme étant à la fois une « classification des images *et* des signes » (et non pas seulement des images).

Un deuxième point témoigne de l'importance du passage déjà évoqué, où les noms de Bergson et de Peirce sont associés, sans que le lien entre les deux auteurs ne soit explicitement formulé, sinon, précisément, à travers l'idée d'un inventaire des images ; il a trait à la notion de signe. C'est avec Peirce que Deleuze l'appréhende en premier lieu, relevant à cette occasion qu'à la classification des images, le logicien « y joignait *nécessairement* une classification des

---

1 Sur tous ces points, voir IM, p. 101.

signes, qui est la plus riche et la plus nombreuse qu'on ait jamais établie »[1]. Il existe en d'autres termes une relation, un point de jointure entre l'image et le signe chez Peirce. Deleuze indique au sein de ce même chapitre 4 de *L'Image-mouvement* que « nous ne savons pas encore le rapport que Peirce propose entre le signe et l'image. Il est certain que l'image donne lieu à des signes », ajoutant que

> *pour notre part*, un signe nous semble être une image particulière qui représente un type d'image, soit du point de vue de sa *composition*, soit du point de vue de sa *genèse* ou de sa formation[2].

En ce sens, Deleuze présente bien une façon d'articuler le signe à l'image, *en tant qu'elle se distingue de celle de Peirce.* « Nous aurons à confronter la classification des images et des signes que nous proposons, à la grande classification de Peirce », ajoute Deleuze, cette confrontation montrant pourquoi elles « ne coïncident pas » entre elles[3]. Il nous faudra également analyser l'articulation deleuzienne du signe et de l'image, et cela au regard de la différence de nature qui préside aux classifications respectives dans *Cinéma 1* et *2*. En ce qui concerne les signes, un simple constat relatif au vocabulaire présent dans *L'Image-mouvement* pourrait nous faire croire que Deleuze reprend à son compte les termes élaborés par Peirce dans sa sémiologie. Ce n'est vrai qu'en partie, puisque Deleuze s'approprie parfois les mots de Peirce et en transforme radicalement le sens :

> il nous arrivera constamment d'employer des termes que Peirce a créés pour désigner tel ou tel signe, tantôt en en conservant le sens, tantôt en le modifiant ou même en le changeant complètement[4].

Si le sens que donne Peirce aux signes est susceptible, dans le texte deleuzien, de subir dans certains cas des transformations, c'est que le signe comme tel dépend plus fondamentalement d'un mécanisme qui consiste à le rapporter aux variétés de l'image-mouvement, et qui ne concerne plus du tout Peirce. Ce mécanisme, qui instaure une relation de correspondance entre les images-mouvement et leurs signes, ne sera formellement énoncé qu'au début de *L'Image-temps*, au moment de la « récapitulation des images et des signes ». Or il apparaît

---

1 IM, p. 101.
2 IM, p. 101-102. Voir également IT, p. 48 et P, p. 92.
3 IM, p. 102.
4 *Ibid.*

que le rapport grâce auquel un signe, comme « image particulière », représente un type d'image-mouvement reste étroitement solidaire de la spécification à l'œuvre dans le chapitre 4 de ce premier volume, c'est-à-dire, en définitive, du second commentaire de Bergson. En d'autres termes, « l'exposé des trois sortes d'images-mouvement, et la recherche des signes correspondants » est tributaire d'une image en tant que celle-ci est déduite du « monde » que nous décrit le premier chapitre de *Matière et mémoire*[1]. Les signes de composition et celui de genèse, qui servent à désigner tel ou tel type d'image-mouvement, dérivent en droit de l'image-perception, laquelle constitue le « degré zéro dans la déduction qui s'opère en fonction de l'image-mouvement »[2]. Il faudra revenir sur ce point délicat de la démonstration, dont l'étude s'avérera d'autant plus nécessaire qu'elle nous permettra de saisir les raisons du surgissement d'un « au-delà de l'image-mouvement », et de comprendre par là même les fondements du passage de l'image-mouvement à l'image-temps. Car la déduction en question repose tout entière sur le schème sensori-moteur, qui organise l'ensemble de la classification des images et des signes dans *Cinéma 1*. C'est ce schème qui sera « rongé » puis « rompu » dans le cinéma d'après-guerre, ce relâchement et cette rupture advenant dans un passage où l'aspect le plus technique de la pensée du cinéma (à travers le problème de la sensori-motricité) rencontre ce qui relève de l'histoire (avec la seconde guerre mondiale). Il importe d'abord de souligner à ce niveau de l'analyse que la taxinomie de l'image-mouvement, *aussi bien au niveau de ses variétés que des signes qui les caractérisent*, conquiert les modalités de son fonctionnement depuis une lecture de Bergson.

Certes, l'idée d'une telle classification trouve son origine dans les écrits de Peirce, mais ce que Deleuze lui reproche fondamentalement, c'est que les images contenues en elle (priméité, secondéité, tiercéité) sont uniquement « données », alors qu'il aurait fallu en établir la genèse : « [Peirce] se donne les trois types d'images comme un fait, *au lieu de les déduire* »[3]. C'est en ce sens que le chapitre 4 de *Cinéma 1* est essentiel : il atteste d'une déduction de l'image selon le procès de spécification, qui engendre les différents types de l'image-mouvement. Cette prétention à la déduction témoigne d'une récurrence au sein de la méthode générale de Deleuze. Bien qu'elle s'appuie en l'occurrence sur un texte de Bergson, elle répond en réalité à une exigence philosophique

---

1 Sur les images-mouvement et les signes qui leur « correspondent », voir IM, p. 102 et surtout IT, p. 48-49. Sur le « monde » de Bergson au commencement de *Matière et mémoire*, voir IM, p. 86 et sq.

2 IT, p. 47.

3 *Ibid.*

qui traverse l'ensemble de l'œuvre deleuzienne, et trouve son origine chez les « postkantiens ». Nous avons déjà exposé comment cette exigence se déploie dans la doctrine des facultés de *Différence et répétition*, en quel sens également elle autorise une exploration des « conditions de l'expérience réelle » (et non simplement « possible »), conditions qui assurent précisément une genèse des facultés (de sentir, d'imaginer, de penser, etc.), et dont il appartient au philosophe de faire « l'apprentissage ». Dès *Nietzsche et la philosophie*, Deleuze soutenait la nécessité de satisfaire aux « exigences postkantiennes », consistant à atteindre au point de vue de la genèse des objets de l'expérience, et non, comme chez Kant, à leur seul conditionnement par les catégories de l'entendement[1]. Dans *Le Bergsonisme*, également, suivant une autre perspective, Deleuze invoquait une méthode nous conduisant

> à dépasser l'état de l'expérience vers des conditions de l'expérience. Mais ces conditions, indiquait-il, ne sont pas générales ni abstraites (...) ce sont les conditions de l'expérience réelle[2].

C'est un reproche philosophique de cette nature que Deleuze adresse à Peirce, et toute la « spécification » précédemment signalée désigne une genèse des types d'images que le logicien, pour sa part, se donne seulement en fait comme s'ils existaient en droit[3].

La détermination des conditions de l'expérience réelle répond à une autre exigence qui anime le corpus deleuzien, et que l'on retrouve jusque dans les livres sur le cinéma. L'exigence génétique s'accompagne en effet d'une recherche soucieuse d'adhérer autant que possible à son objet : c'est l'exigence de « précision » en philosophie[4]. Il ne s'agit pas là d'une simple affaire de style, mais bien d'une méthode qui s'efforce de « tailler » pour l'objet qu'elle étudie le concept qui lui soit le plus approprié, comme si l'élément conceptuel devait épouser les « articulations du réel ». C'est « l'idéal de la philosophie », comme l'écrit Deleuze dans l'un des premiers textes sur Bergson, cet idéal correspondant à celui de « l'empirisme supérieur » qu'il élabore dans *Différence et répétition*,

---

1 Voir NP, p. 58-59, ainsi que DR, p. 221.

2 B, p. 17 et 19.

3 Nous verrons plus loin que Deleuze adresse un reproche exactement du même ordre à Christian Metz en ce qui concerne le fait de la narration au cinéma.

4 C'est une exigence proprement bergsonienne, que Deleuze fait sienne et qu'il évoque dès la première page de sa monographie consacrée à l'auteur de *Matière et mémoire*, voir B, p. 1 et 38-39 sur le « concept précis ».

et qu'il évoque une première fois dans cette même étude bergsonienne[1]. Il y est également question d'une saisie des conditions de l'expérience réelle ; et s'il est nécessaire de « s'élever » jusqu'à elles, c'est justement « parce que le concept qu'elles forment est identique à son objet »[2]. Cette identité du concept et de l'objet, c'est ce que Bergson nomme aussi la « donnée immédiate », que le philosophe toutefois ne peut que « *retrouver* » ou du moins « *ressaisir* »[3]. Là réside peut-être le paradoxe de la pratique philosophique (dès lors qu'elle n'accorde pas de valeur cognitive à la médiation comme mouvement dialectique) : les conditions du donné ne sont pour elle jamais immédiatement données (si l'on peut dire), et si le philosophe souhaite les appréhender *comme telles*, il doit savoir « se retourner », comme le note Deleuze dans une belle formule. « Nous retrouvons l'immédiat parce qu'il faut nous retourner pour le trouver. En philosophie la première fois, c'est déjà la seconde, telle est la notion de fondement »[4]. C'est que nous sommes condamnés à ne percevoir que des mélanges ou des mixtes de choses : « les choses, les produits, les résultats sont toujours des *mixtes* »[5]. Et c'est pourquoi la tâche de la philosophie, comme le déclare Deleuze dans le premier cours sur le cinéma à l'université de Paris 8, cette tâche consiste « à analyser le monde de mélanges dans lequel on vit », et « chercher le pur », c'est-à-dire « découvrir l'articulation des choses »[6].

1 ID, p. 44. Voir aussi P. Marrati, *Gilles Deleuze – Cinéma et philosophie*, Paris, PUF, 2003, p. 14 : « Les concepts précis cernent des objets singuliers et eux seulement. Il ne doit y avoir aucun écart entre l'expérience et son explication, même quand il s'agit d'en rendre compte dans ses conditions, de remonter à ses sources ».

2 ID, p. 49.

3 ID, p. 33. L'identité du concept et de l'objet sur le plan philosophique devient l'identité de l'image et de l'objet sur le plan cinématographique. Or c'est précisément ainsi que Deleuze définit l'image-mouvement entendue comme « opération du Réel », au sens où « elle constitue et ne cesse de reconstituer *l'identité de l'image et de l'objet* » (IT, p. 41-42). C'est une autre manière de dire que l'image-mouvement constitue la donnée immédiate du cinéma.

4 ID, p. 31. Peu avant, dans le même article, Deleuze remarquait aussi : « nous sommes séparés des choses, la donnée immédiate n'est donc pas immédiatement donnée » (p. 30). C'est le propre du bergsonisme de présenter *une* méthode (« l'intuition ») qui fait en sorte que « *la* méthode s'est réconciliée avec l'immédiat » (B, p. 24). Comme le remarque Frédéric Worms, une telle méthode engage une nouvelle définition de la métaphysique, laquelle « dépasse ses propres moyens pour les faire servir à d'autres fins (...) [et] détourne les obstacles qu'elle s'est créés pour *revenir à l'immédiat* ». Cf. « Un empirisme métaphysique ? Bergson dans le siècle », in *Annales bergsoniennes I – Bergson dans le siècle*, Paris, PUF, 2002, p. 7.

5 ID, p. 47 (souligné par Deleuze).

6 Voir le cours du 10 novembre 1981, disponible en enregistrement à la BNF.

Par-delà l'illusion cinématographique

Ainsi peut se définir la précision sur le plan philosophique. Il est remarquable que Deleuze emprunte dans *L'Image-mouvement* une méthode qui engage une exigence de cette nature. Car les premiers chapitres de *Cinéma 1* consistent bien à retrouver la donnée immédiate du cinéma, qui réside dans le mouvement. La « base », en effet, c'est que « le cinéma donne du mouvement à percevoir »[1]. Il s'agit par conséquent de saisir ou plutôt « ressaisir » le mouvement dans sa simplicité même, dans sa « pureté ». C'est en ce sens que Deleuze, après Bergson, critique l'idée d'une reconstitution du mouvement en fonction de l'espace parcouru, dans la mesure où le mouvement se confond avec « l'acte de parcourir », qui est fondamentalement indivisible, et donc irréductible à une succession de positions dans l'espace[2]. Si l'on procède suivant cette forme de la succession, on se donne seulement un mixte d'espace et de temps, où le temps du mouvement reste subordonné à une série quantitative de coupes immobiles. Si l'on s'efforçait au contraire de « retrouver » le mouvement, nous serions amenés à penser la durée réelle dans laquelle il s'accomplit. C'est pour cette raison qu'il est question d'accompagner des « *tendances* » bien plus que de concevoir des « états de la chose », le concept devant être élaboré en vue de correspondre à cette tendance, qui désigne la « différence *interne* » de la chose à proprement parler[3]. Nous voyons de quelle manière la méthodologie qui sert à la saisie de la donnée immédiate croise le plan ontologique où celle-ci se déploie. Car le chemin par lequel nous arrivons aux données immédiates nous révèle également ce que les choses sont en elles-mêmes : elles se *différencient* dans le temps, davantage qu'elles ne se *déterminent* dans l'espace. Comme le soutient Deleuze dans sa lecture de Bergson : « le simple ne se divise pas, *il se différencie*. Se différencier, c'est l'essence même du simple ou le mouvement de la différence », tandis qu'« une détermination peut être accidentelle », impliquer « une extériorité subsistante » à la chose[4]. Or la différenciation désigne très précisément l'autre procès de *L'Image-mouvement*, outre celui de spécification. Si ce dernier opère une déduction de l'image, celui-là s'engage à établir un concept de mouvement aussi *précis* que possible, étant dit que le mouvement constitue la première dimension de l'image-cinéma, l'élément le plus simple ou la donnée immédiate qui en manifeste l'« essence ». Deleuze évoque ce double procès

---

1 *Ibid.*, ainsi que le cours du 19 mars 1985.
2 IM, p. 9.
3 Respectivement ID, p. 47 et 55 (souligné par Deleuze).
4 ID, p. 54-55 (souligné par Deleuze).

dans la récapitulation des images et des signes qu'il propose dans *L'Image-temps* : « procès de *différenciation* » et « procès de *spécification* »[1].

Le chapitre 1 de *L'Image-mouvement* présente les trois thèses de Bergson sur le mouvement, et marque le « premier commentaire » que Deleuze lui consacre. Il étudie principalement le texte de *L'Évolution créatrice*, et la façon dont le mouvement se différencie de telle sorte que « l'analyse nous renvoie à une synthèse de mouvement », celle-ci devant nécessairement être, suivant la méthode bergsonienne que Deleuze fait sienne, une synthèse du « mouvement pur ». C'est dans cette perspective que le cinéma devient un objet d'étude paradigmatique pour le philosophe, puisque « ce qui est présenté par le cinéma, c'est une image-mouvement », une « synthèse perceptive immédiate qui saisit l'image comme mouvement »[2]. Or c'est précisément ce que Bergson n'admet pas dans *L'Évolution créatrice*, lui qui dénonce fermement une « illusion cinématographique » vouée à ne livrer que du « faux mouvement » composé de « coupes instantanées qu'on appelle images » et d'« un mouvement ou un temps impersonnel, uniforme, abstrait, invisible ou imperceptible, qui est "dans" l'appareil et "avec" lequel on fait défiler les images »[3]. Nous savons que Deleuze s'étonne de la dénonciation bergsonienne du cinéma qui advient dans *L'Évolution créatrice* (qui date de 1907), d'autant plus que, toujours selon Deleuze, Bergson avait découvert l'image-mouvement dans le premier chapitre de *Matière et mémoire* (publié en 1896), cette même image-mouvement que « le cinéma retrouvera *exactement* » pour sa part, lorsque la caméra sera devenue mobile et que la prise de vue se sera distinguée de la projection[4]. Pratiquement contemporain de l'invention du cinéma, Bergson n'en dit pourtant mot dans l'ouvrage qui fait l'objet du « second commentaire ». C'est probablement la force et la singularité de la lecture que propose Deleuze de *Matière et mémoire* que d'y voir, en son ouverture, « l'évidence d'une *image-mouvement* » qui coïncide tout à fait avec l'image cinématographique. « Même à travers sa critique du cinéma, écrit-il, Bergson serait de plain-pied avec lui, et beaucoup plus encore qu'on ne le croit »[5]. Bergson, en d'autres termes, n'aurait su apercevoir dans le cinéma

---

1 IT, p. 43 (souligné par Deleuze). Sur le mouvement comme « donnée immédiate » de l'image-cinéma, voir aussi IM, p. 11.

2 Cours du 10 novembre 1981.

3 IM, p. 10.

4 Sur ce point, voir IM, p. 12.

5 IM, p. 85. Georges Didi-Huberman a raison d'écrire que « dans son chapitre introductif de *L'Image-mouvement*, Gilles Deleuze a, pour ainsi dire, "sauvé" les critiques bergsoniennes de "l'illusion cinématographique" en montrant qu'elles permettaient, dans le cadre plus général d'une

la promesse d'une pratique qui aurait aidé la philosophie à penser le mouvement en lui-même, alors que la science moderne avait déjà entrepris pour son compte de présenter une connaissance d'un mouvement de ce genre. Suivant une conception soucieuse d'envisager la nature des relations entre philosophie et science, et suivant l'hypothèse que l'une peut éventuellement être *en avance* sur l'autre, Bergson en « [appelait] à une *autre* philosophie », afin justement qu'elle soit en mesure d'appréhender elle aussi le « vrai mouvement » [1], et qu'elle offre par là même une « métaphysique » à la science, c'est-à-dire le gage d'« une compréhension totale » d'un mouvement de cette nature [2].

Pour Deleuze donc, le cinéma pouvait inspirer la philosophie à élaborer la métaphysique qui lui manquait, puisque son invention rendait possible, par-delà les conditions d'une perception naturelle, la perception d'un « mouvement réel » aussi bien qu'une expérience de la durée concrète lui étant corrélative [3]. C'est pourquoi les arts ont un rôle à jouer dans ce que Deleuze appelle une « conversion » potentielle de la philosophie, dès lors que celle-ci s'attache à *combler son retard* au regard des découvertes ou nouveaux problèmes qu'elle aperçoit au sein d'autres disciplines (les sciences n'ayant à ce sujet aucun privilège à convertir la philosophie). De fait, en ce qui concerne la synthèse perceptive non moins que l'élaboration d'une pensée du mouvement, Deleuze se demande s'il est encore possible de « nier (…) que le cinéma ne soit un facteur essentiel à cet égard », et qu'elle n'autorise « la naissance et la formation de cette nouvelle pensée, de cette nouvelle manière de penser » [4]. Le caractère illusoire, selon Bergson, de la manière dont le mouvement se présente dans l'image-cinéma l'empêcha de saisir cette « nouvelle pensée » pourtant inscrite en elle, et cela malgré les développements du premier chapitre de *Matière et mémoire*, et malgré aussi, devrait-on dire avec Deleuze, les thèses du mouvement de *L'Évolution créatrice*. Car ce qu'il importe de relever à la lecture du premier commentaire deleuzien de Bergson, c'est qu'une pensée du cinéma n'en demeure pas moins présente dans l'ouvrage de 1907, et c'est précisément

---

philosophie du mouvement et du temps, de rendre le cinéma un peu mieux pensable », voir « L'Image-sillage », in *L'Inactuel*, 2003, n° 10, p. 114.

1 Sur cette expression, voir 2RF, p. 263.

2 Sur la nécessité d'une « *autre* philosophie » qui entrerait en résonance avec une connaissance du mouvement à laquelle la science, de son côté, serait parvenue, voir IM, p. 17.

3 À ce propos, voir IM, p. 10 et 22. Pour une discussion avec la phénoménologie sur le problème de la perception naturelle, et du rapport de celle-ci à la « perception cinématographique », voir IM, p. 84.

4 IM, p. 17. Voir aussi le cours du 1er décembre 1981 : « Le cinéma ne serait-il pas la plus belle contribution à la métaphysique dont parle Bergson, et qu'il appelle de ses vœux ? ».

sur *L'Évolution créatrice* que Deleuze s'appuie pour décrire le procès de différenciation de l'image-mouvement. Tel est en tout cas l'objet du chapitre qui ouvre *Cinéma 1*, et qui énonce les trois niveaux par lesquels le mouvement est ressaisi en tant qu'il se différencie :

> 1) les ensembles ou systèmes clos qui se définissent par des objets discernables ou des parties distinctes ; 2) le mouvement de translation, qui s'établit entre ces objets et en modifie la position respective ; 3) la durée ou le tout, réalité spirituelle qui ne cesse de changer d'après ses propres relations.

Il en résulte que le mouvement a comme « deux faces » :

> d'une part il est ce qui passe entre les objets ou parties, d'autre part ce qui exprime la durée ou le tout (...) Le mouvement rapporte les objets entre lesquels il s'établit au tout changeant qu'il exprime, et inversement [1].

C'est là l'essentiel de la troisième thèse bergsonienne sur le mouvement, qui lie la notion de « coupe mobile » à une conception du « tout comme Ouvert ». Or cette caractérisation conceptuelle du mouvement, c'est rigoureusement celle que nous donne *immédiatement* l'image animée du cinématographe, à savoir le mouvement dans la simplicité de sa « tendance » à se déployer au sein d'une durée qualitative et concrète, indépendamment d'une forme de la succession qui en marquerait les positions dans l'espace ou les instants divisibles dans le temps. Si l'on s'en tenait à ce dernier cas, qui subordonne le mouvement à une détermination d'ordre spatial, nous n'aurions en fin de compte qu'une définition abstraite. Et le fait que les conditions du cinéma soient techniques ou artificielles (engendrant le défilement de « coupes immobiles » à intervalles réguliers) ne constitue pas un argument contre ce que ces conditions permettent : une perception du « vrai » mouvement [2]. C'est en ce sens que Deleuze peut déclarer, en référence à *L'Évolution créatrice*, que

> ce dont Bergson croyait le cinéma incapable, parce qu'il considérait seulement ce qui se passait dans l'appareil (le mouvement homogène abstrait du défilé des ima-

1 IM, p. 22. Voir aussi IT, p. 50.

2 À ce propos, dans un passage où il analyse l'illusion cinématographique selon Bergson, Deleuze demande notamment : « la reproduction de l'illusion n'est-elle pas aussi sa correction, d'une certaine manière? Peut-on conclure de l'artificialité des moyens à l'artificialité du résultat? » (IM, p. 10).

ges), c'est ce dont l'appareil est le plus capable, éminemment capable : l'image-mouvement, c'est-à-dire le mouvement pur extrait des corps ou des mobiles [1].

Le chapitre 1 de *L'Image-mouvement* consiste donc en une différenciation du mouvement en tant qu'elle est philosophiquement effectuée dans le texte de Bergson, et les trois niveaux d'analyse sur lesquels il se conclut définissent les deux « faces » d'un mouvement enfin *retrouvé* (et non illusoirement « reconstitué »). Ce « premier commentaire de Bergson » fonctionne comme une lecture rétrospective de *L'Évolution créatrice* au regard de *Matière et mémoire* (qui posait déjà, une dizaine d'années auparavant, l'existence d'images-mouvement), comme si Deleuze, tout en soulignant la distinction nette qui existe entre ces deux livres, cherchait en même temps à mettre en évidence en quoi, malgré les apparences, ils ne s'opposent pas. Il ne s'agit pas seulement de s'étonner que Bergson, en 1907, ait mené une critique de l'illusion cinématographique alors même qu'il avait « [découvert] l'image-mouvement (...) dans *Matière et mémoire* en 1896 » [2]. Il s'agit aussi de montrer que cette illusion n'en était pas une au sein même de *L'Évolution créatrice*, puisque la lecture qu'en propose Deleuze, en particulier en ce qui concerne la troisième thèse sur le mouvement, l'autorise à *se retourner* pour parvenir à penser la donnée immédiate du cinéma, c'est-à-dire le mouvement (entendu comme coupe mobile) par lequel

> le tout se divise dans les objets [comme coupes immobiles], et les objets se réunissent dans le tout : et, entre les deux justement, « tout » change [dans la mesure où il est désormais ouvert] [3].

Que nous soyons confrontés à ce qui relève foncièrement du mouvement cinématographique, les chapitres 2 et 3 de *L'Image-mouvement* tenteront de le confirmer *au niveau même des images filmiques*, puisqu'à la constellation des concepts d'« objets », de « mouvement » et de « tout » tels qu'ils apparaissent dans le chapitre 1, Deleuze fera correspondre les notions cinématographiques de « cadre », de « plan » et de « montage ». Il est nécessaire de prendre acte du fait que le premier commentaire de Bergson lui sert à établir un lien de nature conceptuelle entre *Matière et mémoire* et *L'Évolution créatrice*, ce dernier texte éclairant même selon Deleuze les découvertes que le premier avait faites à propos de l'image-mouvement :

---

1 IM, p. 37-38.
2 IM, p. 11.
3 IM, p. 22.

> *Nous sommes alors en mesure de comprendre* la thèse si profonde du premier chapitre de *Matière et mémoire* (…) il n'y a pas seulement des images instantanées, c'est-à-dire des coupes immobiles du mouvement (…) il y a des images-mouvement qui sont des coupes mobiles de la durée [1].

Déduire l'image-mouvement

Le cinéma et les films

L'articulation des deux premiers commentaires de Bergson, l'un consacré à *L'Évolution créatrice* (chapitre 1), l'autre à *Matière et mémoire* (chapitre 4), ne constitue pas un simple avatar de la lecture deleuzienne de ce philosophe. Elle engage, plus profondément, la méthode de Deleuze dans les *Cinéma*, aussi bien en relation à la détermination de l'image-mouvement qu'en rapport avec la différence de nature qui préside à la classification des images et des signes au sein des deux volumes. Concernant le premier point, nous avons exposé l'existence de deux perspectives de recherche, lesquelles coïncident avec les deux procès qui animent *Cinéma 1* : la différenciation et la spécification de l'image-mouvement. Dans le premier cas, il s'agit de ressaisir le mouvement dans son « essence », et dénoncer par la même occasion les tentatives de reconstitution de celui-ci avec des positions spatiales qui l'inscrivent de fait dans un temps abstrait. C'est en ce sens que Bergson mène une critique du cinématographe, mais ce que Deleuze cherche à *extraire* de sa pensée, malgré cette critique qui semble vouer l'image-cinéma à n'être qu'un « faux mouvement », c'est une philosophie qui présente une conception du « mouvement pur » correspondant exactement à la donnée immédiate du cinéma. Il soutient donc qu'une pareille conception est à l'œuvre aussi bien dans le chapitre premier de *Matière et mémoire* que dans la troisième thèse sur le mouvement de *L'Évolution créatrice*. Seulement, ce dernier texte sert à l'établissement d'un procès de différenciation qui répond au souci bergsonien de *précision* en philosophie, tandis que le texte de 1896 confère à Deleuze les moyens d'opérer une *déduction* de l'image-mouvement et de ses variétés, et dont le procès de spécification constitue cette fois le véritable moteur.

Ce sont les deux aspects essentiels de la méthode deleuzienne, que l'on trouve exemplairement dans *L'Image-mouvement*. Ils témoignent respective-

1 *Ibid.*

ment du bergsonisme et du néokantisme de Deleuze, et satisfont en définitive à une double exigence : une exigence de précision donc, et une exigence de genèse quant à l'objet de l'exploration philosophique (évoquée une première fois plus haut). La première exigence permet notamment de comprendre l'un des angles de la critique deleuzienne de la phénoménologie et de la linguistique, dès lors qu'elles abordent l'image-cinéma. Ainsi, la conférence que fit Merleau-Ponty à l'IDHEC en 1945, consacrée au « cinéma et la nouvelle psychologie », ne désigne selon Deleuze qu'une confrontation accessoire avec le cinématographe, dans la mesure où si « Merleau-Ponty s'intéressait au cinéma », c'était davantage « pour le confronter aux conditions générales de la perception et du comportement », sans chercher à interroger la donnée première du cinéma : le mouvement[1]. C'est sur la base de cette même exigence que Deleuze dénonce par ailleurs la sémiologie d'inspiration linguistique qui définit la démarche de Christian Metz, laquelle « suspend » ou « élimine le mouvement » au profit « du fait de la narration ». En conséquence, « on parlera d'énoncé, et non pas d'image », car on aura « court-circuité le mouvement comme caractère *distinctif* » du cinéma[2]. Au moment d'affronter le problème des rapports cinéma-langage, Deleuze déclare à ce sujet que la narration « n'est pas une donnée apparente des images cinématographiques en général, même historiquement acquise »[3]. Et nous verrons de quelle manière la narration en cinéma découle directement du système de l'image-mouvement, et qu'elle en découle nécessairement *en droit*.

Ce dernier argument nous permet d'appréhender la portée de l'autre exigence mentionnée, l'exigence génétique. Car c'est précisément la déduction de l'image-mouvement qui va élever la critique de la linguistique menée par Deleuze au niveau du droit, là où l'objection acquiert une consistance proprement philosophique, et ne doit rien en conséquence à ce qui relèverait d'un jugement de valeur. Dans tous les cas, il s'agit de ne rien se donner *en fait*, sous peine de ne pas respecter la prétention de la pratique philosophique selon Deleuze : atteindre aux conditions de l'expérience réelle, c'est-à-dire faire en sorte que ce qui est engendré dans la pensée coïncide avec ce qui, dans le réel, désigne l'objet qui la force à s'exercer, et dont la *reprise* philosophique détermine la genèse de l'objet lui-même. Tel est le double mouvement, la genèse

1 Voir P, p. 69, ainsi que IM, p. 84.

2 Voir les cours du 26 février, du 5 mars, du 12 mars et du 19 mars 1985. Voir aussi P, p. 84 : si « l'image cinématographique est réduite à un énoncé », c'est que « l'on met entre parenthèses son caractère *constitutif*, le mouvement ».

3 IT, p. 39.

réciproque de la pensée et de l'être qui définit « l'empirisme supérieur » deleuzien. C'est en ce sens, d'ailleurs, qu'Alain Badiou peut évoquer la vocation, chez Deleuze, à conquérir « une identité *non principielle* de la pensée et de l'Être », « non principielle » précisément parce que « nous ne pensons que *forcés* à penser », c'est-à-dire suivant une rencontre avec le réel qui ne répond plus à aucune identité *donnée* de la pensée et de l'être [1]. L'identité en question reste davantage à construire, et ce « constructivisme » s'effectue d'après une exigence génétique d'inspiration néo-kantienne (ce que Badiou ne voit pas), et qui insiste jusque dans les livres sur le cinéma, au niveau des conditions qui ont permis à Deleuze de *commencer* ce travail. Ainsi, lorsque Deleuze évoque son intérêt naissant, au lendemain de la guerre, pour le cinéma, il s'exprime en ces termes :

> je n'étais pas bête au point de vouloir faire une philosophie du cinéma, mais *une rencontre m'impressionnait* : j'aimais des auteurs [en philosophie] qui réclamaient qu'on introduise le mouvement dans la pensée, le « vrai » mouvement (ils dénonçaient la dialectique hégélienne comme un mouvement abstrait). Comment ne pas rencontrer le cinéma qui introduisait le « vrai » mouvement dans l'image ? [2].

Loin de décrire un simple épisode théorique, cette déclaration engage plus fondamentalement la méthode de l'auteur dans *Cinéma 1* et *2*. Car si le mouvement cinématographique désigne ici ce qui « force » le philosophe à penser, ce dernier doit entreprendre la genèse, sur le plan philosophique, de ce qui constitue ainsi l'objet de la rencontre ; cette genèse, en même temps, devant rendre compte le plus précisément possible de cet objet en tant qu'il procède dans « l'expérience réelle ». C'est dans cette perspective qu'advient la déduction de l'image-mouvement, après que Deleuze a pris soin d'accompagner le procès par lequel le mouvement se différencie, la description de ce procès constituant une solution au problème de départ (qu'est-ce qu'un « vrai » mouvement ?).

Le procès de spécification, qui se confond pour une part avec la déduction en question, a donc pour tâche de présenter, au niveau du droit, en quoi consiste *réellement* l'image-mouvement, c'est-à-dire, suivant le « commentaire » du premier chapitre de *Matière et mémoire*, un « état de choses qui ne cesserait pas de changer, une matière écoulement » sans point d'ancrage. Bref, « un monde qui [deviendrait] sa propre image » [3]. Il implique par ailleurs un souci de détermination des conditions de droit du cinéma, qui font en sorte que nous

1 Voir A. Badiou, *Deleuze…*, *op. cit.*, respectivement p. 118 et 128 (souligné par Badiou).
2 2RF, p. 262.
3 IM, p. 84-85.

avons affaire à des *définitions réelles* des variétés de l'image-mouvement, dès lors justement que celle-ci se spécifie. Dans le premier paragraphe du chapitre consacré à l'image-perception, Deleuze propose une « définition nominale » de ce premier type de l'image-mouvement, suivant ses deux pôles : perception « subjective » et perception « objective ». Dans un cas, on peut dire qu'un ensemble « est vu par quelqu'un qui fait partie de cet ensemble », dans l'autre, qu'il s'agit d'un « point de vue de quelqu'un qui reste extérieur à cet ensemble » ; et Deleuze d'admettre qu'une définition de ce genre demeure de toute façon « négative et provisoire » [1]. C'est pourquoi le paragraphe suivant débute par une « définition réelle » de l'image-perception avec ses deux pôles, et cette définition renvoie très précisément au premier moment de la spécification de l'image-mouvement telle qu'elle se déploie dans le commentaire de *Matière et mémoire* [2]. Cette distinction entre « définition réelle » et « définition nominale » est importante pour comprendre l'articulation du chapitre 4 de *L'Image-mouvement* et des chapitres successifs, qui nous donnent à voir « *de quoi sont faites* » les images issues du procès de spécification. Car si la définition réelle se confond avec une définition « intrinsèque » de l'image-mouvement, au sens où elle est véritablement déduite de ce procès, les développements relatifs à l'image-perception, à l'image-action, etc. (des chapitres 5 et suivants) témoignent pour leur part de la *réalité de la définition* en tant qu'elles « *opèrent* » dans les films eux-mêmes. Autrement dit, si la spécification engendre la définition réelle de l'image-mouvement et de ses variétés en tant qu'elles résultent d'une pensée du cinéma (que Deleuze entrevoit dans *Matière et mémoire*), il appartient au philosophe de montrer la possibilité des images ainsi définies à l'intérieur de tel ou tel film, chez tel ou tel auteur [3].

Le schéma d'analyse fonctionnant dans *L'Image-mouvement* est d'autant plus complexe que nous sommes en présence de deux pratiques, la philosophie et le cinéma. Ce qui n'enlève rien à la nature des deux livres que Deleuze consacre au « septième art », ouvrages qui restent de la pleine philosophie d'un bout

1 IM, p. 104-105.

2 « Le bergsonisme nous proposait une telle définition : *sera subjective une perception où les images varient par rapport à une image centrale et privilégiée ; sera objective une perception, telle qu'elle est dans les choses, où toutes les images varient les unes par rapport aux autres, sur toutes leurs faces et dans toutes leurs parties* » (IM, p. 111, souligné par Deleuze).

3 Sur le caractère « intrinsèque » d'une définition réelle de l'image-cinéma (contrairement à une définition nominale seulement « extrinsèque »), voir le cours du 12 janvier 1982. Sur la nécessité de savoir, après avoir ainsi défini l'image-mouvement, « en quoi elle consiste, de quoi elle est faite, comment elle opère », voir le cours du 1er décembre 1981.

à l'autre. Les deux exigences qui animent le texte deleuzien en témoignent : la « précision » et la « genèse » appartiennent authentiquement au travail philosophique, du moins tel que Deleuze l'envisage conformément à l'empirisme supérieur qui caractérise l'ensemble de son œuvre (même avant *Différence et répétition*, dès les premiers textes sur Bergson de 1956). Or un empirisme de cet ordre ne peut se comprendre selon nous sans l'élaboration d'une philosophie soucieuse d'appréhender ce qui lui est hétérogène, et par quoi, pourtant, suivant une « animation contrainte », comme dit Badiou, elle commence à penser. Le fait de donner une « définition réelle » de l'image-mouvement constitue en ce sens une étape primordiale de l'« empirisme » deleuzien, puisqu'elle est le signe, sur le plan philosophique, qu'une *reprise transcendantale* du mouvement pur de l'image-cinéma a été effectuée, ce même mouvement qui « *impressionnait* » Deleuze. Dès lors, par cette reprise qui *élève* le mouvement cinématographique au niveau du concept (que Deleuze nomme « image-mouvement »), le philosophe dispose des « conditions de droit » du cinéma. Toutefois, son argumentation resterait vide si elle ne parvenait à rencontrer, par l'intermédiaire de l'image-mouvement et de ses « avatars », les images que les « grands auteurs » ont par ailleurs inventées dans leurs films. En d'autres termes, une simple déduction de l'image-mouvement et des variétés qui en découlent, sans rapport de correspondance avec les images de l'histoire du cinéma, risquerait de transformer les différents « commentaires » de Bergson en un procédé d'application de sa pensée à l'art des images animées. En ce sens, la question « *à quelles conditions… ?* », qui caractérise l'exigence génétique, ne désignerait au mieux qu'une tentative normative de la philosophie au regard du cinématographe.

Cette interprétation manquerait toutefois l'un des principes méthodologiques majeurs de l'auteur, consistant à mettre à l'épreuve les définitions réelles des diverses images-mouvement, c'est-à-dire à explorer la réalité même de ces définitions à travers l'analyse de films. « L'idéal, déclare Deleuze dans l'un de ses cours, c'est que nos concepts répondent à des concepts pratiques que nous rencontrons dans les films »[1]. Les « concepts pratiques », ce sont les « concepts du cinéma » en tant qu'ils sont « [*extraits*] » des images elles-mêmes. Ce mouvement d'extraction correspond à l'autre versant de la reprise transcendantale : il ne concerne plus la ressaisie du *mouvement de l'image-cinéma en général*, il se rapporte cette fois au *contenu spécifique des images filmiques*. Badiou a raison à cet égard de souligner que « toute l'entreprise [de Deleuze] soutient une *reprise*

1 Cours du 12 janvier 1982.

créatrice des concepts » provenant du « cas-cinéma », mais il n'est pas fondé à lui reprocher que

> ce qui est finalement produit va au bassin de capture des concepts qu'il a, de toujours, institués et liés : le mouvement et le temps, dans leur acception bergsonienne [1].

Ce serait là confondre la double opération de reprise conceptuelle qui subsiste selon nous dans le développement, la première étant engagée dans un processus de genèse de l'image-mouvement, offrant par là même une définition réelle, tandis que l'autre coïncide avec une création de concepts qui conviennent de manière spécifique aux films, éprouvant pour ainsi dire la réalité de la définition. Nous voyons poindre ici une distinction qui n'apparaît pas explicitement dans *L'Image-mouvement*, encore moins dans *L'Image-temps* : la distinction entre « cinéma » et « films ». Cette distinction demeure en effet implicite dans les deux volumes ; elle n'est pas analysée en elle-même, comme c'est le cas par exemple chez Christian Metz [2]. Toutefois, le plan de *Cinéma 1* laisse entrevoir deux fragments où il est plus franchement question du cinéma en tant que tel, c'est-à-dire du cinéma indépendamment des images créées par les cinéastes. Il s'agit, on le devine, des deux premiers « commentaires » de Bergson, analysés en fonction des deux procès qui les caractérisent : d'une part, le mouvement comme donnée immédiate du cinéma et les deux faces qui le « différencient », de l'autre, l'image-mouvement comme matière des images dont elle opère à la fois la spécification et la déduction. À aucun moment du chapitre 1 de *L'Image-mouvement* (consacré au procès de différenciation), ni dans aucun des deux premiers paragraphes du chapitre 4 (consacré au procès de spécification), Deleuze n'est amené à évoquer un film ni à décrire la scène de l'un d'entre eux : comme s'il « *pensait* » davantage le cinéma qu'il ne « *racontait* » les films [3]. En revanche, les chapitres 2 et 3, une fois le mouvement philosophiquement différencié, et les chapitres 5 à 12 (de l'image-perception à la « crise de l'image-action »), qui suivent la déduction de l'image-mouvement

1 Cf. *Deleuze…*, *op. cit.*, p. 28 et 27.

2 Signalons de cet auteur à ce sujet : « Du Code au système, du message au texte », in *Langage et cinéma*, Paris, Albatros, 1977, p. 13, ainsi que « Une étape dans la réflexion sur le cinéma », in *Essai sur la signification au cinéma*, II, Paris, Klincksieck, 1981, p. 13 et 209.

3 Sur ce point, et dans une autre perspective que celle que nous développons ici, voir R. Bellour, « Penser, raconter. Le cinéma de Gilles Deleuze », in *L'Entre-Images 2 – Mots, Images*, Paris, POL, 1999, qui met bien en évidence la « tension toujours à l'œuvre [dans les deux *Cinéma*] entre analyser, décrire, penser et raconter » (p. 142).

et la lecture de *Matière et mémoire*, abondent en références filmiques et descriptions d'images particulières.

Comment concevoir l'articulation de ces deux moments en apparence distincts de l'analyse ? En ce qui concerne la spécification de l'image-mouvement, nous avons souligné que les variétés d'images qui en résultent organisent la classification de ce premier volume. Or les chapitres consacrés à l'étude de l'image-perception, jusqu'à ceux qui examinent l'image-action, font intervenir l'autre élément substantiel de la taxinomie deleuzienne, à savoir la notion de signe. Quelle est, dans ces conditions, la fonction du signe ? Les signes « caractérisent » les images :

> Il y a des images-perception, des images-action, des images-affection, et bien d'autres encore. Et *chaque fois* il y a des signes internes qui caractérisent ces images [1].

Nous avons également indiqué de quelle façon s'effectue cette caractérisation, suivant le double point de vue d'une genèse et d'une composition des images, et remarqué ce que cet agencement de signes doit au « second commentaire de Bergson » (davantage qu'aux écrits logiques de Peirce). Nous pouvons ajouter que les signes *donnent à voir*, sur le plan cinématographique, les images que le procès de spécification a quant à lui engendrées dans le chapitre 4 de *L'Image-mouvement.* C'est pourquoi les signes sont considérés comme des « traits d'expression », en tant justement qu'ils « composent ces images » [2]. Comme l'affirme Deleuze dans une formule extrêmement elliptique : « *au cinéma*, les images sont des signes » [3], ces mêmes images, devrait-on dire, qui restent *générales* sur le plan philosophique. L'adjectif « général » sert ici à distinguer l'image qu'il qualifie de « l'image *particulière* » qui définit le signe deleuzien : « c'est une image particulière qui *renvoie* à un type d'image » [4]. C'est en ce sens que la taxinomie que présente Deleuze est envisagée comme « une classification des images *et* des signes ». Il nous semble que c'est à la lumière d'une classification de ce genre que la distinction entre « cinéma » et « films » doit s'opérer dans l'esprit du texte. Les signes ne sont effectivement classés qu'en référence aux contenus des images filmiques, alors que les images-perception, les images-affection, etc., constituant comme l'ossature de cette classification, ont essen-

---

1 P, p. 68.
2 IT, p. 49.
3 P, p. 92.
4 IT, p. 48. Voir aussi IM, p. 103.

tiellement trait au cinéma *de* l'image-mouvement [1]. Que Deleuze, après avoir *retrouvé* philosophiquement le mouvement pur du cinéma, *retrouve* également, par les « images particulières » que sont les signes, les films qui composent son histoire, le critère de pertinence que l'auteur attribue à sa classification pouvait nous le faire pressentir. Car « c'est une classification, déclare Deleuze, *qui ne vaut que par ce qu'elle fait voir* » [2].

L'indépendance des deux recherches (cinéma et philosophie)

La distinction – inapparente dans le texte – entre « cinéma » et « films » rencontre celle – explicitement formulée cette fois – entre « image » et « signe ». Le plan d'ensemble de *L'Image-mouvement* a fourni les moyens d'établir un recoupement de cette nature, dont l'étude elle-même reposait de manière significative sur les exigences du projet deleuzien (déterminer la donnée immédiate du cinéma, opérer une déduction de l'image-mouvement). Toutefois, il semble que de nombreux problèmes subsistent. Comment appréhender en effet le statut des chapitres 1 et 4, probablement les plus techniques du point de vue de l'histoire de la philosophie, et qui, comme leurs sous-titres l'indiquent, sont consacrés au « commentaire » d'un philosophe ? Nous sommes dès lors en droit de nous demander, exactement comme il arrive parfois à Deleuze de se demander à lui-même : « la question, c'est : en quoi tout ceci concerne-t-il *essentiellement* le cinéma ? » [3] « Essentiellement », c'est-à-dire non pas tant le cinéma depuis ce que l'on désigne ordinairement comme étant ses « genres », ni le cinéma entendu comme ensemble de « notions techniques (travelling, raccords, faux raccords, profondeur de champ, planitude, etc.) », mais le cinéma dans sa pratique même, en tant qu'il est pensé et réalisé par les cinéastes, en tant qu'il définit « une nouvelle pratique des images et des signes » [4]. La question posée par Deleuze s'avère d'autant plus nécessaire qu'elle doit servir à conjurer un écueil dont l'auteur est conscient et auquel il entend échapper, cet écueil consistant en une application de la philosophie au cinéma. Nous avons signalé la possibilité d'une telle application lors de l'examen de la spécification

---

1 Nous insistons davantage sur le « système de l'image-mouvement », car la classification étudiée dans ces pages concerne principalement *Cinéma 1*. La distinction du signe et de l'image demeure bien entendu dans *L'Image-temps*, mais leur combinaison s'effectue autrement que dans *L'Image-mouvement*. Nous y reviendrons.

2 2RF, p. 202.

3 Voir IT, p. 219, ainsi que IM, p. 268.

4 Voir respectivement P, p. 67, 83 et IT, p. 366.

de l'image-mouvement, mais la définition réelle des différents types d'images qui en résultait, ainsi que la recherche successive dans le texte, à travers l'analyse de films, des signes correspondant à ces images permettaient alors de dissiper une pareille éventualité. Le fonctionnement même de la taxinomie deleuzienne explique pourquoi nous sommes en présence d'une classification d'images *aussi bien* que de signes ; ce fonctionnement écarte également selon nous la possibilité d'une application de concepts philosophiques au cinéma. Cependant, pour être complète, notre démonstration doit remonter en deçà encore de la distinction qui opère au sein de la taxinomie entre images et signes, et interroger *L'Image-mouvement* et *L'Image-temps en tant que* « livres de philosophie ».

La singularité de ces ouvrages réside notamment dans le fait qu'ils proposent, outre les concepts traditionnels qui parcourent l'histoire de la philosophie (le mouvement, l'espace, le temps, etc.), ce que Deleuze appelle des « *concepts du cinéma* ». Et la « reprise créatrice » déjà évoquée consiste précisément en une invention de concepts de ce genre. C'est dans cette perspective, en conformité avec la nature taxinomique des deux *Cinéma*, que Deleuze affirme que « les concepts cinématographiques, ce sont donc les types d'images et les signes qui correspondent à chaque type » [1]. Il s'agit dès lors de savoir comment se produit le passage du procès de spécification à l'analyse des images filmiques (les « images particulières »). De même qu'il convient de mener un examen presque littéral de ce que *devient* la différenciation du mouvement d'un domaine à l'autre – *de la philosophie au cinéma*. Dans les deux cas, qui déterminent le « système de l'image-mouvement », Deleuze n'entend pas *réfléchir sur* le cinéma.

> Le cinéma, déclare-t-il, n'était pas pour moi un prétexte, ou un domaine d'application. La philosophie n'est pas un état de réflexion extérieure sur les autres domaines (…) Je n'ai pas prétendu faire de la philosophie sur le cinéma [2].

C'est pour cette même raison que les « commentaires » de Bergson ne sauraient constituer le prélude à une application du bergsonisme à l'art du cinéma [3]. Un tel mouvement d'application supposerait l'existence d'une dichotomie entre ce qui relèverait prétendument de l'abstrait et ce qui appartiendrait au concret,

---

1 2RF, p. 251.
2 Voir 2RF, p. 202 et 292, ainsi que P, p. 166-167.
3 Alain Ménil a bien mis au jour que « l'idée même d'une assignation d'un art à une philosophie cadre mal avec la conception deleuzienne de l'art et de la philosophie (…) un tel projet (…) demanderait plutôt à être converti en une philosophie de l'art, qu'on ne trouve nullement chez lui », voir « Deleuze et le "bergsonisme du cinéma" », in *Philosophie*, n° 47, p. 30.

entre le concept et l'image, entre la philosophie et le cinéma. Or, qu'il s'agisse du passage du chapitre 1 (« premier commentaire de Bergson ») aux chapitres 2 et 3 de *L'Image-mouvement*, ou qu'il s'agisse de la succession des chapitres, du chapitre 4 (« second commentaire ») à la fin de l'ouvrage consacrée à l'image-action (et la crise qu'elle subit), le cheminement de la pensée deleuzienne ne répond guère à la distinction de l'abstrait et du concret, ou à l'opposition du théorique et du pratique. Le dernier paragraphe de conclusion de *L'Image-temps* le rappelle au besoin :

> la théorie aussi, c'est quelque chose qui se fait, non moins que son objet (…) la théorie philosophique est elle-même une pratique, autant que son objet. Elle n'est pas plus abstraite que son objet. C'est une pratique des concepts, et il faut la juger en fonction des autres pratiques avec lesquelles elle *interfère*[1].

C'est pourquoi il ne saurait y avoir de dépendance, ne serait-ce qu'au niveau de la *pensée* qu'elle recèle, de la pratique du cinéma à celle des concepts. C'est pourquoi en outre, comme l'indique Deleuze dans une autre déclaration ayant valeur de principe, il

> ne s'agissait pas [pour lui] d'appliquer la philosophie au cinéma, mais [d'aller] *tout droit* de la philosophie au cinéma. Et inversement aussi, [aller] *tout droit* du cinéma à la philosophie[2].

« Aller tout droit » d'une pratique à une autre, c'est soutenir implicitement qu'aucun système théorique constitué au préalable ne saurait effectuer le passage de l'une à l'autre. Il n'existe guère en ce sens de relation hiérarchique entre la philosophie et le cinéma, et rien ne préexiste conceptuellement qui permettrait de penser les images pour elles-mêmes. Nous pensons que l'idée d'une classification des images naît de ce refus d'assigner le cinéma à un cadre théorique préconstitué, lequel ne pourrait que consacrer le privilège d'une réflexion conceptuelle sur une autre pratique. C'est que l'opération de classification suppose chez Deleuze un travail d'énumération, ou du moins de recensement (par exemple, par « spécification » de l'image-mouvement) s'inscrivant par-delà toute tentative qui consisterait à englober la production cinématographique au sein d'une démarche philosophique prééminente. Non que la classification en question ne subisse des mutations que la philosophie est fondée à appréhender

1 IT, p. 365.
2 2RF, p. 263-264.

en fonction de catégories qui lui appartiennent, et qu'elle construit au regard même de l'histoire du cinéma. Seulement, le fait de classer des images et des signes, comme le notent deux commentateurs de Deleuze dans une remarque qui vaut pour l'ensemble de son œuvre, ce fait « n'exige pas de postuler d'unité plus foncière au-dessus, au-delà des éléments successivement nombrés »[1]. Classer, c'est aussi bien distinguer, et distinguer c'est fondamentalement *discerner* ce qui fait l'objet de la classification – en l'occurrence, *donner à voir* les images qui la composent – sans toutefois que l'instance qui classe conduise à une détermination extrinsèque de son objet. En amont de l'activité taxinomique, il importe que la philosophie ne subordonne pas les images-cinéma aux exigences de son propre déploiement conceptuel, à la chaîne réglée de ses raisons, indépendamment de toute considération quant à la genèse et au contenu de ces images, indépendamment, en définitive, de ce qui, en elles, force le philosophe à penser[2].

Pour prévenir une subordination de ce genre, il semblerait que Deleuze suit une méthode qui tend à rendre les deux recherches (sur le plan philosophique, puis sur le plan cinématographique) aussi indépendantes l'une de l'autre, une séparation radicale entre les pratiques organisant l'analyse, du moins en son commencement. Tout se passe en effet comme si l'auteur faisait un *inventaire* des domaines en présence, avant même que le projet d'une classification des images ne soit en lui-même effectivement dévoilé. Il est symptomatique à cet égard que lors de son premier cours sur le cinéma, au moment de la présentation du programme des leçons à venir, Deleuze informe son auditoire qu'il procèdera par « divisions quantitatives » : une lecture de Bergson d'une part, une exploration des rapports cinéma-pensée de l'autre, et – précision qui a toute son importance – qu'il ne s'agira « en aucun cas d'un cours *sur* le cinéma »[3]. Nous retrouvons le même enchaînement, ou plutôt l'absence d'enchaînement, le défaut de toute continuité dans l'analyse, entre le chapitre 1 et les chapitres 2 et 3 de *L'Image-mouvement*. L'un s'attache à expliciter les « thèses sur le mouvement » telles qu'elles sont présentées par Bergson dans *L'Évolution créatrice*, tandis que les deux autres, sans transition aucune, définissent de manière « très simple » certains concepts propres au cinéma (cadre, plan, montage). Les deux groupes de chapitres paraissent en ce sens n'avoir d'autre lien entre eux que celui

1 Voir M. Potte-Bonnevillle et P. Zaoui, « Deleuze : portrait du philosophe en ami », in *Critique*, décembre 2003, n° 679, p. 887.

2 C'est pourquoi aussi n'interviennent dans la classification deleuzienne que des images « qui donnent à penser », c'est-à-dire qui le « contraignent » à les penser. Voir en particulier 2RF, p. 194.

3 Cours du 10 novembre 1981.

de la succession, la « division quantitative » n'autorisant apparemment aucun autre type de rapport entre les disciplines : l'analyse philosophique précède l'étude relative au champ cinématographique, mais l'une reste *à côté* de l'autre. Une pareille démarche semble précisément proscrire tout procédé d'application d'une doctrine philosophique donnée à la pratique des cinéastes. Comment envisager en outre l'applicabilité d'une théorie (les thèses bergsoniennes sur le mouvement), si celle-ci disparaît ensuite nommément dans l'étude de ce qu'il est convenu d'appeler son « objet » (le mouvement pur du cinéma) ? Les références à *L'Évolution créatrice*, qui accompagnent l'ensemble du premier chapitre consacré au procès de différenciation, manquent ainsi (à une exception près) dans les notes des chapitres 2 et 3. Inversement, ce premier chapitre ne propose aucune description de scènes ou d'images filmiques ; nous y trouvons bien quelques renvois à des textes théoriques sur le cinéma, mais guère de monographies d'auteurs qui abondent en revanche dans la suite du texte.

Ces procédures d'écriture et de citations confirment en un sens la coupure nette, délibérément établie par Deleuze, entre les deux plans de l'analyse. Cependant, il apparaît clairement que la philosophie et le cinéma, à la lecture des premiers chapitres de *L'Image-mouvement*, et par-delà leur irréductibilité manifeste, que ces deux pratiques *se rapportent* néanmoins l'une à l'autre. Toute la difficulté, d'ordre méthodologique, réside dans le fait de parvenir à penser un rapport entre deux domaines sans que l'un – le domaine philosophique – ne surplombe, par ses concepts, les actes de création immanents à l'autre, et que, par là même, les opérations propres au cinématographe gardent leur autonomie au regard de la philosophie même. Le concept, dans ces conditions, ne doit être considéré ni comme un agent d'« abstraction » qui viendrait s'appliquer du dehors au cinéma, ni comme l'élément d'un « jugement » qui permettrait, justement, de « réfléchir sur » le cinéma, d'en « faire un usage » qui resterait arbitraire si on le mettait en relation avec le contenu de ses images[1]. Comment appréhender dès lors l'existence d'un rapport entre le champ philosophique et le champ cinématographique, étant donné que l'un ne peut *dépendre* de l'autre, sachant de surcroît que les volumes sur le cinéma constituent des « livres de philosophie » ? Dans un entretien où il évoque brièvement sa démarche, Deleuze déclare qu'« il y a une *indépendance des deux recherches, avant qu'il y ait rencontre possible* »[2]. Le problème consiste précisément à savoir de quelle manière se nouent, dans l'argumentation même, cinéma et philosophie. C'est

1 Sur le concept comme agent d'« abstraction » ou de « jugement », voir QqP, p. 16.
2 P, p. 82.

pourquoi il convient désormais de mettre en évidence la façon dont le texte « fonctionne »[1], et éclairer les modalités d'effectuation de ce que nous tenions plus haut pour un fait : que les deux pratiques se rapportent l'une à l'autre, qu'elles se « rencontrent », comme dit Deleuze. Mais quelle est donc cette rencontre entre deux domaines qui ne tolère aucun mouvement d'application ? Et si rencontre il y a, que reste-t-il par ailleurs de la « division quantitative » précédemment signalée, de la *discontinuité* qui caractérise l'organisation des passages décisifs du début de *Cinéma 1* (non plus les raisons qui déterminent une telle discontinuité, mais son *devenir* dans le cours du développement) ?

Oublier Bergson

Ce que l'image animée rend facile à penser

À travers l'examen des trois premiers chapitres de *L'Image-mouvement*, il est apparu que Deleuze menait deux recherches distinctes : l'une où il opère une différenciation du mouvement, l'autre où il aborde certaines notions qui appartiennent spécifiquement au cinéma. Il s'est également avéré que les références parcourant respectivement ces deux recherches restaient tout à fait exclusives l'une de l'autre, renforçant par là même ce que l'auteur nomme leur « indépendance ». Or si l'ouvrage qui fait l'objet du « premier commentaire de Bergson » – *L'Évolution créatrice* – n'est pas *explicitement* cité dans les chapitres 2 et 3 de *L'Image-mouvement*, il est toutefois indéniable que les trois thèses sur le mouvement qu'il contient sont présentes, à titre d'acquis de l'analyse, dans les développements consacrés au « plan », au « cadre » et au « montage ». Il y aurait, en d'autres termes, comme une *reprise* du procès de différenciation au niveau de l'étude des trois notions cinématographiques. Cette reprise est particulièrement manifeste au sein des passages où Deleuze en propose une définition. Ainsi, en ce qui concerne la première de ces notions, Deleuze écrit au commencement du chapitre 2 qu'« on appelle *cadrage la détermination d'un système clos, relativement clos, qui comprend tout ce qui est présent dans l'image*, décors, personnages, accessoires »[2]. Or cette définition correspond très pré-

---

1 Le fonctionnalisme en question constitue une méthode de lecture qui appartient à Deleuze. C'est ainsi que l'auteur déclare, à propos de son livre sur Kant (*La Philosophie critique de Kant*) : « j'essaie de montrer comment il fonctionne, quels sont ses rouages » (P, p. 14-15).
2 IM, p. 23 (souligné par Deleuze).

cisément au premier niveau d'analyse qui découlait de l'étude de la troisième thèse sur le mouvement de Bergson : « les ensembles ou systèmes clos, qui se définissent par des objets discernables ou des parties distinctes »[1]. De même, à propos du « plan », Deleuze soutient au paragraphe suivant que « *le découpage est la détermination du plan, et le plan la détermination du mouvement qui s'établit dans le système clos*, entre éléments ou parties de l'ensemble ». Et, dans un deuxième moment de la définition, il ajoute que

> le mouvement concerne aussi un tout, qui diffère en nature d'avec l'ensemble (...) Le mouvement exprime donc un changement du tout, ou une étape, un aspect de ce changement, une durée ou une articulation de durée (...) Ainsi le mouvement a deux faces (...) *il est rapport entre parties, et il est affection du tout*[2].

Ces « deux faces » du mouvement, on l'a vu, Deleuze les distinguait également lors de l'examen du deuxième niveau du procès de différenciation, puisque ce niveau qualifiait un « mouvement de translation qui s'établit entre ces objets et en modifie la position respective » : « d'une part il est ce qui passe entre objets ou parties, d'autre part, ce qui exprime la durée ou le tout »[3]. La deuxième face du mouvement nous conduit sans détour à la notion de « montage », que Deleuze approfondit dans le chapitre 3 de *L'Image-mouvement*, et qui débute par une référence explicite à Bergson :

> le montage est la détermination du Tout (le troisième niveau bergsonien) (...) Du début à la fin d'un film, quelque chose change, quelque chose a changé (...) le montage est cette opération qui porte sur les images-mouvement [les plans] pour en dégager le tout, l'idée, c'est-à-dire l'image *du* temps[4].

Ce tout qui ne peut être donné ni donnable (car il se confondrait alors avec un « ensemble clos » de parties dans l'espace) est « l'ouvert ou la durée » c'est-à-dire, suivant le « commentaire » deleuzien de *L'Évolution créatrice*, le troisième niveau d'un mouvement qui se différencie et qui s'ouvre *indirectement* sur le temps. Nous soulignons l'adverbe « indirectement », comme Deleuze lui-même souligne « l'image *du* temps », dans la mesure où la définition du montage que l'auteur présente ici coïncide avec la détermination de l'image-mouvement telle qu'elle advient dans *Cinéma 1*, « l'agencement des images-mouvement »,

---

1 IM, p. 22.
2 IM, p. 32 (souligné par Deleuze).
3 IM, p. 22.
4 IM, p. 46 (souligné par Deleuze).

en quoi consiste précisément le montage, « constituant une image indirecte du temps »[1]. Nous verrons comment se dégage dans *Cinéma 2* une autre conception du montage, que Deleuze nomme aussi « *montrage* », et de quelle manière le cinéma offre alors non pas simplement une « image *du* temps », mais bien une image-temps directe.

Il s'agit dorénavant de mettre en évidence la correspondance, pratiquement terme à terme, qui existe dans le texte entre d'une part les trois niveaux de la différenciation du mouvement et, d'autre part, les définitions des trois notions cinématographiques auparavant énumérées. Cette correspondance ne témoigne-t-elle pas précisément d'une application du bergsonisme au cinéma ? Ne peut-on pas dire en effet que Deleuze emprunte en l'occurrence un chemin de pensée qui l'entraîne là où, justement, il ne souhaitait pas aller, vers le lieu d'une *réflexion* de la philosophie *sur* le cinématographe ? En quel sens, par ailleurs, les notions de cadre, de plan ou de montage précédemment définies peuvent-elles être considérées, selon le vœu de l'auteur, comme étant spécifiques au cinéma ? Deleuze lui-même rencontre ces questions, et se les pose comme telles dans l'un de ses premiers cours sur le cinéma, ces questions survenant au sein d'un moment que l'auteur qualifie « d'autocritique ». « J'ai le sentiment très pénible, déclare-t-il, que je vous parle de Bergson et que j'applique ce que je dis concernant Bergson au cinéma »[2]. Or ce que souhaite Deleuze – et l'on retrouve le souci de dissocier autant que possible les différents champs de l'analyse –, c'est dans un premier temps « donner une certaine connaissance de Bergson », puis « former des concepts cinématographiques *en oubliant* que c'était Bergson qui nous aidait à les fournir »[3]. Quelle est donc la nature de cet « oubli » ? Comment l'appréhender d'un point de vue méthodologique ? La conception deleuzienne de l'histoire de la philosophie peut aider à apporter une réponse à ces questions.

Cette conception est principalement développée dans *Qu'est-ce que la philosophie ?*, mais elle est déjà effective au sein de *L'Image-mouvement* et de *L'Image-temps*. Deleuze se propose d'intituler les « commentaires » qu'il consacre à Bergson « *leçons bergsoniennes sur le cinéma* », avant de s'interroger en ces termes : « mais que signifie "être bergsonien" aujourd'hui ? »[4]. Il est évident que les concepts de *L'Évolution créatrice* ont été forgés pour une autre cause

---

1 IM, p. 47.
2 Cours du 24 novembre 1981.
3 *Ibid.*
4 Cours du 1er décembre 1981.

que celle d'une pensée du cinéma au sens où Deleuze tente de l'établir. Que Bergson, dans ces mêmes pages, dénonce « l'illusion cinématographique » ne constitue pas, on l'a vu, une objection à l'encontre du projet deleuzien. Car Deleuze n'*applique* pas la philosophie de Bergson au cinéma ; il *extrait* du bergsonisme des concepts qui vont lui permettre de penser le cinéma et sa « pratique ». Notons qu'il extrait également des concepts appartenant à l'histoire de la philosophie. Or, on ne peut saisir la portée d'un tel procédé conceptuel sans le lier à la théorie des *problèmes* qui lui est corrélative. Sous-jacente dans les deux *Cinéma*, c'est précisément cette corrélation entre le concept et le problème que *Qu'est-ce que la philosophie?* posera avec clarté. Cet ouvrage nous enseigne que le fait d'extraire un concept relevant d'une autre philosophie ne consiste pas forcément à répéter ce que son auteur a dit en elle. Un concept, quel qu'il soit, en même temps qu'il est créé, répond en effet à un problème qui le sous-tend, qui le *soutient* en quelque sorte, et auquel il doit son critère de consistance[1]. En revanche, l'extraction de concept se confond avec une simple répétition conceptuelle, si le philosophe ne parvient pas à construire par ailleurs un problème qui lui correspond spécifiquement. L'histoire de la philosophie, selon Deleuze, est une histoire des « problèmes », et aucun problème, dans la singularité de cette histoire, ne ressemble à un autre. Et si une reprise conceptuelle peut de nos jours s'opérer depuis l'œuvre d'un philosophe du passé, c'est « en rapport avec des problèmes qui sont les nôtres, avec notre histoire et surtout nos devenirs »[2]. C'est pourquoi,

> si l'on peut rester platonicien, cartésien ou kantien aujourd'hui, c'est parce que l'on est en droit de penser que leurs concepts peuvent être *réactivés dans nos problèmes* et inspirer ces concepts qu'il faut créer[3].

Ce qui suppose en outre – précision essentielle – que tout mouvement d'extraction ainsi considéré, outre la construction d'un problème qu'il implique, coïncide avec un processus de création conceptuelle.

---

1 C'est ainsi, par exemple, que « les concepts cartésiens ne peuvent être évalués qu'en fonction des problèmes auxquels ils répondent » (QqP, p. 31). Voir aussi F. Zourabichvili, *Le Vocabulaire de Deleuze*, *op. cit.*, p. 67 : « Toute la pédagogie de Deleuze résidait dans cette insistance méthodologique et déontologique sur le rôle des problèmes (…) : *un énoncé, un concept n'ont de sens qu'en fonction du problème auquel ils se rapportent* » (souligné par Zourabichvili). Sur ce point, voir également le texte essentiel d'Élie During, « Deleuze, et après ? », in *Critique*, n° 623, avril 1999, surtout les pages 300 et 308.

2 QqP, p. 32.

3 *Ibid.*

Les « commentaires » de Bergson qui parcourent aussi bien *L'Image-mouvement* que *L'Image-temps* participent pleinement de cette méthode de « réactivation » conceptuelle. *Oublier* Bergson, en ce sens, constitue bien une tâche positive, puisque par-delà la reprise de ses concepts, il s'agit de poser d'autres problèmes que ceux que le philosophe avait rencontrés pour son compte dans *L'Évolution créatrice* ou *Matière et mémoire*. Certes, les procès de différenciation et de spécification de *Cinéma 1* engendrent des concepts tout à fait « inspirés » de Bergson, mais ceux-ci restent indissociables de problèmes « qui *changent nécessairement* », et qui ne concernent par exemple que de loin les questions relatives au « spiritualisme » ou au « matérialisme » qui insistent dans le bergsonisme[1]. Le problème qui intéresse Deleuze en premier lieu, c'est la perception du mouvement au cinéma, en tant que cette perception donne à penser un « mouvement pur ». Et nous avons examiné le décrochage que Deleuze opérait sur ce point quant au texte de Bergson. Nous avons également exposé les trois niveaux d'analyse qui résultaient d'une problématisation *philosophique* de ce mouvement, en mettant en évidence les deux « faces » qui sont les siennes dès lors qu'il se différencie. Nous pensons que Deleuze envisage le même problème aux chapitres 2 et 3 de *L'Image-mouvement, mais d'un point de vue cette fois cinématographique*. À l'occasion de la publication de ce premier volume, au détour d'un entretien, il évoque explicitement un tel point de vue.

> Il y a comme trois niveaux coexistants cinématographiques : le cadrage, c'est la détermination d'un ensemble provisoire artificiellement clos ; le découpage, c'est la détermination du ou des mouvements qui se distribuent dans les éléments de l'ensemble ; mais le mouvement exprime aussi un changement ou une variation du tout, qui, lui, est affaire de montage[2].

Les « trois niveaux cinématographiques » ainsi définis correspondent bien aux « trois thèses sur le mouvement » qui viennent clore le chapitre 1 de *L'Image-mouvement*. Mais s'agit-il à proprement parler d'une simple « correspondance » entre deux moments de l'analyse par ailleurs irréductibles l'un à l'autre ? Si tel était le cas, si un rapport de correspondance existait effectivement entre le « premier commentaire de Bergson » et les deux chapitres « cinématographiques » qui lui succèdent, il serait difficile de ne pas faire dépendre ce rapport d'un mouvement d'application de la philosophie au cinéma. Les

1 Voir *ibid.*, et le cours du 24 novembre 1981.
2 P, p. 80.

passages consacrés au cadre, au plan et au montage désignent les moments où l'auteur cherche à penser le « vrai » mouvement à la lumière des images elles-mêmes, en fonction des inventions des auteurs de cinéma, lesquelles ne sont guère évoquées dans le chapitre d'ouverture de *Cinéma 1*. Comment concilier dès lors ce changement d'orientation dans le cours du développement (passage d'un plan d'analyse philosophique à un plan cinématographique) avec le maintien du traitement d'*un même problème* (la recherche d'une définition réelle du mouvement) ? Poser la question en ces termes permet selon nous de répondre aux exigences deleuziennes, celle consistant notamment à éviter l'idée d'une prééminence de la philosophie de penser le cinéma. Elle autorise en outre à porter positivement l'interrogation au niveau d'une problématisation de son objet, qui n'est le privilège d'aucune discipline (la philosophie n'est pas la *seule* à poser le problème du mouvement).

Il faut revenir à l'entretien précédemment cité, où Deleuze aborde la notion de tout comme « ouvert » dans une acception proprement bergsonienne :

> Bergson ne cessera de dire : le Temps, c'est l'Ouvert, c'est ce qui change et ne cesse pas de changer de nature à chaque instant. C'est le tout, qui n'est pas un ensemble, mais le passage perpétuel d'un ensemble à un autre, la transformation d'un ensemble dans un autre. *C'est très difficile à penser* ce rapport temps-tout-ouvert. Mais *c'est précisément le cinéma qui nous le rend plus facile*[1].

Cette dernière remarque, en apparence anodine malgré son caractère relativement énigmatique, demeure essentielle. Elle semble donner une explication, ou du moins attribuer une raison au passage du chapitre 1 aux chapitres 2 et 3 de *L'Image-mouvement* (et plus exactement, dans la présente citation, au chapitre 3 consacré au montage). Le cinéma rendrait en effet plus aisé le fait de *penser* le mouvement en tant qu'il « se différencie », c'est-à-dire le mouvement dans son être, qui caractérise aussi bien sa « tendance » à être. Nous savons que Deleuze débute son étude sur le cinéma par l'exposé du procès de différenciation à l'œuvre dans *L'Évolution créatrice* de Bergson. Cet exposé est particulièrement technique et sa difficulté, pour reprendre le mot de Deleuze, peut se mesurer à celle-là même qui réside dans l'appréhension du « vrai mouvement », laquelle engage bien une conception singulière du tout comme ouvert. Si le cinéma « rend plus facile » d'envisager une conception de cet ordre, c'est précisément parce que le mouvement constitue la donnée immédiate de l'image-cinéma. Mais nous savons par ailleurs que cette immédiateté du mouvement,

1 *Ibid.*

comme l'enseigne la méthode de « l'intuition » chez Bergson, doit être « ressaisie » ou « retrouvée » afin que nous puissions l'appréhender comme telle, et qu'elle réclame par là même un certain effort de la part de celui qui la pense. Cet effort ne se produit pas uniquement à l'occasion d'une investigation philosophique; il est également nécessaire quand la philosophie rencontre un autre domaine que le sien, et qu'elle décide de penser suivant une exigence de « précision ». C'est pourquoi lorsque Deleuze déclare que le cinéma facilite la saisie d'un mouvement qui se différencie, en tant que celui-ci provoque notamment la variation du tout d'un film (qui est « affaire de montage »), nous devons comprendre que cette facilité est relative, et qu'il ne s'agit pas de suivre simplement le défilement des images sur un écran pour qu'une telle conception du tout soit donnée. Il importe, plus fondamentalement, qu'une ressaisie du mouvement ait lieu sur le plan même des images, Deleuze donnant justement un nom à cette opération – l'« extraction » – et à son résultat – les « concepts du cinéma ».

Extraire un concept de cette nature suppose une pratique qui *reste* philosophique, même si le philosophe est confronté à un domaine qui demeure incomparable au sien. En ce sens, ce qui est rendu « plus facile » par le cinéma résulte bien d'une méthode philosophique qui, comme le souligne Deleuze, implique l'expérience d'une « recherche *la plus intérieure* au cinéma »[1]. Les passages consacrés au cadre, au plan et au montage dérivent d'une semblable recherche, et l'extraction conceptuelle qui la sous-tend qualifie un véritable travail philosophique, dans la mesure où les concepts en question « ne sont évidemment pas *"donnés"* dans le film ». Certes, ce sont « des concepts propres au cinéma, mais qui ne peuvent être *formés* que philosophiquement »[2]. Il semble important d'approfondir l'examen de la distinction que propose Deleuze entre l'extraction de concepts cinématographiques et ce que l'on pourrait nommer leur « décalque ». Car l'opération qui consiste à mener une telle extraction renvoie en dernière instance à la définition deleuzienne de la philosophie, entendue comme activité qui invente ou fabrique des concepts. C'est pourquoi « extraire » signifie aussi bien « créer », et si *L'Image-mouvement* et *L'Image-temps* sont des livres de philosophie, c'est précisément parce qu'ils sont le lieu où survient une importante création de concepts, ceux-là même « que

1 2RF, p. 196.

2 Voir P, p. 83, ainsi que IT, p. 366 : « Les concepts du cinéma ne sont pas donnés dans le cinéma ».

le cinéma suscite »[1]. Le cinéma constitue bien de ce fait un « cas-de-pensée » pour le philosophe, dont la tâche réside dans l'extraction de ce que cette « puissance suscitante »[2] aura provoqué au sein de sa pratique, et qui peut conduire en conséquence à une formation ou invention de concepts.

Une question s'impose à ce niveau de l'analyse : de quel type sont les supports qui servent de base au philosophe afin qu'il puisse mener son travail d'extraction au cinéma, celui-là même qui favorise, c'est-à-dire « rend plus facile » la saisie de notions que la philosophie rencontre par ailleurs pour son propre compte ? Nous pouvons essayer de répondre à cette question en nous rapportant à un phénomène déjà évoqué une première fois : il s'agit des références faites en très grand nombre aux écrits sur le cinéma, et qui accompagnent l'argumentation deleuzienne tout au long de son déploiement. Comment apprécier un tel phénomène ? Deleuze apporte à ce sujet un élément de réponse qui possède toute son importance : « Il n'y a pas de spectateur originel », déclare-t-il, dans la mesure où toute réflexion sur le cinéma est « inséparable de ce qu'on a écrit sur le cinéma »[3]. Pourquoi donc « inséparable » ? On devine que la présence d'une abondante bibliographie en la matière ne se limite pas au seul besoin de la recherche, mais s'inscrit plus profondément dans le projet deleuzien de penser le cinéma et les concepts qu'il suscite. C'est que les écrits ou études cinématographiques définissent une véritable ouverture heuristique en vue d'une élaboration conceptuelle qui adhère autant que possible à son objet. Ils témoignent pour le philosophe de la nécessité de se situer *d'emblée* là où le cinéma se pense et se réalise, c'est-à-dire – suivant une exigence bergsonienne qui constitue, une nouvelle fois, le fond de la démarche deleuzienne – *le cinéma là où il est*[4]. Il est possible de distinguer trois types d'écrits sur le cinéma parmi ceux que cite Deleuze : les propos de cinéastes (textes ou entretiens), les études menées par des universitaires spécialistes de l'image, enfin les textes de critiques de cinéma. Tous participent selon Deleuze d'une orientation théorique, bien que cette orientation, dans la plupart des cas, ne s'exprime pas sous la forme d'une ambition délibérée de penser le cinéma. Quand un grand auteur de cinéma parle de ce qu'il fait, ou lorsqu'un critique cinématographique fait

---

1 IT, p. 365.

2 Nous empruntons ces expressions à Alain Badiou, cf. *Deleuze…*, *op. cit.*, respectivement p. 27 et 29.

3 2RF, p. 199.

4 Sur la nécessité, selon Bergson, de s'installer « d'emblée » dans l'élément propre où sont les choses, voir B, p. 51 : « nous ne percevons pas les choses en nous-mêmes, mais là où elles sont ». Deleuze reprend ce thème dans l'un de ses cours sur le cinéma (cours du 18 juin 1985).

davantage que décrire ou raconter un film, alors l'un et l'autre, sans nécessairement le vouloir, « deviennent philosophes ou théoriciens »[1]. Chacun, en tout cas, aura su extraire un concept du cinéma, c'est-à-dire sera parvenu à en former un (ou plusieurs).

Un exemple de concept cinématographique : le cadre

Revenons aux « trois niveaux cinématographiques » dont nous étions partis – le cadre, le plan, le montage – et considérons ce qu'il advient de ces notions à l'intérieur des chapitres qui leur sont consacrés. Nous avons rappelé les *définitions* que Deleuze propose de ces différentes notions appartenant au cinéma, et vu de quelle manière elles entretiennent un rapport de coalescence avec les « trois thèses sur le mouvement » de Bergson. Le début du chapitre 2, intitulé « cadre et plan, cadrage et découpage », commence bien par l'énoncé d'une définition. Comme l'indique Deleuze : « Partons de définitions *très simples...* »[2]. Avant d'ajouter, précision fondamentale : « *quitte à les corriger plus tard* », ce qui suppose bien que ces définitions sont prises dans un *devenir conceptuel* qui en détermine la variation. C'est sur ce point de la démonstration, qui engage le problème même de la fabrication des concepts chez Deleuze, qu'il est possible de mettre en évidence la façon dont *fonctionnent* les rapports de la philosophie et du cinéma. Car la « correction » des définitions dont il parle ici résulte de l'extraction de notions proprement cinématographiques, et implique la rencontre d'une définition de type philosophique (d'origine bergsonienne) avec les images filmiques et « ce qu'on a pu écrire » sur elles. C'est à la lumière d'une semblable rencontre entre deux pratiques que nous signalons l'existence d'une variation cinématographique du concept, dès lors que celui-ci se construit au plus près du « cas » cinéma, c'est-à-dire aussi bien de « ce qui a forcé » le philosophe à penser le cinéma. C'est en ce sens que Deleuze invoque une « différenciation » voire une « ré-organisation » permanente des concepts au sein de *L'Image-mouvement* et de *L'Image-temps* :

> il faut *à la fois* des monographies d'auteurs, mais greffées *chaque fois* sur des différenciations de concepts, des spécifications, des ré-organisations qui mettent en jeu le cinéma tout entier[3].

---

1 IT, p. 366. Sur les critiques qui « *se retrouvent* philosophes », voir aussi P, p. 82.
2 Ce sont les premiers mots de ce chapitre. Voir IM, p. 23.
3 P, p. 83.

Les écrits de cinéma, dans cette perspective, participent pleinement du souci méthodologique qui anime l'empirisme supérieur deleuzien, lequel cherche à saisir les « conditions d'une expérience réelle » de son objet. François Zourabichvili a bien montré que l'empirisme en question signifie

> que les conditions ne sont jamais générales mais se déclinent suivant des *cas* : d'où l'énoncé capital d'après lequel elles ne sauraient être plus larges que ce qu'elles conditionnent.

Et Zourabichvili de donner « le sens réel » d'une démarche philosophique de ce type, notamment en ce qui concerne la formation de concepts qui en découle :

> nous ne pouvons jamais parler d'avance de *toute* l'expérience, à moins d'en manquer l'essentielle variation, l'inhérente singularité, et de lui appliquer un discours trop général pour ne pas laisser le concept et la chose dans un rapport d'indifférence mutuelle [1].

Les monographies d'auteurs dont parle Deleuze, outre qu'elles constituent les supports principaux d'extraction conceptuelle, déterminent autant de « cas » qui amènent le philosophe à multiplier les modalités d'appréhension de ce qui relève *du* cinéma. C'est pourquoi Deleuze ne possède guère en la matière de discours donné « d'avance ». Car le risque serait alors qu'un rapport de contingence ou « d'indifférence » s'établisse entre le concept et l'image-cinéma (ou devrions-nous dire *les* images-cinéma), que le concept soit trop « large » pour elle, et que l'argumentation philosophique sombre par là dans la généralité. À une indifférence notionnelle de cette espèce, il convient d'opposer les différenciations de concepts soutenues par Deleuze, différenciations par lesquelles le penseur est conduit des concepts philosophiques à ceux que le cinéma suscite, *et inversement*.

Les « corrections » de définitions dont il est question au début du chapitre 2 de *L'Image-mouvement* ne doivent pas être entendues autrement que par ce mouvement de « ré-organisation » des concepts, auquel n'échappent donc pas les notions bergsoniennes qui servent de base à l'acception du cadre, du plan et du montage cinématographiques. Autrement dit, les définitions de ces différentes notions, qui sont « *très simples* » à l'origine, vont subir diverses modifications au fil du développement, et cela à travers les images filmiques

1 *Le Vocabulaire de Deleuze*, *op. cit.*, p. 36 (souligné par Zourabichvili).

ou les écrits de cinéma que l'auteur aura rencontrés puis convoqués dans son argumentation. En ce sens, lorsque Deleuze indique que les définitions qu'il propose sont susceptibles d'être corrigées par la suite, il ne souhaite pas dire que ces corrections porteront à une remise en cause ou à un gommage de ce qui avait été posé au départ. Il s'agirait en fait davantage de retouches, d'ajouts conceptuels, ou plus exactement de « *composantes* » qui viennent se greffer à la notion auparavant définie, et qui par là justement la corrigent, la « différencient ». Le mot « composante » a son importance; Deleuze l'utilise en effet dans le chapitre d'ouverture de *Qu'est-ce que la philosophie?*, intitulé « Qu'est-ce qu'un concept? ». Ce chapitre débute en ces termes : « Il n'y a pas de concept simple. Tout concept a des composantes, et se définit par elles ». Et plus loin : « Tout concept a un contour irrégulier, défini par le chiffre de ses composantes » [1]. Il apparaît qu'une telle acception du concept, théorisée pour elle-même suivant une « pédagogie du concept » que Deleuze appelle de ses vœux, est déjà effective dans les deux ouvrages sur le cinéma. Prenons par exemple le concept de « cadre » tel qu'il se déploie au chapitre 2 de *L'Image-mouvement*. Après en avoir donné la définition, Deleuze, au fil du premier paragraphe qui lui est consacré, énumère les différentes « composantes » du cadre au cinéma. Ces composantes sont aussi nommées des « tendances » par l'auteur, ce qui d'une part confirme le fait que Deleuze poursuit dans ce paragraphe un procès de différenciation et, d'autre part, que l'opération cinématographique à laquelle le cadre renvoie est indissociable des autres notions étudiées, qu'elle *tend* également ou « réclame » une appréhension du plan et du montage. Nous pouvons mettre en évidence trois composantes principales du cadre tel que l'envisage Deleuze dans ces pages.

En premier lieu, il s'agit de considérer les « *éléments* » du cadre, lesquels sont des « données tantôt en très grand nombre, tantôt en nombre restreint ». D'où les « deux tendances » du cadre, « à la saturation ou à la raréfaction », Wyler et Altman étant deux cinéastes citées par Deleuze comme ayant produit des images saturées, tandis qu'Hitchcock a pu réaliser des images atteignant à un « maximum de raréfaction » [2]. Dans un deuxième temps, Deleuze considère le cadre « *en lui-même* ». En ce sens, il est « géométrique *ou* physique », et cela de deux façons : soit il est constitué « par rapport à des coordonnées choisies ou par rapport à des variables sélectionnées », soit il est effectué « par rapport

1 QqP, p. 21.
2 IM, p. 23-24.

aux parties du système qu'il sépare et réunit à la fois »[1]. Dans le premier cas, le cadre est conçu

> comme une composition d'espace en parallèles et diagonales, la constitution d'un réceptacle tel que les masses et les lignes de l'image qui vient l'occuper trouveront un équilibre, et leurs mouvements, un invariant ;

c'est la conception géométrique, qui trouve dans les cinémas de Dreyer ou Antonioni son expression la plus manifeste[2]. Toujours en ce premier sens, le « cadre est [par ailleurs] conçu comme une construction dynamique en acte, qui dépend étroitement de la scène, de l'image, des personnages et des objets qui le remplissent » ; c'est la conception dynamique, dont témoignent notamment « le procédé de l'iris » chez Griffith, ou de « l'écran variable » chez Gance[3]. Dans le deuxième cas du cadre considéré « en lui-même », qui s'attache davantage à la « nature de ses parties », Deleuze affirme d'abord que « le cadre est inséparable de fermes distinctions géométriques », ainsi, par exemple, chez Wiene ou Lang, la lumière « s'organise avec les ténèbres en deux moitiés, ou en raies alternantes »[4]. Pour ce qui concerne la conception dynamique du cadre en ce second cas, Deleuze souligne que celui-ci « induit des ensembles flous qui ne se divisent plus qu'en zones ou plages », le cadre « n'[étant] plus l'objet de divisions géométriques, mais de graduations physiques » ; ainsi, chez Murnau, l'ensemble clos désignant « un mélange qui passe par toutes les parties, par tous les degrés d'ombre et de lumière, par toute l'échelle du clair-obscur »[5]. Deleuze envisage ensuite le cadre depuis « *l'angle de cadrage* ». « C'est que l'ensemble clos est lui-même un système optique qui renvoie à un point de vue sur l'ensemble des parties ». Et de décrire la scène de l'unijambiste dans *L'Homme que j'ai tué* de Lubitsch, ou d'évoquer les procédés de « décadrage » qui sont à l'œuvre notamment chez Ozu, ou tout autrement encore chez Bresson, et qui renvoient parfois « à une autre dimension de l'image »[6]. Enfin, Deleuze considère le cadre à travers la notion de « *hors-champ* ». « Tout cadrage, déclare-t-il, détermine un hors-champ ». Puis il définit ce dernier suivant

---

1 IM, respectivement p. 24 et 25 (souligné par Deleuze).
2 IM, p. 24.
3 IM, p. 25.
4 *Ibid.*
5 IM, p. 26.
6 IM, p. 26-27.

> deux aspects qui diffèrent en nature : un aspect relatif par lequel un système clos renvoie dans l'espace à un ensemble qu'on ne voit pas, et qui peut à son tour être vu, quitte à susciter un nouvel ensemble vu, à l'infini ; un aspect absolu par lequel le système clos s'ouvre à une durée immanente au tout de l'univers, qui n'est plus un ensemble et n'est pas de l'ordre du visible.

Malgré la différence de nature qu'il a ainsi établie entre ces deux acceptions, Deleuze soutient néanmoins « qu'il y a toujours à la fois les deux aspects du hors-champ, le rapport actualisable avec d'autres ensembles, le rapport virtuel avec le tout »[1].

Partant d'une définition simple du cadre, Deleuze l'enrichit ainsi de diverses composantes qui constituent le « chiffre » de son concept[2]. Pour chacune de ses composantes, outre les cinéastes auxquels il fait référence en décrivant une image ou en racontant une séquence de leurs films, Deleuze se rapporte aussi à des travaux de théoriciens du cinéma (ou auteurs de « monographies ») qui servent précisément de base à « l'extraction conceptuelle ». C'est en ce sens que le « décadrage » renvoie à un texte que Pascal Bonitzer consacre à cette notion dans les *Cahiers du cinéma*, et que Deleuze peut reprendre en disant à cet égard que « Bonitzer a *construit* [un] concept très intéressant »[3]. De même, lorsqu'il aborde le « hors-champ », Deleuze cite la *Praxis du cinéma* de Noël Burch, qu'il problématise dans l'optique d'une détermination conceptuelle de cette notion, au besoin en la complétant avec l'apport d'un autre critique de cinéma (en l'occurrence Jean Narboni), tout en poursuivant, dans le même passage, la discussion avec Bazin sur l'alternative que celui-ci pose entre « cache ou cadre »[4]. Dans tous les cas, il importe que la composante soit aussi « *précise* » que possible, de telle sorte que le concept de cadre auquel elle se greffe soit « *le plus intérieur* » au cinéma, suivant les exigences de la recherche deleuzienne. C'est dans cette perspective que les concepts sont considérés comme étant « cinématographiques », dans la mesure où ce sont les images singulières du cinéma, aussi bien que ce qu'on a pu écrire sur elles, qui demeurent à l'origine de leur fabrication, et de l'établissement du caractère concret de leurs composantes.

---

1 IM, respectivement, p. 29 et 30.
2 C'est en ce sens que le concept est considéré par Deleuze comme une « multiplicité » (QqP, p. 21).
3 IM, p. 27.
4 IM, p. 28-29.

La création conceptuelle dans *Cinéma 1* et *2* s'établit selon ce que l'on pourrait nommer une véritable *pédagogie du concept cinématographique*, si l'on entend par là les « manières de faire » d'un philosophe qui rencontre et analyse les inventions relevant d'une autre pratique que la sienne. Le procédé d'extraction précédemment étudié, en servant à l'élaboration des composantes des « concepts du cinéma », participe pleinement, on l'aura compris, de cette pédagogie. C'est seulement un exposé de cette dernière qui permettrait de montrer en quoi, comme le remarque Alain Ménil dans une heureuse formule que néanmoins il n'approfondit pas, il existe chez Deleuze « une philosophie *immanente* au cinéma – celle qu'il produirait de lui-même, celle qui se dégagerait de lui-même, de sa propre manifestation filmique »[1]. C'est seulement à mettre en lumière la façon dont Deleuze construit ses concepts dans *L'Image-mouvement* et *L'Image-temps* que l'immanence dont il est ici question conquiert véritablement une valeur de consistance, et qu'elle est susceptible, de ce fait, de satisfaire l'exigence qui conduit à penser « le cinéma là où il est ». C'est dans cette perspective, également, que l'écueil d'une transposition de la philosophie au cinéma peut être comme tel évité, et que les concepts créés par Deleuze dans ces deux volumes sont dits à proprement parler « *du* cinéma », au sens d'un génitif subjectif[2]. Par là, la pédagogie du concept opérant *devant* les images-cinéma est nécessairement respectueuse – et respectueuse « en droit » – des conditions singulières qui président à leur création, à leur réalisation[3]. En ce sens, le souci de préserver la singularité des œuvres au sein du discours philosophique ne s'exprime pas uniquement par la présence, relativement dense, de récits filmiques ou de descriptions d'images particulières. Car ces récits et descriptions, qui entrent en « tension » avec le développement philosophique, ne constituent pas une simple illustration de celui-ci, mais désignent bien plus les moments du propos où se prépare un « surgissement de concept »[4], ou en tout cas une détermination pratique de ses composantes qui en assurent le devenir.

---

1 « Deleuze et le "bergsonisme du cinéma" », art. cité, p. 30 (souligné par Ménil).

2 C'est ce que remarque avec raison Alain Ménil (*ibid.*).

3 C'est pourquoi Deleuze soutient dans *Qu'est-ce que la philosophie ?* que la « pédagogie du concept » devrait analyser « les conditions de création comme facteurs de moments restant singuliers » (p. 17).

4 Suivant une expression que Deleuze utilise dans l'un de ses cours (cours du 24 novembre 1981).

Une taxinomie ouverte, lacunaire, remaniable

Classification des images et invention de concepts

Le concept deleuzien est fondamentalement changeant, pris dans un mouvement de différenciation qui en assure le devenir *en fonction même de la réalité de son objet*, elle-même prise dans ses propres variations. C'est pourquoi s'il existe, conformément à l'exigence bergsonienne de « précision » en philosophie, une identité du concept et de son objet, il est entendu que, chez Deleuze, cette identité n'est jamais donnée une fois pour toutes, mais qu'elle ne cesse de varier elle aussi [1]. Nous comprenons alors d'autant mieux la portée de la remarque en ouverture du chapitre 2 de *L'Image-mouvement* concernant les « corrections » que les définitions conceptuelles sont susceptibles de subir au fil des paragraphes. Nous pensons également que la nature du concept qu'une telle pédagogie met en œuvre favorise grandement la compréhension du fonctionnement de la taxinomie deleuzienne. Car il existe indéniablement un lien entre les concepts cinématographiques ainsi élaborés et la classification qui les accueille, étant donné que ces concepts « *ce sont* (...) les types d'images et les signes qui correspondent à chaque type » [2], c'est-à-dire, en définitive, les éléments mêmes de la classification. Quel est donc ce lien, philosophiquement établi, entre ce qui relèverait du contenant et ce qui appartiendrait à son contenu à proprement parler ? Comment penser, en d'autres termes, la manière dont les concepts de cinéma sont créés par Deleuze et la taxinomie au sein de laquelle ces concepts s'inscrivent ?

Pour tenter de répondre à ces questions, il est nécessaire de prendre en considération le type de classification qu'il instaure dans son essai sur le cinéma. Deleuze y insiste à plusieurs reprises dans les préfaces ou entretiens qui accompagnent la publication de *Cinéma 1* : la classification des images et des signes qu'il présente paraît se suffire à elle-même, et pourtant elle n'est pas

---

1 Pierre Zaoui a parfaitement mis en évidence l'existence d'une « identité seconde et construite » chez Deleuze, qui ne dénonce guère « l'identité en elle-même », mais critique « la catégorie d'identité que dans la mesure où celle-ci se trouve posée comme fondement premier (...) ou comme fin dernière », et que la différence, par là, « se trouve écrasée ». « Au contraire, ajoute Zaoui, quand l'identité est seconde, quand elle ne se subordonne pas la différence mais est bien davantage produite par elle, alors elle acquiert une toute nouvelle pertinence conceptuelle, permettant de désigner moins la ressemblance ou l'analogie que le *devenir* d'une différence pure » (souligné par Zaoui). Voir « La "grande identité" Nietzsche-Spinoza : quelle identité ? », in *Philosophie*, n° 47, p. 78.

2 2RF, p. 251.

close ; elle se veut complète et cependant elle n'est pas finie ; elle semble suivre un développement ordonné de nature chronologique, et néanmoins elle ne répond à aucun principe de progression déterminé. C'est que « la classification des signes est *infinie*, et d'abord parce qu'il y a une infinité de classifications »[1]. Et c'est en ce sens que « toutes les classifications (…) sont *mobiles* », qu'elles « sont *rétroactives* et *remaniables, illimitées* »[2]. Autrement dit, la classification que nous découvrons dans les deux volumes sur le cinéma est *en mouvement*, de même que les concepts qui la composent sont essentiellement *mouvants*. Notre hypothèse est la suivante : c'est parce que le concept deleuzien répond à une pédagogie qui fait de lui une instance variable, en tant qu'il épouse les transformations affectant son objet (les images particulières du cinéma), que Deleuze a la possibilité (au sens où il est fondé à le faire) de mettre en œuvre une taxinomie « mobile », c'est-à-dire *ouverte* – et cela, non seulement au regard des concepts cinématographiques que l'auteur aurait omis de classer en elle[3], mais aussi en relation à ceux qui correspondraient à de « nouvelles images », des images à venir. C'est pourquoi la lacune, ou la « case vide »[4], fait partie intégrante d'une taxinomie de ce genre, et c'est d'ailleurs pour cette raison que *L'Image-mouvement* et *L'Image-temps* ne constituent pas « une histoire du cinéma », dans la mesure où, comme l'indique Deleuze « beaucoup d'auteurs manquent [dans ces livres], parmi les plus grands »[5]. On ne comprendrait pas autrement le fait que la classification est dite « remaniable », au-delà de la rigueur qui est la sienne, puisque, en ce qui concerne le premier volume, il existe bien un véritable « *système* de l'image-mouvement »[6]. Or si ce remaniement est un fait, il est à noter qu'il repose sur des conditions de droit, qui ont trait à la création des concepts dans les livres sur le cinéma. Deleuze affirme d'ailleurs que « *c'est la formation de concepts* » qui détermine la classification des images et des signes, étant entendu que cette formation, suivant la « pédagogie » conceptuelle qui la définit, ne se déploie effectivement dans le texte qu'à partir des images singulières contenues dans les films.

---

1 P, p. 95.
2 2RF, p. 266. Voir également 2RF, p. 202 : « C'est une classification mobile, *et qu'on peut changer* ».
3 C'est un point sur lequel Deleuze revient souvent dans ses cours. Voir notamment le cours du 9 mars 1982, où, après avoir commencé la classification des images-mouvement, l'auteur déclare : « J'ai le sentiment que je passe à côté de toutes sortes de choses qui permettraient des réajustements ; *il y a toujours la possibilité d'ajouter d'autres choses* ».
4 L'expression est utilisée par Deleuze, voir 2RF, p. 266.
5 IT, p. 369.
6 IT, p. 43.

Si la taxinomie reste ouverte, lacunaire ou susceptible de modifications, il ne faut pas manquer d'indiquer qu'elle se présente, comme cela apparaît clairement, en deux chapitres *distincts* qui donnent respectivement leurs titres aux volumes sur le cinéma. « Distinct », car il n'y a guère d'opposition entre l'image-mouvement et l'image-temps, mais bien une distinction : certes, les deux chapitres de l'essai deleuzien sont « irréductibles » l'un à l'autre, mais « *non pas sans rapport déterminable* »[1]. Il n'en demeure pas moins une différence de nature entre les deux images – d'où leur irréductibilité. Il existe deux manières de les classer qui ne répondent pas à la même logique, bien qu'un *passage* entre les deux classifications subsiste dans le texte – d'où l'effectivité d'un rapport entre les images qu'elles contiennent chacune à sa façon. C'est la question du point de jonction, qui est aussi bien un point de rupture, entre *L'Image-mouvement* et *L'Image-temps* qui se pose dès lors ; la pédagogie du concept cinématographique peut nous permettre de traiter cette difficile question. Car une semblable pédagogie ne vaut pas uniquement pour la « définition » de l'image-mouvement, mais sert également à « l'analyse » de ses différentes espèces[2], jusqu'à l'image-action, qui, entrant en crise, aide à appréhender les modalités du passage de *Cinéma 1* à *Cinéma 2*.

Ainsi, lorsqu'au terme du chapitre 4 de *L'Image-mouvement*, consacré au procès de spécification et à la présentation déductive (depuis un commentaire de *Matière et Mémoire*) de ses divers « avatars », Deleuze déclare que l'« on commencera [dans les chapitres suivants] par l'exposé des trois sortes d'images-mouvement, et la recherche des signes correspondants », il faut remarquer que cette recherche s'effectue bien suivant la pédagogie deleuzienne en tant que celle-ci préside à la formation des concepts du cinéma. Les « signes correspondant » aux trois sortes d'images-mouvements (l'image-perception, l'image-affection, l'image-action) désignent les éléments formels de ces images, si on les considère du point de vue de leur composition. C'est d'ailleurs là l'objet de la « recherche ». Et la description de films ou de séquences de films, de même que les références aux écrits sur le cinéma les concernant, s'inscrivent de manière substantielle en elle. En ce sens, les « trois sortes d'images-mouvement » que Deleuze extrait du second commentaire de Bergson ne viennent pas s'appliquer à l'art du cinéma, mais *conquièrent* leur statut de concept cinématographique

---

1 IT, p. 50.

2 Sur la distinction de la « définition » de l'image-mouvement et de son « analyse », qui recoupe celle des deux « procès » animant *Cinéma 1* (différenciation et spécification), voir le cours du 1er décembre 1981.

au fil du développement, au fur et à mesure que la philosophie rencontre le cinéma « *là où il est* ». Le processus de formation des concepts, s'il résulte bien d'une *même* « pédagogie » agissant souterrainement dans l'un et l'autre volume, obéit au sein de chacun d'entre eux à une logique différente, qui dépend en réalité des définitions respectives des deux types d'images étudiées. C'est précisément les définitions de ces images analysées « pour elles-mêmes » qui vont déterminer les manières de classer à l'intérieur des deux *Cinéma*, et nous permettre de comprendre la différence de nature qui réside entre elles, autant que le passage de l'une à l'autre. Définir les images « pour elles-mêmes » signifie essentiellement établir le rapport qu'elles entretiennent avec les signes, c'est-à-dire avec ce qui les fait naître *et* ce qui les compose. Comme l'écrit Deleuze, les signes sont « les traits d'expression qui composent les images *et* ne cessent de les recréer » [1]. Il existe bien de ce fait deux genres distincts de signes, ce que confirme l'auteur dans un passage où il se démarque de l'acception peircienne, dans la mesure où il appréhende le signe « soit du point de vue de sa composition bipolaire, soit du point de vue de sa genèse » [2]. L'important, pour parvenir dans l'interstice où sont coudés les deux volumes deleuziens, là où s'effectue le passage d'une classification à l'autre, c'est de parvenir d'abord à saisir les raisons d'un tel agencement de signes servant à caractériser l'image-mouvement et ses « avatars ».

Le double système de l'image-mouvement

C'est en ce sens que nous retrouvons Bergson et le chapitre d'ouverture de *Matière et Mémoire*, dont la reprise par Deleuze s'avère décisive en vue de l'élaboration de la taxinomie du premier volet de son essai ; en tout cas, davantage que Peirce, dont l'œuvre sémiotique n'intervient qu'accessoirement dans le fonctionnement interne de cette taxinomie [3]. Comment se manifeste cette

---

1 IM, p. 49.

2 IM, p. 48. Jacques Rancière, pour sa part, ne perçoit pas ce double sens du « signe » deleuzien, qu'il a tendance à confondre : « Les signes (…) sont les composantes des images, leurs éléments génétiques », cf. *La Fable cinématographique*, Paris, Seuil, 2001, p. 147.

3 Nous savons que Deleuze prend « le terme "signe" en un tout autre sens que Peirce » (IT, p. 48). De plus, nous allons le voir, le mode d'agencement des signes pour chaque variété d'image-mouvement survient après une lecture de Bergson. À ce propos, Ronald Bogue signale à juste titre que « l'approche sémiotique dans *Cinéma 1* et *Cinéma 2* est beaucoup plus bergsonienne que peircienne », cf. *Deleuze on Cinema*, New York et Londres, Routledge, 2003, p. 66. Mais Bogue limite son propos aux divers types d'images (l'image-perception, l'image-action, etc.) de la classification deleuzienne, sans étudier le rapport de ces images avec les signes qui les définissent.

présence bergsonienne au sein de l'articulation de l'image et du signe ? C'est une question que Deleuze aborde dans le chapitre de « récapitulation », au début de *L'Image-temps* (chapitre 2). Notons toutefois que cette articulation est déjà pleinement effective au sein des chapitres de *Cinéma 1*, où Deleuze, analysant les différentes espèces de l'image-mouvement, élabore en même temps la classification des signes qui les constituent de manière intrinsèque (chapitres 5 à 12). Le « second commentaire de Bergson » (chapitre 4), qui caractérise ces espèces et annonce leur analyse sur le plan des « images particulières » (inventées par les « grands auteurs »), ne traite donc pas pour lui-même du problème de la détermination des signes en tant que ceux-ci « engendrent » et « composent » ces images. Tout juste Deleuze entreprend-il, à la fin de ce chapitre, d'évoquer la notion de signe, et de citer le nom de Peirce. C'est néanmoins dans ce même chapitre 4 qu'il opère une distinction qui s'avère fondamentale, si l'on veut comprendre la manière dont les signes sont répartis au sein des différentes espèces de l'image-mouvement. Cette distinction résulte d'un point essentiel de l'interprétation deleuzienne du premier chapitre de *Matière et Mémoire* ; elle concerne le rapport qui existe entre le « monde acentré » qui nous est donné à voir dans ce chapitre et la perception que nous pouvons en avoir. Un tel monde « est un monde d'universelle variation, universelle ondulation, universel clapotement : il n'y a ni axes, ni centre, ni droite ni gauche, ni haut ni bas… »[1]. « C'est un monde, souligne encore Deleuze, où IMAGE = MOUVEMENT », et où « *chaque image agit sur d'autres et réagit à d'autres, sur "toutes ses faces" et "par toutes ses parties élémentaires"* » – c'est le monde des images-mouvement[2]. Deleuze se demande alors ce qui peut advenir dans un tel univers, ce qui est susceptible de s'y passer *pour nous*, sachant que tout s'écoule, la matière autant que nos corps (qui sont également des images). C'est à ce moment précis de sa « leçon bergsonienne » que Deleuze fait intervenir la notion « d'*intervalle* », essentielle aussi bien au regard du commentaire de *Matière et mémoire* que par rapport à la problématique vers laquelle s'oriente la présente analyse, le passage à un « au-delà de l'image-mouvement ».

Mais voyons ce qui arrive ou se produit dans le monde décrit par Bergson, et que rapporte Deleuze en ces termes : « Ce qui peut se passer, c'est ceci : en des points quelconques du plan apparaît un *intervalle*, un écart entre l'action et

1 IM, p. 86.

2 *Ibid.* pour toute la citation (souligné par Deleuze). En ce qui concerne l'expression « image-mouvement », Deleuze signale dans l'un de ses cours qu'« elle n'est pas dans [*Matière et mémoire*], mais qu'elle y est suggérée partout » (cours du 5 janvier 1982).

la réaction »[1]. Or c'est précisément un écart de cette nature qui va rendre possible notre perception des choses, ces mêmes choses qui, sans cela, resteraient dans l'état d'universelle variation où chaque « image » entre en interaction avec toutes les autres, agissant et réagissant immédiatement entre elles sur « toutes [leurs] faces ». L'intervalle ou l'écart entre une réaction et une action engendre ce que Deleuze, après Bergson, nomme une « image spéciale ». L'image est dite « spéciale » dans la mesure où, par le jeu devenu *médiat* de la réception et de la réponse au sein d'un monde qui demeure acentré, elle ne mobilise plus en lui qu'*une seule* de ses faces. Comme l'écrit Deleuze dans un passage qui constitue le cœur du « second commentaire » :

> Pour Bergson, l'écart, l'intervalle, va suffire à définir un type d'images parmi les autres, mais très particulier (…) voici des images qui *ne* reçoivent des actions *que* sur une face ou dans certaines parties, et n'exécutent des réactions que par et dans d'autres parties (…) Et *d'abord* leur face spécialisée (…) c'est comme si elle en isolait certaines parmi toutes celles qui concourent et coagissent dans l'univers[2].

Ce que permet l'intervalle, c'est par conséquent l'isolement, la capture de l'une des faces d'*une* image parmi toutes celles qui composent le monde des images-mouvement; c'est cette capture qui engendre ce qu'on appelle une « perception »[3].

Si nous reprenons les deux moments de l'analyse – l'un consacré à un univers de matières ou d'images qui perpétuellement s'écoulent, se rencontrent et se mélangent; l'autre qui examine ce qui survient dans cet univers dès lors qu'un écart se crée au niveau de l'une de ses images –, on peut remarquer que se dégagent en réalité deux types d'images, ou plus exactement, comme l'affirme Deleuze dans une formule qu'il prend soin de souligner, « *un double système, un double régime de référence des images* »[4]. C'est la distinction évoquée plus haut, et qu'il explicite de cette manière :

> Il y a d'abord un système où chaque image varie pour elle-même, et toutes les images agissent et réagissent en fonction les unes des autres, sur toutes leurs faces et dans toutes leurs parties. Mais s'y ajoute un autre système où toutes varient

1 IM, p. 90 (souligné par Deleuze).
2 IM, p. 91.
3 Cf. IM, p. 92.
4 *Ibid.*

> principalement pour une seule, qui reçoit l'action des autres images sur une de ses faces et y réagit sur une autre face [1].

D'une part, donc, il y a le régime des images-mouvement, régime « de référence » pour ainsi dire, puisque cette référence, concernant *toutes* les images, n'en isole aucune en particulier. De l'autre, nous avons un système dans lequel l'une des images du régime précédent est capturée, et par là même perçue en tant que « centre d'indétermination » [2]. Cette distinction est fondamentale, à au moins deux titres. Elle l'est, en premier lieu, dans la mesure où elle éclaire profondément la portée de ce « second commentaire de Bergson », puisque c'est par elle que l'expression « bergsonisme du cinéma » conquiert la rigueur de son acception, et donne à l'hypothèse deleuzienne sa consistance propre – que Bergson développait, par-delà les critiques qu'il formulait à son encontre, une véritable pensée du cinéma. C'est en ce sens que Deleuze peut écrire, à la lumière du premier chapitre de *Matière et mémoire* :

> L'univers matériel (...) est *l'agencement machinique des images-mouvement*. Il y a là une extraordinaire avancée de Bergson : c'est l'univers comme cinéma en soi, un métacinéma, et qui implique sur le cinéma lui-même une tout autre vue que celle que Bergson proposait dans sa critique explicite [3].

« L'avancée » de Bergson consisterait justement dans l'aptitude à avoir su élaborer une philosophie qui, même si elle n'en tient pas compte explicitement, rend compte « du cinéma qui se préparait aussi à ce moment-là, et qui allait apporter sa propre évidence d'une *image-mouvement* » [4]; autrement dit, c'est d'avoir *élevé*, même malgré elle, cette évidence à un niveau philosophique, niveau depuis lequel Deleuze à son tour va opérer la *déduction* des images-mouvement et de ses différentes espèces.

Nous touchons par là même au deuxième point que nous souhaitions mettre en évidence. Car du deuxième régime de l'image découle ce que, pour la première fois dans son texte, Deleuze nomme « l'image-perception ». Après avoir différencié une « perception complète, immédiate, diffuse », qui correspond à celle qui advient et ne cesse d'advenir dans le monde acentré du premier système de référence – perception à proprement parler non-humaine –, d'une « perception subjective unicentrée *qu'on appelle perception proprement dite* »,

1 *Ibid.*
2 IM, p. 91-92.
3 IM, p. 88.
4 IM, p. 84.

il déclare que nous sommes en présence du « premier avatar » de l'image-mouvement : en effet, « quand on la rapporte à un centre d'indétermination, [l'image-mouvement] devient *image-perception* »[1]. Il est important de comprendre que ce « devenir » de l'image résulte d'une déduction qui trouve dans l'image-mouvement sa matière première, et dont le procès de spécification constitue l'analyse. L'image-perception est le premier type de ce procès[2]. Dans le chapitre de « récapitulation » de *L'Image-temps*, Deleuze note par ailleurs que cette image-perception possède « *deux pôles* ». Or ceux-ci trouvent dans la distinction auparavant exposée la raison suffisante de leur existence.

> Si l'image-mouvement est déjà perception, soutient Deleuze, l'image-perception sera perception de perception, et la perception aura deux pôles, suivant qu'elle s'identifie au mouvement ou à son intervalle,

et de rappeler aussitôt entre parenthèses les deux régimes de l'image-mouvement : « variation de toutes les images les unes par rapport aux autres, *ou* variation de toutes les images par rapport à l'une d'entre elles »[3]. L'auteur précise de surcroît que cette image-perception

> ne constituera pas dans l'image-mouvement un premier type d'image *sans se prolonger* dans les autres types, s'il y en a : perception d'action, d'affection, de relation, etc.[4]

Si nous insistons, d'une part, sur les deux pôles de l'image-perception, et d'autre part sur le fait qu'elle se prolonge dans les autres types (l'image-affection, l'image-action, etc.), c'est que ces deux points des « leçons bergsoniennes sur le cinéma » autorisent à saisir la « composition bipolaire » que Deleuze attribue à chacune de ces images-mouvements. On ne peut saisir autrement le sens des deux signes qui « composent » les images dans la taxinomie de *Cinéma 1*. Aussi, si de l'image-perception à l'image-action, toutes les images sont déduites, une telle déduction confère à ses divers avatars un « signe de genèse ». C'est dans la perspective d'une détermination des signes dans *L'Image-mouvement*

---

1 IM, p. 94 (« image-perception » est souligné par Deleuze).

2 Voir IT, p. 47 : « L'image-perception sera donc comme un degré zéro dans la déduction qui s'opère en fonction de l'image-mouvement ». C'est précisément sur ce point que s'opère la rupture avec la classification des images proposée par Peirce, puisqu'« il y aura une "zéroïté", avant la priméité de Peirce », la zéroïté correspondant précisément à l'image-perception à partir de laquelle une déduction des images est rendue possible.

3 *Ibid.* (souligné par Deleuze).

4 *Ibid.*

que la nature de la classification qui anime l'ensemble de ce premier volume est résumée :

> comme, d'une part, la déduction constitue une genèse des types, et que, d'autre part, son degré zéro, l'image-perception, communique aux autres une composition bipolaire adaptée à chaque cas, nous nous trouverons pour chaque type d'image devant des signes de composition, deux au moins, et au moins un signe de genèse [1].

Chercher à mettre en lumière le fonctionnement interne de la taxinomie dans *Cinéma 1* (aussi bien au niveau des images que des signes) n'a de sens qu'à mettre en évidence la différence de nature que cette taxinomie entretient avec celle de *L'Image-temps*, et qui ne répond plus à la « perception sensori-motrice » qui décide de la première. C'est ce qu'il s'agit désormais de montrer par l'analyse du thème de la « *voyance* », qui va nous porter dans l'entre-deux des volumes deleuziens sur le cinéma, là même où la sensori-motricité défaille, puis se rompt.

1 IT, p. 48.

3

Voir et penser

Devenir voyant

Désabriter les facultés

La doctrine des facultés élaborée par Deleuze annonce un véritable « *désabritement* » qui concerne aussi bien l'usage de chacune des facultés que la manière dont elles s'enchaînent ou collaborent entre elles [1]. « Désabriter » la vision, la parole, la pensée, etc., c'est les libérer de ce qui les empêche d'accéder à leur plus haut pouvoir, et par là même *apprendre* « ce que signifie voir », « ce que signifie parler ou écrire », « ce que signifie penser » ; là où chacune de ces facultés accèdent à l'« inconnu », là où elle échappe aux stéréotypies d'un sens commun (qui « règle » l'usage des facultés et leur collaboration), en même temps qu'elle se dérobe à l'omnipotence des clichés (qui régentent l'exercice des facultés sous le mode d'une reconnaissance devenue automatique ou habituelle) [2]. Si l'apprenti est celui qui porte les facultés à leurs limites respectives, provoquant une discordance dans la façon dont elles communiquent et s'accordent les unes avec les autres de telle sorte que « l'une pousse l'autre à la limite,

---

1 Nous empruntons le mot « désabritement » à Alain Badiou (en l'employant dans un autre contexte), cf. A. Badiou, *Deleuze…, op. cit.*, p. 126. Notons que Deleuze emploie le verbe « *s'abriter* » lorsqu'il étudie un « processus généralisé de penser *qui ne peut plus s'abriter* sous l'image dogmatique rassurante » (DR, p. 191).

2 Sur l'« apprentissage » des facultés et son rapport à l'« inconnu », voir DR, p. 187, 248 et 252-253 (où l'on trouve le mot « stéréotypie » appliqué au sens commun). Sur le caractère inductif des clichés quant à nos manières de percevoir, de sentir, de penser, d'agir, etc., voir IT, p. 33 : l'image-cliché « s'insère dans des enchaînements sensori-moteurs (…) *organise* ou *induit elle-même* ces enchaînements ».

mais chacune fait que l'une dépasse l'autre »[1], il n'en reste pas moins qu'il doit opérer au sein d'un monde où les manières de voir, les manières de parler, les manières de penser, sont comme *déjà données*. Tout se passe comme si notre existence, *de tout temps*, s'éprouvait dans ce que Deleuze nomme la « *forme du déjà-là* », forme qui précède en droit tous les contenus et qui ne cesseront de la peupler à chaque époque[2]. En ce sens, le déjà-là désigne bien ce à quoi je suis « condamné », ce par quoi je dois nécessairement *commencer*, que ce déjà-là s'exprime sous la forme d'un postulat implicite de la pensée – « il est supposé que chacun sait sans concept ce que signifie moi, penser, être »[3] – ou sous la condition de « *données figuratives* » qui sont comme le « préalable » à toute émotion ou perception[4]. Or l'une des « exigences » de l'apprenti, en tant qu'il explore les facultés dans leur usage disjoint, le conduit précisément à prendre la mesure de ce déjà-là, à le « connaître » en vue de le « défaire ».

Ces exigences ne sont pas moins difficiles à satisfaire en philosophie que dans les arts visuels. Elles engagent à une lutte contre les clichés, et supposent une confrontation avec tout un champ « prépictural » constitutif de nos manières de voir.

> Il y a un premier figuratif, prépictural, écrit Deleuze : il est sur le tableau, et dans la tête du peintre, dans ce que le peintre veut faire, *avant que le peintre commence*, clichés et probabilités[5].

Sortir du cliché est la tâche picturale, mais le connaître, se risquer à le connaître, au besoin *en s'y abandonnant*, constitue la tâche prépicturale[6]. Et le cinéaste, essentiellement « après la guerre », pour des raisons aussi bien extrinsèques

---

1 CC, p. 49.

2 Deleuze emploie cette expression dans un cours consacré à Antonioni (cours du 6 décembre 1983), où il est notamment question de la « maladie des sentiments » envisagée par le cinéaste (Deleuze cite le texte d'Antonioni sur ce point dans IT, p. 14). Le « déjà-là », c'est le « fond du temps comme temps non-chronologique », qui s'exprime sous la forme d'un « tu dois ». « Dès ma naissance », déclare-t-il commentant Antonioni, « le temps m'apporte tout un bagage de sentiments », lequel détermine « mon être-au-temps » dans l'existence.

3 DR, p. 169.

4 Les « données figuratives » définissent l'un des premiers aspects du « cliché » que dégage Deleuze dans son étude sur Bacon. Il signale à ce sujet : « ce ne sont pas seulement des moyens de voir, *c'est elles qu'on voit, et finalement on ne voit qu'elles* » (p. 86, et p. 83 sur le caractère « préalable » de ces données).

5 LSensation, p. 91.

6 Sur la distinction de ces deux « tâches » pour le peintre, voir LSensation, p. 91. Sur le fait de « s'abandonner » aux clichés chez Bacon, voir les p. 86-88 et 90. On retrouve cette même posture de l'abandon dans le cinéma de Fellini (IT, p. 14).

(sociales, économiques, politiques, morales) qu'intérieures à cet art, rencontre également de nouvelles exigences, dont l'une des principales, si elle consiste à « *arracher* aux clichés une véritable image »[1], réside plus profondément dans le fait de porter la vision à une fonction de « *voyance* », c'est-à-dire d'*élever* la faculté de voir à un exercice qui ne réponde plus du modèle de la récognition, mais fasse en sorte, bien plus, que cette faculté devienne elle-même un moyen de connaissance. « Le cinéma, écrit Deleuze, devenant *non plus entreprise de reconnaissance*, mais *connaissance* », et de citer le fragment d'un texte de Le Clézio sur Fellini : le cinéma comme « "science des impressions visuelles, nous obligeant à oublier notre logique propre et nos habitudes rétiniennes" »[2], c'est-à-dire à *désabriter* l'œil. Or le « désabritement » de la faculté de voir se définit en premier lieu comme une tentative de « *rectification* », rectification d'une faculté subordonnée à « la banalité quotidienne en personne, la Récognition » : qu'elle soit prise dans un jeu des facultés dans lequel l'élément du sens commun – destiné à saisir *une forme d'objet supposé le même* – les rend proprement indistinctes, ou qu'elle soit induite dans son usage par un ensemble de « clichés » qui sont autant d'incitations à voir d'*une même et unique manière*. Dans ce dernier cas, où les faux-semblants composent la perception habituelle que nous pouvons avoir des choses (ils la composent au sens où ils la « font »), la vision est en quelque sorte « tordue », d'où la nécessité de rectifier cet « effet de torsion » afin de déterminer « ce que signifie voir », d'expérimenter la faculté de voir dans son usage supérieur[3]. Cette expérimentation est l'affaire de l'apprenti qui « constitue et investit les problèmes » autant qu'il « élève chaque faculté à l'exercice transcendant »[4].

Il est remarquable que Deleuze, dans un passage de *Différence et Répétition* consacré aux « faux problèmes », utilise le même mot de « rectification » pour qualifier le mouvement par lequel on « élève » une faculté à son exercice transcendant[5]. Rectifier un faux problème, en effet, c'est faire en sorte que le problème lui-même ne soit tributaire ni d'une détermination fixe ou « sédentaire »

1 IT, p. 32.
2 IT, p. 30. La distinction entre « connaissance » et « reconnaissance » parcourait déjà le chapitre III de *Proust et les signes*, intitulé « L'apprentissage ». Voir par exemple p. 37 : « nous reconnaissons les choses, mais nous ne les connaissons jamais ».
3 Deleuze emploie notamment le mot de « rectification » pour qualifier la « méthode géométrique » de Spinoza : cette dernière devient dans *L'Éthique* « une méthode de rectification vitale et optique », voir SPP, p. 23. C'est dans cette même page que l'on trouve une mention de l'homme comme être naturellement « tordu ».
4 Voir surtout DR, p. 213-215.
5 Voir DR, p. 269.

(suivant la règle du sens commun), ni d'une surdétermination omnipotente (par le cliché), ni d'une indétermination obstinée (à travers la bêtise), ce qui revient pour chaque cas de subordination à faire entrevoir un usage des facultés qui ne soit rapporté ni à « l'empirique », ni à la « banalité quotidienne », ni à l'« informe ». Autrement dit, on ne saurait désabriter une faculté sans rectifier le faux problème dans lequel elle se déploie nécessairement (le faux problème étant lui-même une « *ombre* » à laquelle nous sommes *condamnés*)[1], et par là même l'élever à son exercice disjoint. Le désabritement des facultés s'accompagne en ce sens d'une appréhension de ce qui les empêche d'atteindre à leurs limites respectives, là où elles se dérèglent et en se déréglant manifestent leur plus haut degré de puissance. Et que désignent précisément la bêtise (qui est la « faculté des faux problèmes »), l'élément du sens commun (qui est un *cas particulier* de la bêtise), le règne des clichés (qui est la forme du sens commun en tant qu'elle *s'extériorise* différemment à chaque époque), sinon ce qui sépare les facultés de *ce qu'elles peuvent*, et de ce que Deleuze nomme ailleurs l'« émancipation de la dissonance »[2] ?

Rectifier, désabriter, puis élever les facultés suivant les exigences d'un « empirisme transcendantal » constituent bien les étapes d'un apprentissage que Deleuze qualifie « d'essentiel ». Essentiel dans la mesure où il s'agit pour lui de proposer une alternative au « discrédit dans lequel est tombée aujourd'hui la doctrine des facultés, pièce pourtant tout à fait nécessaire dans le système de la philosophie »[3]. Pour rendre ses droits à cette doctrine, le problème que pose Deleuze se formule ainsi : dans quelles conditions d'expérience réelle une faculté conquiert sa puissance, étant entendu que cette puissance se définit comme *un exercice aux limites* ? Nous savons que cet exercice suppose un nouveau type d'accord entre facultés, qui ne s'effectue plus suivant une collaboration réglée mais une discordance, un « exercice déréglé des facultés », même si un « ordre dans cet enchaînement » demeure[4]. La nécessité du désabritement implique de surcroît une critique de tout conditionnement externe dans le jeu des facultés, dont la forme du sens commun est l'une des déterminations paradigmatiques. Or ce qui peut opérer, pour ainsi dire, un retour du refoulé dans la doctrine

1 C'est par essence que « toujours le problème se réfléchit dans de *faux problèmes* », écrit Deleuze, ou encore que « Les problèmes échappent par nature à la conscience » (DR, p. 268-269).

2 Voir respectivement DR, p. 207, DR, p. 353 et CC, p. 49. C'est dans ce dernier texte que Deleuze étudie « l'accord discordant (...) [ou] le dernier renversement kantien » : « un exercice déréglé de toutes les facultés, qui va définir la philosophie future ».

3 DR, p. 186.

4 DR, p. 189-190.

des facultés, ou provoquer en elle l'effet de ce que Deleuze nomme lui-même une « inquiétante étrangeté », c'est précisément « l'objet d'une *rencontre* fondamentale, et non d'une récognition ». La rencontre, pour une faculté, c'est ce qui la force à s'exercer, et par quoi elle fait l'objet d'une *genèse* proprement interne. Dans cette perspective, elle constitue une « condition de l'expérience réelle, et non de l'expérience possible », grâce à laquelle la faculté atteint « au point extrême de son dérèglement », là où s'affirme sa « dernière puissance »[1]. Il serait erroné de croire que la rencontre, en ce sens philosophique, perturbe simplement nos habitudes de voir, de penser, etc., ou qu'elle bouleverse un instant nos manières d'agir ou de réagir aux circonstances. Plus profondément, elle nous fait pénétrer dans un « autre genre de connaissance », qu'il appartient à l'apprenti d'investir et d'explorer, par-delà tout phénomène de reconnaissance ou toute *absence* même de reconnaissance (inhibition, refoulement) auxquels nos « schèmes sensori-moteurs » se rapportent ordinairement. Il ne s'agit pas de *réagir* à la rencontre (en bien ou en mal), mais de voir *dans* la rencontre ce qui à la fois saisit et sollicite nos facultés à s'exercer autrement. Il faut prendre à la lettre l'expression « s'exercer aux limites » qui caractérise nos facultés dans leur usage supérieur : par l'intermédiaire de ce qui force à voir, de ce qui force à penser, etc., par l'intermédiaire de ce qui les porte à leurs limites respectives, les facultés conquièrent « des puissances d'un tout autre modèle, dans une *terra incognita* jamais reconnue ni reconnaissable ». C'est par là, également, que les facultés ne peuvent plus être considérées comme interchangeables les unes avec les autres. Confrontée à la « violence » de ce qui la contraint en propre, c'est-à-dire aussi bien « de ce qu'elle est forcée de saisir et *qu'elle est seule à pouvoir saisir* »[2], la faculté s'éprouve elle-même, et elle s'éprouve dans la mesure où elle « se déborde » elle-même. Comme l'écrit Jean-Luc Nancy dans un texte consacré au sublime chez Kant : « À la limite, [la faculté] accède à elle-même » comme dans une « auto-présentation » ; mais « ce qu'elle touche d'elle, c'est sa limite, ou elle se touche comme limite »[3].

Voir à la limite, imaginer à la limite, penser à la limite, etc. : il y faut tout un art, qui désigne l'apprentissage comme expérimentation des facultés *tant dans leur usage empirique que dans leur exercice supérieur* (l'apprenti désabrite autant qu'il « élève » les facultés). L'apprentissage est un art de l'observation. Il s'agit d'observer ce qui empêche nos facultés d'accéder à elle-même, ce qui

---

1 DR, respectivement p. 200 et 186.
2 DR, respectivement p. 177 et 186.
3 J.-L. Nancy, « L'Offrande sublime », in *Du sublime*, Paris, Belin, 1988, p. 58.

les sépare d'elles-mêmes (les clichés, le sens commun, la bêtise). Et à l'inverse – mais ces deux mouvements sont liés – d'appréhender l'inconnu d'un usage des facultés que le « fortuit ou la contingence de la rencontre » font pressentir. C'est en ce sens que l'apprenti reste cet « *observateur consciencieux* dont toutes les facultés sont *tendues vers une limite transcendante* », et qu'il possède, dans le même temps, un don pour distinguer ce qui, dans l'usage empirique, les maintient dans une certaine « impuissance », et de ce fait les « trahit »[1].

Apprendre à voir (l'intolérable)

Les développements touchant à la doctrine des facultés ne se limitent pas au seul texte de *Différence et Répétition*, mais se déploient à travers l'ensemble du corpus de l'auteur. Dans certaines œuvres, cette doctrine acquiert une importance considérable, même si elle n'est pas explicitée comme telle. C'est le cas des deux volumes sur le cinéma, où il apparaît que c'est la faculté de voir, à partir d'un nouveau régime de l'image à définir, qui permet de saisir l'une des principales raisons du passage d'une image-mouvement à une image-temps. De telle sorte que celle-ci participe d'un « cinéma de voyant », tandis que la première s'inscrit davantage dans un « cinéma d'action »[2]. Le chapitre qui ouvre *L'Image-temps* – « Au-delà de l'image-mouvement » – est d'ailleurs traversé par une exigence qui anime le « nouveau » cinéma en train de naître, et que l'on peut énoncer en ces termes : *apprendre à voir*, être capable « de voir et de faire voir plus que d'agir »[3]. Il convient de déterminer la nature de cette exigence, c'est-à-dire expliciter de quelle instance de reconnaissance la faculté de voir s'affranchit ici, et de mettre en évidence le nouvel usage de l'œil en tant qu'il accède à une fonction de « voyance ». Ce qui caractérise schématiquement le système de l'image-mouvement, c'est qu'il est pris dans un ensemble sensori-moteur. La sensori-motricité est en effet sous-tendue par les différents types d'image qui constituent ce système (de l'image-perception à l'image-relation, en passant par l'image-affection et l'image-action, en plus de leurs « intermédiaires »). Il ne s'agit pas ici de tenter une analyse suivie de la façon dont ces images s'enchaînent entre elles, mais d'insister sur le fait que cet enchaînement repose sur une série de passages déterminés dans chaque

1 Sur tous ces points, voir DR, p. 201-202.

2 IT, p. 9, ainsi que p. 18 : « un cinéma de voyant remplace l'action ». Voir aussi P, p. 100.

3 IT, p. 31, ainsi que les cours du 17 et 24 janvier 1984, consacrés précisément à l'« au-delà de l'image-mouvement », et où Deleuze formule ce qui serait la tâche du cinéma au lendemain de la guerre : « apprendre aux gens à voir », « en faire des voyants ».

cas par le « schème » sensori-moteur. Plutôt que de « passages », devrions-nous d'ailleurs parler de « *prolongements* » et d'« *intervalles* » entre éléments qui se prolongent[1]. Ainsi, une image-perception donnée correspond-elle à un mouvement reçu, qui se prolonge dans une image-action en tant que mouvement exécuté, l'intervalle entre les deux étant occupé par l'image-affection. C'est en ce sens que l'image-mouvement, par-delà la rigoureuse déduction dont elle fait l'objet dans le premier *Cinéma*, sera toujours davantage considérée au fil de *L'Image-temps* comme une image sensori-motrice. Il ne s'opère guère par là une simplification de l'image-mouvement et de la multiplicité de ses aspects ; il s'agit plutôt de renforcer la *distinction* (et non l'opposition) qui existe entre cette dernière et l'image-temps. Celle-ci conquiert sa consistance par-delà toute sensori-motricité – sensori-motricité dont les schèmes, avec la naissance du cinéma « moderne », *d'abord* s'enrayent ou s'affaiblissent, *puis* se rompent ou se cassent. C'est à ce moment-là, dans l'entre-deux des deux volumes, qu'apparaît le personnage du « *voyant* ».

Dans le troisième « commentaire » sur Bergson, Deleuze étudie précisément la façon dont l'auteur distingue deux sortes de *reconnaissance*, la « reconnaissance automatique ou habituelle » et la « reconnaissance attentive ». La première, remarque-t-il,

> opère par prolongement : la perception se prolonge en mouvements d'usage, les mouvements prolongent la perception pour en tirer des effets utiles. C'est une reconnaissance sensori-motrice qui se fait surtout par mouvements : des mécanismes moteurs se sont constitués et accumulés que la vue de l'objet suffit à déclencher[2].

On pourrait penser que cette première sorte de reconnaissance se produit au sein de situations simplement habituelles, toujours ordinaires : situations dans lesquelles nous n'avons plus conscience des gestes que nous faisons, des paroles que nous adressons aux autres, des regards que nous portons sur les choses, etc. On pourrait croire à l'inverse que des circonstances extrêmes ou limites troublent sinon ébranlent nos habitudes de voir ou de penser. Cela est probable, et ne manque pas d'arriver. Toutefois, même dans ces cas-là – « même la mort, même les accidents » –, nous possédons des schèmes sensori-moteurs qui nous

1 Voir ainsi IT, p. 47 : « la perception ne constitue pas dans l'image-mouvement un premier type d'image sans se prolonger dans les autres types ».
2 IT, p. 62.

permettent de les *esquiver*, et de manquer ainsi *dans* l'événement la part de ce qui nous « fait signe ».

> Les situations quotidiennes et même les situations-limites *ne se signalent par rien de rare ou d'extraordinaire.* Ce n'est qu'une île volcanique de pêcheurs pauvres. Ce n'est qu'une usine, une école... (...) Nous voyons, nous subissons plus ou moins une puissante organisation de la misère et de l'oppression. Et justement *nous ne manquons pas de schèmes sensori-moteurs pour reconnaître de telles choses*, les supporter ou les approuver, nous comporter en conséquence, compte tenu de notre situation, de nos capacités, de nos goûts. Nous avons des schèmes pour nous détourner quand c'est trop déplaisant, nous inspirer la résignation quand c'est horrible, nous faire assimiler quand c'est trop beau [1].

Nous esquivons ce qui nous arrive, même (et surtout) lorsque ce qui nous arrive est « *intolérable* » ; non que l'esquive soit une fuite devant le « trop injuste » ou le « trop beau », elle en est davantage la mutilation ; par elle, s'opère comme une soustraction de l'intolérable. En d'autres termes, la reconnaissance sensori-motrice constitue une esquive dans la mesure où elle nous conduit à ne retenir des situations ou des choses que ce qui nous intéresse :

> Comme dit Bergson (...) nous ne percevons que ce que nous sommes intéressés à percevoir, ou plutôt ce que nous avons intérêt à percevoir, en raison de nos intérêts économiques, de nos croyances idéologiques, de nos exigences psychologiques [2].

Et c'est pourquoi *nous ne voyons pas*, ou pourquoi notre faculté de voir s'exerce dans un usage exclusivement « empirique », en tant qu'elle se maintient dans une subordination à une forme de reconnaissance donnée, que nous maîtrisons d'autant moins qu'elle est « automatique », et à laquelle, de fait, il semble encore plus difficile d'échapper. Une fois encore, tout se passe comme si nous étions d'emblée condamnés à nous servir de l'une de nos facultés suivant une manière spécifique, peut-être « spéciale » mais demeurant commune, « surdéterminée ». Et précisément, on ne fait pas tant usage de notre faculté de voir que l'on s'en *sert*, celle-ci étant dévolue « à une *fonction visuelle pragmatique* qui "tolère" ou "supporte" à peu près n'importe quoi, du moment que c'est pris dans un système d'actions et de réactions » [3]. C'est dans ce système que se

1 IT, p. 31-32.
2 IT, p. 32. C'est dans cette même page que Deleuze emploie le verbe « esquiver ».
3 IT, p. 30. Deleuze proposait déjà une semblable analyse dans *Le Bergsonisme* : « la perception se prolonge naturellement en mouvement ; une tendance motrice, un *schème moteur* opèrent une décomposition du perçu, en fonction de l'utilité » (B, p. 64, souligné par Deleuze).

manifestent les situations sensori-motrices, et c'est dans ces mêmes situations que toute notre existence peut-être se déroule. Qu'elle soit prise dans la banalité quotidienne ou qu'elle soit confrontée à « l'intolérable », « l'insoutenable », peu importe en définitive : l'essentiel étant que nous puissions *reconnaître* les choses, les êtres, ce qui arrive (« événement »), mais non les *connaître* « littéralement », c'est-à-dire indépendamment de tout schème qui commande à notre perception un exercice « rassurant » ou « résigné », perception qui se prolonge dans une action utile ou intéressée.

La notion de « voyance » permet de penser la faillite de ce schème, et de proposer par là même un désabritement de la faculté de voir autant qu'un exercice devenu « supérieur » de la vision. Et comment envisager la faillite de la sensori-motricité autrement que par un échec du prolongement entre la perception et l'action ? Le problème consiste à définir les conditions dans lesquelles je peux ne plus être en mesure de répondre à ce que je vois ; il s'agit de savoir quel type de situation est susceptible de me conduire à une impossibilité d'agir ou de réagir à cette même situation. Remarquons que ce problème ouvre *L'Image-temps*, dont le tout début est consacré au néo-réalisme italien et au bouleversement qu'il fait subir à l'image-mouvement :

> Si l'ensemble des images-mouvement, perceptions, actions et affections, subissait un tel bouleversement, n'était-ce pas d'abord parce qu'un nouvel élément faisait irruption, qui allait empêcher la perception de se prolonger en action ? [1]

Ce « nouvel élément », c'est ce qui va *déborder* nos schèmes sensori-moteurs, et va les déborder involontairement, à la manière d'une *rencontre* « fortuite ou contingente », et nous propulser au sein de ce que Deleuze nomme « une *situation optique pure* ». C'est pourquoi, dans cette circonstance particulière, un personnage de cinéma « a beau bouger, courir, s'agiter, la situation dans laquelle il est *déborde de toutes parts ses capacités motrices*, et lui fait voir et entendre ce qui n'est plus justiciable en droit d'une réponse ou d'une action ». Et où perçoit-on ce genre de situations sinon dans le néo-réalisme tel que le définit Zavattini : comme « un *art de la rencontre*, rencontres fragmentaires, éphémères, hachées, ratées » [2], autant d'adjectifs qui contrastent avec la notion de prolongement qui caractérise les situations sensori-motrices. Deleuze reprend à son compte la définition de Zavattini, en inscrivant cette fois la notion de rencontre au sein d'une situation purement optique, véritable conquête du néo-

1 IT, p. 7-8.
2 IT, p. 8-9.

réalisme, l'image néo-réaliste se distinguant bien plus rigoureusement par la rupture de la sensori-motricité que par son contenu social, ou même son degré de réalité, son « plus de réalité »[1]. Cette invention cinématographique est de la plus haute importance, « c'est peut-être aussi important que la conquête d'un espace purement optique dans la peinture, avec l'impressionnisme »[2]. Il faut déterminer en quel sens la situation optique pure, telle qu'elle apparaît dans le néo-réalisme, engage philosophiquement la question d'un usage disjonctif de la faculté de voir. Et pour cela suivre ou accompagner les nouveaux personnages qui apparaissent à cette époque dans certains films, des personnages qui ont vu quelque chose de « trop fort », de « trop grand » pour eux (même dans le plus quotidien) : des *voyants*.

Le premier exemple de voyance dans *L'Image-temps* provient d'un film de De Sica, *Umberto D.* Deleuze évoque une séquence que Bazin avait déjà analysée avant lui, mais autrement : la scène où une jeune bonne prépare le café, tout en continuant à faire les mêmes gestes que la veille, machinalement. Puis « ses yeux *croisent* son ventre de femme enceinte, c'est comme si naissait toute la misère du monde », note Deleuze, avant de poursuivre en des termes qui répondent au problème des conditions d'expérience réelle à partir desquelles la faculté de voir s'exerce en acte, à un niveau transcendantal :

> Voilà que, dans une situation ordinaire ou quotidienne, *au cours d'une série de gestes insignifiants, mais obéissant d'autant plus à des schèmes sensori-moteurs simples, ce qui a surgi tout à coup*, c'est une *situation optique pure* pour laquelle la petite bonne n'a pas de réponse ou de réaction. *Les yeux, le ventre, c'est cela une rencontre…*[3].

Cette dernière précision désigne le *lieu de la voyance*, et la modalité de son apparition : *entre* les yeux et son ventre, la petite bonne *a vu quelque chose*, même si ce quelque chose demeure intolérable (la misère de son existence, et probablement celle de l'enfant à venir) ; et cette révélation appartient à l'ordre d'un « surgissement » qui dépasse la conscience, toute conscience étant le corrélat d'un mouvement de reconnaissance[4]. Or *entre* les yeux et le ventre, il n'y a rien qui appartienne à un mouvement réflexif de cette nature, ce mouvement, « automatique » par définition, étant habituellement ce qui assure le

1 Deleuze reproche aussi bien à Bazin qu'à ceux que Bazin critique de manquer ce qui ferait l'essence du néo-réalisme, à savoir la détermination d'une image optique pure (voir IT, p. 7).
2 IT, p. 9.
3 IT, p. 8 (« situation optique pure » est souligné par Deleuze).
4 Sur ce point, voir notamment DR, p. 269.

ment de ma perception. *Entre* les yeux et le ventre, il n'y a rien sinon la faillite d'un schème sensori-moteur (« les gestes machinaux et las », « les gestes insignifiants »), faillite qui nous projette dans une situation optique pure, et « c'est cela une rencontre ». Deleuze le dit explicitement : la rupture de la sensori-motricité, qui engendre une situation purement visuelle, constitue la « formule » de la rencontre[1]. À la suite de l'exemple d'*Umberto D*, Deleuze évoque la trilogie de Rossellini : non pas *Rome ville ouverte*, *Paisà* et *Allemagne année zéro*, mais *Allemagne année zéro*, *Stromboli* et *Europe 51* (liste à laquelle l'auteur ajoute *Voyage en Italie*, déterminant par là une « quadrilogie »[2]). Dans tous ces films, il énumère la série des voyants qui les animent, et qui font preuve à chaque fois d'une capacité à voir par-delà la reconnaissance habituelle, en tant que ce qui est vu déborde toute sensori-motricité. Ainsi l'enfant d'*Allemagne année zéro* qui « meurt de ce qu'il voit » ; l'étrangère de *Stromboli* « qui va avoir une révélation de l'île d'autant plus profonde qu'elle ne dispose d'aucune réaction pour atténuer ou compenser la violence de ce qu'elle voit, l'intensité et l'énormité de la pêche au thon (...) la puissance panique de l'éruption » ; la bourgeoise d'*Europe 51*, dont les « regards abandonnent la fonction pratique d'une maîtresse de maison qui rangeait les choses et les êtres, pour passer par tous les états d'une vision intérieure (...) elle voit, elle a appris à voir » ; la touriste de *Voyage en Italie* qui, « par le simple déroulement d'images ou de clichés visuels (...) découvre quelque chose d'insupportable, au-delà de la limite de ce qu'elle peut personnellement supporter »[3].

Le double passage de L'Image-mouvement *à* L'Image-temps

Les sources d'une « esthétique visionnaire »

« L'insuffisance » des opsignes et sonsignes

Le « voyant » intervient de manière insistante dans l'interstice de *Cinéma 1* et *Cinéma 2*. Dans l'interstice ou l'entre-deux de ces ouvrages : là où s'effectue le passage de *L'Image-mouvement* à *L'Image-temps*, là où se décide la différence de

1 IT, p. 8 : « Bien sûr, les rencontres peuvent prendre des formes très différentes, atteindre à l'exceptionnel, mais elles gardent la même formule », à savoir le surgissement d'une situation optique pure quand se casse le schème sensori-moteur.
2 C'est le terme que Deleuze emploie dans son premier cours consacré à la « voyance » (voir le cours du 11 mai 1982). Dans *L'Image-temps*, il privilégie le mot « tétralogie » (p. 8).
3 IT, p. 8-9.

nature qui préside aux classifications des images (et des signes) qui les composent respectivement. « Figure » ou « personnage », le voyant n'en désigne pas moins un type de cinéma. L'image-mouvement, à travers le « relâchement » de la sensori-motricité, entre dans une sorte de « crise » qui la conduit à un « cinéma de voyant ». Le motif de la voyance emprunte un cours relativement sinueux dans les deux *Cinéma*, depuis la fin de *L'Image-mouvement* jusqu'aux conclusions de *L'Image-temps*, un cours qui témoigne moins du caractère indécis de ses composantes que de la conquête d'une consistance proprement conceptuelle, en fonction de l'analyse d'images accompagnant au fil des pages la démonstration deleuzienne. Cette conquête advient essentiellement *entre Cinéma 1 et 2*, entre l'examen de « la crise de l'image-action » et le pressentiment d'un « au-delà de l'image-mouvement »[1]. Elle correspond en ce sens aux deux moments qui engagent le devenir du « schème sensori-moteur » d'un volume à l'autre. Dans le premier cas, les liens sensori-moteurs s'affaiblissent, deviennent plus lâches :

> Ce qui est d'abord compromis, ce sont les enchaînements situation-action, action-réaction, excitation-réponse, bref, les liens sensori-moteurs qui faisaient l'image-action[2].

Et plus loin, il ajoute, après avoir indiqué les caractères qui déterminent l'apparition d'une « nouvelle image » : « Partout, c'est une remise en question du schéma sensori-moteur »[3]. De telle sorte que nous voyons surgir à l'écran des êtres « à peine concernés par les événements qui leur arrivent », [qui] « subissent et agissent des événements obscurs qui se raccordent aussi mal que les portions de l'espace quelconque qu'ils parcourent »[4].

En second lieu, la sensori-motricité se casse ou se rompt, et cette rupture ne prépare pas seulement l'avènement d'une autre image au cinéma, elle en est désormais *constitutive*. Une phrase exprime très clairement ce point de vue :

> les caractères par lesquels nous définissions précédemment la crise de l'image-action (...) bref le relâchement des liens sensori-moteurs, tous ces caractères

---

1 Expressions qui désignent respectivement le titre du dernier chapitre de *L'Image-mouvement* et celui qui ouvre *L'Image-temps*.
2 IM, p. 278-279.
3 IM, p. 283.
4 Voir IM, p. 287, ainsi que IT, p. 10.

étaient importants, mais seulement à titre de conditions préliminaires. Ils rendaient possible, mais ne constituaient pas encore la nouvelle image[1].

La spécificité de cette image provient du fait qu'elle donne à voir une « *situation optique pure* », qui dessaisit littéralement le personnage de l'usage « empirique » ou habituel de ses facultés, contrairement à ce qui pouvait survenir avec l'image sensori-motrice où « les personnages, eux, réagissaient aux situations », ou du moins étaient susceptibles d'y participer[2]. Du relâchement à la rupture de l'ensemble sensori-moteur, qui voue de fait l'image-mouvement à devenir accessoire dans le cinéma après guerre, la « voyance » accompagne Deleuze dans le passage de *L'Image-mouvement* à *L'Image-temps* ; et nous avons affaire là à un « *passage nécessaire* ». Il s'agira de montrer à quelle nécessité obéit ce passage, qui nous porte de la crise de l'image-action à l'image optique-sonore pure. Or ce passage lui-même reste indissociable d'un autre, le plus souvent ignoré, et qui néanmoins demeure essentiel à la compréhension de l'économie générale de *Cinéma 2*. Il s'agit du passage – Deleuze parle aussi d'*ouverture* – des images optiques et sonores pures aux images-temps comme telles. C'est qu'il existe une « *insuffisance* » de l'image optique et sonore pure à rompre pleinement avec la sensori-motricité, dont le « cliché », en ce début de *L'Image-temps*, constitue en quelque sorte le paradigme. L'image optique pure, en d'autres termes, ne permet pas d'aller complètement « au-delà de l'image-mouvement ». C'est ce que signale Deleuze, dans une phrase interrogative qui possède la forme de la restriction, et qui fait référence au « passage nécessaire » à peine évoqué :

> pourquoi l'écroulement des situations sensori-motrices traditionnelles, telles qu'elles étaient dans l'ancien réalisme ou dans l'image-action, *ne* laisse-t-il émerger *que* des situations optiques et sonores pures ?[3]

Sous-entendu : la rupture de la sensori-motricité ne nous donne pas pour autant la « nouvelle image » de *Cinéma 2* ; elle est comme en défaut par rapport à cette dernière. Saisir les termes par lesquels ce défaut s'exprime peut nous permettre de penser le second passage, aussi fondamental et nécessaire que le premier, qui nous porte vers ce que l'auteur nomme une « image-temps directe ».

---

1 IT, p. 10.
2 IT, p. 9.
3 IT, p. 21.

Quelle est donc cette insuffisance qui affecte les images optiques et sonores pures, insuffisance que seule la fabrication d'« un autre type d'image » pourra venir combler ? Un fragment de la fin du chapitre consacré à l'« au-delà de l'image-mouvement » peut nous aider à apporter un élément de réponse. « Il ne suffit pas de perturber les liaisons sensori-motrices. Il faut *joindre* à l'image optique-sonore des forces immenses (…) d'une profonde intuition vitale ». Et plus bas :

> Il fallait que l'image se libère des liens sensori-moteurs, qu'elle cesse d'être image-action pour devenir une image optique, sonore (et tactile) pure. *Mais celle-ci ne suffisait pas* : il fallait qu'elle entre en rapport avec d'autres forces encore, pour échapper elle-même au monde des clichés [1].

Le contenu de ces deux citations semble être sensiblement le même. Chacune, en tout cas, témoigne du double passage évoqué auparavant : d'une part, passage de l'image sensori-motrice à l'image optique et sonore pure (par la perturbation des liens sensori-moteurs) ; de l'autre, de cette image optique-sonore pure à une image à laquelle il faut « joindre » autre chose, une image qui doit « entrer en rapport » avec un élément qui n'appartient pas à l'image-mouvement. Cet élément, c'est la « force », qui se décline dans le texte au pluriel : « *les forces immenses…* ». D'une citation à l'autre, si le temps du verbe a changé (passant du présent de l'indicatif à l'imparfait), c'est parce que Deleuze, dans ces deux pages essentielles, a pris soin de signaler la nature des « forces » qui constituent de façon intrinsèque la « nouvelle image » en train de naître. Elles la constituent, c'est-à-dire elles la *composent*. Et quelle est l'instance qui « compose » l'image suivant l'acception deleuzienne ? C'est précisément le « signe ». Les forces auxquelles se réfère Deleuze désignent les signes d'une image qui ne peut exister qu'« au-delà de l'image-mouvement ». Ces signes sont au nombre de trois ; ce sont eux qui vont marquer la présentation des diverses images-temps. Il s'agit des « chronosignes », des « lectosignes » et des « noosignes », qui déterminent la « matière signalétique » des images au sein de *Cinéma 2*. Ces signes sont également caractérisés comme des « puissances », et des « puissances croissantes », « croissantes » en tant qu'elles correspondent à de « nouveaux signes » qui se déploient dans une image qui ne répond plus au schème sensori-moteur, bien que l'image-mouvement reste naturellement présente dans ce que la nouvelle image nous fait voir. « L'image-mouvement n'a pas disparu, note Deleuze, mais n'existe plus que comme la première dimension d'une image qui

1 IT, respectivement p. 33 et 35 (souligné par Deleuze).

ne cesse de croître en dimensions »[1]. Cette phrase ne doit pas mettre en cause ce qu'il souligne par ailleurs à plusieurs reprises, à savoir la différence de nature entre l'image-mouvement et l'image-temps, différence de nature que l'on sera amené à explorer depuis un problème de nature signalétique qui anime l'une et l'autre, autant que l'image optique-sonore pure en tant que celle-ci souffre d'une certaine « insuffisance » en matière de signes. Ce qui revient aussi bien à appréhender cette insuffisance en tant qu'elle renvoie (cette fois positivement) aux « puissances » ou « forces » qui composent l'image-temps. Ce point permettra de comprendre la nature du « *renversement* » qui s'opère de *Cinéma 1* à *Cinéma 2* – renversement à caractère multiple, qui s'exprime en termes de mouvement et de temps et dont va dépendre la composition de la « nouvelle image » que Deleuze cherche à définir dans ce passage interstitiel[2].

Avant cela, il faut se demander en quel sens l'image optique-sonore n'est pas suffisante à donner une image-temps directe. Pourquoi, en d'autres termes, a-t-on de besoin de faire un « *progrès* » par rapport à l'image optique pure afin que soit donné au cinéma « le temps en personne »[3] ? Pour tenter de répondre à ce problème, il convient de se situer en amont du second passage précédemment signalé, c'est-à-dire au niveau des signes qui composent les images optiques et sonores pures : les opsignes et les sonsignes, qui désignent bien une « nouvelle race de signe » si on la compare à la matière signalétique que l'on trouvait dans *L'Image-mouvement.* C'est que les opsignes et sonsignes sont « constitutifs » de l'image où s'effectue la rupture du schème sensori-moteur. Il importe de signaler à quel type d'images « ces nouveaux signes *renvoient* », et en quel sens ces derniers « *s'ouvrent* » par ailleurs sur d'autres signes – les chronosignes, les lectosignes et les noosignes – qui eux-mêmes définissent les variétés de l'image-temps à proprement parler[4]. Les trois paragraphes du chapitre d'ouverture de *Cinéma 2* sont consacrés à cette nouvelle sorte de signes que sont les opsignes et sonsignes, termes qui ne figurent guère dans le développement de *L'Image-mouvement,* bien que leur sens soit impliqué dans les analyses de la dernière partie de l'ouvrage[5]. Ces signes « incarnent » ou composent des images dont

1 IT, p. 34. À ce sujet, voir aussi P, p. 74.

2 C'est en ce sens que les trois signes (chronosigne, lectosigne, noosigne) désignent les moments d'un « triple renversement qui définit un au-delà du mouvement » (IT, p. 35).

3 Ce qui sera le cas, nous le verrons, avec « l'image-cristal ». Sur l'idée de « progrès » d'une image à l'autre, voir IT, p. 358.

4 IT, respectivement p. 13 et 357.

5 Et bien que, malgré l'absence de ces mots dans *Cinéma 1,* le glossaire venant clore ce volume en propose une définition (IM, p. 293).

l'une des caractéristiques est de présenter une transformation de « la notion générale de situation »[1], transformation qu'il faut appréhender en regard de la « situation sensori-motrice ».

Nous avons étudié la manière dont ce cinéma répondait à un « système » où le mouvement exécuté (action) est le prolongement d'un mouvement reçu (perception), ce prolongement lui-même comportant un intervalle (affection). Nous avons également vu à cette occasion comment un tel enchaînement détermine en droit une « spécification de l'image-mouvement », et trouve dans l'image-action son aboutissement. C'est elle qui entre « en crise » ou est « mise en question » dans un cinéma qui assure

> la montée de situations auxquelles on ne peut plus réagir (...) [des] situations qui ne se prolongent plus en action ou réaction, conformément aux exigences de l'image-mouvement[2].

En ce sens, il est possible de soutenir que les liens sensori-moteurs s'affaiblissent, en même temps que l'image-cinéma laisse entrevoir une situation (dont le décor demeure essentiellement urbain) qui tend à l'éclatement, du moins à la dispersion. Déjà, dans un passage final de *Cinéma 1*, au sein duquel il « [tente] d'identifier » ce qui naît « dans le cinéma américain d'après guerre, hors Hollywood », Deleuze signalait que « l'image ne renvoie plus à une situation globalisante ou synthétique, mais dispersive (...) [où les personnages] sont tous pris dans la même réalité qui les disperse »[3]. C'est là le premier « caractère » de la crise de l'image-action. C'est précisément la « *montée* » de telles situations dispersives qui va provoquer la rupture de la sensori-motricité propre à l'image-mouvement, jusqu'à se confondre avec l'apparition de situations optiques et sonores pures constitutives de la « nouvelle image », étant dit, précision primordiale sur laquelle nous reviendrons, que cette dernière ne détermine pas « un *achèvement* du cinéma, mais une *mutation* »[4]. Il semblerait que la rupture du schème sensori-moteur ne qualifie toutefois que le versant négatif de la démonstration deleuzienne, soucieuse, dans l'entre-deux de *L'Image-mouvement* et de *L'Image-temps*, de déterminer les composantes de la nouvelle situation optique et sonore du cinéma ; versant négatif dans la mesure où l'image qui en résulte se distinguerait seulement par l'absence de cela même qui défi-

---

1 IT, p. 11.
2 IT, p. 356.
3 IM, p. 279.
4 IM, p. 289.

nissait le « système » des images dans *Cinéma 1*, système organisé autour de « l'unité du mouvement et de son intervalle »[1]. Comment envisager, dans ces conditions, la composition interne de la nouvelle image en train de naître? Et comment faire en sorte que cette image réponde de son adjectif – « nouvelle » –, qui appelle une détermination autrement positive de ce par quoi s'effectue la « mutation » dont elle témoigne au cinéma?

Il ne suffit pas, autrement dit, de relever que la situation optique-sonore pure, et les signes qui en résultent, consacrent la remise en cause du système action-réaction par lequel Deleuze définissait le cinéma de l'image-mouvement. Il convient d'inscrire ce qui constitue la « définition réelle » de la situation optique et sonore pure, en tant que celle-ci repose sur la rupture du schème sensori-moteur. C'est dans cette même optique qu'il faut suivre la façon dont la définition en question se différencie au fil de *L'Image-temps*. Car c'est précisément une différenciation conceptuelle qui permet non seulement d'appréhender la variété des opsignes et sonsignes que Deleuze extrait des films de cinéastes très différents les uns des autres, et également de penser le « passage nécessaire » qui advient de la crise de l'image-action à l'élaboration d'une image purement optique et sonore. Sans une telle méthode, en effet, il n'aurait été guère possible de savoir pourquoi l'auteur examine *d'abord* la défaillance des liens sensori-moteurs, *puis* le moment où ceux-ci cassent. Nous pensons que c'est elle qui autorise à discerner la spécificité des chapitres qui respectivement clôt *L'Image-mouvement* et ouvre *L'Image-temps*, et à mesurer l'existence d'un certain devenir de la notion de sensori-motricité qui aboutit précisément à sa « rupture » au début de *Cinéma 2*; devenir dont témoignent quelques expressions en apparence anodines :

> c'est une *évolution* qui fait passer d'un aspect à l'autre : *on commence* par des films (...) à liaisons sensori-motrices relâchées, et l'*on atteint ensuite* aux situations purement optiques et sonores,

ou bien « (...) *à mesure que* la situation optique ou la description visuelle remplacent l'action motrice », ou encore « *la montée* de situations auxquelles on ne peut plus réagir... »[2]. Autrement dit, le schème sensori-moteur suit une véritable *progressivité* d'un volume à l'autre, et cette progressivité reste indissociable d'un mouvement d'*extraction* par lequel Deleuze, depuis les descriptions

---

1 IT, p. 356, l'« unité » dont il s'agit ici est une autre façon de désigner l'enchaînement sensori-moteur.

2 Voir IT, respectivement p. 10, 15 et 356.

filmiques qui accompagnent son discours, donne consistance aux concepts qu'il construit et en particulier aux « nouveaux signes » qui définissent la situation où ce schème est désormais rompu (la situation optique et sonore pure).

Esquisse d'une théorie de la description au cinéma

Il est désormais possible de désigner ce qui constitue « la nouvelle race de signe ». Il s'agit de déterminer les composantes ou « pôles » principaux de ces deux signes – opsignes et sonsignes –, sachant que cette détermination devra servir à l'étude du « second passage » évoqué plus haut, celui qui mène des signes de l'image optique-sonore pure aux chronosignes, lectosignes et noosignes de l'image-temps directe. Parmi les auteurs de « l'au-delà de l'image-mouvement », certains reviennent avec insistance : Rossellini bien entendu, mais également Fellini et surtout Antonioni ; Godard et Rivette, par ailleurs, comme représentants de la « nouvelle vague ». D'autres interviennent de manière plus discrète, mais non moins essentiellement : par exemple, le « premier » Visconti ; Tati ou Bresson dans le cinéma français. Enfin, Deleuze consacre un paragraphe entier à Ozu qui, « le premier », a mis en scène des situations optiques pures, et cela avant la guerre. Tous, par-delà leurs différences manifestes, participent à la naissance d'un cinéma où la chaîne des actions est brisée ; où « entre la réalité du milieu et celle de l'action, *ce n'est plus un prolongement moteur qui s'établit* » [1]. Qu'un prolongement de ce genre cesse d'être prééminent, et c'est l'ensemble des rapports des images entre elles (montage) qui subit une transformation profonde. En effet, une fois la sensori-motricité rompue, la question n'est plus « qu'est-ce qu'on va voir dans l'image suivante ? », mais « qu'est-ce qu'il y a voir *dans* l'image ? » [2]. Il ne s'agit cependant pas ici de considérer l'image comme « fixe », catégorie qui n'apparaît pas dans la classification deleuzienne, bien que l'auteur envisage une image de ce type avec la « nature morte » chez Ozu [3] ; il ne s'agit évidemment pas non plus de nier tout enchaînement d'un plan à un autre (Deleuze parlera de « ré-enchaînement » dans *L'Image-temps*) ; il s'agit de voir ce qui se passe dans une image dès lors que le prolongement sensori-moteur (et lui seul) n'assure plus le montage des images, et de quelle manière,

---

1 IT, p. 11.
2 IT, p. 356. On retrouve une formulation de ces questions dans la « Lettre à Serge Daney », où chacune d'entre elles correspond à une « fonction de l'image », laquelle détermine à son tour une « *périodisation* » de l'art cinématographique (voir P, p. 99 et 97).
3 IT, p. 26-27 et 33.

par là, un renversement de la subordination du mouvement et du temps est susceptible d'advenir au cinéma.

Deleuze établit en ce sens plusieurs distinctions concernant la composition des images optiques et sonores pures. Tout au long des analyses de films qui essaiment le début de *L'Image-temps*, il considère les types d'espaces et de durées que nous donnent à voir ces nouvelles images. Pour chaque sorte de signes, un ou plusieurs auteurs sont évoqués, multipliant les façons de percevoir les situations auxquelles ces images se rapportent. Et pour chacune des œuvres étudiées, Deleuze indique en quel sens elle engage une fonction de « voyance » plutôt qu'elle ne mobilise une forme de « l'action » ou n'exprime une modalité du « savoir ». Ainsi, lorsqu'il aborde les films dits « néo-réalistes » de Visconti, et notamment *Ossessione*, le lecteur est frappé par l'omniprésence des termes qui renvoient à la vision. L'héroïne de ce film, « possédée par une sensualité presque hallucinatoire (...) est plus proche d'une *visionnaire*, d'une somnambule, que d'une séductrice ou d'une amoureuse » ; de même le protagoniste masculin, « et non seulement le spectateur » précise Deleuze, « investissent les milieux et les objets par le *regard*, qu'ils *voient* et entendent (...) pour que l'action ou la passion naissent » : le héros de *Ossessione*, de fait, « prend une sorte de *possession visuelle* de l'auberge » au début du film. D'où cette impression que « l'action flotte dans la situation, plus qu'elle ne l'achève ou ne la resserre », qui détermine d'après Deleuze « la source de *l'esthétisme visionnaire* de Visconti », que l'on retrouve dans *La Terre tremble*[1]. Le flottement de l'action constitue selon lui l'une des particularités du cinéma de Visconti à cette époque, et ce flottement correspond bien à la faillite du schème sensori-moteur « dans » l'image. Encore une fois, l'action comme telle ne disparaît pas ; seulement, elle est solidaire d'une situation où les « organes des sens » sont « affranchis »[2], et c'est à travers un tel affranchissement que l'action désormais se forme. C'est d'ailleurs, entre autres, pour cette raison que la « situation » est qualifiée d'« *optique pure* ». Il en résulte un certain « rapport onirique » entre la

---

1 Sur *Ossessione*, voir IT, respectivement p. 9 et 11-12. Sur *La Terre tremble*, voir IT, p. 12, ainsi que le cours du 17 janvier 1984, où Deleuze distingue un « *communisme sensori-moteur* » d'un « *communisme visionnaire* », que Visconti fait selon lui coexister dans le film. Le « communisme sensori-moteur », c'est la situation des pêcheurs, leurs discussions et leurs luttes, suivant une authentique « conscience de classe ». Le « communisme visionnaire » pour sa part « dépend moins d'une lutte avec la nature et entre les hommes que d'une *grande vision* de l'homme et de la nature (...) d'où les "riches" sont exclus et qui constitue l'espoir de la révolution, *au-delà des échecs de l'action flottante* ».

2 IT, p. 11.

réalité du milieu et celle de l'action, rapport qui se substitue au prolongement moteur qui les liait auparavant (dans le cinéma dit « classique »), et qui fait défaut maintenant.

Les adjectifs « onirique » ou « hallucinatoire », de même la référence au « somnambule », ne doivent pas nous tromper. Il ne s'agit pas pour Deleuze d'indiquer la psychologie des protagonistes des premiers films de Visconti, mais de mettre en évidence l'apparition d'un nouveau genre d'acteurs, spécifique aux différents mouvements de cinéma qui naissent au moment de la guerre ou après elle (du néo-réalisme à la nouvelle vague, et même au-delà). Il faut préciser que l'évocation de ce personnage s'accompagne toujours chez Deleuze d'une analyse qui témoigne de ce qui définit un « *cinéma de voyant* », au niveau du processus de fabrication de ses images. Chez Visconti, l'existence d'une relation « onirique » entre les protagonistes et la situation dans laquelle ils se trouvent, engendre un cinéma où les éléments de l'image conquièrent une certaine indépendance les uns par rapport aux autres. Comme l'écrit Deleuze : « les objets et les milieux prennent une réalité matérielle autonome qui les fait valoir pour eux-mêmes »[1]. Et de cette réalité, les personnages sont pour ainsi dire coupés, de telle sorte que leur perception ne se prolonge plus en action. Le procès d'autonomisation de ce qui est contenu dans l'image, l'objet non moins que le milieu, est exploré par Deleuze au chapitre 3 de *L'Image-temps*, au moment où, depuis un commentaire de la distinction bergsonienne des deux sortes de reconnaissance (« habituelle » et « automatique »), il indique la différence qui existe entre une image sensori-motrice et une image optique et sonore pure. Dans le premier cas, la reconnaissance

> opère par prolongement : la perception se prolonge en mouvements d'usage, les mouvements prolongent la perception pour en tirer des effets utiles (...) nous passons d'un objet à un autre suivant un mouvement horizontal ou des associations d'images, mais en restant sur *un seul et même plan*.

Dans le second cas, en revanche,

> mes mouvements, plus subtils et d'une autre nature, font retour à l'objet, reviennent sur l'objet, pour en souligner certains contours et en tirer « quelques traits caractéristiques » (...) Au lieu d'une addition d'objets distincts sur un même plan, voilà maintenant que l'objet reste *le même*, mais passe par *différents plans*[2].

---

1 *Ibid.*
2 IT, p. 62 (souligné par Deleuze).

C'est en ce second sens de la reconnaissance, où s'effectue un « *retour à l'objet* », qu'il faut comprendre la mention faite, au début du chapitre consacré à « l'au-delà de l'image-mouvement », à l'apparition d'une image « au niveau "mental" ». La vision de l'auberge par l'acteur, au début d'*Ossessione*, constitue une suite d'images « mentales », lesquelles se présentent chez Visconti sous la forme d'un « "*inventaire*" du milieu, des objets, meubles, ustensiles, etc. »[1] ; autrement dit, elles se « montrent » à travers un enchaînement de plans qui ne correspond plus à un prolongement de nature sensori-motrice, mais au contraire suivant un montage qui rend ses composantes « autonomes » les unes par rapport aux autres, rompant la possibilité de toute action au sens de ce mot dans *L'Image-mouvement*.

L'image-mentale, dans *L'Image-temps*[2], présuppose donc un mouvement d'« aller et retour » à l'objet, lequel désigne la part « physique » de la situation à laquelle elle se rapporte. Le « physique » et le « mental », le « réel » et l'« imaginaire » entrent dans un certain rapport d'« indiscernabilité », dont l'examen constitue le prélude à une importante *théorie de la description*. Cette théorie s'inspire notamment d'un article de Robbe-Grillet, intitulé « Temps et description », qui revient lui aussi de manière récurrente, et que Deleuze cite une première fois évoquant la définition d'« une description "réaliste" traditionnelle » selon l'écrivain, celle qui « pose une discernabilité du réel et de l'imaginaire (on peut les confondre, ils n'en restent pas moins distincts en droit) ». Au contraire, poursuit-il,

> tout autre est la description néo-réaliste du nouveau roman : comme elle *remplace* son propre objet, pour une part elle en gomme ou en *détruit* la réalité qui passe dans l'imaginaire, mais d'autre part elle en fait surgir toute la réalité que l'imaginaire ou le mental *créent* par la parole et la vision. L'imaginaire et le réel deviennent indiscernables[3].

L'articulation de la destruction et de la création de l'objet, reprise dans l'étude de la « seconde » reconnaissance, caractérise l'ensemble de l'image optique et sonore pure, et permet de comprendre les différents types d'opsignes et de sonsignes qui la composent. La dimension « mentale » qui anime l'image viscontienne, Deleuze la perçoit également à l'œuvre, tout autrement mise en scène,

---

1 IT, p. 11.
2 L'image-mentale examinée dans ce chapitre concerne l'image optique et sonore pure telle qu'elle apparaît dans *Cinéma 2*; elle se distingue de « l'image mentale selon Hitchcock » que Deleuze analyse à la fin de *L'Image-mouvement*.
3 IT, p. 15 (souligné par Deleuze).

dans le cinéma de Fellini. Là aussi, l'analyse d'images est indissociable de la « *vision* » d'un personnage. S'y déploient en effet

> des images *subjectives*, souvenirs d'enfance, rêves ou fantasmes auditifs et visuels, *où le personnage n'agit pas sans se voir agir*, spectateur complaisant du rôle qu'il joue lui-même[1].

L'action n'est donc pas absente comme telle de l'image purement optique et sonore; seulement, c'est une action qui reste solidaire d'un certain usage de la faculté de voir, usage qui devient lui-même le moyen et la fin de l'action, jusqu'à se substituer à elle, et qui insiste par-delà toute réaction à son déroulement[2]. Comme l'écrit Deleuze, évoquant les visions d'un personnage sujet à une telle insistance : « il est livré à une vision, *poursuivi par elle ou la poursuivant*, plutôt qu'engagé dans une action »[3]. Chez Antonioni, qu'il évoque dans un passage qui constitue comme le pendant de l'analyse consacrée à Fellini, les images demeurent plutôt « objectives », dans la mesure où elles appartiennent davantage au domaine du « *constat* », ce qui suppose bien, une fois encore, que l'image relève d'une fonction de voyance. Constater, c'est aussi bien décrire, et c'est pourquoi l'enquête policière, dans *Chronique d'un amour*, « au lieu de procéder par flash-back, transforme les actions en descriptions optiques et sonores »[4].

Parmi les caractères de « la crise de l'image-action », deux d'entre eux sont devenus véritablement « *constitutifs* » de la nouvelle image : la « situation dispersive », et les « liaisons délibérément faibles » entre les événements, qui prolongeaient « les événements les uns dans les autres, ou [assuraient] le raccordement des portions d'espaces »[5]. Du point de vue de la présentation du temps, le cinéma d'Antonioni opère également une mutation importante, et les développements que Deleuze lui consacre confèrent toujours davantage de consistance à la notion d'un « au-delà de l'image-mouvement ». Les « constats », en effet, adviennent généralement dans l'après-coup d'un événement dont les causes échappent le plus souvent au spectateur autant qu'aux protagonistes eux-mêmes. C'est pourquoi Antonioni filme la conséquence des actions, plutôt que

1 IT, p. 13.
2 C'est en ce sens que, plus loin dans *L'Image-temps*, Deleuze soutient que « La vision n'est même plus un présupposé ajouté à l'action, un préliminaire qui se déploie comme condition, remarque l'auteur, elle prend toute la place et tient lieu d'action » (IT, p. 168).
3 IT, p. 9.
4 IT, p. 12.
5 IM, p. 279.

les actions elles-mêmes. D'où « une étonnante exploitation des *temps morts* » qui caractérise ses images, lesquelles ne montrent pas seulement les restes de ce que l'on désigne communément sous l'expression de « banalité quotidienne » ; les temps morts, bien plus,

> recueillent les conséquences ou l'effet d'un événement remarquable qui n'est que *constaté* par lui-même sans être expliqué (la rupture d'un couple, la soudaine disparition d'une femme...) [1].

C'est là le prélude à un « cinéma du temps », où s'amorce bien un renversement des rapports du mouvement et du temps (le « temps mort » se dérobe au système sensori-moteur, et se libère ainsi de sa dépendance au mouvement). Le « constat » antonionien désigne l'une des sortes d'opsignes et de sonsignes, que Deleuze résume ainsi : elle donne « une vision profonde à distance tendant vers l'abstraction » ; c'est une « image objective ». Quelle serait l'espèce d'opsignes et sonsignes qui correspondrait cette fois à « l'image subjective » de Fellini, sachant que celle-ci tend à nier la distinction du personnage avec le rêve ou le spectacle qu'elle nous donne à voir ? Deleuze la nomme d'un néologisme, l'« "*instat*" », qui offre « une vision proche et plane, induisant une participation ». Ces deux sortes d'opsignes paraissent s'opposer ; elles répondent à une distinction de nature seulement relative, dans la mesure où elles ne cessent de communiquer entre elles, de passer l'une dans l'autre, aussi bien chez Fellini que chez Antonioni, « *à mesure que la situation optique ou la description visuelle remplacent l'action motrice* » [2]. L'image subjective fellinienne peut ainsi devenir la vision d'un monde « inter-mental » ; elle ne s'organise pas en image-mentale (d'un spectacle, d'un souvenir, d'un fantasme, etc.) « sans devenir objective, sans passer dans les coulisses (...) et [aboutir] par aplatissement des perspectives "à une vision neutre, impersonnelle (...) notre monde à tous" ». À l'inverse, il semblerait que les images objectives d'Antonioni « ne se composent pas sans devenir mentales, et passer dans une étrange subjectivité invisible », là où les personnages sont comme absents au monde autant qu'à eux-mêmes, vidés autant que les espaces qui semblent les avoir engloutis [3].

C'est en ce sens que les termes utilisés pour qualifier les images des situations optiques et sonores pures – objective et subjective, réelle et imaginaire, physique et mentale – ne s'inscrivent pas dans un rapport d'opposition. Précisément

1 IT, p. 14-15 (souligné par Deleuze).
2 IT, p. 13-15.
3 Sur le passage du subjectif à l'objectif (Fellini), et inversement (Antonioni), voir IT, p. 16.

parce que les situations de ce genre, où la reconnaissance automatique ou habituelle défaille, où nous sommes conduits à voir davantage qu'à agir,

> ne cessent de faire communiquer les pôles, et qui, dans un sens ou dans l'autre, assurent les passages et les conversions, tendant vers un point d'indiscernabilité (et non pas de confusion) [1].

L'indiscernabilité renvoie à une « description ». Deleuze parle ainsi d'une « *description néo-réaliste* », celle-ci reposant sur un « va-et-vient » entre sujet et objet, une communication entre ces deux entités où la première, qui ne peut guère prolonger la perception qu'elle a de la seconde, fait néanmoins retour sur elle, quitte à révéler de l'objet des qualités qui précisément échappaient auparavant à la reconnaissance automatique. Ce mécanisme « logique » de la description, qui établit une sorte de « circuit » où le sujet absorbe l'objet et le recrée, définit les images d'un « nouveau cinéma », qui est aussi bien un « cinéma de voyant », étant donné que ce qui se présente à l'écran, c'est désormais « *une "description"* » [2]. Le « troisième commentaire de Bergson » a pour tâche d'approfondir le circuit évoqué, en même temps qu'il permet d'affiner la relation du réel et de l'imaginaire posée en ouverture. Cette relation est explicitée en ces termes au sein du premier paragraphe de *Cinéma 2* (dans un passage consacré aux « visions esthétiques » d'Antonioni) : « Le regard imaginaire fait du réel quelque chose d'imaginaire, *en même temps qu'il devient réel à son tour et nous redonne de la réalité* » [3].

Il y a là l'esquisse d'une théorie de la « description » au niveau des images filmiques (qui se distingue de son acception phénoménologique). L'autre remarque a trait au caractère réel ou objectif de cette fonction. Voir, c'est « redonner de la réalité », de même que « tout reste réel dans ce néo-réalisme » où tout, pourtant, semble se réduire à des « visions », voire à des « hallucinations ». Le chapitre 3 de *L'Image-temps*, là aussi, permet de mesurer la portée

1 IT, p. 17.

2 IT, p. 357. Sur le « nouveau cinéma » dans sa relation au « nouveau roman », voir également *ibid.*, p. 63. Dans cette même page, Deleuze signale que dans la reconnaissance habituelle, « nous percevions de la chose une image sensori-motrice. Dans l'autre cas [celui de la reconnaissance attentive], nous constituons de la chose une image optique (et sonore) pure, *nous faisons une description* ».

3 IT, p. 17. Les développements consacrés aux auteurs de la « nouvelle vague » française participent eux aussi d'une logique de la « description » : « D'un côté comme de l'autre, souligne Deleuze à propos de Rivette et Godard, la description tend vers un point d'indiscernabilité du réel et de l'imaginaire ».

« objectiviste » de certaines images mentales du cinéma[1]. En ce qui concerne le premier point, il est important de noter que Deleuze, au niveau des images purement optiques et sonores, parle d'une *tendance* à l'indiscernabilité du réel et de l'imaginaire, et non d'un « *point* » où ces deux entités ne sauraient être distinguées. L'existence d'un tel « point d'indiscernabilité » ne sera d'ailleurs analysée qu'au chapitre 4, lors de l'étude de l'image-cristal, là où le réel et l'imaginaire entrent dans un rapport de « coalescence », là où « l'image-temps [naît] »[2]. Et d'un chapitre à l'autre, c'est une « description » de nature différente qui résulte des images cinématographiques, cette différence témoignant d'un « *progrès par rapport à l'opsigne* », « progrès » que la logique de la description nous autorise désormais à éclairer dans ses raisons mêmes, rendant compte du « second passage » à l'œuvre dans la taxinomie deleuzienne, celui qui nous conduit de l'image optique et sonore pure à l'image-temps comme telle.

Vers l'image-temps directe

La sobriété de l'image-temps

Cette progressivité accompagne les deux « commentaires » sur Bergson dans *L'Image-temps*. Du chapitre 3 (intitulé « Du souvenir aux rêves ») au chapitre 5 (« Pointes de présent et nappes de passé »), Deleuze expose l'évolution des rapports du réel et de l'imaginaire (ou du physique et du mental, de l'actuel et du virtuel). Ce qui implique aussi bien une distinction des types de « communication » qui peuvent s'établir entre eux, chacun désignant un certain genre de description en fonction de l'image considérée (que celle-ci soit sensori-motrice, optique-sonore pure, ou qu'elle nous donne « directement » le temps). Précisons que les commentaires de Bergson, à l'instar des deux premiers, n'établissent guère le schème conceptuel à partir duquel Deleuze opère son analyse d'images. Il n'y a pas, autrement dit, y compris dans ces pages de *L'Image-temps*, d'application du bergsonisme au cinéma. De même que la description du nouveau roman que propose Robbe-Grillet ne surdétermine pas la description en cinéma au sens où Deleuze l'entrevoit par exemple chez Rossellini ou Godard. De même, également, que la présentation de la théorie

---

1 Signalons qu'une portée de ce genre était déjà évoquée dans *L'Anti-Œdipe*, à propos du « voyant » qu'était Spinoza : « Les révolutionnaires, les artistes et les voyants se contentent d'être *objectifs, rien qu'objectifs* (...) Le vivant-voyant, c'est Spinoza » (AŒ, p. 35). Sur le rapport du voyant et du révolutionnaire, voir le bel article de François Zourabichvili, « Deleuze et le possible (de l'involontarisme politique) », in *Gilles Deleuze : Une vie philosophique*, *op. cit.*, p. 343-344.

2 IT, respectivement p. 93 et 358.

de Robbe-Grillet n'est pas dépendante des développements bergsoniens relatifs aux modes de reconnaissance, en tant que les uns font de l'objet une image sensori-motrice, et les autres l'élaborent de telle sorte qu'il renvoie à une image optique-sonore pure (laquelle correspond à une description où le réel et l'imaginaire *tendent* à l'indiscernabilité). Il y a bien là l'existence d'un *système de problématisations* qui permet d'appréhender la notion de « description » à travers les différentes disciplines où elle est explorée pour elle-même, suivant les moyens qui sont propres à chacune. Un système de cet ordre vise notamment à prévenir toute hiérarchisation entre les pratiques, au bénéfice d'un mouvement de reprise ou de relance des questions qui les animent, l'une de ces pratiques étant susceptible, à un moment donné de son histoire, de résoudre pour son compte un problème qu'une autre aura rencontré avant elle, ou rencontrera à l'avenir. C'est en ce sens que Deleuze peut écrire que « la conception de Robbe-Grillet, logiquement très forte, *prolonge* souvent celle de Bergson, et lui est *apparentée* »[1]. Sans la mise en évidence d'un système de relais de ce genre, la démarche deleuzienne resterait particulièrement opaque, dans la mesure où son propos, faisant référence en cours de développement (parfois au sein d'un même et unique paragraphe) à des notions provenant aussi bien de la philosophie que d'autres issues de la littérature ou « suscitées » par le cinéma, risquerait de sombrer dans un discours indifférencié, sans nécessité véritable. Chez Deleuze, la nécessité du propos dérive d'un souci de construction de concept, *que celui-ci provienne ou non de la philosophie*. Les glissements qui s'opèrent dans le texte – de la philosophie au cinéma, du cinéma à la littérature, de la littérature à la philosophie – ne peuvent donc s'expliquer par une éventuelle confusion des différentes pratiques, suivant une approche transdisciplinaire à laquelle le discours de Deleuze aurait pour finalité de donner consistance; ils répondent à une création conceptuelle qui demeure indissociable d'un travail de problématisation qui la fonde en droit[2]. C'est sur la base d'un tel travail qu'il devient possible de comprendre les renvois faits à Robbe-Grillet ou à Antonioni, à Bergson ou à Visconti, ces renvois coïncidant respectivement avec « des usages incomparables (...) qui ne définissent pas la différence des disciplines sans constituer aussi leurs croisements perpétuels »[3]. Il en découle un *mouvement de bifurcation conceptuelle* qui caractérise le devenir de la « des-

1 IT, p. 64.
2 Sur ce point, voir entre autres QqP, p. 32 : « les problèmes, [il faut] les poser, comme il faut créer les concepts » qui leur correspondent.
3 QqP, p. 29.

cription », qui n'est autre que le mouvement par lequel elle se différencie au fil de *L'Image-temps*, la façon dont Deleuze « découpe » et « recoupe » son concept à l'intérieur de cet ouvrage. Certes, il s'ensuit une impression inévitable de « digression », mais celle-ci ne désigne rien d'autre que les étapes d'une différenciation qui confère au concept de « description » le « chiffre de ses composantes »[1].

Dans *L'Image-temps*, on remarque que la description de Robbe-Grillet comme mécanisme qui articule la « destruction » de la réalité de l'objet avec son « remplacement » par un imaginaire qui le « redonne » au réel, cette description est reprise par Deleuze au début du chapitre 3, au moment où il explicite la distinction entre l'image sensori-motrice et l'image optique et sonore pure. Deleuze rapporte que

> l'image optique pure *semble nécessairement plus pauvre et raréfiée* : comme dit Robbe-Grillet, elle n'est pas la chose, mais une « description » qui tend à remplacer la chose, qui « gomme » l'objet concret, qui n'en choisit que certains traits, *quitte à faire place à d'autres descriptions* qui retiendront d'autres lignes ou traits, *toujours provisoires, toujours mis en doute*, déplacés ou remplacés[2].

Nous retrouvons dans ce passage l'essentiel de la logique descriptive propre à Robbe-Grillet, telle, du moins, que Deleuze la rapportait dans le chapitre où il étudiait l'« au-delà de l'image-mouvement »[3]. Deux éléments supplémentaires viennent toutefois se greffer à sa démonstration. Le premier concerne le critère qui préside à la distinction des deux espèces d'images, et qui engagent pour chacune un mode de description spécifique. L'autre élément a trait au type de communication qui s'établit entre « l'objet concret » et ce qui le « déplace » ou vient le « remplacer », à la nature de l'échange entre le réel et l'imaginaire, ouvrant sur le « circuit » qui caractérise cet échange au niveau de l'image ; c'est principalement l'objet du « troisième commentaire de Bergson ». Pour ce qui est du premier point, la différence entre l'image purement optique et l'image relevant de la sensori-motricité pourrait se résumer en termes de « plus » et de « moins » de réalité. La lettre du texte paraît clairement énoncer une alternative de ce genre.

---

1 Sur la « digression » en philosophie, voir QqP, p. 28 où Deleuze, dans un passage consacré à la « consistance » des concepts en général, soutient qu'« il n'est pas faux de considérer que la philosophie est en état de perpétuelle digression ou digressivité ».
2 IT, p. 63.
3 IT, p. 15.

> Il semblerait d'abord que l'image sensori-motrice est *plus riche, parce qu'elle est la chose même*, du moins la chose en tant qu'elle se prolonge dans les mouvements par lesquels nous nous en servons.

Deleuze condense ici – l'emploi du verbe « prolonger » est significatif – les thèses bergsoniennes qui avaient été analysées au chapitre 4 de *Cinéma 1*, sur la « spécification » de l'image-mouvement ; ce sont elles, également, qui servent à introduire à la première sorte de reconnaissance – « la reconnaissance automatique ou habituelle » (laquelle « opère par prolongement »). L'image optique pure, pour sa part, se caractérise par une apparente « pauvreté », elle serait « raréfiée » comme l'écrit Deleuze. Et comment en serait-il autrement, si nous avons présent à l'esprit qu'elle est solidaire d'un *échec* de la reconnaissance habituelle, et qu'elle engendre de ce fait même une reconnaissance dite « attentive », par laquelle nous ne sommes confrontés qu'à des « objets immobiles ou fragments de scène ». N'est-ce pas en ce sens, d'ailleurs, que l'image optique pure se confond avec ce que Deleuze nomme précisément, à la suite de Robbe-Grillet, une description ?

Toutefois, en quel sens peut-on effectivement soutenir que l'image sensori-motrice est « plus riche » ou « plus réelle » que l'autre image étudiée ? Deleuze ne restaure-t-il pas en outre, en l'inversant, le critère qui servait à Bazin pour définir l'image néo-réaliste, et qu'il mettait lui-même en cause dès les premières lignes de *Cinéma 2* ? « Nous ne sommes pas sûrs, insistait-il alors, que le problème se pose ainsi *au niveau du réel* »[1]. Pourquoi, alors, ce critère de « réalité » deux chapitres plus loin, qui semble par ailleurs mener à une opposition irréconciliable entre les deux types d'image ? En vérité, une telle opposition n'existe pas, dans la mesure où les qualificatifs que l'on trouve – par exemple « riche » d'un côté, et « pauvre » de l'autre – ne sont utilisés qu'en vue d'un renversement de l'alternative qu'ils sont censés déterminer. Ce retournement advient à un moment crucial de l'analyse, lorsque l'auteur rapporte une objection possible à propos de la notion de description au cinéma : c'est que cette dernière concernerait aussi bien les deux images (qui pourtant diffèrent en nature), et ne serait en conséquence pas liée exclusivement à l'image optique-sonore. Deleuze admet une pareille objection, à condition cependant de distinguer « *deux sortes de description* : l'une est *organique* (comme lorsqu'on dit qu'une chaise est faite pour s'asseoir, ou l'herbe pour être mangée), tandis que l'autre est *physico-géométrique, inorganique* ». Et Deleuze de donner, sur ce

---

1 Cf. IT, p. 7.

dernier aspect, deux exemples cinématographiques : la scène de l'usine dans *Europe 51* de Rossellini et *Les Carabiniers* de Godard, où le cinéaste

> fait de chaque plan une description qui remplace l'objet, et qui laissera place à une autre description, si bien que, au lieu de décrire organiquement un objet, on nous montre de pures descriptions qui se défont en même temps qu'elles se tracent[1].

Une distinction de ce type entre les deux descriptions était déjà en germe au tout début de *L'Image-temps*, au sein d'un passage où le terme de « description » apparaît pour la première fois ; et là encore, l'argument se présente sous la forme d'une réponse à une objection. Celle-ci se situait alors au niveau du spectateur de cinéma, pour lequel, quelle que soit l'image devant laquelle il se trouve, il n'y aurait en somme que « des "descriptions" (…) des images optiques et sonores, et rien d'autre ». Pour Deleuze, « ce n'est pas la question », et son analyse se déplace vers la question du personnage, soit que celui-ci participe à une situation sensori-motrice, soit qu'il soit pris dans une situation optique et sonore pure. Dans le premier cas, à lire Deleuze, nous reconnaissons les caractères d'une description organique, où les éléments qui la composent satisfont à un régime de connexions causales ou d'usages :

> les personnages (…) réagissaient aux situations ; mêmes quand l'un d'eux se trouvait réduit à l'impuissance, *c'était ligoté et bâillonné*, en vertu des accidents de l'action[2].

Dans une situation purement optique, en revanche, le personnage « enregistre plus qu'il ne réagit », et c'est pourquoi il « est devenu une sorte de spectateur », Deleuze retrouvant ce dernier terme pour faire du protagoniste de la situation un « voyant » à proprement parler, ce qu'il voit « [n'étant] plus justiciable en droit d'une réponse ou d'une action »[3]. D'où l'image-mentale qui en découle, et la description qui lui est solidaire, « description inorganique » où seulement quelques traits peuvent suffire à définir un objet ou une situation, comme le montre l'arrivée du héros dans *Ossessione* évoquée plus haut, et qui accompagne l'argumentation deleuzienne dans les pages de *Cinéma 2* où est esquissée la distinction entre les deux sortes de description.

Cette distinction entre « description organique » et « description inorganique », énoncée au chapitre 3 de *L'Image-temps*, puis reprise au chapitre

1 *Ibid.*
2 IT, p. 9.
3 *Ibid.*

suivant consacré à l'image-cristal, est approfondie au chapitre 6, intitulé « Les puissances du faux ». Deleuze revient à nouveau sur la description de Robbe-Grillet, signe de l'attachement qu'il voue à sa « logique »[1]. Il propose également une définition de la description organique, qui, cette fois, vient compléter celle que l'on rencontrait auparavant.

> On appellera « organique » une description qui suppose l'indépendance de son objet (...) Ce qui compte, c'est que, décors ou extérieurs, le milieu décrit soit posé comme indépendant de la description que la caméra en fait, et vaille pour une réalité supposée préexistante[2].

L'apport important de cette définition, c'est l'idée d'une préexistence du réel dans la description filmique, et c'est précisément cette préexistence sur laquelle repose la reconnaissance habituelle, corrélat de la description organique au sens où elle est explicitée au chapitre 3, dans sa correspondance avec l'image sensori-motrice. Si le réel préexiste au sein de cette image, c'est que l'action qui s'y déroule est liée aux effets utiles qui apparaissent en elle ; c'est pourquoi, d'ailleurs, nous restons sur « *un seul et même plan* », celui d'une réalité qui se confond avec l'intérêt que nous sommes susceptibles d'y trouver, en passant « d'un objet à *un autre* ». Comme le note encore Deleuze : « L'image sensori-motrice *ne retient en fait de la chose que ce qui nous intéresse*, ou ce qui se prolonge dans la réaction d'un personnage »[3]. C'est sur ce point précis qu'advient le retournement, lorsqu'il semblait que l'image sensori-motrice était « plus riche » que l'image optique et sonore pure. Or il n'en est rien, la richesse de la première étant seulement « apparente, et vient de ce qu'elle associe à la chose beaucoup d'autres choses qui lui ressemblent sur le même plan, en tant qu'elles suscitent toutes des mouvements semblables », lesquels se réduisent en fin de compte à nos manières habituelles d'agir ou de percevoir, manquant par là la singularité des choses, les « choses en elles-mêmes » : l'image sensori-motrice demeure fondamentalement « *agent d'abstraction* »[4]. « Tout se renverse » alors, y compris la prétendue pauvreté de l'image purement optique. Celle-ci

> a beau n'être qu'une description, et concerner un personnage qui ne sait plus ou ne peut plus réagir à la situation, la sobriété de cette image, la rareté de ce qu'elle

---

1 Voir IT, p. 165.
2 *Ibid.*
3 IT, p. 64.
4 *Ibid.*

> retient, ligne ou simple point (...), *portent chaque fois la chose à une essentielle singularité* (...) renvoyant sans fin à d'autres descriptions [1].

Il reste à révéler sur quoi repose un tel renversement. Il s'agit également de savoir comment une image de cinéma qui se définit par sa rareté peut caractériser en même temps l'essence d'une chose qu'elle donne à voir à travers une description « physico-géométrique ». Nous devinons en tout cas que « l'essentielle singularité » invoquée par Deleuze dans ce passage est sans commune mesure avec le « plus de réalité » que Bazin entrevoyait dans le néo-réalisme. Le critère de l'image n'est pas le réel (et peu importe que celui-ci résulte de la forme ou du contenu), mais le rapport (l'échange, la communication) que ce réel entretient avec l'imaginaire ou le mental. « N'est-ce pas plutôt au niveau du "mental", en termes de pensée ? » que se pose le problème, demande Deleuze dès la première page de *L'Image-temps*, dans une remarque sur la thèse bazinienne. Plus positivement encore, et les développements précédents concernant « l'image-mentale » en portaient déjà témoignage, c'est le surgissement d'un « niveau » de cet ordre qui est à l'origine du « bouleversement » affectant le « système de l'image-mouvement », et *court-circuite* l'enchaînement des images – ou le prolongement qui les lie entre elles – qu'assurait le schème sensori-moteur. De fait,

> si l'ensemble des images-mouvement, perceptions, actions et affections, subissait un tel bouleversement, n'était-ce pas d'abord parce qu'un nouvel élément faisait irruption, qui allait empêcher la perception de se prolonger en action pour la mettre en rapport avec la pensée, et, de proche en proche, allait subordonner l'image aux exigences de nouveaux signes qui la porteraient au-delà du mouvement ? [2]

L'élément nouveau, c'est la situation optique et sonore pure, laquelle apparaît au cinéma « après la guerre ». Avant d'exposer la relation qui se tisse entre *périodisation* (eu égard à l'histoire du cinéma) et *classification* (en regard de l'art du cinéma), il peut être pertinent de noter que l'effet induit par une telle situation est appréhendé depuis la *faculté de penser* puisque c'est « *en termes de pensée* » que s'exprime la mutation qui s'opère grâce notamment au néo-réalisme. C'est bien « en termes de pensée » que Deleuze envisage le passage de *Cinéma 1* à *Cinéma 2*. Bien plus, nous verrons que c'est la faculté de penser qui, par son insistance même tout au long de l'ouvrage, en permet une compréhension

---

1 *Ibid.*
2 IT, p. 7-8.

globale ; le mot de « pensée » apparaissant dans l'intitulé même des chapitres 7 et 8 de *L'Image-temps*, respectivement « Le cinéma et la pensée » et « Cinéma, corps et cerveau, pensée ».

« L'exemple éternel » : la scène de l'usine dans Europe 51

Il importe d'approfondir sur le plan des images, au niveau des signes qui les composent, la dimension « mentale » à laquelle accède le cinéma à travers certains films néo-réalistes, et d'analyser le type de communication qui survient entre le « mode d'existence physique » et le « niveau du mental », entre le réel et l'imaginaire, entre l'actuel et le virtuel. Que se passe-t-il en effet, dans le concret des œuvres, lorsque fait défaut le « prolongement moteur » théorisé dans *L'Image-temps* ? Comment s'échangent ou communiquent le physique et le mental dans la matière même des images ? Qu'est-ce qu'une « vision intérieure » au cinéma, là où le réel et l'imaginaire tendent à devenir indiscernables ? Nous savons que la méthode deleuzienne opère par différenciation conceptuelle, et la tendance à « l'indiscernabilité » ne doit pas empêcher d'apprécier la variété de ses figures, en fonction des analyses formelles conduites par Deleuze ; une variation qui se confond, on l'aura compris, avec le devenir du concept lui-même (en l'occurrence, l'image optique-sonore). En d'autres termes, le concept n'est ni en surplomb par rapport à la multiplicité des images, ni « taillé » ou « coupé » de telle sorte qu'il ne convienne qu'à une seule d'entre elles.

Il apparaît cependant à lire *L'Image-temps* jusqu'à son chapitre 7 qu'un film revient de façon récurrente dans le texte de Deleuze : il s'agit d'*Europe 51* de Rossellini. Non que ce film éclipse les autres ; il accompagne le développement à des moments-clés, par l'intermédiaire d'un appareil conceptuel qui varie à chaque référence, si bien que la reprise du film est elle-même rythmée par la variabilité de l'analyse dont il fait l'objet. Dans *L'Image-temps*, Deleuze cite ainsi à neuf reprises le film de Rossellini, faisant mention à chaque fois de la scène où Irène, l'héroïne du film (Ingrid Bergman), bourgeoise de son état, se rend à l'usine, découvrant la réalité de ce « grand ensemble » pour la première fois[1]. Si l'on prend en compte l'ensemble des œuvres citées à l'intérieur des *Cinéma*, aucun autre film ne revient aussi fréquemment. D'ailleurs, une semblable revenance peut sembler en contradiction avec le principe d'une taxinomie qui, suivant l'exigence de « nouveauté » qui l'anime d'un bout à l'autre,

1 IT, p. 8, 29, 30, 32, 33, 63, 65, 75 et 222.

ne saurait tolérer qu'un même élément soit appréhendé en diverses lignes ou « cases » de la classification. Deleuze, pour sa part, non sans ironie, invoque *Europe 51* comme son « exemple éternel »[1]. Mais l'ironie disparaît si l'on comprend que cet exemple est moins soumis à la répétition du même (Deleuze tiendrait à chaque référence le même propos sur le film), qu'il ne répond à une récurrence différentielle, au sens où chaque mention faite à *Europe 51* se confond avec une extraction conceptuelle, qu'il s'agisse des passages relatifs à la situation optique et sonore pure, ceux consacrés à la logique de la description ou même ceux qui ont trait à l'existence d'une théorie de la fabulation. Le film de Rossellini ne s'inscrit donc pas seulement dans l'interstice de *Cinéma 1* et *Cinéma 2*, là où survient le « second passage » qui conduit à une « présentation directe du temps » au cinéma; il engage également les étapes ultérieures de la démonstration consacrées aux rapports du sonore et du parlant, comme en témoigne le dernier chapitre de *L'Image-temps*, « Les composantes de l'image », qui portera sur l'établissement d'une fonction de fabulation proprement cinématographique.

Mais que nous montre Rossellini dans *Europe 51*? Comment se présente la « description » de la scène où Irène visite l'usine, et découvre le monde du travail qui la caractérise? Et en quoi cette description est-elle l'expression d'une « *vision intérieure* »? D'après Deleuze, l'usine que l'on voit à l'écran n'est pas « réaliste », c'est-à-dire que son image ne produit pas de description « organique », au sens où elle présupposerait « l'indépendance » de son objet (l'usine), support préexistant de la fonction pratique à laquelle sont destinés les ouvriers (le travail dans l'usine). Si l'image de Rossellini, au contraire, est dite « néo-réaliste », c'est parce que l'usine telle qu'on la voit est presque abstraite. Non que cette image soit « agent d'abstraction », comme c'est le cas au sein de l'image sensori-motrice, où l'expérience ne s'effectue que dans un horizon pragmatique, manquant par là ce qui constituerait la réalité singulière du lieu, aussi bien que la spécificité du labeur qui se produit en lui. L'usine, en vérité, est formellement abstraite, puisqu'elle nous apparaît comme « un "abstract" visuel et sonore, fort peu dénoté concrètement, réduit à quelques traits »[2]. À l'intérieur de l'usine, en effet, les différents instruments et appareils sont présentés par Rossellini sans qu'ils renvoient nécessairement à leur usage habituel de la part des ouvriers. Le montage de la séquence, de fait, est déterminé par une succession de plans où les divers éléments du complexe industriel

1 Cours du 24 janvier 1984.
2 IT, p. 63.

apparaissent de telle manière qu'aucun type de prolongement moteur n'existe véritablement entre le milieu et les travailleurs. Nous retrouvons la forme de « l'inventaire » au cinéma, que Deleuze remarquait déjà dans les premiers films de Visconti, et qui s'exprime chez Rossellini par une réduction « à quelques traits » des composantes de l'usine. Toutefois, on ne comprendrait guère dans quelle mesure cette réduction *n'est pas* elle aussi une abstraction, si on ne rapportait les « traits » ou « menus fragments » auxquels Deleuze fait ici référence à la nature de la description qui leur correspond. Il s'agit d'indiquer de quelle façon une description « physico-géométrique » permet, à travers la séquence d'*Europe 51*, de faire en sorte que « *l'être de l'usine* se lève »[1].

Nous savons que le voyant, dès lors que s'enrayent ou se rompent les schèmes sensori-moteurs qui définissent son action, dès lors qu'échoue en même temps la reconnaissance automatique qui découle de ces schèmes, pénètre dans une certaine « littéralité » des choses – ce que s'efforce précisément de rendre l'image optique et sonore pure. La logique de la description telle qu'elle se manifeste dans *L'Image-temps* nous autorise à conférer davantage de consistance à cette caractéristique de l'image-cinéma qui « fait surgir *la chose en elle-même, littéralement* »[2]. Quelle est cette chose en elle-même dans *Europe 51*, comment se présente l'être de l'usine qui se révèle à la protagoniste principale? La réponse à cette question dépend de l'une des répliques de l'héroïne : « *j'ai cru voir des condamnés* », déclare Irène à la suite de sa visite dans le « grand ensemble »[3]. C'est que « l'usine est une prison (...) littéralement et non métaphoriquement »[4]. Il ne s'agit pas non plus d'évoquer un simple souvenir. Ni métaphore, ni souvenir, la vision d'Irène se confond avec une image purement optique – « *une image entière* »[5] – de la structure industrielle, augurant par là même d'*un nouveau savoir par la voyance.* On peut d'ailleurs remarquer avec Deleuze que la protagoniste d'*Europe 51 ne reconnaît pas* l'usine, au sens où tout ce qui relèverait de la justification (la nécessité du travail en usine) ou de l'indignation (l'aspect insupportable de ce travail) n'a plus lieu d'être, étant admis que ces deux modalités d'appréhension (l'une d'ordre intellectuel, l'autre de nature plutôt affective) participent d'une reconnaissance qui demeure fon-

1 IT, p. 32.
2 *Ibid.*
3 Sur la réplique d'Irène, voir IT, p. 8, 32 et 65.
4 IT, p. 32. Sur ce point, voir aussi P, p. 75 : « L'image actuelle, coupée de son prolongement moteur, entre en rapport avec une image virtuelle, une image mentale ou en miroir. J'ai vu l'usine, et j'ai cru voir des condamnés... ».
5 Deleuze emploie cette expression à deux reprises dans IT, p. 32.

damentalement « sensori-motrice ». Comme le note Deleuze, si l'on parvient à voir littéralement l'usine (suivant un usage « supérieur » de la faculté de voir), alors « on ne peut plus dire "il faut bien que les gens travaillent..." »[1]. De même que nous disposons de métaphores ou d'expressions toutes faites pour « nous détourner quand c'est trop déplaisant, nous inspirer la résignation quand c'est horrible » ; mais ces expressions ou métaphores n'expriment en définitive que le « système de nos esquives », ce par quoi nous manquons « l'intolérable » : le travail en usine « dans son caractère radical »[2].

La voyante d'*Europe 51* – qui « *voit* [et] *a appris à voir* » – est en ce sens vouée à une *nouvelle manière de connaître*, engendrée par cette vision même. Et si une pareille image est dite « intérieure », c'est parce qu'elle renvoie à l'indiscernabilité évoquée plus haut entre le réel et l'imaginaire, entre le physique et le mental. Cette indiscernabilité, désignée dans un premier temps comme « tendance », définit une « nouvelle psychologie », la psychologie du voyant[3], laquelle est indissociable d'une « logique », la logique de la description. Ces deux branches, psychologique et logique, déterminent une théorie de la connaissance qui parcourt *L'Image-temps*, trouvant dans la fonction de voyance, *en tant qu'elle est cinématographiquement établie*, les conditions de son effectuation[4]. La séquence d'*Europe 51* exprime tout à fait selon Deleuze une connaissance de ce genre, connaissance qui se déploie (et l'idée d'une tendance à l'indiscernabilité nous le faisait déjà pressentir) par-delà toute distinction tranchée de l'objet et du sujet (lequel, en ce sens, ne peut être lié à l'intentionnalité phénoménologique). Nous avons vu auparavant qu'une sorte de « communication » existait entre le réel et l'imaginaire, et que cette communication naissait au sein de la « nouvelle image » dès lors que celle-ci devenait tributaire de ce que Deleuze nomme une « situation optique et sonore pure ». Contrairement à ce qui pouvait survenir dans l'image sensori-motrice, cette situation ne s'adresse guère plus « à une *fonction visuelle pragmatique* qui "tolère" ou "supporte" à peu près n'importe quoi, du moment que c'est pris dans un système d'actions et de réactions », et au sein duquel, en ce sens, s'inscrit le « système de nos esquives ». Dans la scène de l'usine, l'héroïne n'a plus d'esquive ; elle ne réagit plus, ou ne peut plus réagir à ce qu'elle voit ; elle est

1 *Ibid.*, et sur la « reconnaissance sensori-motrice », voir p. 62.
2 IT, p. 32, et sur la métaphore comme « esquive sensori-motrice », voir le cours du 24 janvier 1984.
3 À ce propos, voir IT, p. 359.
4 Sur ce point, voir en particulier IT, p. 30 : « le cinéma devenant, non plus entreprise de reconnaissance, mais connaissance ».

pétrifiée, telle une momie. Comme le souligne par ailleurs Deleuze, la situation purement optique et sonore « est coupée de tous ses prolongements, *elle ne vaut plus que par elle-même*, ayant absorbé toutes ses intensités affectives, toutes ses extensions actives »[1].

Un problème se pose encore : si les images optiques et sonores ne se prolongent plus en action, avec quoi vont-elles pouvoir s'enchaîner (si la notion d'enchaînement possède d'ailleurs encore un sens) ? C'est sur la base de ce questionnement qu'il est possible de saisir, dans sa raison même, le mécanisme par lequel le réel et l'imaginaire « communiquent », ou l'existence de ce que Deleuze appelle un « circuit d'indiscernabilité »[2]. L'absence de réaction de la bourgeoise incarnée par Ingrid Bergman n'est que le versant négatif d'un processus où « réalité mentale » et « réalité physique » ne cessent de s'échanger, faisant passer l'usine par « *différents plans* ». Et Deleuze précise à cet égard que nous sommes bien en présence d'« un autre type d'image, un autre type de perception », et que le « mode d'enchaînement n'est pas le même »[3]. Dès que la reconnaissance automatique est mise en échec, dès qu'elle devient attentive, l'image qui lui correspond ne se prolonge plus en mouvement ; elle n'a plus d'objet dans une certaine mesure, mais elle « *appelle* » autre chose, une image virtuelle de l'objet, qui à la fois l'efface et le crée, élaborant de ce fait, à chaque échange du réel et de l'imaginaire, et pour « *le même* » objet, un circuit qui le *constitue*, qui *vaut* pour l'objet. Nous retrouvons bien la logique de la description analysée plus haut, et les « quelques traits » de l'usine filmée par Rossellini résultent selon Deleuze d'une logique de cette nature. Un passage particulièrement dense du chapitre 3 en témoigne, où sont convoqués, en quelques lignes, et (si l'on peut dire) dans une certaine indiscernabilité, la séquence de l'usine dans *Europe 51*, la description telle qu'elle est pensée et effectuée par Robbe-Grillet, et enfin le chapitre II de *Matière et mémoire*.

> Comment dire, se demande Deleuze, que c'est le même objet (l'usine) qui passe par différents circuits, puisque chaque fois la description a effacé l'objet, en même temps que l'image-mentale en créait un autre ? *Chaque circuit efface et crée un objet.* Mais c'est justement dans ce « double mouvement de création et de gommage » que les plans successifs, les circuits indépendants, s'annulant, se contredisant, se reprenant, bifurquant, vont constituer à la fois les couches d'une seule

1 IT, p. 356.
2 IT, p. 75.
3 IT, p. 64.

> et même réalité physique, et les niveaux d'une seule et même réalité mentale, mémoire ou esprit.

Et Deleuze de citer le passage où Bergson explicite le premier schéma de *Matière et mémoire* :

> Comme dit Bergson, « on voit bien que le progrès de l'attention a pour effet de créer à nouveau, non seulement l'objet perçu, mais les systèmes de plus en plus vastes auxquels il peut se rattacher »,

cette progressivité mettant en évidence la corrélation qui existe, par le circuit bergsonien, entre les étapes d'une « plus haute expansion de la mémoire » et les « couches [toujours] plus profondes de la réalité » [1].

Un tel circuit, d'inspiration bergsonienne, entre donc en résonance avec la description à l'œuvre chez Robbe-Grillet, et trouve dans *Europe 51* l'une de ses formes d'actualisation cinématographique. Si l'usine de Rossellini nous apparaît comme un « "abstract" visuel », c'est précisément parce que la description au sein de la situation optique et sonore pure où se trouve Irène « trace » une image qui n'en recueille que certains aspects, eux-mêmes correspondant de façon singulière à ses visions intérieures. Mais ces visions ou pensées, selon le fonctionnement du circuit d'indiscernabilité, entraînent un approfondissement de la réalité de l'objet, jusqu'à en proposer une « image entière », là où l'usine se donne dans son être même. Remarquons que la littéralité en question n'est pas exclusive de la description d'*Europe 51*, tant d'autres descriptions, en fonction d'autres circuits, sont possibles. « À une autre description correspondrait une autre image-mentale virtuelle, et inversement : un autre circuit », écrit Deleuze, avant de poursuivre :

> l'héroïne d'*Europe 51* voit certains traits de l'usine, et croit voir des condamnés (...) Elle aurait pu saisir d'autres traits, et avoir une autre vision : l'entrée des ouvriers, l'appel de la sirène, j'ai cru voir des survivants en sursis courir vers de sombres abris... [2].

Dans tous les cas, *la description vaut pour l'objet*, bien qu'elle s'exprime en termes de pensée, au sens où elle est une « image-pensée ». « On remarquera que [la protagoniste] n'évoque pas un simple souvenir, l'usine ne lui rappelle pas

1 IT, p. 65.
2 *Ibid.*

une prison, l'héroïne invoque *une vision mentale, une hallucination* »[1]. Reste à montrer dans quelle mesure l'image optique et sonore pure se distingue d'une image-souvenir, voire d'une image-rêve ; distinction d'autant plus importante à expliciter que le chapitre que leur consacre Deleuze précède la partie du texte où il est question de l'image-cristal, laquelle prépare la présentation d'une image-temps directe et de ses différentes sortes de signes.

La fondation du temps

Il faut cependant affiner encore la relation qui se tisse entre le « cinéma de voyant » et l'image-temps comme telle : manière de donner davantage de consistance à ce second passage, et d'appréhender ainsi le fonctionnement de la classification dans *L'Image-temps*. Nous soutenons que cette recherche est elle-même indissociable de la doctrine deleuzienne des facultés, comme en témoigne l'insistance de la thématique de la voyance (ou « vision supérieure »). De ce fait, en vertu même des exigences posées au chapitre III de *Différence et répétition*, il s'agira d'exposer « l'image de la pensée » dont dépend implicitement l'économie générale de ce second volume sur le cinéma. Nous verrons à cette occasion de quelle façon les facultés de voir et de penser s'articulent entre elles, jusqu'à poser l'établissement d'une *nouvelle* image de la pensée – « nouvelle » si on la compare à l'enchaînement des facultés théorisé dans *Différence et répétition*. C'est l'étude du chapitre 7 qui pourra nous permettre d'en expliciter les conditions d'apparition. Avant cela donc, il s'agit d'investir un problème qui peut s'énoncer ainsi : quel rapport y a-t-il entre des images qui relèvent d'une description « physico-géométrique » ou « inorganique », et un cinéma du temps, du moins un cinéma qui ne donne plus seulement une « *représentation indirecte du temps* », comme c'est le cas dans *L'Image-mouvement* ? C'est à suivre la progressivité du concept de « description » que nous pourrons déterminer le rapport de corrélation qui lie le « cinéma de voyant » à une présentation directe du temps. Car la progressivité, du point de vue de la méthode, ne se sépare pas chez Deleuze d'un souci génétique qui concerne les composantes du concept étudié.

Le réel et l'imaginaire, le physique et le mental, l'actuel et le virtuel désignent les composantes de la « description », étant dit que chaque couple de notions, dans le jeu de réflexion réciproque qui se noue entre ses termes – l'un « renvoyant » à l'autre, l'un « courant » derrière l'autre[2] –, entre dans la définition

---

1 *Ibid.*
2 Voir IT, p. 64.

de l'image optique et sonore pure. Le « troisième commentaire de Bergson » se propose de spécifier les modalités de ce jeu entre réel et imaginaire, le commentaire en question se faisant, en premier lieu, à partir de l'analyse du schéma des « circuits » que l'on trouve au chapitre II de *Matière et mémoire*. L'échec de la « reconnaissance attentive », prélude à la description, et en conséquence à toute « vision pure », est interprété par Deleuze dans le cadre de ce schéma ; c'est par lui, en effet, que nous savons ce qui se passe dès lors que la perception ne se prolonge pas en action, dès lors qu'elle *n*'est *plus* en mesure de permettre un tel prolongement. Et Deleuze d'ajouter : « l'image optique (et sonore) dans la reconnaissance attentive ne se prolonge pas en mouvement, mais entre en rapport avec une "image-souvenir" qu'elle appelle ». Il reprend en l'occurrence une réponse que « Bergson fait *d'abord* », réponse « *simple, provisoire* »[1] en vue de favoriser la compréhension du mécanisme de la reconnaissance au moment où celle-ci échoue. Ce qui importe à Deleuze, à cette étape du raisonnement, c'est plus la manière dont fonctionne le circuit élaboré par Bergson, et le fait qu'à chaque circuit correspond une description singulière (et néanmoins essentielle) de l'objet et de ses différents traits. C'est d'ailleurs en ce sens que se poursuit le « commentaire » inspiré de *Matière et mémoire* :

> À tel ou tel aspect de la chose correspond une zone de souvenirs, de rêves ou de pensées : chaque fois, c'est un plan ou un circuit, si bien que la chose passe par une infinité de plans ou de circuits qui correspondent à ses propres "couches" ou à ses aspects. À une autre description correspondrait une autre image mentale virtuelle, et inversement : un autre circuit[2].

Ce point avait été une première fois abordé lors de l'analyse de la séquence de l'usine dans *Europe 51*. Ce qu'il faut désormais préciser, c'est que ce circuit où le physique et le mental s'échangent, où l'un renvoie à l'autre « et inversement », ne constitue que l'un des circuits envisagés par Deleuze lecteur de *Matière et mémoire* : un circuit qu'il qualifie après Bergson de « vaste » ou de « large ». Un circuit est dit « large » lorsque le réel et l'imaginaire « courent » l'un derrière l'autre, dans un mouvement qui les fait *tendre* à l'indiscernable, mais sans que ces échanges et reprises aboutissent à un point d'indiscernabilité à proprement parler. L'image optique et sonore pure se caractérise par cette tendance, et l'analyse de *Stromboli* de Rossellini participe de ce même

---

1 *Ibid.*
2 IT, p. 65.

circuit, la description de l'île évoluant d'une certaine manière avec le devenir de l'héroïne, dont les péripéties s'inscrivent dans un processus où la réalité de Stromboli se révèle toujours davantage à elle.

> Chez Rossellini, l'île de Stromboli passe par *des descriptions de plus en plus profondes*, les abords, la pêche, l'orage, l'éruption, en même temps que l'étrangère s'élève de plus en plus haut dans l'île, *jusqu'à ce que la description s'abîme en profondeur et que l'esprit se brise sous une trop forte tension* [1].

Deleuze cite alors les ultimes paroles prononcées par Karin (Ingrid Bergman), moment où l'image de l'île renvoie une dernière fois à l'image virtuelle de la protagoniste – « "je suis fini, j'ai peur, quel mystère, quelle beauté, mon Dieu..." » –, et de poursuivre, mettant en évidence sa « logique descriptive » :

> Il n'y a plus d'images sensori-motrices avec leurs prolongements, mais *des liens circulaires beaucoup plus complexes* entre des images optiques et sonores pures d'une part, d'autre part des images venues du temps ou de la pensée, sur des plans qui coexistent tous en droit, constituant l'âme et le corps de l'île [2].

Ces « liens circulaires complexes » définissent ce « vaste » circuit où le réel et l'imaginaire, en raison même de la configuration de ce circuit, peuvent s'échanger, s'enchaîner, se ré-enchaîner, etc., de telle sorte que l'objet est susceptible de passer par des descriptions « de plus en plus profondes ». Cette logique de la description, Deleuze l'énonce à nouveau au tout début du chapitre 4 (« Les cristaux du temps »), évoquant cette fois « l'exigence de Robbe-Grillet » (dans un passage où l'héritage de Bergson est également convoqué), pour qui la description, en ce sens très particulier qu'elle possède chez lui, « au lieu de porter sur un objet supposé distinct, ne cesse à la fois d'absorber et de créer son propre objet » :

> *des circuits de plus en plus vastes* pourront se développer, correspondant à des couches de plus en plus profondes de la réalité et à des niveaux de plus en plus hauts de la mémoire ou de la pensée [3].

Pourquoi citer cet extrait que l'on trouve en ouverture du chapitre 4, et qui sera par la suite consacré à « l'image-cristal » ? C'est que survient en lui le

1 IT, p. 65-66.
2 IT, p. 66.
3 IT, p. 93.

« second passage », celui qui mène d'une image purement optique et sonore à une image-temps directe. Et ce passage s'effectue précisément depuis la distinction que Deleuze établit, après Bergson, entre un circuit « large » et un circuit « resserré », sachant que chacun d'entre eux correspond à un type de description singulier, et rencontre dans *L'Image-temps*, au niveau de l'analyse filmique, des auteurs très différents les uns des autres. Il s'agit de porter les parcours où se poursuivent le réel et l'imaginaire à leur « limite », là où les deux termes deviennent indiscernables. « Ce point d'indiscernabilité », c'est « *le plus petit cercle qui le constitue*, c'est-à-dire la coalescence de l'image actuelle et de l'image virtuelle (...) actuelle et virtuelle à la fois »[1]. Et Deleuze d'apporter une précision qui a son importance, puisqu'elle témoigne de l'exigence génétique signalée auparavant : « c'est ce circuit le plus resserré de l'image actuelle et de *son* image virtuelle *qui porte l'ensemble*, et sert de limite intérieure »[2]. Déjà, dans la note du chapitre 3 consacrée au premier schéma de *Matière et mémoire*, Deleuze remarquait l'existence d'un circuit, « le plus étroit », où un « souvenir [semble] immédiatement consécutif à la perception »[3]. Ce circuit « étroit », qui se distingue du type « large » sans néanmoins s'opposer à lui, désigne la description à l'œuvre dans l'image-cristal ; c'est lui qui *fonde* les « grands circuits » qui caractérisent l'image optique et sonore pure. Celle-ci peut encore faire appel à ce qui se ressemble à des images-souvenir ou même à des images-rêves, en vue de suppléer aux échecs de la reconnaissance attentive, mais les circuits qui en découlent supposent nécessairement une image virtuelle qui ne se laisse guère actualiser comme les précédentes « dans des consciences ou des états psychologiques ». C'est en ce sens que, dans les pages initiales du chapitre 4, l'image purement optique et sonore (à travers ses signes) est différenciée de l'image-cristal :

> nous appelions opsigne (et sonsigne) l'image actuelle coupée de son prolongement moteur : elle composait alors de grands circuits, elle entrait en communication avec ce qui pouvait apparaître comme des images-souvenir, des images-rêve, des images-monde. Mais voilà que l'opsigne trouve son véritable *élément génétique* quand l'image optique actuelle cristallise sa propre image virtuelle, sur le petit circuit intérieur. C'est une image-cristal, qui nous donne la *raison*, ou plutôt le « cœur » des opsignes et de leurs compositions. Ceux-ci *ne* sont plus *que* des éclats de l'image-cristal.

1 *Ibid.*
2 *Ibid.* (« *son* » est souligné par Deleuze).
3 IT, p. 65.

Et plus loin dans le même chapitre, lorsque Deleuze décide d'approfondir la différence entre ces deux variétés d'images, il soutient que l'image virtuelle à l'état pur, celle que l'on peut *voir* dans l'image-cristal,

> n'a pas à s'actualiser, puisqu'elle est strictement corrélative de l'image actuelle avec laquelle elle forme le plus petit circuit qui *sert de base* ou de pointe à tous les autres. Elle est l'image virtuelle qui correspond à telle image actuelle, au lieu de s'actualiser, d'avoir à s'actualiser dans une *autre* image actuelle [1].

Il ne s'agit pas d'entrer dans le détail du raisonnement de Deleuze, de suivre pas à pas les moments de son « commentaire » de Bergson. Il s'agit plutôt de constater le cheminement d'une pensée qui fait reposer le passage d'une image optique et sonore pure à une image-cristal sur la détermination d'une genèse, qui ne désigne rien d'autre qu'une « fondation » du temps. Ainsi se construit le concept d'« image-temps directe » chez Deleuze ; ainsi prend son sens l'idée d'un « *progrès* » par rapport à l'opsigne [2]. S'il y a bien « progrès » en effet, d'une image à l'autre, c'est que l'une achève de mettre en cause la subordination du temps au mouvement que l'autre avait seulement amorcé. En d'autres termes, l'image purement optique et sonore, qui advient avec la rupture de la sensori-motricité, ne se confond pas avec l'image-temps comme telle ; simplement, elle « *s'ouvre* sur une image-temps directe », de telle sorte que « l'image-temps est le *corrélat* de l'opsigne et du sonsigne » [3]. L'image-cristal offre une présentation directe du temps, et c'est par elle que l'on peut véritablement mesurer la rupture du point de vue taxinomique qui survient entre *Cinéma 1* et *2* ; ou comprendre que

> le cristal révèle une image-temps directe, et non plus une image indirecte du temps qui découlerait du mouvement. Il n'abstrait pas le temps, précise encore Deleuze, il fait mieux, il en renverse la subordination par rapport au mouvement [4].

Cette subordination détermine bien la manière de classer les images dans *L'Image-mouvement*, manière de classer qui opère par « spécification », et qui repose sur un enchaînement des images depuis le schème sensori-moteur. Son renversement devient donc pleinement effectif au chapitre 4 de *L'Image-temps* ; et le chapitre 3 – « Du souvenir aux rêves » – ne constitue qu'une étape dans

1 IT, respectivement p. 94-95 et 107.
2 Voir IT, p. 358.
3 IT, p. 357.
4 IT, p. 129.

l'établissement de ce renversement, non sa « fondation » en tant que telle. C'est ce que déclare Deleuze dans un passage d'inspiration bergsonienne – et qui sert cette fois à l'élaboration du deuxième aspect de l'image-cristal, après celui consacré au « plus petit circuit » –, passage où il souligne la nécessité de pénétrer dans « l'enveloppe ultime » d'où proviennent les images-souvenir, cette enveloppe étant celle du « souvenir pur », du « passé en général », de la « virtualité originelle » :

> C'est dans le passé tel qu'il est en soi, tel qu'il se conserve en soi, que nous allons chercher nos rêves ou nos souvenirs, et non l'inverse (…) C'est pourquoi, précédemment, nous pouvions assimiler les images virtuelles à des images mentales, images-souvenir, rêve ou rêverie : *c'étaient autant de solutions insuffisantes, mais sur la voie de la bonne solution*[1].

La « bonne solution », c'est par conséquent l'image-cristal qui sera susceptible de la donner, et le schéma du cône que l'on trouve dans le troisième chapitre de *Matière et mémoire* permet à Deleuze de définir ce deuxième aspect de l'image considérée, en fonction de l'élément virtuel que constitue pour elle le « souvenir pur ». L'exploration des « niveaux de plus en plus hauts de la mémoire ou de la pensée » suppose une plongée dans cet élément qui conserve tout notre passé tel qu'il existe en soi. Et encore une fois, la description qui l'accompagne ne consiste pas en une réminiscence de souvenirs simplement personnels, liés à des états psychologiques antérieurs ; c'est là tout le sens de l'expression « niveau *plus haut* de la mémoire », qui est indissociablement lié à un usage transcendantal des facultés, et qui, en l'occurrence, reste solidaire d'un exercice supérieur de la vision, comme l'indique cette précision concernant son « exemple éternel », Irène, la voyante d'*Europe 51* : « On remarquera qu'elle n'évoque pas un simple souvenir, *l'usine ne lui rappelle pas une prison*, l'héroïne invoque une vision mentale, presque une hallucination »[2]. Non que l'image de Rossellini constitue une image-cristal ; le circuit « large » s'inscrit dans un « immense univers cristallisable » qui désigne l'un des deux aspects de cette image analysée dans le chapitre 4 de *L'Image-temps*.

Citons un passage de ce chapitre qui résume les deux façons grâce auxquelles nous pouvons appréhender l'image-cristal :

1 IT, p. 107-108.
2 IT, p. 65.

> Les circuits plus ou moins larges et toujours relatifs, entre le présent et le passé, renvoient, d'une part, à un petit circuit intérieur entre un présent et *son propre* passé, entre une image actuelle et *son* image virtuelle; d'autre part, à des circuits eux-mêmes virtuels de plus en plus profonds, qui mobilisent chaque fois tout le passé, mais dans lesquels les circuits relatifs baignent ou plongent pour se dessiner actuellement (...) L'image-cristal a ces deux aspects : limite intérieure de tous les circuits relatifs, mais aussi enveloppe ultime, variable, déformable, aux confins du monde, au-delà même des mouvements du monde [1].

En ce sens, il faut convenir que si, avec l'image-cristal, s'effectue une « fondation » du temps, cette fondation advient de telle sorte que le temps se dédouble nécessairement en deux, « à chaque instant » : « il se scinde en deux jets dissymétriques dont l'un fait passer tout le présent, et dont l'autre conserve tout le passé ». Et Deleuze d'expliciter cette scission de manière significative, dans la mesure où il considère la nature du lien articulant l'image-cristal au temps depuis le motif de la voyance :

> Le temps consiste dans cette scission, et c'est elle, c'est lui qu'on *voit dans le cristal.* L'image-cristal n'était pas le temps, mais on voit le temps dans le cristal. On voit dans le cristal la perpétuelle fondation du temps, le temps non-chronologique (...) *Le visionnaire, le voyant, c'est celui qui voit dans le cristal*, et, ce qu'il voit, c'est le jaillissement du temps comme dédoublement, comme scission [2].

Nous retrouvons là d'une certaine façon ce qui fait la spécificité du cinéma tel qu'il est analysé dans *L'Image-temps*, à savoir qu'il est et demeure un « cinéma de voyant »; celui-ci, autrement dit, ne concerne pas le seul cinéma abordé dans le premier chapitre (en particulier, à travers l'image optique pure du néo-réalisme), mais qualifie aussi bien les autres types d'images de *Cinéma 2*, comme l'image-cristal du chapitre 4.

Ajoutons sur ce point que Deleuze répond dans ce chapitre à l'une des exigences qu'il avait posée au début de *L'Image-temps*, et qui engageait alors le fait de « *rendre sensible* » le temps (et la pensée), et par conséquent de le rendre visible [3]; cette exigence étant énoncée à partir de l'idée d'un « prolongement » de l'opsigne, ce qui situe bien la problématique en question au niveau du second

---

1 IT, p. 108. Souligné par Deleuze.
2 IT, p. 109.
3 Affirmation qui doit être lue en écho à la phrase de Klee extraite de la *Confession créatrice* (1920) : « l'artiste ne restitue pas le visible, il rend visible ». Deleuze l'évoquait déjà dans *Logique de la sensation*, où il y voyait un « problème commun » à la « communauté des arts » (p. 57).

passage – de l'image optique pure à l'image-temps directe. C'est ainsi que les situations optiques et sonores pures permettent de

> [découvrir] des liaisons d'un nouveau type, qui ne sont plus sensori-motrices, et qui mettent *les sens affranchis dans un rapport direct avec le temps*, avec la pensée. Tel est le prolongement très spécial de l'opsigne : rendre sensibles le temps, la pensée, les rendre visibles et sonores [1].

Or l'expression « sens affranchis », en tant qu'elle s'applique ici à la vue, correspond très exactement à un usage supérieur de la faculté de voir, celui-là même qui caractérise « le visionnaire, le voyant ». Notons de surcroît que cette relation entre affranchissement des sens et exercice transcendantal des facultés est posée conceptuellement dès *Différence et répétition*, relation qui repose sur une « éducation des sens » qui se confond elle-même avec une « distorsion des sens », c'est-à-dire un « désabritement » des différentes facultés de sentir [2]. C'est dans cette même perspective qu'il faut comprendre la possibilité, pour le cinéma, de « rendre visible » le temps, et d'apprécier l'existence d'une image-cristal en tant qu'elle nous donne à « voir le temps ». Mais toutes ces déclarations resteraient en elles-mêmes abstraites si Deleuze ne parvenait par ailleurs à montrer *quel* est le temps, dans la pluralité de ses manifestations, que l'on voit effectivement dans le cristal. Une telle présentation du temps constitue précisément l'objet de la dernière section du chapitre 4 de *L'Image-temps*. Les images qu'il contient font voir « le temps en personne », « un peu de temps à l'état pur ». Ce sont les « états » du cristal, inventés par les auteurs de cinéma, qui nous permettent de voir les diverses manières, à chaque fois singulière, dont se présente le temps « non-chronologique » : le « cristal parfait » de Max Ophuls, le cristal fêlé de Renoir, le « cristal en croissance » de Fellini, le cristal en décomposition de Visconti [3].

Que la vision du temps dans le cristal fasse référence à un usage supérieur de la faculté de voir, et que cette faculté de voir s'applique, à travers les images

---

1 IT, p. 28-29.

2 Voir respectivement DR, p. 214 et p. 305 (sur la « pédagogie des sens »).

3 Signalons en outre la distinction établie par Deleuze entre « l'image-cristal » à proprement parler, qui désigne « le point d'indiscernabilité des deux images distinctes, l'actuelle et la virtuelle », et le « cristal » comme tel, qui renvoie « à la distinction même entre les deux images *qui n'en finit pas de se reconstituer* », cette dernière précision faisant référence au dédoublement du temps (en présent et passé) précédemment évoqué, en tant que ce dédoublement ne cesse d'être reconduit. C'est en ce sens que Deleuze différencie les « éléments du cristal » (analysés avec l'étude des propriétés de l'image-cristal) des « états cristallins » (dont chacun donne à voir un « cristal de temps »). Voir IT, p. 109-110, ainsi que p. 358.

invoquées par Deleuze, à « rendre visible » un temps non-chronologique, cela permet selon nous de résoudre une difficulté que peut soulever le texte deleuzien ; cette difficulté concerne précisément la « présentation » de ce qui, par définition – si l'on tient compte de la portée esthétique de la doctrine deleuzienne des facultés –, échappe au monde de la représentation et aux règles qui gouvernent la communication facultaire (à travers, notamment, les présupposés du « sens commun »). Jacques Rancière a bien cherché à mettre en évidence les termes du problème. Dans une étude qu'il consacre à l'existence (ou non) d'une « esthétique deleuzienne », il essaie de montrer que « le processus de dé-figuration » entrevu par Deleuze au sein de la modernité artistique (et cela, pas uniquement dans la peinture de Bacon) s'inscrit résolument contre la « doxa représentative »[1]. Toutefois, il estime que la « présentation » en art de ce processus, dans le dépassement même de la sensibilité de « l'homme de la représentation » qu'elle prétend assurer, ne peut jamais se ramener entièrement à « la puissante Vie non-organique qui enserre le monde » (comme l'écrit par ailleurs Deleuze dans le chapitre 4 de *L'Image-temps*), « vie organique » que Rancière analyse dans le présent article. La preuve en est selon lui que Deleuze, dans ses descriptions filmiques, en appelle en fin de compte au « contenu allégorique de la fable », non à ce qui appartient aux composantes de l'image. Les expressions « temps non-chronologique » ou « vie non-organique » trouvent bien leur signification dans un au-delà de la représentation (de même qu'il existe un « au-delà de l'image-mouvement »). Cependant, cet « au-delà », dans *L'Image-temps*, répond d'une part à un usage transcendantal des facultés, au sens où l'empirisme supérieur en a établi les exigences. D'autre part, pour rendre visible à quoi pourrait ressembler une « présentation directe du temps », il témoigne d'une attention portée à ce qui compose formellement les différentes images-cinéma, en fonction, à chaque fois, des « idées » qui surviennent à leurs auteurs (l'idée du temps chez Ophuls, l'idée du temps chez Fellini, etc.).

---

1 Cf. J. Rancière, « Y a-t-il une esthétique deleuzienne ? », in *Gilles Deleuze – Une vie philosophique*, *op. cit.*, p. 534.

La querelle de la périodisation : quelle périodisation ?

La mutation des images

C'est donc seulement au chapitre 4 que l'image-temps est énoncée et explorée par Deleuze en tant que telle, à travers l'analyse de l'image-cristal. C'est elle qui nous donne une « présentation directe » du temps, dans la mesure où ce que l'on voit dans le cristal désigne la « fondation du temps, le temps non-chronologique »[1]. C'est en ce sens que Deleuze évoque l'existence d'un « *progrès* » par rapport à l'opsigne, puisque ce dernier, s'il se définit par un circuit où le réel et l'imaginaire courent l'un derrière l'autre – remettant en question le système de l'image-mouvement –, suppose encore, malgré tout, la présence d'un « mode d'enchaînement » qui ne permet pas d'engendrer une image-temps véritablement « directe ». Comme l'écrit Deleuze, dans la mesure où l'image-cristal se caractérise par une indiscernabilité du réel et de l'imaginaire, de l'actuel et du virtuel, c'est elle qui constitue « *l'élément génétique* » de l'opsigne, l'image-rêve ou l'image-souvenir, autorisant seulement une « [approche] des portes du temps »[2]. C'est avec l'image-cristal, en d'autres termes, que s'achève le rapport de subordination du temps au mouvement, cette image marquant de manière définitive le renversement de la subordination en question. Et il est significatif à cet égard que ce soit dans ce chapitre 4 que Deleuze mentionne pour la première fois le nom de Kant, autrement dit celui du penseur qui opère en philosophie un renversement du même ordre, jusqu'à proposer, dans la *Critique de la raison pure*, un temps saisi « dans sa fondation » : « le temps en personne »[3]. Le nom de Kant, Deleuze l'emploie à nouveau dans les « conclusions » de *L'Image-temps*, et sa conception du temps lui sert précisément à élaborer l'idée de la modernité au cinéma. « Dans le cinéma moderne », déclare-t-il, « l'image-temps n'est plus empirique, ni métaphysique, elle est "transcendantale" au sens que Kant donne à ce mot : le temps sort de ses gonds, et se présente à l'état pur »[4].

Il est acquis que Deleuze n'applique pas la philosophie kantienne à une pratique artistique déterminée. Seulement, la subordination du mouvement au temps s'inscrit dans une histoire générale des problèmes qui affectent

1 IT, p. 109.
2 Voir respectivement IT, p. 93 et 357.
3 IT, p. 110-111.
4 IT, p. 355.

singulièrement les deux disciplines : singulièrement, c'est-à-dire à deux périodes différentes pour l'une et pour l'autre, en fonction des moyens spécifiques qui appartiennent à chacune (le concept dans un cas, l'affect ou le percept produits par les « blocs de mouvement/durée » dans l'autre). Dans un entretien publié à l'occasion de la parution de *L'Image-temps*, Deleuze évoque clairement la démarche qui préside à son raisonnement, et qui lui permet de citer dans une même page la pensée de Kant et le cinéma de Resnais :

> Ce qui m'intéresse, ce sont les résonances, chaque domaine ayant ses rythmes, son histoire, *ses évolutions et mutations décalées*. Un art pourra avoir le primat, et lancer une mutation que d'autres reprendront, à condition que ce soit avec leurs moyens propres. Par exemple, la philosophie a opéré *à un certain moment* une mutation des rapports mouvement-temps ; peut-être le cinéma fait-il la même chose, mais *dans un autre contexte, suivant une autre histoire*[1].

Ce qu'il faut noter, c'est, d'une part, le décalage qui existe entre l'évolution du cinéma et celle de la philosophie tout au long de son histoire, et d'autre part, le type de temporalité dans lequel, pour chaque discipline considérée, cette évolution se déploie. Dans la « Préface pour l'édition américaine de *L'Image-temps* », il affirme qu'

> en philosophie, une révolution s'est opérée *sur plusieurs siècles*, des Grecs à Kant : la subordination du temps au mouvement s'est renversée, le temps cesse d'être la mesure du mouvement normal (...) [Il] sort de ses gonds (...) Il se peut que le cinéma ait refait pour son compte la même expérience, le même renversement, *dans des conditions plus rapides*. L'image-mouvement du cinéma dit « classique » fit place, après guerre, à une image-temps directe[2].

Qu'elle soit longue en philosophie, ou brève pour le cinéma, nous sommes bien en présence d'une période au sein de laquelle le renversement de la subordination envisagée par Deleuze advient effectivement ; une période dans un devenir des pratiques, non un point ou une date sur la ligne de leurs histoires respectives. C'est pourquoi, en ce qui concerne le domaine cinématographique, il serait illégitime de chercher, dans l'entre-deux des *Cinéma*, le nom d'un réalisateur qui aurait su, à un moment donné de l'histoire de sa pratique artistique, opérer seul le renversement des rapports mouvement/temps. Les analyses précédentes qui tendaient à montrer l'existence d'un « *double passage* »

---

1 P, p. 91.
2 2RF, p. 329. Voir également p. 252 et IT, p. 53.

menant de *L'Image-mouvement* à *L'Image-temps* s'inscrivent bien, en ce sens, dans un champ d'analyses où plusieurs cinéastes sont convoqués, et dont l'argumentation, corrélativement, dessine la configuration d'une certaine période où s'affirme un nouveau régime de l'image. De la crise de l'image-action qui vient clore *Cinéma 1*, à l'étude de l'image-cristal au chapitre 4 du volume suivant, Deleuze examine les « conditions » qui ont permis le renversement de la subordination du temps au mouvement. Et c'est bien pour cette raison que ce renversement ne saurait être rapporté aux images de *Vertigo* ou de *Fenêtre sur cour*, à celles par exemple d'*Umberto D* ou d'*Europe 51*, ou encore aux inventions formelles de *Citizen Kane*.

La diversité manifeste de ces œuvres (dans l'espace comme dans le temps) – auxquelles nous pourrions joindre les films de Robert Altman ou de Sydney Lumet invoqués à la fin de *L'Image-mouvement*, ou même ceux de Ozu au début de *L'Image-temps* – rend à proprement parler impossible la recherche d'un récit homogène dans le texte deleuzien. Nous croyons que c'est en vertu de cette impossibilité que Deleuze signale que ces deux livres ne forment « pas une histoire du cinéma »[1]. D'un point de vue chronologique, toute interprétation expressément linéaire des deux *Cinéma* ruine la compréhension du geste philosophique deleuzien, et de la méthode qui lui est sous-jacente. Elle conduit d'une certaine façon à maintenir dans l'élément de la généralité l'idée du rapport de subordination mouvement/temps invoquée par Deleuze, et la distinction que le renversement de cette subordination engendre en termes de cinémas « classique » et « moderne ». Il est évident que l'idée de ce renversement, avec « la guerre comme coupure », reste en elle-même « générale » ; Deleuze, d'ailleurs, en convient, et c'est pourquoi il prend soin de préciser que cette idée « doit être nuancée, corrigée, adaptée aux cas concrets »[2]. De fait, le mot « évolution » peut ne pas être tout à fait adéquat dans ce contexte, dans la mesure où il nous amène d'une certaine façon à rabattre la démarche de l'auteur sur un plan spécifiquement historique. Il est vrai que Deleuze n'hésite pas à évoquer l'importance de « facteurs historiques » afin d'appréhender à leur juste mesure les mutations qui ont pu affecter l'art du cinéma. « Il y a toute une histoire », affirme-t-il, mais c'est pour relever aussitôt que « cette histoire des images ne [lui] semble pas évolutive »[3]. Sinon, comment comprendre certains rapprochements effectués par Deleuze afin de définir le « nouveau cinéma »,

---

1 IT, p. 369. Et déjà IM, p. 7.
2 2RF, p. 329.
3 P, p. 71.

comme ce passage de *L'Image-temps* où une corrélation étroite est posée entre *Europe 51* de Rossellini et *Gertrud* de Dreyer ?[1]

En vérité, il s'agit de saisir les « conditions » dans lesquelles la subordination du mouvement au temps a été rendue possible au cinéma ; « conditions » qui renvoient davantage à des « niveaux de développement » qu'à « des descendances ou des filiations », ce qui témoigne bien d'une remise en question de tout déroulement exclusivement chronologique du propos. « C'est en ce sens qu'il faut parler d'histoire naturelle plutôt que d'histoire historique »[2]. Nous retrouvons l'une des distinctions importantes qui décide de la nature des classifications, au-delà de leurs différences. Dans l'avant-propos de *L'Image-mouvement*, se référant à la « classification générale des images et des signes » de Peirce, Deleuze note que « c'est comme une classification de Linné en histoire naturelle »[3]. Ce qu'il faut remarquer, c'est le fait que « l'histoire naturelle » telle que la conçoit Deleuze est indissociable du type de classification qu'il instaure dans ses livres sur le cinéma. Et c'est en partie à suivre la manière dont la taxinomie procède et se développe qu'il est possible d'expliciter la façon dont l'élément historique – « Il y a toute une histoire... » – intervient dans *Cinéma 1* et *2*, et partant, la nécessité, en droit, de la coupure qui les sépare l'un de l'autre. Nous savons que Deleuze insiste sur le caractère fondamentalement mobile, ouvert et sans finalité des classifications qu'il propose : elles « varient leurs critères suivant les cases, sont rétroactives et remaniables, illimitées. Certaines cases sont très peuplées, d'autres vides »[4]. Il faut rapprocher ces différents aspects taxinomiques de la posture critique adoptée par l'auteur vis-à-vis d'une conception évolutive de l'histoire. Deleuze dit bien qu'il existe « *des niveaux* de développement », non un développement uniforme qui viendrait se confondre avec une évolution prédéterminée des images-cinéma. Et c'est l'existence d'une telle multiplicité de niveaux, placée de surcroît sous le signe de la variation, qui empêche justement de désigner une simple coupure dans le temps, un point dans l'histoire du cinéma où surviendrait le basculement de l'image-mouvement à l'image-temps. L'analyse du « double passage », auquel s'ajoute la diversité des auteurs de cinéma étudiés, rendait en un sens déjà vaine toute tentative visant à poser l'existence d'un tel point de basculement, tenta-

1 IT, p. 222.
2 P, p. 71.
3 IM, p. 7.
4 2RF, p. 266. Et aussi 2RF, p. 202.

tive qui serait elle-même solidaire d'une conception de l'histoire répondant à la seule modalité de la succession.

Certains commentateurs, qui perçoivent que ni *L'Image-mouvement* ni *L'Image-temps* ne peuvent relever d'un déroulement strictement chronologique, tendent malgré tout à rechercher un point de rupture qui assurerait le passage de l'une à l'autre, contribuant ainsi à inscrire les deux volumes dans l'homogénéité d'une temporalité que ces derniers ne sauraient pourtant tolérer. Il est fatal, dès lors, de s'étonner que l'image-temps directe apparaisse seulement au chapitre 4, non au début de l'ouvrage ; cette lecture manque en fin de compte le rôle fondamental des opsignes et sonsignes à l'intérieur de ce volume, et le « progrès » que constitue l'image-temps par rapport à ces deux signes. Elle manque bien plus la singularité des signes du temps, des « chronosignes » qui composent la taxinomie de ce second volume, et dont l'appréhension dépend précisément de cet entre-deux des *Cinéma*, là où sont en jeu les « conditions » du renversement des rapports mouvement/temps, là où se décide la classification à l'œuvre dans *L'Image-temps*. Car les chronosignes, tels que les conçoit Deleuze dans ce passage, se confondent avec les diverses manières dont l'image-temps directe se présente, la compréhension de ces manières étant indissociables du « dédoublement » du temps (« en présent qui passe et passé qui se conserve ») que l'image-cristal a révélé. Or celle-ci, rappelons-le, constitue elle-même l'élément génétique des « circuits » où ne cessent de s'échanger le réel et l'imaginaire, « circuits », on l'a vu, qui définissent les images optiques et sonores pures analysées au commencement de *Cinéma 2*. Rien « d'approximatif » ou d'« inadéquat », donc, dans cet enchaînement des images. En ce qui concerne les chronosignes, ceux-ci sont étudiés pour eux-mêmes au chapitre 5 – « Pointes de présent et nappes de passé » –, qui correspond également au « quatrième commentaire de Bergson ». Il existe ainsi « deux images-temps possibles », « l'une fondée sur le passé, l'autre sur le présent », et l'ensemble du chapitre va consister en une exploration de ces deux images, en tant que « *chacune* » « vaut pour l'ensemble du temps »[1]. Cette exploration concerne ce que Deleuze appelle un « ordre du temps », qui désigne l'un des aspects essentiels de la taxinomie opérant dans *L'Image-temps* : il a trait d'une part à la « coexistence de toutes les nappes de passé » (notamment chez Welles ou chez Resnais), d'autre part à la « simultanéité des pointes de présent » (par exemple dans le cinéma de Robbe-Grillet). L'autre aspect de la taxinomie de *Cinéma 2*

1 IT, p. 129. Là réside la différence essentielle avec l'image-cristal, où les deux jets du temps sont appréhendés dans leur « contemporanéité ».

est relative à la « série du temps », et se rapporte principalement au chapitre 6, « Les puissances du faux » ; il concerne la question des rapports du temps et de la notion de vérité, et approfondit les liens qui existent entre « description » et « narration ».

La question se pose néanmoins de savoir si une continuité qui relève du problématique, sinon de la problématisation (des rapports mouvement/temps), aussi rigoureuse et récurrente soit-elle dans le corpus deleuzien, saurait nous permettre à elle seule d'expliciter le passage de *L'Image-mouvement* à *L'Image-temps*. Le « constructivisme » des concepts dans *Cinéma 1* et *2*, en d'autres termes, non moins que l'investissement de certains problèmes qui les accompagnent, sont-ils suffisants pour saisir pleinement les raisons de ce passage ? Car l'élément de l'histoire insiste lui aussi, et le terme même de « condition » (auquel s'ajointent les mots « occasion » et « coupure ») renvoie à une dimension événementielle que l'on ne saurait écarter en bloc sous prétexte que Deleuze, de son côté, refuse de considérer son entreprise comme étant une « histoire du cinéma », et abandonne toute conception évolutive de l'histoire (« l'histoire historique », comme il dit) qui lui serait associée. Dans le même temps, Deleuze invoque la « guerre comme coupure » pour expliquer que l'image-mouvement (cinéma « classique ») « fait place » à une image-temps (cinéma « moderne »). Comment concevoir la coexistence d'une classification des images et des signes avec un événement qui la coupe apparemment en deux, alors même que toute historicité semble exclue de cette taxinomie ? Rancière a énoncé le problème que ne peut manquer de rencontrer le lecteur des *Cinéma*. Il a remarqué, en premier lieu, qu'il « ne s'agit plus simplement chez Deleuze d'accorder une histoire de l'art à une histoire générale », celui-ci privilégiant une « histoire naturelle des images » suspendue à un « épisode théorique, la "rupture du schème sensori-moteur" ». Avant toutefois de poser la question suivante :

> comment alors penser la coïncidence entre la logique de cette histoire naturelle, le développement des formes d'un art et la coupure « historique » marquée par une guerre ?[1]

C'est la problématique de la périodisation qui est ainsi soulevée, problématique qui découle d'une certaine manière de l'existence même de deux volumes, et que renforce, outre la référence à un cinéma « d'après guerre », l'économie

1 *La Fable cinématographique*, *op. cit.*, p. 147.

d'ensemble de *Cinéma 1* et *2* dès lors qu'on les rapporte à leurs contenus filmiques. Sur ce dernier point, Alain Ménil peut écrire que

> la distinction entre les deux régimes fondamentaux de l'image recoupe plus ou moins une perspective apparemment chronologique : le second volume (...) abonde en références puisées au cinéma le plus immédiatement contemporain [1].

Commentaire légitime, qui cependant ne nous aide pas à cerner la difficulté de méthode provenant de la démarche deleuzienne, où l'histoire générale est *à la fois* exclue et accueillie dans le cours de l'argumentation. Cette difficulté, on peut croire que Deleuze l'a rencontrée pour son propre compte, dans sa décision même d'écrire un « livre de philosophie » sur une pratique artistique donnée, tout en faisant appel à ses « plus grands pionniers » aussi bien qu'à certains cinéastes dont il était le contemporain.

La nature philosophique de *L'Image-mouvement* et de *L'Image-temps* est fondamentale en l'occurrence, car c'est bien en tant que ces ouvrages renvoient à un « constructivisme » philosophique qu'il convient, là encore – malgré la précédente remarque, qui semblait rendre ce point nécessaire mais non suffisant –, d'aborder le problème de la périodisation. Car la périodisation en question, elle aussi, répond à des critères conceptuels [2], et les catégories de « classique » et « moderne » doivent précisément être appréhendées *en tant que* concepts créés ou « formés » par l'auteur. Il apporte d'ailleurs à cet égard une précision qui confirme ce point de vue. Il déclare en effet que sa taxinomie, et les distinctions qu'elle autorise en termes de périodes au sein du cinéma comme art, relèvent en définitive d'une élaboration de nature conceptuelle : « *C'est la formation des concepts* », affirme-t-il nettement, et de poursuivre par ce constat et cette conviction : « On dit parfois que "classique", "romantique" (...) ou bien "néo-réalisme", sont des abstractions insuffisantes. Je crois que ce sont des catégories bien fondées » [3]. Autrement dit, c'est en les rapportant aux composantes conceptuelles que l'on trouve dans les *Cinéma* qu'il devient possible d'apprécier la consistance de notions telles que « classique » ou « moderne », non moins que la séparation en deux régimes d'images. S'il apparaît que le geste de la périodisation chez Deleuze relève d'un « constructivisme » qui caractérise,

1 *L'Écran du temps*, Lyon, PUL, 1992, p. 23.

2 Raymond Bellour a bien noté ce point : « C'est ici un ordre strictement conceptuel qui assure le développement de cette histoire et semble la préfigurer même s'il en naît », voir « Penser, raconter – Le cinéma de Gilles Deleuze », déjà cité, p. 142.

3 2RF, p. 266.

de manière plus globale, la définition même de la philosophie selon lui – la philosophie est la discipline qui forme ou qui crée des concepts –, il n'en reste pas moins que la question de la présence de l'histoire générale (à travers l'épisode de la guerre), au sein d'une démarche philosophique destinée à explorer l'art du cinéma, n'est pas tranchée pour autant. Si ni *L'Image-mouvement* ni *L'Image-temps* ne forment une « histoire du cinéma » (bien que celle-ci soit requise d'un point de vue heuristique) ; s'il est acquis de surcroît que le passage de l'une à l'autre de ces images ne saurait s'accorder avec « l'histoire historique », le fait de savoir comment intervient l'histoire générale dans l'entre-deux des *Cinéma* demeure. Pour tenter d'échapper à cette situation relativement aporétique, il importe de considérer la conception deleuzienne de l'histoire au sein des livres sur le cinéma, en l'inscrivant au besoin dans un rapport de continuité avec d'autres ouvrages. Il s'agirait, en d'autres termes, d'aborder le *concept d'histoire* chez Deleuze, voir comment il « fonctionne » dans *L'Image-temps*, et surtout de quelle manière il est susceptible de composer avec celui de *temps*, étant dit que l'histoire et le temps s'articulent chez Deleuze sans pour autant que l'un ne soit le simple décalque de l'autre. Dans cette perspective, il nous faut revenir au point de départ du présent chapitre, au niveau du « second passage » qui menait d'une image optique pure à une image-temps directe.

L'étude de l'image-cristal, et l'évocation des autres types d'images au sein des chapitres 5 et 6, avaient pour tâche de faire apparaître les différentes espèces de chronosignes. Or si l'on considère maintenant le mot que Deleuze emploie pour définir les trois signes de l'image-temps, nous découvrons qu'il s'agit du mot « force ». C'est par son intermédiaire qu'il expose « l'insuffisance » des opsignes et sonsignes à « arrêter » l'image-mouvement, à opérer une entière subordination du mouvement au temps. Le passage consacré à l'image-cliché est particulièrement claire à ce sujet :

> Il ne suffit certes pas, pour vaincre [le cliché] (…) d'y faire des trous et de le vider. *Il ne suffit pas de perturber les liaisons sensori-motrices.* Il faut *joindre* à l'image optique-sonore des forces immenses qui ne sont pas celles d'une conscience simplement intellectuelle, ni même sociale, mais d'une profonde intuition vitale [1].

À la page suivante, évoquant « le triple renversement [déterminant] un au-delà du mouvement », qui engendre les trois espèces de signes précédemment mentionnées, il indique qu'il

1 IT, p. 33-34 (le verbe « joindre » est souligné par Deleuze).

> fallait que l'image se libère des liens sensori-moteurs, qu'elle cesse d'être image-action pour devenir une image optique, sonore (et tactile) pure. *Mais celle-ci ne suffisait pas : il fallait qu'elle entre en rapport avec d'autres forces encore*, pour échapper elle-même au monde des clichés. Il fallait qu'elle s'ouvre sur des révélations puissantes et directes (...) C'est ainsi que les opsignes et sonsignes renvoient à des « chronosignes », des « lectosignes » et des « noosignes »[1].

Dans ce raisonnement, les « forces » interviennent bien au niveau du « second passage », là où Deleuze pose l'existence d'un « corrélat » à l'opsigne, là même où sa conception de l'histoire est en jeu, là où nous pressentons, en outre, que l'histoire ne peut être pensée indépendamment d'un certain rapport à l'actualité – rapport qui n'épargne pas le cinéma, et qui le fait entrer dans un nouvel âge de son évolution (ce que Deleuze appelle une « mutation »). Et dans un passage de la conclusion de *L'Image-temps*, où il revient précisément sur la subordination du mouvement au temps, une fois que l'aberration du mouvement, qui était seulement « accidentelle » dans *L'Image-mouvement* devient « essentielle » au sein de *Cinéma 2*, il écrit que

> si étroits soient ses rapports avec le cinéma classique, le cinéma moderne pose la question : *quelles sont les nouvelles forces qui travaillent l'image, et les nouveaux signes qui envahissent l'écran ?*[2]

Cette question est essentielle dans sa formulation, parce qu'elle signale que « force » et « signe » sont synonymes. Cette synonymie est décisive en ce qui concerne la classification de *L'Image-temps*. Car les forces, entendues comme signes, sont aussi bien ce que Deleuze nomme des « *symptômes* »[3]. Et lorsque, plus haut, nous avons souligné le fait que « classique » ou « moderne » constituent des catégories fondées philosophiquement, nous avons omis de préciser la « condition » sans laquelle une telle fondation est dénuée de consistance : à savoir le fait de rapporter ces catégories « non pas à des formes générales, mais à des signes ou symptômes singuliers » – ce qui revient à dire qu'« une

---

1 IT, p. 35.
2 IT, p. 356.
3 Sur ce point, dans une autre perspective de recherche que la nôtre, voir les remarques éclairantes d'Anne Sauvagnargues, in *Deleuze et l'art*, Paris, PUF, 2005, p. 52-58. Voir également le beau texte de Jean-Louis Leutrat, « Deleuze et le cinéma – "Une espèce de roman policier" », in *Murmure*, hors série, « Du sensible au cinéma » (sous la direction de Suzanne Liandrat-Guigues), octobre 2005, p. 110-129.

classification, c'est toujours une symptomatologie »[1]. Précision importante, dans la mesure où, là aussi, elle permet de relier le projet des *Cinéma* et la perspective taxinomique sur laquelle ils reposent au reste de l'œuvre. Car l'attention portée aux symptômes, notamment dans le domaine de l'art, est ancienne chez Deleuze. Elle trouve principalement son origine dans la pensée de Nietzsche. Deleuze déclare ainsi qu'il s'agit pour lui de penser

> les symptômes contre les essences (symptôme, ce qui veut dire tombées, rencontres, événements...). L'artiste est symptomatologiste (...) On peut traiter le monde comme symptôme, y chercher les signes de maladie, les signes de vie (...) L'artiste en général doit traiter le monde comme un symptôme[2].

Or c'est précisément en ce sens qu'il nous faut considérer « la seconde guerre » dans *L'Image-temps* : non pas tant comme une date dans l'histoire, mais comme un « *événement* » qui fait symptôme en elle. Et les différents facteurs énumérés dans l'entre-deux des *Cinéma* (espaces « quelconques », personnages « voyants », etc.) constituent autant de symptômes que le cinéma comme art nous donnerait à voir; symptômes qui servent à « fonder » la catégorie de « cinéma moderne », le cinéma qui vient « après guerre ».

Ce qui échappe à l'histoire, et y retombe

Les « forces » dans l'histoire (« l'histoire historique ») désignent ce qui vient *doubler* cette histoire générale ou chronologique, et la doubler comme « devenir ». Citons un passage du *Foucault*, qui correspond pleinement aux développements de *L'Image-temps* :

> le dehors concerne la force (...) les forces renvoient nécessairement à un dehors irréductible qui n'a même plus de forme (...) Il y a donc un devenir des forces qui ne se confond pas avec l'histoire des formes (...) les forces opèrent dans un autre espace que celui des formes, l'espace du Dehors, là où précisément (...) l'histoire [est] un devenir[3].

---

1 2RF, p. 266.
2 ID, p. 194. On retrouve la même thématique dans un autre entretien, consacré cette fois à Sacher-Masoch : « La symptomatologie ou étude des signes (...) il s'agit de dresser un "tableau". L'œuvre d'art porte des symptômes (...) non pas qu'il s'agisse seulement d'identifier une maladie, mais le monde comme symptôme », ID, p. 183.
3 F, p. 92.

Pour Deleuze, ce sont les devenirs qui opèrent des « mutations », et c'est en termes de « mutations » qu'il convient d'appréhender cette « nouvelle image » qu'est l'image-temps[1]. L'usage du mot est récurrent au commencement de ce second volet, et les différents contextes historiques auxquels l'auteur se réfère alors font comprendre que le cinéma ne se caractérise pas uniquement comme un art, mais qu'il engage également une « *politique* ».

> Mutation de l'Europe après guerre, mutation d'un Japon américanisé, mutation de la France en 68 : ce n'est pas le cinéma qui se détourne de la politique, il devient tout entier politique, mais d'une autre façon.

Reste à savoir en quel sens la notion de « mutation » aide à comprendre la conception deleuzienne de l'histoire, et de quelle manière celle-ci, à son tour, permet de saisir ce qui advient dans l'entre-deux de *L'Image-mouvement* à *L'Image-temps*.

En privilégiant l'examen du concept d'histoire, il s'agit d'explorer le problème du passage d'un régime d'images à un autre au niveau où ce problème existe en droit, dans sa philosophie même[2]. Par cette approche, il s'agit d'échapper à la contradiction à laquelle les deux *Cinéma* semblent nous vouer, contradiction, on l'a vu, que Rancière a clairement formulée par ailleurs (« comment penser la coïncidence entre la logique de cette histoire naturelle [des images], le développement des formes d'un art et la coupure "historique" marquée par une guerre ? ») ; contradiction que Deleuze lui-même, d'une certaine façon, paraît entretenir dans son étude, puisqu'il use d'une distinction qui en définitive la favorise : celle d'une rupture qui s'expliquerait par des raisons aussi bien « extérieures » qu'« intérieures » au cinéma. Toutefois, là où ce couple de notions semble effectivement orienter l'analyse vers une lecture de type chronologique, cherchant par là même à faire correspondre deux histoires distinctes l'une de l'autre (l'histoire du cinéma et l'histoire générale) – lecture qui renforcerait évidemment la contradiction énoncée par Rancière –, il apparaît que la démarche de Deleuze répond bien à une exigence de formation de concepts qui confère une consistance philosophique à des notions relevant du domaine

1 Voir IT, p. 31, où Deleuze pose que la « description » (au sens que ce mot possède dans ce second volume) naît de l'observation des « mutations ». Voir aussi F, p. 93 : « Le devenir, le changement, la mutation concernent les forces ».

2 Alain Ménil a raison de privilégier la « logique » conceptuelle qui anime le propos de Deleuze, mais c'est au détriment, semble-t-il, du lien que cette logique entretient avec l'histoire, et aux « facteurs historiques » que cette dernière convoque. Voir *L'Écran du temps*, *op. cit.*, p. 23.

de l'histoire. En témoigne un passage des « conclusions » de *L'Image-temps* où il est question des opsignes et sonsignes,

> ce type d'images qui survient *après la guerre, sous toutes les raisons extérieures qu'on peut assigner* (mise en question de l'action, nécessité de voir et d'entendre, prolifération des espaces vides, déconnectés, désaffectés) [1].

Les « raisons extérieures » énumérées par Deleuze définissent en vérité les composantes conceptuelles de l'image-action et de la « crise » qui l'affecte après guerre, et concernent tout autant le passage d'une image-mouvement à une image-temps, à travers le déploiement des images optiques et sonores pures. C'est à la lumière de ces composantes qu'il convient d'appréhender les « mutations » qui adviennent au cinéma dans l'histoire, principalement celles qui ont lieu « après la guerre », et non de considérer cet événement – la Seconde Guerre mondiale – suivant une « théologie du temps » que Deleuze absolutiserait d'une certaine manière, l'inscrivant dans le cadre d'une nécessité historique à laquelle son argumentation ne saurait se soustraire [2].

La notion même de mutation la préserve d'une telle inscription. À cet égard, il ne suffit pas simplement de noter qu'il n'existe pas, certes, une seule mais *plusieurs* mutations qui se rapportent au cinéma (que celles-ci soient saisies historiquement ou déterminées géographiquement); cette multiplicité de mutations rendant d'ailleurs vaine, elle aussi, la recherche d'une unique coupure qui séparerait de manière franche les deux *Cinéma*. Il est également nécessaire, plus positivement, de comprendre en quoi elle consiste; comment, autrement dit, la mutation, entendue comme catégorie historique chez Deleuze, fonctionne à l'intérieur des *Cinéma*, bien que ce fonctionnalisme ne soit pas explicité comme tel. Tenter de répondre à cette question, c'est revenir, en vue de l'approfondir, à la distinction entre « histoire » et « devenir », en explorant au besoin d'autres ouvrages où cette distinction est analysée pour elle-même. C'est le cas notamment dans la monographie consacrée à Foucault, qui suit d'un an la publication de *L'Image-temps*, et qui expose en détail la configuration conceptuelle d'où cette distinction provient. Nous retrouvons là, outre le concept de mutation, une autre notion essentielle à la compréhension de ce volume et au problème qui nous intéresse ici, à savoir la force – les signes qui se « joignent » aux opsignes et sonsignes au début de *Cinéma 2* (les chronosignes, lectosignes,

1 IT, p. 357.
2 Sur cette « théologie du temps » dans son rapport à la pensée esthétique contemporaine, voir J. Rancière, *Malaise dans l'esthétique*, Paris, Galilée, 2004, p. 171-173.

et noosignes) qualifiant justement une constellation de « forces ». Ce sont les forces qui décident de la distinction de l'histoire et du devenir, en même temps qu'elles désignent le « lieu » où surviennent les mutations : « les forces sont dans un perpétuel devenir, *il y a un devenir des forces qui double l'histoire*, ou plutôt l'enveloppe, suivant une conception nietzschéenne » et « l'ensemble des rapports de force (...) n'est un lieu que pour des mutations »[1].

Cette thèse, ce redoublement de l'histoire par un devenir des forces, Deleuze la fait sienne dès *Nietzsche et la philosophie* : c'est là, déjà, qu'il condamne l'idée d'une historicité se réduisant à la continuité d'un « enchaînement » de faits, au profit d'une discontinuité « intempestive », celle du devenir, où tout dépend « des forces qui s'emparent de la pensée ». On la retrouve jusque dans *Qu'est-ce que la philosophie?*, où Deleuze distingue bien l'histoire de ce « qui échappe à l'histoire », c'est-à-dire « l'événement dans son devenir, dans sa consistance propre », tout ce qui relève de « l'expérimentation », « le maintenant de notre devenir »[2]. Dans tous les cas, il s'agit de prendre en considération ce que Deleuze nomme le « trans-historique », en tant qu'il s'oppose à une « "histoire-mémoire" » formée de « systèmes ponctuels », le trans-historique étant constitué d'« agencements multilinéaires »[3], ce qui correspond sensiblement au cheminement de l'argumentation au sein des deux *Cinéma*, par-delà la différence de nature entre chacune des taxinomies. Que désignent les « niveaux de développement » invoqués par Deleuze dans *L'Image-mouvement* et *L'Image-temps*, sinon des « agencements multilinéaires » de concepts provenant du cinéma ou « suscités » par lui? Jean-Louis Leutrat a raison en ce sens d'évoquer les « combinaisons des types d'images » qui composent la taxinomie deleuzienne, combinaisons « innombrables », et qui ne cessent de « s'entrecroiser »[4]. Il est essentiel de noter que cette distinction entre « histoire » et « devenir », outre qu'elle éclaire le type d'historicité – « trans-historique » – que l'on trouve dans le diptyque sur le cinéma, permet par ailleurs de mettre en évidence le critère

---

1 F, p. 91 (souligné par Deleuze).

2 Voir respectivement NP, p. 123 et QqP, p. 106-107.

3 Sur ces différentes expressions, voir MP, p. 363, page où Deleuze invoque Nietzsche : « Nietzsche oppose l'histoire, non pas à l'éternel, mais (...) au sur-historique : l'Intempestif, un autre nom pour l'heccéité, le devenir ».

4 J.-L. Leutrat, *Le Cinéma en perspective : une histoire*, Paris, Nathan, 1992, p. 94. Dans ce même passage, l'auteur établit un rapprochement judicieux avec la pensée de Foucault, son commentaire recoupant la distinction entre « histoire » et « devenir » : « À chaque moment de l'histoire, selon le lieu, [ces combinaisons] entrecroisent leurs actualisations de façon serrée; cet ensemble constitue un dispositif (au sens de Michel Foucault) avec ses lignes qui se répartissent en deux groupes : lignes de stratification ou de sédimentation, lignes d'actualisation ou de créativité ».

qui décide du choix des œuvres chez Deleuze. Ce critère, « *le seul* », est « la nouveauté »[1]. Une telle affirmation trouve sa source dans la philosophie de Bergson, et il faudrait relire sur ce point les pages que Deleuze consacre à « l'élan vital » et à la « créativité » qui lui est solidaire dans *Le Bergsonisme*, notions sur lesquelles, précisément, repose le concept de « nouveau »[2]. Ce dernier, on le pressent, participe du devenir, non de l'histoire. D'après les termes de *Qu'est-ce que la philosophie?*, il appartient bien, en tant qu'événement, au domaine de « l'expérimentation », mais il n'est pas historique. Certes, « sans l'histoire, l'expérimentation resterait indéterminée, inconditionnée », mais ce que Deleuze appelle le nouveau désigne fondamentalement « l'expérimentation de *quelque chose qui échappe à l'histoire* »[3].

C'est pourquoi il peut déclarer que son étude ne constitue pas une « histoire du cinéma ». Et il est nécessaire d'appréhender cette thèse suivant deux axes d'investigation philosophique. D'une part, un axe de problématisations qui affecte l'art du cinéma, à partir duquel son histoire n'est guère envisagée comme évolutive, puisqu'elle répond à un ensemble de ruptures, de « mutations décalées » (la subordination du mouvement au temps, au niveau des images filmiques, obéit précisément à un *devenir du cinéma* rythmé de tels décalages, et qui fait que, à un moment donné de l'histoire, cette subordination se révèle être « constitutive »). D'autre part, un axe sur lequel repose le précédent, et qui détermine chez Deleuze un certain *rapport* que le cinéma peut entretenir avec l'époque; rapport « intempestif » on l'a vu, et qui fait que se dessine, essentiellement dans *L'Image-temps*, ce qui pourrait constituer une *politique du cinéma*. Lorsque Deleuze déclare que « le nouveau », « c'est toujours l'inattendu, mais aussi ce qui devient immédiatement éternel et nécessaire », il est important de noter que cette déclaration renvoie, plus profondément, à un « devenir sans lequel rien ne se fait dans l'histoire, mais ne se confond pas avec elle », sachant que ce devenir se confond cette fois avec ce qui « "agit contre le temps, et ainsi sur le temps" »[4]. « Pas un acte de création qui ne soit trans-historique » soutient-il en ce même sens dans *Mille plateaux*[5], soulignant par là, si l'on suit

1 Voir 2RF, p. 200 : « La nouveauté est le seul critère de toute œuvre ».

2 Voir essentiellement B, ch. 5 (« L'Élan vital comme mouvement de la différenciation »). Sur l'articulation du concept de « création » et celui de « nouveau » chez Bergson, voir également F. Worms, *Le Vocabulaire de Bergson*, Paris, Ellipses, 2000, p. 18 : « Toute création est donc le surgissement, par l'écoulement même de la durée (...) de l'absolument nouveau ».

3 QqP, p. 106.

4 Voir respectivement 2RF, p. 200 et QqP, p. 107.

5 Voir MP, p. 363.

le second axe indiqué, la portée nécessairement critique, à la fois éthique et politique, de cet acte dans la relation qu'il noue avec le présent auquel il appartient. La tâche que Nietzsche assignait à la philosophie – « diagnostiquer les devenirs » dans l'histoire[1] –, Deleuze l'attribue également au cinéma, et c'est dans cette perspective qu'il convient de penser la manière dont s'ajointe un événement de l'histoire générale comme la Seconde Guerre mondiale avec la nouveauté des images provenant des « grands films » de l'histoire du cinéma. C'est dans cette même perspective que Deleuze entrevoit chez Rossellini ou chez Godard l'existence d'une « pédagogie de la perception », qu'il invoque l'idée d'une « éthique » au cinéma, ou qu'il entrevoit une « fabulation » de nature politique dans les films de Rocha ou de Perrault[2].

Nous verrons que cette pédagogie, cette éthique et cette politique répondent chacune aux exigences de la doctrine deleuzienne des facultés : hypothèse centrale qui engagera la suite de ce travail, et vers laquelle l'analyse de la « voyance » nous orientait en quelque sorte déjà. Et le concept de « force », outre qu'il témoigne d'une appartenance du cinéma à un devenir composé de « mutations » (davantage qu'à une histoire évolutive), marque, lui aussi, le fait singulier que ce qui est en jeu dans l'art du cinéma n'appartient justement pas à la seule dimension de l'art, dans la mesure même où il est lié à une « certaine forme de la politique », comme l'écrit Rancière dans une étude consacrée au paradigme de « l'art critique »[3]. Il est significatif à cet égard que Deleuze, examinant le relâchement de la sensori-motricité dans le cinéma après guerre, évoque des images « aptes à dégager de grandes *forces de désintégration* », comme si ce cinéma était solidaire d'une dimension « autre » qui le vouait à sortir de lui-même – dimension de « l'intolérable » qui excède les schèmes sensori-moteurs, et par cet excès même le porte à se confronter de manière critique aux « mutations » de l'époque[4]. Plus loin, lorsqu'il aborde le problème de « l'insuffisance » des opsignes et sonsignes à présenter une image-temps directe, il use là encore d'un adjectif caractéristique qui sous-tend bien l'idée d'une subordination « de l'art au non-art » (pour reprendre la terminologie de Rancière), et qui assure dans une certaine mesure l'ajointement du cinéma à l'élément du politique. C'est qu'il ne suffit pas, affirme Deleuze,

---

1 Voir QqP, p. 108.
2 Voir respectivement IT, p. 35, 225 et 289-290.
3 Cf. *Malaise dans l'esthétique, op. cit.*, p. 63.
4 Voir IT, p. 30.

> de perturber les liaisons sensori-motrices ; il faut joindre à l'image optique-sonore des *forces immenses* qui ne sont pas celles d'une conscience simplement intellectuelle ni même sociale [1].

« Forces immenses » qui désignent les « chronosignes », les « lectosignes » et les « noosignes », et qui convoquent à chaque fois, en fonction des diverses descriptions filmiques proposées par Deleuze, un usage « supérieur » des facultés de voir, de parler et de penser. C'est en ce sens d'ailleurs que la possibilité d'un dépassement « d'une conscience simplement intellectuelle » est évoquée, c'est-à-dire d'une conscience qui dépend d'un exercice seulement « empirique » des facultés : forces immenses, « mutantes », *imperceptibles* et *impensables* pour ce même usage empirique, et qui se rapportent non pas tant à l'extériorité d'un état de fait qu'à un dehors qui « *contraint* » à sentir, à imaginer, à penser, etc. [2] Comme si nous avions atteint – par le cinéma, en l'occurrence – l'élément de ce devenir où s'opèrent les bouleversements d'une époque, et que les images, par les forces de « désintégration » qui les composent, donnaient à voir.

Nous l'avons vu, les raisons extérieures énumérées par Deleuze pour décrire l'apparition d'un nouveau régime de l'image, renvoient aussi bien aux composantes de l'image-temps en train de naître. Parmi ces composantes, nous pouvons relever en particulier celle qui indique une « *nécessité de voir et d'entendre* », et qui constitue clairement (même si cela reste implicite dans ce fragment de phrase) une référence à la doctrine des facultés deleuzienne en tant qu'elle satisfait aux exigences d'un empirisme supérieur ; ce même empirisme dont dépend précisément l'appréhension des forces qui « se joignent » aux opsignes et sonsignes, et par l'intermédiaire desquelles survient la présentation d'une image-temps directe [3]. S'établit en ce sens, dans l'entre-deux des *Cinéma*, une corrélation stricte entre une conception du temps qui privilégie, par-delà tout rapport d'opposition, le « devenir » à « l'histoire », et une doctrine facultaire qui fournit les outils conceptuels permettant de saisir ce passage dans la variété de ses exemples filmiques. Par cette corrélation se dissipe la contradiction auparavant mentionnée, celle qui était susceptible d'exister entre, d'une part,

---

1 IT, p. 33-34.

2 Badiou a bien montré la nécessité de distinguer, chez Deleuze, le dehors de l'extériorité, distinction qui repose précisément sur la notion de force : « Le dehors n'a pas la vulgarité d'être un quelconque monde extérieur » ; « qu'est-ce qui peuple » ce dehors ?, se demande Badiou : « Appelons cet "élément" du dehors : la force (...) ne se traduisant que par une animation contrainte (...) le dehors n'est *manifeste* que comme imposition d'une force », voir *Deleuze...*, *op. cit.*, p. 128.

3 Sur la voyance comme composante de l'image-cinéma, voir 2RF, p. 199 : la voyance « n'est pas une qualité du regard du spectateur, [mais] *une qualité possible de l'image elle-même* ».

une histoire générale qui en appellerait à un point de vue supra-historique, et une histoire du cinéma, d'autre part, qui se déroulerait suivant un cours du temps qu'elle hériterait de la première. L'énoncé de cette contradiction repose sur une considération des « époques » ou des formations historiques qui relève en fin de compte d'une subjectivité constituante (ou intentionnelle), aussi bien que d'une objectivité de totalisation (ou structurale), comme si l'art du cinéma était subordonné à une historicité homogène qui viendrait la surplomber et où elle pourrait se recueillir. Le « devenir des forces » qui affecte la matière des signes de *L'Image-temps* empêche une semblable lecture. Si Rancière est fondé à évoquer le « paradoxe » qui semble animer la périodisation deleuzienne – paradoxe que renforce en définitive, de la part de celui qui l'énonce, une conception « ponctuelle »[1] du temps de l'histoire –, il l'est moins à inscrire cette périodisation au sein d'une « historicisation » faisant de la Seconde Guerre mondiale « un événement extérieur » qui, *à lui seul*, justifierait la coupure dont elle porte la marque[2]. Une telle interprétation manque le caractère fondamentalement *complexe* du raisonnement, complexité qu'il faut entendre littéralement, et dont il convient de prendre la mesure au regard même de la temporalité que le passage d'une classification à l'autre laisse entrevoir ; temporalité multilinéaire (on aimerait dire « rhizomatique »), « travaillant sur des changements de rythme », comme l'écrit Jean-Louis Leutrat[3], et qui n'exclut pas, on l'a vu, dans le mouvement de l'argumentation, l'entrelacement de différents auteurs de cinéma (eux-mêmes issus de différentes époques), sinon parfois même l'anachronisme (comme en témoigne, de façon exemplaire, le « cas » Ozu).

Il est certain que le développement deleuzien n'est guère dénué de « paradoxes », à condition de préciser que ceux-ci, loin de renvoyer à une série de contradictions de nature logique ou formelle, relèvent plus profondément d'un ordre temporel qui échappe – bien qu'il ne s'en sépare pas, ou du moins y

---

1 C'est l'adjectif que Deleuze emploie dans le passage de *Mille plateaux* précédemment cité, là où il oppose le « devenir trans-historique » aux « systèmes ponctuels "histoire-mémoire" » (p. 363).

2 Cf. J. Rancière, « D'une image à l'autre ? Deleuze et les âges du cinéma », *La Fable cinématographique*, *op. cit.* p. 153.

3 J.-L. Leutrat, « Sur la terre comme au ciel », in *Christian Metz et la théorie du cinéma*, sous la direction de Michel Marie et Marc Vernet, *Iris*, Klincksieck, 1990, p. 207, qui précise aussi que, chez Deleuze, « la démarche historienne est toujours une puissance de démultiplication » (p. 208). Du même auteur, sur la complexité de la composition des *Cinéma*, et dans une perspective critique par rapport à Rancière, voir « Une allégorie à la Deleuze », in *Revue d'esthétique*, n° 45, 2004, p. 96 : « À objet complexe, composition compliquée au sein de laquelle les propositions se renversent, les incompossibles se côtoient ou s'apparient. La fable de la rupture d'après la Seconde Guerre mondiale est "contrariée" ».

« retombe »[1] – au cours de l'histoire. Si l'on reprend une pensée de Georges Didi-Huberman qui entre en résonance avec la conception du temps que nous décrivons, il est possible de noter que se déploie dans le propos deleuzien « une loi qui résiste à l'observation triviale, une loi souterraine qui compose durées multiples, temps hétérogènes et mémoires entrelacées » ; un « *temps-symptôme* » qui « contrarie » « le cours de l'histoire chronologique », mais qui « le soutient aussi »[2]. Ailleurs, empruntant une terminologie proprement deleuzienne, Didi-Huberman évoque aussi « une étrange dialectique des temps » « faite de rhizomes, de répétitions, de symptômes »[3], autant de mots qui font écho aux attributs de la classification mise en œuvre par Deleuze, et au type de temporalité dont ces derniers procèdent. Nous avons vu de quelle façon la taxinomie deleuzienne devait être considérée comme une symptomatologie (en un sens certes différent de Didi-Huberman, qui s'inspire sur ce point de Freud, tandis que Deleuze se réclame explicitement de Nietzsche), et que les signes qui la composent (chronosignes, lectosignes et noosignes), essentiellement dans *L'Image-temps*, constituent autant de forces (« immenses » ou « de désagrégation ») à partir desquelles la classification de ce volume se présente. Nous sommes bien, par là, en présence d'une véritable *esthétique des forces*, dont l'appréhension est indissociable d'une présentation des formes du temps. C'est parce que la taxinomie deleuzienne constitue une symptomatologie qu'elle relève ainsi d'une esthétique des forces, et c'est parce qu'elle relève de cette esthétique que la temporalité qu'elle emprunte ne saurait dépendre du cours homogène de l'histoire. Chercher à rabattre l'histoire du « septième art » sur l'histoire générale, c'est se condamner à une contradiction effectivement insoluble, à moins que la contradiction ne qualifie toute approche soucieuse de repérer un tel rabattement au sein des *Cinéma*. Et s'il est légitime de mentionner l'existence d'« âges du cinéma » selon Deleuze, c'est à condition d'échapper à la régularité du cours de l'histoire générale, et de prendre en considération le redoublement de cette histoire par le « devenir ». C'est la notion de « force »

---

1 QqP, p. 92. Voir aussi 2RF, p. 353 : « le devenir naît dans l'histoire et y retombe mais il n'en est pas ». Ce mouvement de « retombée » est important à signaler; il prévient toute séparation stricte entre le devenir et l'histoire : on l'aura compris, le devenir suppose l'existence de l'histoire, ne serait-ce que pour pouvoir la « doubler », ne serait-ce que pour permettre d'évaluer les « forces » qu'il libère.

2 Voir *Devant le temps*, Paris, Minuit, 2000, p. 40. Didi-Huberman poursuit en énumérant les travaux d'historiens ou philosophes (Braudel, Foucault, Furet, etc.) qui, à chaque fois singulièrement, ont su « rompre » la « continuité historique ».

3 Voir G. Didi-Huberman, *L'Image-survivante – Histoire de l'art et temps des fantômes selon Warburg*, Paris, Minuit, 2002, p. 106.

qui permet de penser comment fonctionne ce redoublement dans le raisonnement, et l'inscrit du même coup dans une perspective critique dont témoigne l'idée « intempestive » de devenir.

L'exploration de la « voyance » a déjà permis de dévoiler une telle perspective, et c'est bien à travers un exercice supérieur de la faculté de voir que Deleuze entreprend la dénonciation de « l'image-cliché » au début de *L'Image-temps*. C'est à travers ce même usage « transcendantal » de la vision que Deleuze introduit, de manière concomitante, la notion décisive de « l'intolérable », dont la perception relève selon lui d'une profonde « intuition politique »[1]. Dans tous les cas, c'est l'empirisme supérieur qui guide les développements de l'auteur où s'effectue le passage de *Cinéma 1* à *Cinéma 2*, et c'est par l'intermédiaire de la doctrine des facultés, dont l'empirisme en question constitue le socle méthodologique, que l'on peut appréhender les différentes modalités de ce passage. Qu'il s'agisse de la distinction d'un « cinéma d'action » et d'un « cinéma de voyant » (qui désignent respectivement le régime de l'image-mouvement et celui de l'image-temps) ; qu'il s'agisse de la saisie d'un « intolérable » qui caractérise la « nouvelle image en train de naître » (avec l'apparition des opsignes et sonsignes) ; qu'il s'agisse de la perception de ces « forces immenses » qui définissent les signes (et par conséquent les composantes) de l'image-temps directe – à chaque fois, la démonstration repose sur la doctrine facultaire établie dans *Différence et répétition*. Et la différence qu'il instaure entre « histoire » et « devenir » répond elle-même aux exigences de cette doctrine : en effet, si le devenir est le lieu des mutations qui affectent l'histoire ; si l'observation des mutations consiste fondamentalement en une « *description* », que sollicite ce devenir « échappant » à l'histoire sinon, précisément, une faculté supérieure de voir, sachant que la description au sens deleuzien se définit par l'usage de cette faculté ? Bien plus, et pour toutes ces raisons, c'est la classification de

1 Deleuze utilise cette expression dans un texte consacré à Foucault, qui était selon lui « un voyant extraordinaire », et « ce qu'il voyait lui était proprement intolérable » (2RF, p. 256). On retrouve le mot « intuition » dans le ch. 1 de *L'Image-temps*, au sein du passage (déjà cité) où Deleuze évoque précisément les « forces immenses » qui se joignent à l'image optique et sonore pure pour engendrer une image-temps directe (IT, p. 34). Notons que l'intuition chez Deleuze, concept d'inspiration « leibnizienne ou bergsonienne » (QqP, p. 42), renvoie à un plan d'immanence dont la consistance est définie par les « points d'indécidabilité » entre concept, affect et percept, en même temps qu'il donne accès à une « connaissance immédiate » (en l'occurrence, par-delà le schème sensori-moteur, et suivant le sens que nous avons donné plus haut au mot « immédiat ») d'un objet ou d'une situation. C'est en ce sens que François Zourabichvili peut écrire que « le penseur a des visions », et que celles-ci « se confondent avec le *devenir* (...) de certaines déterminations du monde », cf. *Le Vocabulaire de Deleuze*, *op. cit.*, p. 58.

Cinéma 2 en tant qu'elle constitue globalement une « symptomatologie » qui fait appel à la doctrine deleuzienne des facultés, dans la mesure où les signes qui la composent font connaître une réalité (celle de l'après-guerre, mais pas uniquement) dont l'une des caractéristiques majeures est qu'elle nous contraint à une certaine « *nécessité de voir et d'entendre* » (suivant un usage transcendantal), nécessité qui trouve dans les images filmiques des « grands auteurs » les lieux dissemblables de son actualisation.

Le cinéma par-delà le « noochoc »

La fin d'une conception sublime du cinéma

Il s'agit d'opérer une reprise d'ensemble de la problématique du passage de *L'Image-mouvement* à *L'Image-temps*, et de la reprendre en termes plus « facultaires » encore, sachant que l'approfondissement du rapport (ou « non-rapport ») des facultés entre elles pourra aider à déterminer « l'image de la pensée » qui enveloppe l'économie générale de *Cinéma 2*. C'est en explorant cette conception de la pensée qu'il devient possible de comprendre la façon dont les « facteurs historiques » interviennent dans l'entre-deux des *Cinéma* (et au-delà, dans *L'Image-temps*), et de saisir en quel sens la taxinomie deleuzienne constitue une « symptomatologie », étant dit que ce sont les facultés dans leur usage supérieur qui témoignent à la fois d'une certaine réceptivité aux « forces » de l'histoire, et d'une aptitude à décrire les mutations qui affectent l'art du cinéma – lequel *rend sensible* ces mêmes forces, bien qu'il ne les *représente* pas (car alors, l'usage de ces facultés serait seulement « empirique »).

Notons que l'usage transcendantal de la faculté de voir combine deux attitudes en apparence contradictoires : une impossibilité à agir ou à réagir et, simultanément, de façon plus positive, une puissance de voir qui se déploie par-delà tout savoir, en tout cas par-delà toute subordination de cette faculté à une autre qui aurait pour vocation d'en établir l'usage légitime, une faculté en ce sens « fondamentale »[1]. Cette double posture qui unit les contraires – la passivité dans l'action (l'action « habituelle », pragmatique) d'une part, la force

1 Cet adjectif sert à désigner « l'accord réglé » des facultés chez Kant, voir CC, p. 47 : « dans [la *Critique de la raison pure* et la *Critique de la raison pratique*], les diverses facultés subjectives entraient en rapport les unes avec les autres, mais ces rapports étaient rigoureusement réglés, pour autant qu'il y avait toujours une faculté dominante ou déterminante, fondamentale, qui imposait sa règle aux autres ».

de la vision (la vision « désabritée », devenue « supérieure ») d'autre part – naît de ce que Deleuze appelle une « situation optique et sonore pure » ; et à cette situation, il confère un nom qui a valeur chez lui d'*événement* : « l'intolérable ». C'est l'intolérable qui contraint la faculté de voir à un exercice relevant de « l'empirisme transcendantal », qui la *force* autrement dit à s'exercer de telle sorte que « la voyance remplace la vue »[1]. L'étude du début de *L'Image-temps*, où la notion revient de façon récurrente, a montré que l'intolérable ne désigne pas nécessairement une circonstance « extraordinaire », mais tout aussi bien une série de situations « ordinaires ». Comme le note Deleuze dans une référence implicite à certains films de Rossellini : il arrive que l'on perçoive l'intolérable, alors que « ce n'est qu'une île volcanique, de pêcheurs pauvres. Ce n'est qu'une usine, une école… »[2]. Nous pensons que cette absence de hiérarchie en termes d'intensité ou de « *pathos* » est décisive pour au moins deux raisons. En premier lieu, si l'intolérable caractérise bien la situation à laquelle se confronte le « cinéma après-guerre », et que cette situation concerne *indifféremment* l'ordinaire ou l'extraordinaire, il faut admettre alors que la coupure entre *L'Image-mouvement* et *L'Image-temps* ne participe pas du déroulement d'un « grand récit » dont la Seconde Guerre mondiale constituerait à la fois l'origine et l'horizon indépassable. En d'autres termes, l'intolérable envisagé en tant qu'il ne renvoie pas inévitablement à une « situation-limite » empêche par là toute sacralisation de l'événement, même si celui-ci demeure absolument tragique. Les composantes du concept d'intolérable, dont « l'insignifiant » fait partie, n'autorisent pas, de fait, à envisager la « guerre » comme le *seul* paradigme de la rupture qui coupe en deux les *Cinéma*; coupure qui, dans ce cas, inscrirait effectivement l'argumentation au sein d'un « grand récit » avec lequel, pourtant, la conception deleuzienne de l'histoire (et du devenir qui l'accompagne en la « doublant ») demeure incompatible.

En second lieu, que l'intolérable se déploie par-delà l'opposition de la « banalité quotidienne » et de l'extraordinaire – puisque de « l'insignifiant même [le voyant] dégage l'intolérable »[3] – n'est pas sans incidence sur la doctrine des facultés dans *L'Image-temps*, et par conséquent sur « l'image de la pensée » impliquée en elle. Et sur ce point encore, la faculté de voir joue un rôle

1 IT, p. 230.
2 IT, p. 31.
3 C'est ce que déclare Deleuze dans un passage consacré au cinéma d'Ozu, voir IT, p. 30, ainsi que le cours du 24 janvier 1984, où l'auteur, évoquant là encore Ozu, décrit la façon dont l'intolérable naît de la perception « du plus quotidien, de la banalité quotidienne » (dès lors qu'il y a rupture des schèmes sensori-moteurs).

primordial, non seulement en elle-même (au sens où c'est elle qui est *d'abord* contrainte), mais également dans le rapport qu'elle entretient avec d'autres facultés. De quoi s'agit-il ? C'est que l'image-cinéma, dès lors qu'elle participe d'une « esthétique visionnaire », ne satisfait plus aux exigences énoncées par les grands pionniers du cinéma, « d'Eisenstein, de Gance », à savoir « *produire un choc sur la pensée* »[1]. C'est peut-être là l'essentiel : le « cinéma de voyant » ne fait pas « naître la pensée dans la pensée » à partir d'un choc initial ; l'intolérable que ses images présentent témoigne d'autre chose que d'un « *noochoc* », c'est-à-dire d'une « puissance commune de ce qui force à penser et de ce qui pense sous le choc »[2]. D'où l'importance du chapitre 7 dans lequel Deleuze présente deux conceptions de la pensée au cinéma, lesquelles correspondent respectivement aux deux régimes de l'image que sont l'image-mouvement et l'image-temps. Cette distinction est établie dans les deux premiers paragraphes du chapitre en question. Deleuze insiste tout d'abord sur le « choc » tel qu'il est théorisé et mis en pratique par Eisenstein, bien que, précise-t-il, « l'ensemble de l'analyse vaut pour le cinéma classique en général, le cinéma de l'image-mouvement »[3]. Il étudie en particulier le premier moment du « noochoc ». Il s'agit de savoir comment s'opère le passage « de l'image à la pensée », « du percept au concept ». Tout en faisant référence aux textes d'Eisenstein, c'est en termes de facultés, et d'enchaînement des facultés entre elles, que Deleuze entreprend de décrire les conditions de ce passage, puisque « l'image-choc » saisit dans un premier temps la sensibilité, avant d'affecter la pensée :

> c'est cela l'onde de choc (...) JE SENS, « sensation totalement physiologique ». Et c'est l'ensemble des harmoniques agissant sur le cortex *qui fait naître la pensée*, le JE PENSE cinématographique[4].

La transmission de la contrainte née du choc – de la faculté de sentir jusqu'à la faculté de penser – aboutit à ce qu'il nomme, après Eisenstein, une « prise de conscience supérieure »[5], et celle-ci doit être mise en rapport selon lui avec « le tout du film », déterminé par le montage. Nous verrons comment, dans le régime de l'image-temps, cette référence au « tout » s'efface au profit d'un « dehors » qui s'insère entre les images, définissant, grâce à la notion d'« inters-

1 IT, p. 203 (souligné par Deleuze).
2 IT, p. 204.
3 IT, p. 205.
4 IT, p. 206.
5 IT, p. 212, et 207.

tice » qui lui est corrélative, une nouvelle acception du montage. Elle permet également de lier la discordance entre les facultés de sentir et de penser avec une conception facultaire qui la sous-tend. Cette conception, c'est celle du sublime. Deleuze l'affirme explicitement :

> L'image cinématographique doit avoir un effet de choc sur la pensée, et forcer la pensée à se penser elle-même comme à penser le tout. *C'est la définition même du sublime*[1].

C'est là le « schéma abstrait » qui se dégage des films comme *Le Cuirassé Potemkine* ou *La Ligne générale*, dont *L'Image-mouvement* avait présenté les « analyses concrètes »[2].

Un tel « schéma » peut surprendre, dès lors qu'il sert à désigner le travail d'un auteur qui, par ailleurs, « donne à la dialectique un sens proprement cinématographique »[3]. Il ne s'agit pas d'approfondir la façon dont se noue, d'un volume à l'autre des *Cinéma*, une conception dialectique de l'image-cinéma chez Eisenstein avec une définition de celle-ci qui relève du sublime. Notons simplement que le point de rencontre réside dans la notion de « tout ». Deleuze le rappelle au début du chapitre 7 :

> ce qui constitue le sublime, c'est que l'imagination subit un choc qui la pousse à sa limite, et *force la pensée à penser le tout* comme totalité intellectuelle qui dépasse l'imagination.

Déjà, dans *L'Image-mouvement*, s'inspirant explicitement de Kant, Deleuze distinguait les représentants de « l'école française » (Gance ou René Clair, par exemple), inventeurs au cinéma d'un sublime mathématique, des auteurs de « l'école allemande », « expressionniste » (Murnau ou Lang, notamment), plus proches du sublime dynamique. Dans un cas, l'imagination contraint la « faculté pensante » à « comprendre *en un tout* l'ensemble des mouvements de la Nature » [souligné par Deleuze] ; dans l'autre, elle la suscite de telle sorte que la pensée conçoit « le tout d'un Univers spirituel »[4]. Le nom d'Eisenstein n'est pas cité dans les paragraphes où il est question de ces deux écoles ; il apparaît toutefois dans un passage où Deleuze aborde à nouveau, en l'explicitant,

1 IT, p. 206.
2 IT, p. 205 et IM, p. 51-57 pour l'analyse des deux films cités.
3 IM, p. 56.
4 Sur tous ces points, voir IM, p. 69, 72, 79-80. Sur le sublime dans la monographie que Deleuze consacre à Kant, voir PCK, p. 73-75 : « rien d'autre que la raison ne nous force à réunir *en un tout* l'immensité du monde sensible » (p. 74).

l'analyse du sublime expressionniste, ce sublime se caractérisant par un jeu de renvois entre une « vie non-organique des choses » et une « une vie non-psychologique de l'esprit » – en quoi consiste tout « *cri* » selon lui. Et il ajoute : « Eisenstein aussi atteignait au cri, *mais à la manière d'un dialecticien*, c'est-à-dire comme le bond qualitatif qui faisait évoluer le tout »[1]. La nouveauté des développements de *L'Image-temps* à cet égard, c'est que le cinéma dialectique d'Eisenstein est à son tour considéré comme « sublime », constituant en ce sens un troisième type ou « école » – le sublime russe ? – spécifique à l'image-mouvement[2]. Cette nouveauté doit être elle-même appréhendée en regard d'une autre différence concernant la référence faite à Eisenstein, à savoir la notion de « choc » (absente de *L'Image-mouvement*)[3], notion étroitement solidaire du concept de « tout » repris au début du chapitre 7. Insistons avec Deleuze sur ce point : « le choc a un effet sur l'esprit, il le *force à penser*, et à penser le Tout », de telle sorte que penser devient « possible », ou du moins « [reste] encore à venir »[4].

Ces différents passages sont remarquables, dans la mesure où ils reprennent très exactement la terminologie du chapitre 3 de *Différence et répétition* où il est question de la doctrine des facultés. Deleuze y énonce en effet la nécessité d'une « *rencontre* fondamentale » (ou « choc ») qui précisément « *force à penser* », après que chacune des facultés, de la sensibilité à la pensée, a affronté sa propre « *limite* » ; ainsi peut s'opérer une « genèse de l'acte de penser dans la pensée même »[5]. Nous savons que cette doctrine facultaire s'inspire en partie du sublime kantien (« en partie », parce qu'elle échappe à ses présupposés pratiques, et repose sur un « transcendantalisme » autre). Il apparaît que cette même lecture anime l'analyse, dans *L'Image-temps*, du « noochoc » chez Eisenstein. Ce rapprochement entre deux textes que plus de quinze ans séparent est d'ailleurs confirmé par une phrase de Heidegger extraite de *Qu'appelle-t-on penser ?*, que Deleuze cite une première fois dans ce même chapitre de *Différence et répétition*, et que l'on retrouve justement dans l'étude de ce moment initial consacré au « noochoc » : « "L'homme sait penser en tant qu'il en a la possibilité, mais ce possible ne nous garantit pas que nous en soyons capables" »[6].

---

1 IM, p. 81.
2 Voir IT, p. 205 : « Le sublime (...) peut être (...) dialectique comme chez Eisenstein ».
3 Deleuze évoque-t-il seulement dans une note la phrase d'Eisenstein pour qui « "le cinéma soviétique doit *fendre les crânes*" » (IM, n. 11, p. 61). On retrouve cette même phrase dans IT, p. 206.
4 IT, p. 205.
5 DR, p. 182-187.
6 Citée respectivement dans DR, p. 188 et IT, p. 204.

Phrase qui permet d'introduire, on le sait, à l'un des motifs les plus récurrents de la philosophie deleuzienne, à savoir que cette « capacité » de penser – et à penser suivant un « usage supérieur » –, nous nous y élevons si seulement nous y sommes *forcés*. C'est en ce sens que Deleuze écrit dans *L'Image-temps* : « C'est cette capacité, cette puissance, et non la simple possibilité logique, que le cinéma prétend nous donner en nous communiquant le choc »[1], et c'est à cette condition qu'il peut être dit « sublime ».

Cette dénomination – relative à un sublime au cinéma – ne va pas sans problème si on l'appréhende du point de vue de Kant. Jacques Rancière a montré que « l'idée même d'un art du sublime apparaît contradictoire », dans la mesure où « le sublime ne désigne pas, chez [Kant], les produits de la pratique artistique »[2]. Dans un texte où il examine la « contre-lecture de Kant » faite par Lyotard à ce propos, Rancière expose les modalités par lesquelles le sentiment du sublime est effectivement converti en forme d'art. Certes, cette transformation n'appartient pas uniquement à l'auteur de *La Condition postmoderne*, puisque l'*Esthétique* de Hegel en porte déjà la trace[3]. Rancière estime toutefois que ce geste philosophique confère une véritable consistance au « concept de modernité artistique », geste que reproduit sans conteste Deleuze. Et l'un des points communs susceptible de lier les approches lyotardiennes et deleuziennes consiste à subordonner les opérations de l'art à un « *pouvoir de faire pâtir* », à « *l'inscription d'un choc* »[4]. Dans les deux cas, il s'agit bien d'opérer une « rupture anti-représentative », bien que le sens de cette rupture demeure singulièrement différent suivant que l'on adopte l'une ou l'autre démarche. D'après Rancière, l'œuvre de Lyotard relève à partir des années 1980 d'un « grand récit » (que Lyotard dénonce par ailleurs, mais auquel il n'échapperait pas), lequel trouve sa condition dans une pensée de « l'irreprésentable », elle-même

---

1 IT, p. 204. Voir aussi, dans le passage de *Différence et répétition* précité, juste après la phrase de Heidegger : « la pensée ne pense que contrainte et forcée, en présence de ce qui "donne à penser" » (p. 188).

2 Cf. J. Rancière, *Malaise dans l'esthétique, op. cit.*, p. 120.

3 « Hegel avait déjà substantialisé le sublime kantien en propriété de l'art », note ainsi Rancière (*ibid.*, p. 121).

4 Cf. *ibid.*, respectivement p. 167, 124 et 139. La démarche faisant dépendre l'art moderne du concept du sublime forme un trait majeur de la philosophie française contemporaine, comme en témoigne également un auteur comme Jean-Luc Nancy, qui peut écrire : « l'art est destiné au sublime : il est destiné à nous toucher, en touchant à notre destination. Ce n'est pas autrement qu'il faut comprendre, à la fin, la fin de l'art », cf. « L'Offrande sublime », in *Du Sublime, op. cit.*, p. 71.

solidaire, précisément, d'un « choc initial »[1]. Cette position s'inscrit au sein de ce que Rancière nomme une « théologie du temps », et une théologie qui associe en particulier la pensée à un « trauma originel », signe de son « asservissement » à une loi qui n'est pas la sienne (mais celle de l'Autre), renversant par là de façon radicale la destination morale du sujet dans le sublime kantien (qui lie au contraire la raison pratique à l'autonomie de la loi)[2].

En ce qui concerne les trois types de sublime énumérés par Deleuze (mathématique, dynamique, dialectique), il est clair qu'ils ne sauraient être dépendants d'un pareil « trauma ». On pourrait néanmoins se demander s'ils échappent à une « théologie du temps » qui lierait cette fois la faculté pensante à un « salut à venir », à une promesse d'émancipation. N'est-ce pas d'ailleurs en évoquant une semblable promesse que Deleuze commence le chapitre 7 de *L'Image-temps*? À quoi se réfère en effet la « capacité » de penser que sous-tend « l'image-choc », sinon à un « salut » *des* hommes par le cinéma, cet « art des "masses" »? Là résidait en tout cas « la prétention du cinéma », comme le rappelle Deleuze évoquant les convictions des « grands pionniers » : « ils croyaient que le cinéma serait capable d'imposer le choc, et de l'imposer aux masses, au peuple (Vertov, Eisenstein, Gance, Elie Faure...) »[3]. C'est en ce sens que le sublime qui caractérise les différentes écoles de cinéma énumérées par Deleuze participe pleinement, selon un mot de Rancière, d'une « métapolitique esthétique » tout entière accompagnée d'un récit émancipateur[4]. Par là, étant donné les rapprochements effectués au préalable entre la doctrine des facultés de *Différence et répétition* et les passages du début de *L'Image-temps*, il ne s'agit pas de signifier que cette « métapolitique » insiste dans l'œuvre deleuzienne dès 1968 (date de la publication de *Différence et répétition*). La proximité terminologique d'un ouvrage à l'autre eu égard aux opérations facultaires – relatives à l'empirisme supérieur dans un cas, au sublime cinématographique dans l'autre – n'implique cependant pas qu'elles doivent être appréhendées suivant une même dimension politique. Le fait demeure, si besoin est de le

---

1 Sur ce point, voir également de J. Rancière *Le Destin des images*, Paris, La Fabrique, 2003, où le « destin moderne anti-représentatif de l'art » témoigne d'un « [esprit] qui ne se met en marche que mu par une terreur première, par un *choc initial* qui le transforme en otage de l'Autre », à savoir, selon Rancière, le « destin immémorial du peuple juif ». C'est là « l'hyperbole spéculative de l'irreprésentable » (p. 146).

2 Cf. *Malaise dans l'esthétique, op. cit.*, p. 126, 130 et 140-141, et p. 173 sur la pensée du « trauma originel » comme « théologie du temps ».

3 IT, p. 204, où Deleuze écrit aussi : « Tout se passe comme si le cinéma nous disait : avec moi, avec l'image-mouvement, vous ne pouvez pas échapper au choc qui éveille le penseur en vous ».

4 Cf. *Malaise dans l'esthétique, op. cit.*, p. 130 et sq.

souligner, que l'on ne trouve aucune « prétention » à l'émancipation des masses dans *Différence et répétition*, bien qu'y persévère une certaine métapolitique dans les passages où il est question de l'expérience esthétique. S'il convient d'insister sur l'existence d'une « image de la pensée » solidaire d'un sublime au cinéma, en particulier du sublime dialectique de Eisenstein dont l'analyse vaut pour l'ensemble de l'image-mouvement, c'est précisément pour la distinguer d'une *autre* conception de la pensée à l'œuvre dans *L'Image-temps*. Cette autre conception a trait essentiellement à l'usage de la faculté de voir, aussi bien qu'à la manière dont elle entre en rapport avec la faculté de penser, et concerne, du point de vue cette fois du régime de l'image-temps, l'ensemble du « cinéma moderne ».

La lecture des premières pages du chapitre 7 laissait déjà pressentir que « l'image-choc » ne pouvait servir, de près ou de loin, à définir la modernité cinématographique. Non seulement Deleuze commence ce chapitre par un récit au passé simple (« Ceux qui les premiers firent et pensèrent le cinéma… »), mais il prend surtout acte d'une situation contemporaine dans laquelle nous ne croyons plus aux déclarations des « pionniers » : « cette prétention du cinéma [à éveiller la pensée], écrit-il, du moins chez les plus grands pionniers, fait sourire aujourd'hui »[1]. Et il ajoute, avant même l'analyse du « noochoc », comme pour avertir que les rapports de la pensée et du cinéma ne sauraient relever d'une « conception sublime » :

> Chacun sait que, si un art imposait nécessairement le choc ou la vibration, le monde aurait depuis longtemps changé, et les hommes penseraient depuis longtemps[2].

Le fait est que, pour Deleuze, le destin du cinéma ne peut plus être solidaire de cette capacité du cinéma à « imposer le choc », et à faire naître la pensée

1 IT, p. 204. Et plus loin, encore : « À quel point les grandes déclarations, d'Eisenstein, de Gance, sonnent étrangement aujourd'hui : on les garde comme des déclarations de musées » (p. 213).

2 Dans le chapitre 3 de *Différence et répétition*, au sein d'un passage où il amorce la critique de « l'image dogmatique de la pensée », selon laquelle penser « [serait] l'exercice naturel d'une faculté », Deleuze souligne que « "Tout le monde" sait bien qu'en fait les hommes pensent rarement, et plutôt sous le coup d'un choc que dans l'élan d'un goût ». Il est intéressant de relire cette phrase à la lumière de celle de *L'Image-temps* : si elles reposent toutes deux, de fait, sur un même constat (les hommes ne pensent pas, ou pensent rarement), le passage de *Cinéma 2* semble condamner l'image de la pensée que le fragment de *Différence et répétition* appelle pourtant de son côté (on pense seulement « sous le coup d'un choc »). C'est bien le signe d'une transformation de « l'image de la pensée » à l'intérieur du deleuzisme.

par l'image suivant les exigences d'une « pensée critique »[1]. Il s'avère que le problème a changé. Non, évidemment, que le cinéma n'entretienne plus de lien avec la pensée, mais ce lien s'est tout simplement transformé, et se présente autrement. De la saisie de ce nouveau rapport cinéma-pensée dépend la nouvelle « image de la pensée » qui donne sens à la taxinomie de *L'Image-temps*. Avant de l'explorer pour elle-même, il convient de noter que cette autre « image », Deleuze la déploie sur fond d'un certain « désenchantement », dans la mesure où l'idée d'un art du cinéma envisagé comme « nouvelle Pensée » est selon lui de plus en plus rarement considérée. C'est en ce sens qu'il loue le travail de Serge Daney, parce que son livre *La Rampe* (publié en 1983)

> est un des *rares* à reprendre la question des rapports cinéma-pensée, si *fréquente* au début de la réflexion sur le cinéma, mais ensuite abandonnée par désenchantement[2].

Il faut indiquer l'une des raisons de ce désenchantement, en relation avec « l'image-choc » précédemment évoquée. C'est que le « choc » ne relève plus des « chefs-d'œuvre » du cinéma, mais appartient maintenant à la « médiocrité courante » de la production. Sa fabrication ne résulte plus d'une volonté d'art – au sens où la conception sublime que le « choc » impliquait à ses origines dépendait encore des qualités de l'image –, mais se confond désormais avec le simple contenu des images. Deleuze demande alors : « que deviennent (…) le choc d'Eisenstein, le sublime de Gance, quand ils sont repris par des auteurs médiocres ? », et de répondre :

> Quand la violence n'est plus *celle de l'image et de ses vibrations*, mais *celle du représenté*, on tombe dans un arbitraire sanguinolent, quand la grandeur n'est plus *celle de la composition*, mais *un pur et simple gonflement du représenté*, il n'y a plus d'excitation cérébrale ou de naissance de la pensée[3].

Les prétentions du premier âge du cinéma disparaissent donc en raison « de sa médiocrité quantitative »[4]. Toutefois, suivant un renversement de perspective

1 IT, p. 212. Ainsi Deleuze qualifie-t-il le premier aspect du rapport du cinéma et de la pensée, celui-là même qui doit engendrer une « prise de conscience supérieure ».
2 IT, n. 39, p. 230. Voir aussi P, p. 100-101.
3 IT, p. 213-214. Deleuze évoque aussi peu après le « cinéma *figuratif* commercial » d'Hollywood (p. 215). Voir par ailleurs P, p. 86, où Deleuze note la « violence arbitraire » de la « majorité de la production cinématographique ».
4 IT, p. 214. C'est l'une des deux raisons énumérées par Deleuze afin d'expliquer « ce qui a sonné le glas des ambitions de "l'ancien cinéma" », l'autre étant un certain « fascisme de la production »

qui advient fréquemment chez Deleuze, le constat (pessimiste) d'une absence d'adhésion aux ambitions de « l'ancien cinéma » s'accompagne d'un singulier « espoir » permettant de relancer le problème tel qu'il avait été auparavant posé. Et ce renversement, Deleuze l'énonce à partir d'Artaud, dont l'étude constitue le pendant de celle consacrée au sublime dialectique d'Eisenstein [1].

Nous croyons que le choix d'Artaud peut se justifier pour au moins trois raisons, qui s'enchevêtrent les unes aux autres, et dont la *complexité* doit être appréhendée non seulement au regard des développements du chapitre 7 de *L'Image-temps*, mais en rapport également avec le chapitre 3 de *Différence et répétition*, où la référence à Artaud intervient à un moment crucial des passages consacrés à « l'image de la pensée ». Il ne s'agit pas d'effectuer de simples rapprochements entre différents moments de l'œuvre, mais de mettre en évidence les transformations qui l'avivent, et qui bouleversent corrélativement la conception de la pensée qui l'anime. C'est tout l'enjeu de l'analyse du « cas Artaud ». En premier lieu, Deleuze présente les positions d'Artaud sur le cinéma de telle manière qu'elles ressemblent sensiblement à celles énoncées par les pionniers : il « "croit" au cinéma » [2]. Faisant notamment référence à *La Coquille et le clergyman*, il remarque qu'Artaud « semble à première vue reprendre les grands thèmes de l'image-mouvement dans ses rapports avec la pensée ». Qu'il s'agisse de la nécessité pour le cinéma de « produire un choc » ; qu'il s'agisse en conséquence, par ce choc, de faire « naître la pensée » : ne serait-ce que par ces deux aspects, qui correspondent au premier moment du « noochoc » mentionné plus haut chez Eisenstein, il apparaît qu'Artaud est singulièrement proche du cinéaste et théoricien soviétique [3]. Dans tous les cas, nous retrouvons dans cette référence à Artaud l'exigence deleuzienne d'une genèse de la pensée ; en témoigne la présence d'un extrait de lettre à Jacques Rivière, où Artaud affirme que « la pensée est une matrone qui n'a pas toujours existé », extrait que Deleuze avait déjà cité une première fois dans *Différence et répétition*, dans

---

qui a pu inscrire « l'art de masse » qu'est le cinéma dans « la propagande et la manipulation d'État » (voir IT, p. 214 et 345).

1 Voir IT, p. 215 : « Peut-être y a-t-il une troisième raison, capable bizarrement de redonner l'espoir sur une éventualité de penser au cinéma par le cinéma. Il faut étudier plus précisément le cas d'Artaud, qui risque d'avoir une importance déterminante ».

2 *Ibid.* : Artaud, note Deleuze, « multiplie les déclarations qui semblent coïncider avec celles d'Eisenstein ou de Gance, art nouveau, pensée nouvelle ».

3 Voir IT, p. 215-216. Dans l'un de ses premiers textes sur le cinéma (non cité par Deleuze), Artaud écrit notamment que le cinéma, par ses « moyens d'action sensuelle » « agit sur la matière grise du cerveau directement », voir « Réponse à une enquête » (1923), in A. Artaud, *Œuvres*, Paris, Gallimard, 2004 (éd. Quarto), p. 41.

ce chapitre 3 où il s'agit d'« engendrer "penser" dans la pensée »[1]. Ce renvoi à la correspondance d'Artaud, mêlé aux déclarations du poète sur le cinéma où est invoquée une « esthétique du choc », inscrit bien le propos de *L'Image-temps* dans la perspective d'un empirisme supérieur, et par là dans l'horizon d'une détermination de « l'image de la pensée » : là réside l'une des raisons pour lesquelles le nom d'Artaud insiste dans ces pages de *Cinéma 2*, même si, pour le moment, nous ne sommes pas en mesure de savoir ce qui distingue son « image de la pensée » de celle que l'on trouve dans *Différence et répétition*.

Une troisième raison peut expliquer la présence du nom d'Artaud, et nous mettre sur la voie de cette « image de la pensée » impliquée dans les développements sur le « cinéma de voyant ». C'est qu'à l'apparente coïncidence indiquée par Deleuze entre les thèses d'Artaud et celles d'Eisenstein, succède une différence de positions irréconciliable. Certes, il existe une rupture effective d'Artaud avec le cinéma, dont « La vieillesse précoce du cinéma » (de 1933) est le signe[2]. Mais le fait est que l'œuvre d'Artaud, avant même la publication de cet article, y compris au sein d'autres textes où il est question de cinéma – les « scénarii concrets », comme dit Deleuze[3], *32*, *La Révolte du boucher*, *Dix-huit secondes* –, présente une tout autre conception de la pensée, et des liens du cinéma avec la pensée. « Ce que le cinéma met en avant, ce n'est pas la puissance de la pensée, c'est son "impouvoir" ». Et il ajoute :

> Ce que les ennemis du cinéma lui reprochaient (tel Georges Duhamel, « je ne peux penser ce que je veux, les images mouvantes se substituent à mes propres pensées »), voilà qu'Artaud en fait la sombre gloire et la profondeur du cinéma[4].

C'est le moment du renversement de l'analyse. « L'objet-sujet du cinéma » ne concerne plus la puissance de la faculté de penser, mais son impuissance fondamentale ; c'est cette impuissance, désormais, qui « *force à penser* », sachant que, d'après Deleuze, « [la pensée] ne peut penser qu'une seule chose, *le fait que nous ne pensons pas encore* »[5]. Il est essentiel d'appréhender ces déclarations au niveau où elles existent en droit, et éviter par là toute sacralisation empirique du propos. L'œuvre d'Artaud est bien entendu décisive dans la compréhension de ces pages, et la lecture qu'en propose Deleuze s'inspire elle-même du com-

---

1 Voir respectivement IT, p. 215 et DR, p. 192.

2 Voir IT, n. 17, p. 215. Deleuze note à ce propos qu'« Artaud cessera de croire au cinéma quand il estimera que le cinéma passe à côté, et ne peut faire que de l'abstrait, du figuratif ou du rêve ».

3 IT, p. 216-217.

4 IT, p. 216.

5 IT, p. 218.

mentaire que lui consacre Blanchot[1]. Mais il convient « d'*imager* » la pensée deleuzienne, c'est-à-dire, aussi bien, d'accéder à ce plan où le fonctionnalisme de l'œuvre trouve sa condition la plus haute (qui constitue également le « plan d'immanence » d'une philosophie), là où les filiations participent en définitive de son *constructivisme.*

Dans cette perspective, il importe de suivre le raisonnement en termes d'exercice des facultés. Car l'impuissance de la pensée dont parle Deleuze, nous devons l'appréhender en fonction de la distinction des « usages » telle qu'elle est établie dans *Différence et répétition*. Au chapitre 3, au sein des pages où il cite la *Correspondance* d'Artaud avec Rivière, Deleuze évoque la pensée et « son propre "impouvoir" *naturel* » – « naturel » si l'on envisage « ce que signifie penser » *du point de vue d'un usage empirique.* Peu avant, il considérait également « l'impensable ou l'impuissance à penser *dans l'usage empirique* ». Si l'on en restait à cet usage, il serait difficile de comprendre en quel sens « l'impouvoir » désigne dans le même temps un authentique « pouvoir » : il se définirait simplement comme un constat, un « *fait* perpétuel », comme le souligne Deleuze[2]. C'est seulement dans la mesure où ce « fait » nous *force* à penser que la faculté du même nom s'élève à « la plus haute puissance », et s'exerce cette fois *d'un point de vue supérieur.* C'est parce qu'il est saisi de ce point de vue « transcendantal », que le « constat d'impuissance » à penser – témoignage en un sens « d'une méconnaissance première », comme l'a écrit Michel Foucault[3] –, possède une importance décisive dans la détermination de « l'image de la pensée », que ce soit dans *Différence et répétition* ou dans *L'Image-temps*. Toutefois, rien ne nous permet encore de différencier « l'image » de l'un de celle qui anime l'autre, alors même que nous entendions indiquer le type de transformation qu'elle subit d'un ouvrage à l'autre.

Si l'on revient à l'économie générale du chapitre 7, nous découvrons que Deleuze coupe en fait la référence à la phrase de Heidegger en deux, et que le premier fragment (sur la « capacité » de penser) concerne le paragraphe consacré à l'image-mouvement d'Eisenstein, tandis que l'autre paragraphe, le second

1 IT, n. 22, p. 218, où Deleuze cite l'article de Blanchot (« Artaud ») contenu dans *Le Livre à venir*. Sur « "l'impossibilité qu'est la pensée" » chez Blanchot, voir également DR, p. 257.

2 DR, p. 188. Plus loin, Deleuze écrit aussi : « Bien sûr, l'impuissance peut rester impuissance, mais seule aussi, elle peut être élevée à la plus haute puissance », à condition d'appréhender la pensée du point de vue de son usage supérieur.

3 M. Foucault, *Les Mots et les choses*, Paris, Gallimard, 1966 (Tel, 1992), p. 334. Deleuze cite ce passage dans *L'Image-temps* (n. 37, p. 228), où il note cette « certitude intérieure qui manque [à la pensée] ».

(sur le fait que « nous ne pensons pas encore »), a trait à la « nouvelle image » en train de naître, étudiée avec Artaud. Autrement dit, Deleuze sépare les deux étapes d'une réflexion qui étaient pourtant solidaires l'une de l'autre dans la démonstration de *Différence et répétition*. Comment comprendre une telle séparation, qui correspond, on le voit, à un changement de régime d'image ? Il ne s'agit pas de remarquer simplement que la citation de Heidegger fonctionne différemment dans les deux livres. Il s'agit plutôt, partant du fonctionnalisme de Deleuze, d'étudier le nouvel agencement conceptuel qui en résulte, et considérer simultanément « l'image de la pensée » sur laquelle repose le « cinéma de voyant » (et la considérer suivant la manière dont les facultés de voir *et* de penser s'accordent entre elles). Le problème peut se formuler ainsi : quels sont les rapports du cinéma avec la pensée, dès lors que la genèse de la pensée par l'image ne relève plus d'un « choc » ? De quoi l'impuissance à penser est-elle désormais le corrélat, si elle n'est plus solidaire de cette « capacité » que la vibration nerveuse – du « je sens » au « je pense » – prétendait lui offrir dans une conception « sublime » du cinéma ?

La réponse à ces questions devra prendre en considération les qualités de l'image, de telle sorte que nous puissions être assurés qu'elles « touchent [le cinéma] dans sa spécificité, dans sa différence avec les autres disciplines ». « Nous demandons, ajoute Deleuze, quel est le moyen du cinéma pour aborder cette question de la pensée, de son impuissance essentielle *et de ce qui en découle* »[1]. Remarquons qu'il cite dans la même page un ouvrage important de théorie du cinéma : le livre de Jean Louis Schefer, *L'homme ordinaire du cinéma*, qui prend le relais, dans une certaine mesure, de la référence faite aux textes d'Artaud. « La force [de ce] livre est d'avoir répondu à la question : en quoi et comment le cinéma concerne-t-il une pensée dans le propre est de ne pas être encore ? (...) ». Et cette réponse réside notamment dans un « *trouble* » qui « affecte le visible », « trouble » rendu possible par « l'image cinématographique, dès qu'elle assume son aberration de mouvement »[2]. Nous devinons à lire ces phrases, malgré l'emprunt fait au mot de Schefer, qu'elles s'inscrivent à l'intérieur des développements sur le motif de la « voyance ». Nous avons décrit de quelle façon les situations optiques pures peuvent se caractériser par de semblables « troubles » de la vision, prélude à un exercice supérieur de la faculté de voir que manifestent, à chaque fois singulièrement, les images une

1 IT, p. 219.
2 *Ibid.* (souligné par Deleuze).

fois affranchies du schème sensori-moteur. Ces troubles engendrent autant de « trous dans les apparences » ; trous qui nous font voir *à travers* les choses, *entre* les choses, et qui constituent une « esthétique visionnaire »[1].

Il est essentiel de remarquer que le « trouble » se substitue d'une certaine manière au « choc ». Il en résulte un tout autre rapport de l'image avec la pensée, comme l'indique Deleuze dans une phrase où il met en parallèle les démarches d'Eisenstein et de Schefer : le « trouble »,

> loin de rendre la pensée visible comme le voulait Eisenstein, [s'adresse] au contraire à *ce qui ne se laisse pas penser dans la pensée*, comme à *ce qui ne se laisse pas voir dans la vision*[2].

Phrase dont l'importance doit se mesurer au fait, d'une part, qu'elle associe les facultés de voir et de penser ; et d'autre part (mais les deux points sont intimement liés), qu'elle fait référence, même indirectement, à un exercice transcendantal de la vision, depuis le constat d'une certaine impuissance de celle-ci dans son usage empirique (« ce qui ne se laisse pas voir… »). En un sens, les modalités de la « rencontre » – cette « rencontre *essentielle* » par laquelle chaque faculté atteint à son usage supérieur –, ces modalités ont changé, et ce changement s'exprime principalement par le « *privilège* » accordé à la faculté de voir. Que le cinéma moderne ne relève plus d'une « image-choc », un passage du chapitre 2 nous le laissait en quelque sorte déjà pressentir. Deleuze y évoque l'apparition de ces nouveaux personnages, après la guerre :

> des personnages, pris dans des situations optiques et sonores pures, se trouvent condamnés à l'errance ou à la balade. *Ce sont de purs voyants*, qui n'existent plus que dans l'intervalle de mouvement, *et n'ont même pas la consolation du sublime*, qui leur ferait rejoindre la matière ou conquérir l'esprit[3].

Le cinéma classique était en partie animé d'une noble tâche : élever l'homme depuis les images à la pensée consciente, lui donner la « capacité » de penser ; et

---

1 Voir IT, p. 222, p. 219 (pour la citation entre guillemets de l'expression d'Artaud) et p. 33 sur la nécessité de « faire des trous », « introduire des vides (…) raréfier l'image » afin d'échapper à « l'état de cliché », et par là même à toute sensori-motricité. Au sein du champ littéraire, et dans la même perspective, Deleuze fait sienne la phrase de Beckett consistant à « “forer des trous” à la surface du langage, pour que paraisse enfin “ce qui est tapi derrière” » (E, p. 103). Deleuze reprend cette citation de Beckett dans l'avant-propos de *Critique et clinique*, et précise à sa suite : « C'est de chaque écrivain qu'il faut dire : c'est un voyant, c'est un entendant » (p. 9).

2 IT, p. 219.

3 IT, p. 58.

même si une certaine peine, voire parfois un certain effroi – Kant ne parle-t-il pas d'un « arrêt des forces vitales » dans le sublime[1] – accompagnent cette prétention des grands pionniers, ceux-ci pouvaient malgré tout avancer que cette peine et cet effroi restent dérisoires par rapport à la *consolation* qu'ils nous assurent : éveiller le penseur en nous, comme le principe d'une liberté nouvelle.

Le voyant n'a plus cette consolation. La question se pose alors de savoir comment un acte de penser peut être encore conquis, sachant que même une « onde de choc » n'est plus susceptible de l'atteindre dans ce qu'il fait ou, plus exactement, dans ce qu'il est *contraint* de faire ? L'errance ou la balade (auxquels le voyant est « *condamné* ») ne se présentent-elles pas comme des activités où, précisément, il pourrait sembler que rien n'arrive, rien ne se passe ? Que la situation optique pure se définisse par-delà la distinction de l'insignifiant et de l'extraordinaire ne confirme-t-il pas d'ailleurs ce point de vue ? Lisons les textes de près. Le voyant « *n*'existe plus *que* dans l'intervalle de mouvement », affirme Deleuze. La forme restrictive de la phrase a son importance, car elle permet de distinguer cette existence de celle que donne à voir l'image-affection. Dans *Cinéma 1*, cette image est caractérisée comme le lieu d'un écart : écart entre une action et une réaction, entre une image-perception et une image-action (avec lesquelles elle forme l'une des trois grandes espèces de l'image-mouvement). Pour la désigner d'un point de vue conceptuel, Deleuze s'appuie notamment sur la définition que donne Bergson de l'affect : « une tendance motrice sur un nerf sensible »[2]. Il y voit réunis les deux pôles de l'image-affection, à savoir « une *série de micro-mouvements* sur une *plaque nerveuse immobilisée* ». Autrement dit, l'immobilisation d'un nerf ou d'un organe ne va pas sans une « tendance aux mouvements », et c'est ce qui fait que la subjectivité qu'elle manifeste reste sensori-motrice[3]. Là réside la profonde différence avec le sujet de la voyance, sujet « pétrifié », qui ne se situe pas même dans l'écart entre une excitation et une réponse : dans son cas, même les « micro-mouvements » sont sacrifiés.

Deleuze revient sur cette distinction dans *L'Image-temps*, au sein d'un passage où il amorce l'étude de l'image optique et sonore pure entendue comme « description » (dès lors que la reconnaissance attentive est tenue en échec).

> Nous avons vu que la subjectivité se manifestait déjà dans l'image-mouvement : elle surgit dès qu'il y a un écart entre un mouvement reçu et un mouvement exé-

1 E. Kant, *Critique de la faculté de juger*, Paris, Vrin, 1993, trad. A. Philonenko, p. 118.
2 IM, p. 126.
3 *Ibid.*

> cuté (…) si l'affection elle aussi est une dimension de cette première subjectivité, c'est parce qu'elle appartient à l'écart, elle en constitue le « dedans », elle l'occupe en quelque sorte, *mais sans le remplir ou le combler.*

Dans la situation optique pure, en revanche, c'est l'image virtuelle (en l'occurrence une « image-souvenir », mais le raisonnement vaut pour l'ensemble du « cinéma de voyant ») qui « comble [l'écart] effectivement, de telle manière qu'elle nous ramène individuellement à la perception, *au lieu de la prolonger en mouvement générique* »[1]. L'une des problématiques qui caractérise le passage de *Cinéma 1* à *Cinéma 2* consiste à déterminer comment s'enchaînent les images entre elles, dès lors que cet enchaînement n'est plus moteur. Le thème de la voyance se situe au cœur de cette problématique; c'est lui qui permet de penser ce que Deleuze entend par cinéma « moderne », et la distinction qu'il établit avec « l'image-affection » comme avatar de l'image-mouvement est décisive afin de préciser son acception. Au chapitre 2 de *L'Image-temps*, il revient sur cette distinction à la lumière de ce qui se passe « dans le cinéma dit moderne » :

> le schème sensori-moteur ne s'exerce plus, mais n'est pas davantage dépassé, surmonté. *Il est brisé du dedans.* C'est-à-dire que les perceptions et les actions ne s'enchaînent plus :

c'est en ce sens que les voyants « n'existent plus que dans l'intervalle du mouvement », qu'ils le remplissent ou le comblent de ces « *forces* immenses » (par quoi les images désormais s'enchaînent ou se « ré-enchaînent »), forces provenant de cet « intolérable, qui est leur quotidienneté même »[2].

Il n'y a plus de choc, comme dans la conception « sublime » du cinéma, et pourtant quelque chose survient dans cette esthétique visionnaire qui est l'affaire du cinéma moderne : un trou dans les apparences, un trouble qui affecte le visible, signe que la sensori-motricité s'est brisée, et que la faculté de voir s'est élevée à son usage transcendantal. « L'intolérable » deleuzien intervient justement comme l'objet de cette faculté, étant donné que la « formule de l'intolérable » s'énonce de la manière suivante : « ce que de toute façon je vois », au sens où ce que je vois – « la chose en elle-même, littéralement » – relève désormais d'une faculté « désabritée », sans pour autant que l'on puisse dire qu'elle a subi un heurt, une violence particulière; l'intolérable, d'ailleurs, ne désigne pas

1 IT, p. 67.
2 IT, p. 58.

nécessairement « une injustice majeure », mais bien, encore une fois, « l'état permanent d'une banalité quotidienne »[1], dont les injustices majeures font partie et auxquelles nous ne réagissons même plus. Il serait malgré tout inexact de soutenir que cette vision supérieure appréhende cet intolérable sur le mode de la passivité à proprement parler. Peut-être l'accueille-t-elle davantage suivant cette réceptivité particulière dont parle Kant dans la « première introduction » à la *Critique de la faculté de juger*, cette « *Empfänglichkeit* » qui apparaît également dans « l'Analytique du sublime » et qui désigne le lieu même du passage du sentiment esthétique au domaine de la moralité. Or chez Kant, cette réceptivité aux Idées de la raison que manifeste « la mise en mouvement » de l'imagination dans le sublime « rapproche [le sujet] du domaine de l'action »[2]. Chez Deleuze, au contraire, il ne s'agit plus d'agir (ni même de réagir) – « c'est un cinéma de voyant, non plus d'action », insiste-t-il[3] –, bien que l'action soit entendue ici en un tout autre sens que chez Kant (nous verrons qu'une certaine « éthique » se dégage de la discordance des facultés dans *L'Image-temps*, comme une morale est présupposée dans la disconvenance facultaire au sein du sublime kantien).

Nouvelle image de la pensée (1985)

On ne saurait non plus considérer le fonctionnement « supérieur » de la faculté de voir comme s'il ne s'agissait que d'une « manière absolue de voir les choses », suivant une formule de Flaubert analysée par Rancière. L'auteur de *La Parole muette* a bien montré que l'exigence de l'écrivain consistait à « délier » les phénomènes ou, mieux encore, à les délier « de ces formes de présentation (…) et de liaison entre les phénomènes qui définissent le monde de la représentation »[4]. Il en résulte un « devenir œil » de la littérature, qui s'inscrit plus généralement au sein d'une « métaphysique de la nature » à laquelle participerait la philosophie deleuzienne : « devenir œil » qui tend à fondre le spirituel et le sensible pur, pour aboutir à « une succession de petites perceptions où l'activité et la passivité ne sont plus distinguables »[5]. Il est cer-

---

1 *Ibid.*, respectivement p. 230, 32 et 221.

2 C'est ce que montre très bien Olivier Dekens dans une étude consacrée à la notion de la « topologie du politique » chez Kant. Voir *Le Devoir de justice – Pour une inscription politique de la philosophie*, Paris, Armand Colin, 2004, p. 177.

3 IT, p. 9.

4 *La Parole muette*, Paris, Hachette, 1998 (réédition 2005), p. 107.

5 Cf. respectivement *ibid.*, p. 106 et *Le Destin des images*, *op. cit.*, p. 137. Sur le rapprochement

tain que les « petites perceptions » constituent une notion deleuzienne à part entière (héritée de Leibniz), qu'elles jouent même un rôle non négligeable dans l'établissement d'une « intuition politique », en tant que cette intuition est fondamentalement liée à la voyance. Toutefois, il ne semble pas que le couple conceptuel composé de la passivité et de l'activité, y compris sous la forme de leur indiscernabilité immanente, soit pertinent pour saisir la manière dont fonctionne la faculté de voir dans *L'Image-temps*. Il ne l'est pas, car il manque cette contrainte qui affecte la faculté et la porte à atteindre sa propre limite, même si cette contrainte ne relève pas comme tel d'un « choc », mais affecte en vérité la vision *du dedans*[1]. Le concept de « limite » nous ramène d'une certaine manière à la problématique de la puissance (et de l'impuissance) de la faculté de voir, et invite à poursuivre son examen en considérant cette fois la manière dont elle s'enchaîne avec l'autre faculté questionnée dans le chapitre 7, la faculté de penser. Comme l'écrit Deleuze, dès lors que « chaque faculté [se trouve] devant sa limite propre », elle communique avec les autres « à la pointe de leur solitude respective »[2]. C'est le principe de cette communication qu'il convient maintenant d'étudier.

Le « trouble » qui affecte le visible, tel qu'il est théorisé dans *L'homme ordinaire du cinéma* de Schefer (lu par Deleuze), fait en sorte que « la pensée, au cinéma, est mise en face de sa propre impossibilité, et pourtant en tire une plus haute puissance ou naissance »[3]. Peu après, au sein d'un raisonnement où se mêlent les apports respectifs de Schefer et d'Artaud à ce même problème, Deleuze évoque la « situation psychique du voyant, qui voit d'autant

---

Flaubert-Deleuze, voir aussi *La Chair des mots*, Paris, Galilée, 1998, p.183-184, où Rancière traduit la pensée de Flaubert « dans le lexique deleuzien » : « Ce qui s'oppose aux lois de la *mimèsis*, c'est la loi de ce monde d'en dessous, ce monde moléculaire, in-déterminé, in-individualisé, d'avant la représentation ». Il reprend ce thème dans le texte qu'il consacre à Deleuze, « Y a-t-il une esthétique deleuzienne? », art. cité, p. 533-534, où il évoque le souci qui anime Deleuze de « [souligner] l'immanence du pathos au logos » (et p. 535 pour la référence à Flaubert). Deux remarques au regard de la présente analyse : d'une part, il est vrai que le « régime esthétique » décrit par Rancière fonctionne dans les *Cinéma*, mais cela est uniquement vrai pour *L'Image-mouvement*; plusieurs descriptions de l'image-perception en témoignent (de même certains passages consacrés au sublime de « l'école allemande »), mais Rancière a tendance à absolutiser ce régime et à l'appliquer à l'ensemble des livres sur le cinéma (cf. *La Fable cinématographique, op. cit.*, p. 150 et sq.). Or, et c'est notre deuxième remarque, l'image-temps obéit à un tout autre régime de pensée, ce que notre développement entend précisément montrer.

1 On pourrait dire avec Artaud que nous sommes en présence de « *situations purement visuelles* et dont le drame découlerait d'un heurt fait pour les yeux, puisé, si l'on ose dire, *dans la substance même du regard* », cité par Deleuze (IT, p. 220), qui souligne la première partie de la phrase.

2 DR, p. 297-298.

3 IT, p. 219.

mieux et plus loin qu'il ne peut réagir, c'est-à-dire penser »[1]. Arrêtons-nous sur l'ordre d'enchaînement des facultés tel qu'il se présente implicitement dans ces pages. La faculté de voir, saisie, voire transie de l'intérieur, « dans sa substance même », conquiert son exercice supérieur et touche à sa limite ; c'est en ce sens qu'elle atteint « à ce qui ne se laisse pas voir dans la vision » (la vision envisagée du point de vue de son usage empirique). C'est la « voyance » dans son exercice transcendantal – la vision en tant qu'elle « naît » à elle-même – qui contraint à son tour la pensée, et la contraint de telle sorte qu'elle appréhende l'impensé dans la pensée, son « impouvoir » fondamental, comme l'écrit Deleuze à la suite d'Artaud, Blanchot ou Schefer. Il rappelle à ce propos que nous ne sommes pas devant une impossibilité « naturelle », comme s'il ne s'agissait que d'« une simple infériorité qui nous frapperait par rapport à la pensée », mais qu'« elle appartient à la pensée »[2] ; et c'est précisément cette appartenance que le « cinéma de voyant » force la pensée à affronter comme sa limite propre.

Il existe en ce sens un « accord discordant » entre voir et penser, discordance dont la « formule de l'intolérable » est le signe, en tant qu'elle « exprime un nouveau rapport de la pensée avec le voir (...) *qui ne cesse de mettre* la pensée hors d'elle-même, hors du savoir, hors de l'action »[3]. Phrase essentielle, qui indique le type de réseau facultaire que l'on trouve dans ce chapitre 7 – c'est bien la vision supérieure qui contraint la pensée à penser –, et confirme le fait, dans le même temps, que la logique qui la gouverne ne saurait relever d'une « pensée critique » voisine de celle d'un Eisenstein (bien que la dimension critique ne soit pas absente de l'image-temps, au contraire) : par la voyance, la pensée est « hors d'elle-même », si bien qu'elle ne peut guère plus désigner le lieu « de l'opposition surmontée », de la naissance du concept comme pensée du tout[4]. C'est pourquoi il convient de ne pas envisager la discordance évoquée comme si elle conférait, en raison même de l'ordre d'enchaînement des facultés, un primat à la vision ; primat en ce sens qu'elle porterait témoignage, et elle seule, d'une adéquation de la pensée à elle-même. Si tel était le cas, il est clair que l'argumentation deleuzienne s'inscrirait dans cette longue tradition philosophique qui, depuis Platon, lie intimement le voir au savoir et à l'intelligence. Blanchot a mis en évidence la façon dont se noue la pensée avec

1 IT, p. 221.
2 *Ibid.*
3 IT, p. 230.
4 IT, p. 206, il s'agit du passage où Deleuze analyse le premier moment du « noochoc ».

> cette exigence optique qui, dans la tradition occidentale, soumet depuis des millénaires notre approche des choses et nous invite à penser sous la garantie de la lumière ou sous la menace de l'absence de lumière. Je vous laisse recenser tous les mots par lesquels il est suggéré que, pour dire vrai, il faut penser selon la mesure de l'œil[1].

Si Deleuze mentionne l'existence d'« un nouveau rapport de la pensée avec le voir », c'est notamment parce que le phénomène de la voyance ne répond pas (ou plus) à cette « tradition » dont Blanchot aimerait affranchir les facultés (et parmi elles, la pensée). Ce qu'il faut remarquer, c'est qu'il serait illégitime de considérer une faculté comme étant dominante sur les autres, à moins de retomber sous les règles d'un « sens commun » (comme dans la *Critique de la raison pure* ou la *Critique de la raison pratique*) qui surdéterminent le rapport des facultés entre elles. Et lorsque Deleuze évoque le « privilège » d'une faculté, cela signifie qu'elle constitue « l'origine » du mouvement par lequel s'enchaînent les facultés, non l'idée d'un primat de celle-là sur celles-ci. D'autant plus que si une faculté en contraint une autre, elle se voit elle-même, à son tour, contrainte d'avoir une « inspiration qu'elle n'aurait pas eu toute seule ». Autrement dit, « l'une pousse l'autre à la limite, mais chacun fait que l'un dépasse la limite de l'autre »[2] : c'est pourquoi une faculté ne saurait s'exercer « sous la garantie » d'une autre. C'est suivant cette « étreinte », comme le dit encore Deleuze, que nous pouvons comprendre les liens de la pensée avec le voir dans *L'Image-temps*, bien que l'enchaînement entre ces deux facultés ne s'effectue plus sur le modèle de la vibration ou de l'onde de choc, comme c'est encore le cas dans *Différence et répétition*. C'est parce que le voyant « se trouve frappé par quelque chose d'intolérable » qu'il « est confronté à quelque chose d'impensable dans la pensée ». Mais inversement, c'est parce qu'il ne « peut réagir, c'est-à-dire penser » qu'il « voit d'autant mieux et plus loin ».

Ainsi peut-on *imager* « l'image de la pensée » dans *Cinéma 2*. Cependant, manque peut-être encore l'essentiel, à savoir ce dont cette « image » est le symptôme, et qui constitue la condition même de la naissance de l'image-temps, son « champ problématique »[3]. Deleuze l'énonce explicitement : si l'expérience de pensée décrite par Artaud, et reprise autrement par Schefer, « concerne

---

1 M. Blanchot, *L'Entretien infini*, Paris, Gallimard, 1969, p. 38.

2 CC, p. 49.

3 Voir sur ce point DR, p. 257, où Deleuze évoque « ce point aléatoire, cette "tache aveugle", impérative, questionnante, à partir de laquelle l'œuvre se développe comme problème », et donne à voir « l'image de la pensée » qui est la sienne.

essentiellement (non pas exclusivement toutefois) le cinéma moderne, c'est d'abord en fonction du changement qui affecte l'image : l'image a cessé d'être sensori-motrice » – ce que l'auteur analyse patiemment depuis la fin de *L'Image-mouvement*. Il poursuit néanmoins son propos, et donne la raison de ce changement dans le régime de l'image : « Or cette rupture sensori-motrice trouve sa condition plus haut, et *remonte elle-même à une rupture du lien de l'homme et du monde* »[1]. Cette condition ne renvoie guère à une circonstance extérieure déterminée, bien que des facteurs historiques interviennent dans l'acception de cette « rupture » de l'homme et du monde. Là encore, la « rupture » dont parle Deleuze renvoie à un fonctionnement en droit de la pensée ; c'est pour cette raison qu'elle concerne « l'image de la pensée » à l'intérieur de *L'Image-temps*, et en conséquence les liens du cinéma moderne avec la pensée. Deux remarques sur ce point. Il apparaît tout d'abord que la rupture du lien de l'homme et du monde constitue un thème qui parcourt l'œuvre de Deleuze depuis *Différence et répétition*, c'est-à-dire depuis le moment où il théorise (à partir et par-delà Kant) le concept de fêlure, de « Je fêlé », qui porte précisément témoignage de cette rupture. Celle-ci sera ensuite reprise et approfondie au chapitre 2 de *L'Anti-Œdipe*, du point de vue cette fois du problème de la schizophrénie, en convoquant en particulier les travaux de Laing et de Jaspers sur la psychiatrie. Nous citons ces références parce que Deleuze les mentionne explicitement dans deux cours sur le cinéma, cours où il introduit précisément, d'un point de vue conceptuel, à cette idée d'une rupture du lien de l'homme et du monde. Deleuze y étudie en particulier le bouleversement de « l'image de la pensée » opéré par Kant dès lors qu'il a séparé, dans la *Critique de la raison pure*, la nature sensible (des phénomènes) du domaine supra-sensible (de la chose en soi) ; pour Deleuze, c'est le signe « qu'il y a des choses qu'on ne peut pas *connaître*, et que pourtant nous pouvons *penser* » ; « pour la première fois, le modèle du savoir n'épuise pas la pensée », sachant que « l'essentiel du savoir consiste en une adéquation de l'homme et du monde » ; « *c'est avec Kant que se prépare la rupture de l'homme et du monde* » continue Deleuze, « *comme si c'était la schizophrénie qui commençait* »[2]. Le fait est que nous retrouvons ces thèmes de la fêlure et de la schizophrénie dans *L'Image-temps*, bien que Deleuze ne renvoie pas nommément aux auteurs qu'il cite au sein des cours sur le cinéma. N'invoque-t-il pas en effet, dans son commentaire d'Artaud, cette « réalité intime du cerveau » que le cinéma doit « rejoindre », étant dit

1 IT, p. 220.
2 Voir les cours du 6 et 13 novembre 1984.

que cette réalité « n'est pas le Tout [subordonné au modèle du savoir selon lui], c'est au contraire une fissure, une fêlure », faisant ainsi d'Artaud un descendant indirect de Kant ? Et plus loin encore, il évoque cette « *universelle schizophrénie* », signe d'un « lien de l'homme et du monde (...) rompu », qui n'empêche cependant pas l'homme d'éprouver la nécessité « de croire en ce monde-ci » [1].

Ceci nous ramène d'une certaine manière à l'examen du mouvement interne de l'argumentation, et à la façon dont l'idée de la « rupture de l'homme et du monde » fonctionne. C'est l'objet de notre deuxième remarque. Car la rupture en question va permettre de comprendre, positivement, les aspects principaux du nouveau rapport que le cinéma moderne entretient avec la pensée, dans sa différence avec la conception classique qui définit l'image-mouvement. Le premier de ces aspects concerne le changement du statut du « tout » au cinéma, qui désigne plus généralement l'objet du chapitre 3 de *L'Image-mouvement* consacré au montage, où le tout « *c'était l'ouvert* » :

> l'ouvert se confondait avec la représentation indirecte du temps : partout où il y avait mouvement, il y avait, ouvert quelque part, dans le temps, un tout qui changeait (...) Le tout ne cessait donc pas de se faire, au cinéma, en intériorisant les images et en s'extériorisant dans les images, suivant une double attraction. C'était le processus d'une totalisation toujours ouverte, qui définissait le montage ou la puissance de la pensée [2].

Dès lors que l'homme « est coupé du monde extérieur », écrit Deleuze, « nous disons maintenant que *le tout c'est le dehors* » [3]. Et il faudra étudier les changements que ce nouveau statut du « tout » produit en termes d'enchaînements des images, puisque la notion de « dehors » s'inscrit comme telle dans la perspective d'une détermination du montage à l'intérieur du cinéma moderne : tous les concepts de « ré-enchaînement », de « coupure irrationnelle », d'« interstice » en dépendent [4].

Par ailleurs, il s'avère que la rupture du lien avec le monde concerne de près la discordance entre les deux facultés étudiées. Deleuze dit bien en effet

1 IT, p. 223 et sq. Récemment, Clotilde Simond a repris cette question de la schizophrénie dans *Esthétique et schizophrénie*, Paris, L'Harmattan, 2004. Voir notamment les p. 183-185 pour une analyse de la « fêlure » chez Deleuze.
2 IT, p. 233-234 (souligné par Deleuze).
3 IT, p. 233 (souligné par Deleuze).
4 C'est en ce sens que Deleuze note « l'effacement d'un tout ou d'une totalisation des images, au profit *d'un dehors qui s'insère entre elles* » (IT, p. 245).

« qu'*entre* [la faculté de voir et la faculté de penser], la pensée subit une étrange pétrification, qui est comme (...) *sa dépossession d'elle-même et du monde* ». Et il ajoute, convoquant la notion d'« intolérable » :

> ce n'est pas au nom d'un monde meilleur ou plus vrai que la pensée saisit l'intolérable dans ce monde-ci, c'est au contraire parce que ce monde est intolérable qu'elle *ne peut plus penser un monde ni se penser elle-même*[1].

Dans le commentaire qu'il fait du livre de Schefer, il soutient en ce sens que le « trouble » du visible renvoie à un événement plus profond dont l'image cinématographique moderne est le symptôme, à savoir « *la suspension de monde* »[2]. L'importance de cette thèse se mesure au fait qu'elle permet à Deleuze d'introduire le motif de la « croyance » ; motif dont on pourrait difficilement comprendre la signification si on ne le rapportait au réseau facultaire composé (pour l'heure) de la vision et de la pensée, puisque c'est bien le « croire » qui compose la « *subtile issue* » à la pétrification qui affecte le voyant devant la perte du monde : « Croire, non pas à un autre monde, mais au lien de l'homme et du monde (...) y croire comme à l'impossible, à l'impensable, qui pourtant ne peut être que pensé »[3]. Les chapitres de *L'Image-temps* qui suivent « La pensée et le cinéma » (de même les « conclusions ») participent tous de cette « subtile issue ».

1 IT, p. 221.
2 IT, p. 219 (souligné par Deleuze) ; l'expression est reprise (sans guillemets) p. 220.
3 IT, p. 221.

4

VOIR ET PARLER

Le problème de la croyance

Qu'est-ce que la perte du monde ?

L'un des éléments de la transformation de « l'image de la pensée » avec *L'Image-temps* réside dans l'abandon du motif du « choc » comme raison de l'enchaînement des facultés. Non que cet abandon s'accompagne d'une remise en question du thème de la « rencontre », mais celle-ci a changé de forme et s'inscrit désormais dans un réseau facultaire où c'est *l'absence de réaction* qui prédomine. Il convient d'envisager la possibilité d'une rencontre « qui force à penser », sans que cette rencontre soit rabattue sur une théorie du choc, voire, comme c'est globalement le cas dans *Cinéma 1*, sur une « esthétique du choc ». Les développements consacrés au motif insistant de la « voyance » avaient pour tâche d'appréhender la manière dont cette rencontre pouvait simultanément répondre à l'exigence génétique qui caractérise l'empirisme (transcendantal) deleuzien. La faculté de voir, dans son usage supérieur, atteint à la voyance lorsqu'elle parvient à saisir « l'intolérable » (dans la « banalité quotidienne » même, parfois), de telle sorte qu'elle contraint à son tour la faculté de penser à se confronter à sa limite propre, « l'impensé ou l'impensable », à savoir la rupture de l'homme et du monde dont témoigne précisément cet intolérable. L'accord discordant qui apparaît entre ces deux facultés désigne l'un des aspects de « l'image de la pensée » que nous cherchons à définir dans cette partie ; il ne suffit toutefois pas à déterminer à lui seul cette « image ».

Le problème de la perte du monde, auquel « *nous ne croyons plus* » et qui constitue la condition la plus haute de la rupture de la sensori-motricité apparaît à la fin de *L'Image-mouvement*, avant de faire l'objet d'une analyse détaillée dans *L'Image-temps*; elle est par ailleurs mentionnée dans un passage central de *Qu'est-ce que la philosophie?* :

> Il se peut que croire en ce monde, en cette vie, soit devenu notre tâche la plus difficile (...) (nous avons tant de raisons de ne pas croire au monde des hommes, *nous avons perdu le monde*, pire qu'une fiancée, un fils ou un dieu...). Oui, *le problème a changé*[1].

L'énoncé de ce problème remonte donc aux *Cinéma*, et il nous appartient d'en poursuivre l'examen non seulement au regard du concept de croyance qui apparaît dans le chapitre 7 de *L'Image-temps*, mais relativement aussi à la *solution positive* qu'il reçoit dans les chapitres suivants. Si nous en restions au seul contenu de la première moitié de « La pensée et le cinéma », il serait difficile de comprendre en quel sens le philosophe échappe au désenchantement qu'il entrevoit au sein d'une « époque [qui] n'est pas bonne »[2]. Pour reprendre une expression de *L'Image-mouvement*, tout « projet esthétique » doit être « capable de constituer une entreprise positive », à moins de rester « étroitement critique »[3]. Évoquer ce double mouvement – inséparablement critique et positif – a son importance, dans la mesure où il permet de distinguer le discours deleuzien de ces « rhétoriques contemporaines de l'apocalypse » dénoncées par Rancière, et dont l'un des « produits » se nomme précisément « perte de monde »[4]. Chez Deleuze, la « perte de monde » ne constitue pas l'occasion d'une plainte, que les rhétoriques en question subsument en revanche sous la catégorie de l'avenir, de telle sorte qu'elle devient un objet de crainte. Elle ne participe pas non plus à une « histoire de la rédemption », au sens où il s'agirait pour le cinéma de « [restituer] des images-mondes à elles-mêmes », puisque cette restitution (à supposer que ce terme soit synonyme de rédemption) ne pourrait que s'appliquer à l'image-perception, et non à l'ensemble des images de la taxinomie deleuzienne. Le fonctionnalisme de l'auteur des *Cinéma* empêche d'adhérer à l'une ou l'autre de ces hypothèses, toutes deux associées à deux théologies du temps qui s'opposent fondamentalement (l'une nous précipite dans la mort de l'image, l'autre témoigne d'un salut à venir par les images). Il

---

1 QqP, p. 72-73.

2 IT, p. 365.

3 IM, p. 283-284. C'est une constante, chez Deleuze, de soutenir que la critique doit être intimement « positive ». Voir notamment QqP, p. 80 : « La critique implique de nouveaux concepts (...) *autant que la critique la plus positive* ». Voir aussi NP, p. 3, où Deleuze invoque une « critique » qui soit « *en même temps le plus positif* ».

4 J. Rancière, « Celui qui vient après », art. cité, p. 144.

est nécessaire à cet égard de reprendre l'étude des facultés là où nous l'avions laissée, et de considérer comment « la pensée, au cinéma (...) mise en face de sa propre impossibilité » est néanmoins susceptible d'en « [tirer] une plus haute puissance ou naissance »[1] ; comment, autrement dit, se manifeste la « subtile issue » évoquée précédemment, c'est-à-dire, aussi bien, la solution « positive » au problème de la rupture du lien de l'homme et du monde.

C'est là, dans le même temps, que tout peut se compliquer, et l'une des hypothèses à peine condamnée ressurgir d'une manière ou d'une autre. Deleuze fait appel à la notion de croyance, ce qui laisserait penser qu'il introduit une part de théologie, sinon une dimension téléologique dans son discours. Mais quel est l'objet de cette croyance ? Il réside dans ce qui conditionne la rupture du schème sensori-moteur, objet en lui-même rompu, car il s'agit bien de « croire, non pas à un autre monde, mais au *lien de l'homme et du monde* ». « C'est cette croyance qui fait de l'impensé la puissance propre de la pensée »[2]. Dans l'un des cours consacré à cette question, Deleuze note qu'il y avait – jusqu'au seuil de notre période contemporaine – deux manières, essentiellement, de considérer le phénomène de la croyance : *ou bien* il s'agissait de croire en un autre monde, *ou bien* de croire en la possibilité de transformer ce monde-ci[3]. Aujourd'hui, la pensée est confrontée à un problème nouveau, ou du moins qu'elle ne s'était jamais posé aussi frontalement : il s'agit désormais de « croire en ce monde-ci », « de retrouver, de redonner la croyance au monde »[4]. Pour être comprise, la nouvelle image de la pensée qui se déploie dans *Cinéma 2* doit être évaluée en fonction de ce problème, suivant une relation nouant toute image de la pensée à un *fond problématisant* qui en détermine les actes, les réalisations, et cela quelle que soit la discipline considérée. Sur ce point d'ailleurs, conformément à une méthode soucieuse de respecter une histoire des problèmes qui concerne les diverses pratiques, histoire non linéaire où ces pratiques subissent des mutations suivant différents rythmes, Deleuze aborde parallèlement le cas de la philosophie et celui du cinéma.

Du premier point de vue, philosophique, la signification du verbe « croire », en tant qu'elle ne relève plus du *ou bien... ou bien* énoncé plus haut, renvoie à une longue histoire à travers laquelle s'est opérée « toute une conversion de

---

1 IT, p. 219.
2 IT, p. 221.
3 Cours du 6 novembre 1984.
4 Respectivement *ibid.* et IT, p. 224. Peu après, Deleuze confirme le point de vue développé dans le cours : « Ce qui est sûr, c'est que croire n'est plus croire en un autre monde, ni en un monde transformé » (p. 225).

la croyance »[1]. « C'était déjà un *grand tournant* de la philosophie *de Pascal à Nietzsche* » : période longue, en effet, qui s'étend sur près de trois siècles. En quoi consiste la « conversion » signalée par Deleuze ? Elle consiste à « remplacer le modèle du savoir par la croyance »[2], et de Pascal à Nietzsche, ce remplacement s'effectue selon lui par-delà la distinction entre auteurs pieux et ceux qui demeurent athées. Dans une note de ce même passage, il précise que « même chez les pieux, la croyance ne se tourne plus vers un autre monde, elle est dirigée sur ce monde-ci : la foi selon Kierkegaard, ou même selon Pascal, nous redonne l'homme et le monde ». La croyance à laquelle il est fait référence renvoie donc à un immanentisme radical, où même l'invocation à une transcendance religieuse par certains auteurs « encore pieux » s'adresse en définitive aux « modes d'existence » qui nous lient « à ce monde »[3]. Toutefois, afin de saisir la portée de la « conversion » évoquée, il importe de citer deux philosophes parmi ceux qu'il convoque dans son raisonnement, et avec lesquels il forme en quelque sorte une ligne de réflexion brisée sur le problème des rapports entre croyance et savoir. Il s'agit de Kant et de Nietzsche. En ce qui concerne le nom de Kant, Deleuze le mentionne dans le cours où il introduit à la problématique de la croyance, au sein duquel il rappelle la célèbre phrase de la seconde préface à la *Critique de la raison pure* : « J'ai dû abolir le savoir pour faire place à la foi »[4]. C'est un « bouleversement de "l'image de la pensée" » ajoute-t-il, et l'on a vu que c'est dans ce même cours qu'il note un « épuisement » du modèle du savoir, fondé sur « une adéquation de l'homme et du monde »[5]. La substitution de la croyance au savoir dont il est question dans *Cinéma 2* trouve bien, en ce sens, l'une des ses manifestations majeures dans le kantisme, bien qu'il ne s'agisse aucunement de reconduire la distinction du phénomène et du noumène contenue dans la formule de Kant, ni d'adhérer, par conséquent, à la dimension morale sur laquelle elle repose. Ce qui intéresse Deleuze, c'est la mutation qui affecte la pensée à ce moment-là de l'histoire de la philosophie, comme si l'acte de penser, émancipé du savoir entendu comme « conformité »

---

1 IT, p. 223-224.
2 IT, p. 224.
3 Deleuze fait une analyse du pari de Pascal en termes de « mode d'existence » dans le cours sur le cinéma du 24 mai 1983. Il reprend ce point de vue dans *Qu'est-ce que la philosophie ?*, p. 72 et sq.
4 E. Kant, *Critique de la raison pure*, in *Œuvres philosophiques*, I, Paris, Gallimard, 1980, Pléiade, p. 748.
5 Cours du 6 novembre 1984.

ou « complicité » avec le monde, entrait dans une « situation schizophrénique », signe d'une amorce de rupture de l'homme et du monde[1].

La référence à Nietzsche est plus substantielle quant au contenu et au cheminement de l'argumentation, bien que Deleuze ne renvoie explicitement à aucun ouvrage du philosophe allemand. Il souligne toutefois son apport fondamental : c'est que l'auteur du *Crépuscule des idoles* a su « [arracher] la croyance à toute foi pour la rendre à une pensée rigoureuse »[2]. C'est en raison d'un « arrachement » de cette nature que Nietzsche se situe d'une certaine manière à la pointe du « grand tournant » indiqué par Deleuze, tournant où la croyance « remplace » le savoir, et qui est désormais exempte de toute tonalité religieuse. Le caractère énigmatique de l'expression « pensée rigoureuse » demeure néanmoins. Quel est son sens véritable? Et comment l'articuler au motif de la croyance qui lui permet de définir l'un des aspects essentiels des rapports du cinéma moderne avec la pensée? Dans une récente étude consacrée aux formes de la croyance chez Nietzsche, Marc Crépon analyse comment sa pensée

> substitue à celles qui ont retourné la vie contre elle-même (la foi et l'espérance chrétiennes, vertus théologales) ou qui n'en sont que des dérivations modernes (le rêve socialiste d'un homme futur et d'une société libres), une autre forme de croyance : la croyance que, d'une « nouvelle catégorie d'hommes », il est possible d'attendre quelque chose de nouveau[3].

Cette analyse a le mérite de montrer que la critique nietzschéenne d'une certaine forme (pieuse) de la croyance ne s'accompagne pas de sa condamnation globale et irréversible. Que croire selon Nietzsche, ce soit croire à « "une nouvelle catégorie d'homme" », au « surhomme » entendu comme *promesse*, c'est ce que Deleuze développait déjà dans *Nietzsche et la philosophie*, sans que cette promesse réponde à une finalité pratique dont cette « existence éphémère » que constitue l'homme est selon lui dénuée[4]. La « pensée rigoureuse » à laquelle il se réfère dans *L'Image-temps* ne renvoie cependant pas explicitement à cette thématique du « surhomme », bien qu'elle recoupe nécessairement le concept de « nouveau » qui lui est associé. Elle fait écho, en vérité, à la théorie du problème élaborée au chapitre IV de *Différence et répétition*, théorie qui parcourt

---

1 Sur les différents stades, d'Aristote à Kant, où le savoir est « complice » ou « conforme » à son objet, voir le cours du 13 novembre 1984.
2 IT, p. 229.
3 Voir M. Crépon, *Nietzsche, l'art et la politique de l'avenir*, Paris, PUF, 2003, p. 184.
4 NP, en particulier p. 197 et sq.

souterrainement le passage où il est question de cette « pensée rigoureuse » dans *Cinéma 2*.

De quoi s'agit-il ? Souvenons-nous de la notion de « dehors », qui engageait une nouvelle conception du « tout » au cinéma. Les pages de *L'Image-temps* où Deleuze examine la « croyance » confèrent une nouvelle « composante » à cette notion. Car qu'est-ce que le « dehors » invoqué dans *L'Image-temps*, sinon cet « impossible », cet « impensé dans la pensée » qui renvoie lui-même à la rupture du lien de l'homme et du monde (condition de la rupture du schème sensori-moteur) – *lien qui* doit *constituer l'objet de la « croyance » comme telle*? Deleuze est très clair sur ce point : « c'est ce lien qui doit devenir objet de croyance : il est *l'impossible* qui ne peut être redonné que dans une foi ». C'est en vertu de cette impossibilité que le lien de l'homme et du monde *fait problème*, puisque « le problème fait intervenir un événement du dehors », sachant que « ce dehors du problème ne se réduit pas plus à l'extériorité du monde physique qu'à l'intériorité psychologique d'un moi pensant » [1]. C'est parce que « le problème se définit par un point du dehors » auquel la pensée se confronte comme malgré elle qu'il la « destitue de toute intériorité pour y creuser (…) un envers irréductible » qui la met précisément hors d'elle-même : c'est que la pensée « *se trouve emportée* par l'extériorité d'une "croyance", hors de toute intériorité d'un savoir » [2]. Ce développement concerne notre propos pour au moins deux raisons. D'une part, le motif de la croyance *en tant que problème* possède une importance décisive quant à la détermination de la « matière signalétique » de l'image-temps ; le « problème », en effet, « fait intervenir un élément du dehors » qui engendre une « dislocation du monologue intérieur », lequel monologue caractérise de son côté le régime de signes de l'image-mouvement [3]. D'autre part, l'approfondissement de ce motif (en faisant appel au besoin à d'autres textes où il trouve son acception d'origine) sert à prévenir toute interprétation hâtive qui pourrait considérer Deleuze, vers le milieu des années 1980, comme un auteur devenu pieux. Il permet surtout d'éviter un autre écueil, solidaire du précédent, qui consisterait à voir dans cette invitation à croire (« nous avons de besoin de croire… ») le signe sinon d'un désenchantement dont serait pénétré *L'Image-temps* (désenchantement, on le sait, constaté par Deleuze lui-même en ce qui concerne les rapports cinéma-pensée), celui en tout cas d'un éventuel abandon du politique, abandon que confirmerait la lecture des ouvrages précédents

1 IT, p. 227.
2 IT, p. 228-229.
3 IT, p. 226-227.

(*Mille plateaux* par exemple, publié en 1980, et dont la tonalité générale, en termes « d'engagement », paraît bien différente). L'analyse du chapitre 9 de ce second volume sur le cinéma (ainsi que de ses « conclusions »), à travers l'étude des divers types de disjonctions entre « voir et parler » proposés par le cinéma moderne, aidera à prouver le contraire ; le politique ne disparaît pas de l'œuvre deleuzienne ; il prend simplement une autre forme, dont la nouvelle image de la pensée dans *L'Image-temps* est le témoignage implicite.

Reprenons dès lors le raisonnement que Deleuze consacre à la croyance, dont l'objet appartient à un « événement du dehors » (le lien de l'homme et du monde). Deleuze use à ce propos d'une expression significative : il écrit que la pensée, confrontée à ce dehors, « *se trouve emportée* » par la croyance. Autrement dit, le « croire » deleuzien ne dépend pas, comme chez Kant, d'un *intérêt* de la raison, suivant un « pouvoir » qui lui serait préalablement donné[1]. Il répond davantage à un *impératif* d'un certain genre. (C'est en ce sens qu'il faut comprendre l'emploi du verbe « devoir » : « C'est cette croyance qui fait de l'impensé la puissance propre de la pensée (…) nous *devons* en faire notre manière de penser » ; « c'est ce lien qui *doit* devenir objet de croyance »[2].) Il ne s'agit toutefois pas d'une obligation morale, qui serait fondée apodictiquement ; il s'agit d'un impératif éthique (et non « catégorique »), qui trouve dans l'élément du « problématique » sa genèse. C'est dans la mesure où la croyance renvoie à cet élément problématisant qu'elle est rendue à une « pensée rigoureuse ». C'est sur ce point que la référence au chapitre IV de *Différence et répétition* se révèle importante. C'est dans ce chapitre que Deleuze affirme que le problématique ne saurait dépendre d'une « instance apodictique », mais d'une « instance-question » qui exprime « *le rapport des problèmes avec les impératifs dont ils procèdent* »[3]. Et ces impératifs eux-mêmes désignent un ensemble de « champs problématisants seuls capables de déterminer [la question] dans une

---

1 Sur « l'intérêt » en tant qu'elle assure « la transformation de [la] "valeur" transcendantale [d'une faculté] en actes de l'esprit », cf. J.-F. Lyotard, « L'intérêt du sublime », in *Du Sublime*, *op. cit.*, p. 161. Sur la critique deleuzienne de la notion d'intérêt chez Kant, du point de vue de la doctrine des facultés, voir DR, p. 179 : « jamais la connaissance, la morale, la réflexion, la foi ne sont mises elles-mêmes en question, étant censées correspondre à des intérêts naturels de la raison, mais seulement l'usage des facultés qu'on déclare légitime ou non d'après tel ou tel de ces intérêts ».

2 Respectivement IT, p. 221 et 223.

3 DR, p. 255 (souligné par Deleuze). Dans ce texte, il distingue deux « formes d'impératifs » correspondant respectivement aux deux « instances » mentionnées, mais le fait est que « l'impératif moral » (cas de l'instance apodictique) obéit à des « règles prédéterminées », tandis que les problèmes « émanent d'impératifs d'aventure (…) [et] ne sont pas séparables d'un pouvoir décisoire, d'un *fiat* ».

"science" caractéristique »[1]. L'argumentation s'inscrit au sein une démonstration plus large où il s'agit de montrer que « le problème est de l'ordre de l'événement », et non plus de celui de « l'essence », argumentation qui réhabilite en particulier la catégorie de « l'important », elle-même indissociable de ce « pouvoir décisoire au cœur des problèmes » qu'il nous appartient d'« expérimenter », de telle sorte que s'établisse « cette "science", *mathesis* universelle immédiate à chaque domaine »[2]. L'ensemble de ce passage se caractérise par cet agencement conceptuel singulier qui situe le « problématique » à la croisée du *fiat* et de la « science », de la contingence (le « coup de dés ») et de la nécessité, de ce qui nous « emporte » (et nous force à penser) et d'un impératif qui nous confère « "un *droit* (...) d'accéder à certains problèmes" », pour reprendre une formule de Nietzsche[3]. Et si ce dernier opère une conversion de la croyance, c'est dans la mesure où il montre qu'il ne s'agit plus de croire en un autre monde, un « arrière-monde », mais de croire à ce « "quelque chose d'irréductible au fond de l'esprit" », à ce « "bloc de Fatum" » que désignent les problèmes eux-mêmes[4]. Ajoutons que ce « *fond* » dont parle Nietzsche constitue le lieu depuis lequel « l'éternel retour s'élabore ». Nous indiquons cette référence à « l'éternel retour » comme « second temps (...) résultat du coup de dés » ou « affirmation de la nécessité », car c'est lui qui permet, comme il est écrit dans *Différence et répétition,* d'envisager une « croyance "moderne", et même [une] croyance de l'avenir »[5].

Si Deleuze trouve en Nietzsche une source d'inspiration profonde, ce n'est pas uniquement parce qu'il substitue la croyance au « modèle du savoir », c'est

---

1 DR, p. 253.

2 DR, respectivement p. 244 et 257, où Deleuze rappelle qu'il n'y a là « nulle métaphore mathématique ou physique ». Sur la notion d'important, voir p. 245 : « la question [est] de savoir si les notions d'importance et de non-importance ne sont pas précisément des notions qui concernent l'événement, l'accident, et qui sont beaucoup plus "importantes" au sein de l'accident que la grosse opposition de l'essence et de l'accident ». La « méthode de dramatisation » deleuzienne, en remplaçant l'interrogation « qu'est-ce que... ? » par les questions « combien », « comment », « en quel cas », etc., participe de ce renversement de l'ordre du problème (de l'essence à l'événement). C'est à cette condition que la philosophie peut constituer une « *science des problèmes* » (p. 243).

3 DR, p. 258. Voir aussi QqP, p. 73.

4 DR, p. 258. Dans *L'Image-temps*, au sein du même passage où il aborde l'instance du « problématique », Deleuze cite une phrase de Kierkegaard sensiblement proche de celle de Nietzsche, et dont le commentaire éclaire en retour le fragment de *Différence et répétition* en question : « Comme dit Kierkegaard, "les mouvements profonds de l'âme désarment la psychologie", *justement parce qu'ils ne viennent pas du dedans*. La force d'un auteur se mesure à la façon dont il sait imposer ce point problématique, aléatoire, *et pourtant non-arbitraire* » (p. 227-228).

5 Voir DR, p. 311-312 et NP, p. 32.

aussi parce que cette substitution n'advient pas sans que la croyance ne redonne à son tour une nouvelle forme de connaissance, dont la théorie ou « *science des problèmes* » est le contenu, chaque problème appartenant « à l'ordre de l'événement ». François Zourabichvili a bien mis en évidence cette source nietzschéenne de la pensée de Deleuze, où « croyance » et « événement » se nouent conceptuellement. Selon lui, la pensée de l'événement chez Deleuze

> s'atteste par la production de catégories singulières et par l'émergence d'une *croyance* inédite. Car si le savoir, quoi qu'on en dise, reste la disposition fondamentale d'une pensée qui s'adresse à l'être, seule la croyance répond de l'événement, pour ce qu'il enveloppe d'extériorité irréductible ou de défi lancé à la raison,

et de poursuivre en notant que la croyance

> se rapporte au retour inlassable dans l'esprit, d'une relation inédite et problématique (...) dont l'affirmation difficile assure l'ouverture par effraction d'un nouveau champ d'expérience ;

c'est en sens, que Deleuze

> entend (...) exaucer le vœu de Nietzsche : articuler des noms qui ne soient pas des avatars de celui d'un Dieu mal tué. C'est pourquoi les fonctions de croire ne disparaissent pas mais changent de sens [1].

Bien entendu, l'héritage nietzschéen doit être évalué à la lumière de l'argumentation générale de *Différence et répétition* sur cette théorie ou « science ». C'est en outre dans cette perspective qu'il convient de lire, ensemble, le chapitre consacré à la théorie du problème et les passages de *Cinéma 2* où Deleuze aborde le problème de la croyance. Or, à effectuer ce travail de lecture, et à poursuivre jusqu'à son terme la comparaison engagée entre ces deux textes, on s'aperçoit que le motif de la croyance fonctionne en réalité sur un double registre dans *L'Image-temps*. D'une part, en effet, il désigne la « subtile issue » à l'intolérable dont témoigne l'accord discordant entre la faculté de voir et la faculté de penser : « ce que de toute façon je vois » (la formule de l'intolérable selon Deleuze, pour qui sait être « voyant »), c'est la rupture du lien de l'homme et du monde, et c'est elle qui « [met] la pensée hors d'elle-même, hors

1 Cf. Fr. Zourabichvili, *La Philosophie de Deleuze*, Paris, PUF, 2004, p. 11-12 (souligné par l'auteur). Sur « "[l'accession] à certains problèmes, comme leur empreinte au fer rouge marquée sur nos *noms*" » (citation de Nietzsche reprise par Deleuze), voir DR, p. 258.

du savoir, hors de l'action »[1]. Un passage de « La pensée et le cinéma » résume parfaitement la façon dont la croyance se noue à la situation psychique du voyant, indiquant dans le même temps, au niveau des images, la tâche qui en résulte pour le cinéma moderne :

> *L'homme est dans le monde comme dans une situation optique et sonore pure. La réaction dont l'homme est dépossédé ne peut être remplacé que par la croyance. Seule la croyance au monde peut relier l'homme à ce qu'il voit et entend. Il faut que le cinéma filme, non pas le monde, mais la croyance à ce monde, notre seul lien*[2].

Succession de phrases remarquable, qui traduit la manière dont les diverses thématiques explorées jusqu'à présent s'enchaînent les unes aux autres, tout en laissant entrevoir l'entreprise positive que le motif de la croyance dessine en creux (et dont nous devinons que les signes de l'image-temps – chronosignes, noosignes, lectosignes – constituent en dernière instance l'expression).

D'autre part, d'un point de vue qui concerne plus généralement la philosophie deleuzienne, il est apparu que ce motif prend la forme d'un « impératif », lequel renvoie à un élément « problématique » comme à une *raison suffisante* d'un nouveau genre (c'est l'événement comme problème qui fonde désormais la pensée, non plus l'essence dans sa contradiction avec l'accident). C'est d'ailleurs en ce sens que la « déduction problématique » énoncée dans *L'Image-temps* « met l'impensé dans la pensée »[3], répondant par là à l'exigence génétique qui parcourt l'ensemble du deleuzisme. Cette exigence, on le sait, est formulée dès *Différence et répétition*, et l'un des passages de l'ouvrage de 1968 éclaire singulièrement la phrase de *Cinéma 2* à peine citée (dans une référence de surcroît explicite à la doctrine des facultés, et à une expression de Blanchot dont nous avons vu l'importance au sein de ce second volume) :

> Les impératifs forment (...) les *cogitanda* de la pensée pure (...) à la fois ce qui ne peut pas être pensé, mais ce qui doit l'être du point de l'exercice transcendant (...) [Ils] signifient donc ma plus grande impuissance, mais aussi ce point dont Maurice Blanchot ne cesse de parler, ce point aléatoire originel, aveugle, acéphale, aphasique, qui désigne « l'impossibilité de penser qu'est la pensée »[4].

---

1 IT, p. 230.
2 IT, p. 223.
3 IT, p. 228.
4 DR, p. 257. La notion de « point aléatoire » recoupe bien entendu le thème du « dehors » déjà évoqué. Ce point est le signe d'une destitution de l'intériorité (d'une « fêlure » dans le Je, si l'on veut) par un dehors *problématique* qui se creuse en lui, et qui assure la « genèse de l'acte de penser dans la pensée » (et par là même, suivant le raisonnement deleuzien, la nécessité de penser).

C'est parce que le lien de l'homme et du monde désigne dans *L'Image-temps* une semblable « impossibilité » qu'elle constitue de façon concomitante un impératif auquel nous devons croire, et c'est parce que la croyance forme un « champ problématisant » qui détermine un « alphabet de ce que signifie penser »[1] qu'elle est rendue à une « pensée rigoureuse ». Nous pouvons dès lors énoncer la double spécificité du motif de la croyance tel qu'il est établi par Deleuze en 1985 : il s'agit de croire au lien de l'homme et du monde, dans la mesure où la rupture de ce lien constitue *notre* problème (non parce que c'est une « catastrophe » ou un « désastre »), et que seul un investissement de ce problème peut nous redonner ce lien ; la croyance en question échappe au « modèle du savoir » (dont témoignait encore le schème sensori-moteur), mais son objet constitue un impensable, un « impossible » pour la pensée, de telle sorte que celle-ci *doit* croire à ce problème de la perte du monde comme au lieu d'expérimentation de « sa plus haute puissance »[2].

Relier l'homme à ce qu'il voit et entend

Nous évoquions le « grand tournant » que cette substitution a constitué dans l'histoire de la discipline philosophique. Qu'en est-il au cinéma, au regard de sa propre histoire ? Le « septième art » a-t-il connu un pareil tournant, le surgissement d'une « croyance en ce monde, tel qu'il est »[3] ? La réponse de Deleuze semble dans un premier temps contrastée. Il écrit en effet que « le cinéma *dès le début* eut un rapport spécial avec la croyance », mais c'est pour mettre en évidence une « catholicité du cinéma », comme si ce dernier reprenait le « culte des cathédrales » (suivant un rapprochement inspiré de l'œuvre d'Élie Faure).

Deleuze consacre une note à ce thème dans *L'Image-temps*, où, reprenant l'héritage de Blanchot et de Foucault à cet égard, il affirme que la « pensée du dehors » possède un « *statut plus profond que tout fondement ou principe intérieurs* » (IT, n. 37, p. 228).

1 DR, p. 235

2 Pour toutes ces raisons, il apparaît que le « croire » ne désigne pas une faculté particulière, mais plutôt une *synthèse problématisante* qui assure le passage de la situation « intolérable » décrite en termes facultaires au chapitre 7 de *L'Image-temps* (énoncé du problème du cinéma moderne et de ses conditions), à la sortie (ou « issue ») de cette situation que nous donneront à voir les analyses filmiques proposées dans les chapitres suivants (solutions apportées à ce problème). Que la croyance ne constitue pas une faculté à part entière, mais « exprime une synthèse », c'était déjà ce que soutenait Kant (sauf que, dans l'architectonique *critique*, cette synthèse opérait sur les « intérêts » (théorique et pratique) de la raison, tandis qu'elle porte sur des « impératifs » de nature problématique, provenant du « fond de l'esprit », chez Deleuze).

3 IT, p. 224.

> Ou plutôt, poursuit Deleuze, *dès le début*, le christianisme et la révolution, la foi chrétienne et la foi révolutionnaire, furent les deux pôles qui attiraient l'art des masses. C'est que l'image cinématographique, à la différence du théâtre, *nous montrait le lien de l'homme et du monde*[1].

En d'autres termes, ce « lien » était bien l'objet d'une croyance, et cela « dès le début » du cinéma, comme le répète Deleuze au sein de phrases au passé simple ou à l'imparfait. Cependant, cette croyance ne constituait guère pour ses premiers représentants un *problème* en tant que tel; ou plus exactement, ils partageaient une conception du « croire » qui n'avait pas encore remplacé le « modèle du savoir », qui n'avait pas encore fait l'objet d'une « conversion » immanentiste ou « empiriste »[2]. De fait, Deleuze se réfère à une notion classique de la croyance en ce lien, qui était déjà celle des « grands pionniers » :

> elle se développait, soit dans le sens d'une transformation du monde par l'homme, soit dans la découverte d'un monde intérieur et supérieur que l'homme était lui-même…[3].

Deleuze renvoie en partie à une conception « sublime » du cinéma, et plus globalement à l'image-mouvement. Il prend toutefois soin de noter dans le même passage que cette double acception du « croire » n'a pas entièrement disparu de la production cinématographique contemporaine, puisqu'une « certaine catholicité n'a pas cessé d'inspirer un grand nombre d'auteurs, et la passion révolutionnaire est passée dans le cinéma du tiers-monde ». Mais c'est pour mieux souligner peu après la mutation profonde qui a transformé le régime des images, en fonction de la manière dont les cinéastes pouvaient concevoir le lien de l'homme et du monde.

---

1 IT, p. 222-223. C'est peut-être pour cette raison, comme le remarque Jacques Aumont, que le cinéaste, dès lors qu'il pense sa pratique, a « l'obsession » de « *dire le monde* », voir *Les Théories des cinéastes*, Paris, Nathan, 2002, p. 1.

2 Comme l'écrit par ailleurs Deleuze dans QqP, p. 72. Paola Marrati a bien noté la présence, dans *Cinéma 2,* du « thème d'une *conversion immanente* de la foi ». Cf. *Gilles Deleuze, Cinéma et philosophie, op. cit.*, p. 112. Cependant, elle n'explore ce thème ni pour lui-même (la manière dont le « croire » intervient comme « issue » à la situation « intolérable » dont témoigne la disjonction entre voir et penser), ni au regard du plan d'ensemble de *L'Image-temps*, en particulier dans sa relation aux chapitres 8 et 9 de ce volume.

3 IT, p. 223.

> Ce qui a changé, c'est pourtant l'essentiel, et il y a autant de différence entre le catholicisme de Rossellini ou de Bresson, et celui de Ford, qu'entre le révolutionnarisme de Rocha ou de Güney, et celui d'Eisenstein [1].

« Ce qui a changé », c'est que l'objet de la croyance, précisément, s'est rompu. C'est dans cette perspective de mutation qu'il faut comprendre les déclarations suivantes : « *Le fait moderne, c'est que nous ne croyons plus en ce monde* (…) C'est le lien de l'homme et du monde qui se trouve rompu. *Dès lors*, c'est ce lien qui doit devenir objet de croyance », sachant que, désormais, « la croyance ne s'adresse plus à un monde autre, ou transformé » [2].

Comme le déclare Deleuze dans l'un de ses cours, le cinéma, d'une certaine manière, « *n'a pas cessé* de vivre de [ce lien] » [3], mais de présupposé (dans le savoir, dans l'action; dans l'image-mouvement), celui-ci est devenu problématique, précisément parce que « le problème a changé », et qu'il concerne dorénavant la rupture de l'homme et du monde (et non plus la transformation de ce monde, bien que le cinéma demeure « révolutionnaire » à certains égards). C'est en ce sens que le cinéma expérimente, dans d'autres conditions et suivant une autre durée, le « tournant » qu'avait connu la philosophie relativement à la « perte du monde » et à la substitution de la croyance au savoir qui en résulte nécessairement. « Nous redonner croyance au monde, écrit-il, tel est le pouvoir du cinéma moderne » [4]. Peu avant, dans le même paragraphe, une précision est apportée que l'on ne saurait négliger, justement parce qu'elle permet d'affiner la distinction entre ce « nouveau » cinéma et le cinéma dit « classique ». Deleuze note qu'« il faut que le cinéma filme, *non pas le monde*, mais la croyance à ce monde, notre seul lien ». L'importance de cette remarque se mesure au fait qu'il ne s'agit pas de retrouver une unité perdue avec le monde; certes, « nous avons perdu le monde », mais « *l'impératif* » consistant à croire « en ce monde-ci » ne s'inscrit pas dans une *histoire de rédemption*. Il ne s'agit pas, autrement dit, de remédier au problème du cinéma moderne (« nous ne croyons plus en ce monde ») en faisant appel à une solution (retrouver l'unité de l'homme et du monde) laquelle, en réalité, pourrait seulement convenir à « l'image de la pensée » du cinéma classique.

---

1 *Ibid.*
2 *Ibid.*
3 Cours du 6 novembre 1984.
4 IT, p. 223. Jean-Louis Comolli a repris selon une autre perspective cette problématique de la croyance au cinéma, cf. *Voir et pouvoir*, Paris, Verdier, 2004, p. 9 : « Croire en la réalité du monde à travers ses représentations filmées, c'était l'affecter d'un doute. Croire, ne pas croire, ne plus croire, croire malgré tout ce qui dément la croyance – ce sont les questions du cinéma ».

Il est vrai que le verbe « redonner » – « redonner croyance au monde » – peut prêter à confusion, et nous entraîner vers une lecture à tonalité mélancolique, comme si l'argumentation était animée par la plainte due à l'objet perdu. Sur tous ces points, il n'y a pas de plainte, il n'y a pas d'« amertume »[1] ni de « tristesse »[2] chez Deleuze. Au contraire, il est nécessaire d'appréhender le motif de la croyance comme une tâche essentiellement positive (et critique) qui se présente au cinématographe ; tâche positive dont témoigne l'emploi du mot « pouvoir », et dont la signification véritable est « puissance » – filmer la croyance au monde, « *tel est le pouvoir du cinéma moderne* ». Cette lecture semble d'ailleurs être confirmée par la dernière phrase du chapitre 7, où Deleuze résume le troisième aspect des « nouveaux rapports [du cinéma moderne] avec la pensée », lequel consiste en un « effacement de l'unité de l'homme et du monde, *au profit* d'une rupture qui ne nous laisse plus qu'une croyance en ce monde-ci »[3]. Les mots sont clairs : il s'agit de tirer « profit » – formellement, esthétiquement – d'un problème nouveau, non d'essayer de se rattacher à un autre qui le précède (aussi enchanteur soit-il en apparence), et qui de toute façon s'est « effacé ». C'est en ce sens qu'il convient de saisir la rupture du lien de l'homme et du monde – et la croyance en ce lien qui *seule* nous reste aujourd'hui (la rupture « *ne* nous laisse *plus que…* ») – dans sa positivité problématique, « éthique ». Positivité que le chapitre 8 actualisera dans la variété de ses références filmiques (« Cinéma, corps et cerveau, pensée »), et que Deleuze annonce dès « La pensée et le cinéma », puisqu'il soutient que croire, « c'est simplement *croire au corps*. C'est rendre le discours au corps, et, pour cela, atteindre le corps avant les discours »[4].

1 Ce sont des affects que certains commentateurs ont pu rencontrer dans les passages où Deleuze évoque la « croyance en ce monde-ci ». Voir notamment A. Gualandi, *Deleuze*, Paris, Les Belles Lettres, 1998, p. 139-140, qui soutient que les pages de *L'Image-temps* où il est question du « croire » sont écrites « avec beaucoup d'amertume », et qu'elles fonctionnent comme « une ritournelle monotone qui ne nous donne plus aucune joie ».

2 Cf. sur ce point M. Potte-Bonneville et P. Zaoui, « Deleuze : portrait du philosophe en ami », art. cité, p. 894, où les auteurs évoquent « la rengaine, la petite ritournelle privée » auxquelles, selon eux, Deleuze « n'échappe pas toujours », et d'indiquer « une certaine tristesse sur-humaine, tristesse du monde et de l'époque, qui semble hanter certains textes de la fin ».

3 IT, p. 245. « L'unité » dont il est question ici constitue le troisième moment du rapport cinéma-pensée en ce qui concerne l'image-mouvement ; elle renvoie au « *rapport sensori-moteur entre le monde et l'homme, la Nature et la pensée* » (p. 212, souligné par l'auteur). Il s'agit de la « Pensée-action », spécifique au cinéma classique, également prise dans le processus du « noochoc ». C'est cette unité qui se trouvera brisée au sein de la modernité cinématographique, de telle sorte que « la praxis ou la pensée-action » ne *pourra* plus constituer un problème pour elle.

4 IT, p. 225.

Mais comment advient, cinématographiquement, le « tournant » de la substitution de la croyance au savoir au sein de *L'Image-temps* ? « C'est avec Dreyer, puis avec Rossellini que le cinéma prend le même tournant [que celui étudié auparavant en philosophie] »[1]. C'est avec ces deux auteurs, essentiellement, que le lien de l'homme et du monde devient problématique, qu'il commence à se fissurer, de telle sorte que « chrétiens ou athées, dans notre universelle schizophrénie », l'impératif d'une croyance « en ce monde » se développe et annonce tout un « nouveau cinéma »[2]. De *Vampyr* à *Gertrud*, en passant par *Ordet*, Dreyer a su filmer le personnage de la « *momie* » qui atteint « le noyau de la pensée », là même où il expérimente « sa propre pétrification » et entre « en rapport avec l'indéterminable, l'inévocable », c'est-à-dire cette « fêlure » qui suspend le monde tout en l'amenant à saisir « maintenant ce que signifie croire… » en lui[3]. *Gertrud* devient même à cet égard un exemple paradigmatique, dans la mesure où c'est ce film « qui développe toutes les implications et le nouveau rapport du cinéma avec la pensée » ; Deleuze signale la « “momification” de l'héroïne, *qui prend conscience de la croyance comme pensée de l'impensable* »[4]. Il retrouve le thème de la momie chez Rossellini, en particulier dans *Europe 51*, à travers le personnage d'Irène, « momie irradiant de tendresse »[5]. Il est intéressant de remarquer qu'il aborde le problème de la croyance, et le « tournant » majeur opéré par Rossellini, dans un passage où il est question de l'art ou, plus exactement, du destin de la question de l'art dans son rapport à la perte du monde. Deleuze évoque notamment le « désintéressement » de l'auteur de *Rome ville ouverte* quant au cinéma, dans ses dernières œuvres. Non que la volonté d'art s'absente, mais celle-ci ne se reconnaît plus dans « la plainte ou la cruauté » qui caractérise selon Rossellini l'art de son temps : « Il [lui] reproche d'être infantile et plaintif, de se complaire dans une perte de monde »[6]. Que Deleuze note ce trait d'une complaisance pouvant affecter la rupture de l'homme et du monde est significatif. Il sous-tend bien l'existence d'une tâche positive, en quoi consiste précisément la thématique de la croyance. Ainsi Rossellini « veut substituer [à la complainte et à l'infantilisme]

---

1 IT, p. 224.
2 Voir IT, p. 222-223.
3 Sur tous ces points, cf. IT, p. 217 et 221-222.
4 IT, p. 222, où Deleuze énumère effectivement l'ensemble des caractéristiques de l'image-temps que l'on a rencontrées jusqu'à présent : la rupture de la sensori-motricité, la saisie de l'intolérable, la rencontre avec l'impensable.
5 *Ibid.*
6 IT, p. 224. Voir également P, p. 176.

une morale *qui nous redonnerait une croyance capable de perpétuer la vie* », et même s'il se réclame d'un « idéal du savoir », « il a besoin de l'asseoir sur une croyance, une simple foi dans l'homme et dans le monde »[1]. Nous verrons plus loin de quelle façon les analyses faites par Deleuze des « films pour la télévision » de Rossellini s'inscrivent dans cette entreprise esthétique impliquée par l'impératif du « croire » ; et comment la « pédagogie rossellinienne » de la perception, à travers l'actualisation des disjonctions entre « voir et parler » à l'ère télévisuelle, est susceptible « *de relier l'homme à ce qu'il voit et entend* »[2]. L'exemple de Rossellini (qui précède, dans le chapitre 7, celui de Godard) montre bien la manière dont le motif de la croyance s'articule au thème plus général des rapports du visuel et du sonore, objet des chapitres suivants, et en particulier du chapitre 9 intitulé « Les composantes de l'image ». C'est dans ce chapitre, en effet, que Deleuze explicitera en détail la « grande pédagogie, dans le cas le plus simple et déjà décisif (...) [de] l'œuvre finale de Rossellini », prélude à l'étude de l'image « audio-visuelle » et « qui s'exercera de différentes manières » (comme « chez les Straub »)[3].

Aux origines du concept d'interstice

Un nouvel âge du montage : le montrage

Précisons que le motif de l'éthique ou de la foi n'épuise pas les considérations deleuziennes qui ont trait aux relations « transcendantales » entre « voir et parler » au cinéma. Cette problématique est également convoquée, directement ou indirectement, lors de l'analyse des deux autres aspects des rapports du cinéma moderne avec la pensée, dont celui qui concerne le changement du statut du « tout » au sein de cette modernité. Cette thématique a été abordée une première fois avec la notion de « dehors » ; celle-ci, on l'a vu, permet de définir un au-delà de « l'image-choc », annonçant par là même le dépassement d'une conception « sublime » du cinéma. Il s'agit maintenant de considérer

---

1 IT, p. 224. Nous n'aborderons pas ici le problème du savoir comme « idéal socratique » chez Rossellini, ni celui du « retournement » du christianisme qu'il opère (ni, plus généralement, la question de la « catholicité du cinéma », qui mériterait une étude à part entière).

2 IT, p. 223.

3 IT, p. 322. Deleuze emprunte l'expression « pédagogie rossellinienne » (ou « pédagogie godardienne ») à Serge Daney. Nous verrons toutefois le sens philosophique que Deleuze lui attribue, sens qui découle directement de son empirisme supérieur.

cette même notion, en s'appuyant davantage sur les concepts techniques utilisés par Deleuze. Ce que le « dehors » remet en cause selon lui, c'est d'abord le hors-champ, que celui-ci renvoie « à un monde extérieur actualisable dans d'autres images » ou « à un tout changeant qui [s'exprime] dans l'ensemble des images associées »[1] ; c'est le processus de « double attraction » qui caractérise schématiquement le montage dans le cinéma de l'image-mouvement : « le tout ne cessait donc pas de se faire (...) en intériorisant les images et en s'extériorisant dans les images ». Il indique que le « faux-raccord » n'est pas absent de ce cinéma, mais il intervient seulement à titre d'« anomalie du mouvement » ou de « trouble d'association » des images entre elles, n'affectant pas « l'action indirecte du tout sur les parties de l'ensemble ». Que se passe-t-il dès lors que le « tout » n'est plus « l'ouvert », mais le « dehors » ? D'après Deleuze, « la question n'est plus celle de l'association ou de l'attraction entre images », mais celle de « *l'interstice* entre images, entre deux images »[2]. Il en résulte une « méthode du ENTRE » qui concerne de très près l'art du cinéma ; celle-ci engage une mutation profonde de sa pratique. C'est en ce sens qu'il peut évoquer par exemple « la force de Godard » consistant à faire de cette nouvelle manière « une méthode sur laquelle le cinéma *doit s'interroger* en même temps qu'[elle] l'utilise »[3]. Si un tel mouvement de réflexivité implique le dépassement d'une approche strictement formaliste, c'est parce qu'il inscrit corrélativement le travail de mise en scène au sein d'un horizon qui relève d'une dimension à la fois éthique et politique, ce qui ne va pas sans soulever un certain nombre de problèmes. (Qu'est-ce qu'un « cinéma politique d'Occident » ? Qu'est-ce qui le distingue de celui que l'on trouve dans le « tiers-monde » ? Et avant cela, en quel sens peut-on dire qu'il existe une « grande différence entre le cinéma politique moderne, et classique »[4] ?) Précisons pour l'heure que la méthode de l'interstice requiert une certaine capacité de « "lecture" de l'image visuelle », capacité devant se mesurer au nouveau type d'enchaînement des images, qui se produit par-delà le processus « d'association », par-delà celui de « double attraction ». Comme le constate Deleuze : « On peut toujours objecter, en effet, qu'il n'y a d'interstice qu'entre images associées » ; toutefois, chez Godard, « il ne s'agit pas d'association. Une image étant donnée, il s'agit de choisir une autre image

1 IT, p. 233. Deleuze reprend *infra* ces « deux hors-champ » de l'image-mouvement (l'un « relatif », l'autre « absolu », « l'à-côté » et « l'ailleurs »), voir IT, p. 306 et 309.
2 IT, p. 234 (souligné par Deleuze).
3 *Ibid.*
4 IT, p. 283.

qui induira un interstice *entre* les deux »[1]. À l'association, se substitue ce qu'il nomme dans cette même page une « disparation », terme emprunté à la physique. La disparation, prise entre deux potentiels qui forment une différence (une « différence de potentiel »), désigne l'opération qui produit un troisième potentiel, « quelque chose de nouveau »[2]. Ainsi, dans *Ici et ailleurs*, Godard « choisit le couple français qui *entre en disparité* avec le groupe de fedayin », de telle sorte que *lire* les images va consister à appréhender ce qui fulgure entre elles, et que Deleuze nommera « l'incommensurable » – cet « incommensurable » *à la frontière* des deux images désignant la manière singulière dont le cinéaste affronte « cette pensée hors d'elle-même et cet impensé dans la pensée » (le point *problématique* du dehors ou « l'intolérable »)[3].

Il est remarquable que la doctrine deleuzienne des facultés traverse les passages où il est question de cette « méthode du ENTRE », à laquelle se joint indissociablement une « méthode du ET », toutes deux (l'une conjurant un « cinéma de l'Un », l'autre un « cinéma de l'Être ») posant les exigences d'une « lecture » de l'image cinématographique.

> Entre deux actions, entre deux affections, entre deux perceptions, entre deux images visuelles, entre deux images sonores, entre le sonore et le visuel : *faire voir l'indiscernable*, c'est-à-dire la frontière[4].

Deleuze fait notamment référence aux films pour la télévision de Godard – *Six fois deux* –, auxquels il avait consacré un texte (son premier sur le cinéma)

---

1 *Ibid* (souligné par Deleuze).
2 *Ibid.*, où Deleuze indique bien qu'« un potentiel étant donné, il faut en choisir un autre, *non pas quelconque*, mais de telle manière qu'une différence de potentiel s'établisse entre les deux, qui soit producteur d'un troisième ». Deleuze s'inspire sur ce point de l'œuvre de Simondon, qu'il cite explicitement sur ce thème de la « disparation » ou de la « différence de potentiel » dans DR, n. 1, p. 304 et LS, p. 125-126.
3 IT, p. 363 (et p. 235 pour le concept de « dehors » en référence encore une fois à Blanchot). « L'incommensurable » godardien désigne l'un des aspects de « l'interstice » au sein du cinéma moderne; nous verrons ce qu'il en est chez d'autres auteurs appartenant à ce cinéma (Welles, Syberberg, les Straub, etc.). Dans tous les cas, l'interstice fait voir un « intolérable » (cours du 18 juin 1985).
4 IT, p. 235. Il s'agit, bien entendu, de « l'indiscernable » considéré du point de vue d'un usage empirique de la faculté de voir. Mais dès lors que cet indiscernable est donné à voir dans un « grand film » (à travers les lectosignes), dès lors que Godard « fait voir » la frontière (« entre deux actions, entre deux affections, etc. »), alors nous expérimentons un usage supérieur de la vision; nous *lisons* ce qui se passe dans l'interstice, sachant que cet interstice, conformément à la distinction deleuzienne, ne renvoie pas tant à l'élément d'une « extériorité » qu'à un « dehors » problématisant, « questionnant ».

près de vingt ans avant *L'Image-temps*. Dans son commentaire, il loue Godard d'avoir su « montrer d'une manière très nouvelle » que le

> ET, ce n'est ni l'un ni l'autre, c'est toujours entre les deux, il y a toujours une frontière, une ligne de fuite ou de flux, *seulement on ne la voit pas, parce qu'elle est le moins perceptible*. Et c'est pourtant sur cette ligne de fuite que les choses se passent, les devenirs se font[1].

Là encore, nous trouvons le geste philosophique caractérisant l'usage des facultés, et qui fonctionne aussi bien cinématographiquement : la « frontière » (chez Godard) ne se laisse pas voir si l'on adopte un point de vue empirique sur les choses ; c'est seulement à condition d'*élever* la faculté de voir à son usage supérieur qu'il devient possible de la discerner. Deleuze ne dit pas autre chose lorsqu'il déclare :

> Le but de Godard : « voir les frontières », c'est-à-dire *faire voir l'imperceptible*. Le condamné *et* sa femme. La mère *et* l'enfant (...) les gestes de l'horloger quand il est à sa chaîne d'horlogerie *et* quand il est à sa table de montage[2].

Dans tous les cas, il s'agit de montrer « le "et" constitutif des choses »[3], le « devenir » qui les parcourt et les met en relation les unes avec les autres ; « là où les choses se passent », mais que seul un « cinéma de voyant » (dont celui de Godard fait partie) rend perceptible *littéralement*, dans une perception « supérieure ». Et si le faux-raccord conquiert un nouveau sens dans le cinéma moderne, c'est parce qu'il participe de l'élaboration de cette « esthétique visionnaire » qui bouleverse la part motrice de l'image. La « méthode du ENTRE » naît en effet d'une conception du « tout » qui substitue le « dehors » à « l'ouvert » du cinéma de l'image-mouvement ; c'est ce dehors « qui *s'insère entre* [les images] », de telle sorte que le faux-raccord « devient la loi » (il n'est plus un accident ou une anomalie) de leur enchaînement[4] – Deleuze dira de leur « ré-enchaînement » –, condition positive d'un cinéma de voyant susceptible de filmer le lien de l'homme et du monde, ce lien *invisible*, objet de la

---

1 P, p. 65. Deleuze cite à nouveau le film de Godard dans *Dialogues*, p. 16 : Godard est parvenu à « montrer ce qu'est la conjonction ET, ni une réunion, ni une juxtaposition ». Voir aussi, dans le même ouvrage, outre les p. 70-73, la p. 43 : « le ET comme quelque chose qui a lieu *entre* les éléments ou entre les ensembles » (souligné par l'auteur).

2 P, p. 66.

3 IT, p. 235.

4 IT, respectivement p. 245 et 235. À la p. 234, Deleuze indique également que, désormais, dans le cinéma moderne, « c'est l'interstice qui est *premier* par rapport à l'association ».

« croyance », et pourtant *rendu visible* par une expérimentation « transcendantale » de la faculté de voir.

La remise en cause du hors-champ par cette « force de "dispersion du Dehors" »[1] ne concerne pas uniquement la composante visuelle de l'image. Elle affecte simultanément la dimension sonore du hors-champ, à savoir la « voix off », également définie suivant deux aspects :

> d'une part les bruits et les voix pouvaient avoir une source extérieure à l'image visuelle; d'autre part une voix ou une musique pouvaient témoigner pour le tout changeant, derrière ou au-delà de l'image visuelle[2].

Que cette conception de la voix off concerne essentiellement le cinéma de l'image-mouvement annonce d'une certaine manière la thèse deleuzienne selon laquelle la distinction du cinéma classique et du cinéma moderne ne coïncide pas avec celle du muet et du parlant. Cette thèse de la non-coïncidence est approfondie dans le chapitre 9 (« Les composantes de l'image »), que l'on abordera seulement plus tard. Considérons pour le moment le fait qu'au chapitre 7, l'interstice concerne, outre « l'image visuelle » donc, le visuel *et* le sonore, et même le sonore en tant que tel. Le sonore « comme tel » désigne un sonore intrinsèque au cinéma, c'est-à-dire que *seul le cinéma rend possible*; en tout cas, c'est ce que Deleuze indique lorsqu'il interroge les conditions depuis lesquelles « le cinéma tire les conséquences du parlant, et devient donc *vraiment* parlant »[3]. On pourrait croire que c'est la question de la spécificité du médium cinématographique qu'il entend soulever, et il est vrai que Deleuze insiste à plusieurs reprises sur les « moyens d'expression », les « moyens propres » dont disposent les cinéastes dans leur pratique; qu'il importe même d'appréhender la nouveauté des images qu'ils fabriquent ou inventent en fonction de ces moyens[4]. Toutefois, il ne s'agit guère pour le philosophe de défendre une constitutivité de la technique, ni de tendre, à la manière d'un Clement Greenberg, vers une conception essentialiste de la forme que l'artiste aurait pour vocation de conquérir, en explorant les seuls moyens d'expression dont il dispose. Comme le déclare Deleuze : « la technique n'est rien, si elle ne sert

1 Pour reprendre l'expression de Blanchot citée par Deleuze dans *L'Image-temps* (p. 235).
2 IT, p. 235. Deleuze reprend ces deux aspects de la voix-off plus loin dans *L'Image-temps* (p. 306).
3 IT, p. 235.
4 Sur les moyens « spécifiques » du cinéma, voir notamment 2RF, p. 195, 197 et 265.

pas à des fins qu'elle suppose et qu'elle n'explique pas »[1]. Le mot est ambigu, mais les « fins » correspondent en l'occurrence aux « concepts du cinéma », ceux du moins que le « cinéma suscite » – comme le concept « d'interstice » –, chacun d'entre eux étant indissociable d'un problème qui renvoie plus généralement aux rapports qu'entretient le cinéma avec la pensée – comme le problème du « dehors », ou celui de la « rupture de l'homme et du monde » qui lui correspond.

C'est dans cette perspective qu'il convient de saisir pourquoi la voix off disparaît du cinéma moderne (et que ce dernier « devient *vraiment* parlant », en même temps que l'image devient *comme telle* « lisible »). Le moment de ce renversement est évoqué en ces termes :

> C'est lorsque le sonore devient lui-même l'objet d'un cadrage spécifique qui *impose un interstice* avec le cadrage visuel. La notion de voix off tend à disparaître au profit d'une différence entre ce qui est vu et ce qui est entendu, et cette différence est constitutive de l'image[2].

Remarquons que la disparition de la voix off accompagne l'abandon du hors-champ – « il n'y a plus de hors-champ » –, ce qui est tout à fait conséquent si l'on se souvient que la première est « l'expression sonore » du second. Tous deux relèvent plus globalement de l'image-mouvement et de ses deux faces, que *Cinéma 1* avait déterminées dans ses premiers chapitres : « l'une est tournée vers les ensembles et leurs parties, l'autre vers le tout et ses changements »[3]. Ce sont les deux axes de l'image dite « classique ». Le premier d'entre eux se définit par la notion de prolongement (ou d'enchaînement) entre images, ce prolongement, on le sait, se faisant d'après le schème de la sensori-motricité, et englobe en outre un certain nombre de lois : « les images s'enchaînaient ou se prolongeaient, suivant des lois d'association, de contiguïté, de ressemblance, de contraste ou d'opposition »[4]. Le second axe, lui, qualifie un « tout (...) ouvert et changeant », où s'intègrent les suites d'images enchaînées, en même temps que le tout se différencie dans les suites prolongées. Les deux axes en question

1 P, p. 83. Les moyens cinématographiques suivent naturellement l'évolution des techniques, mais « les progrès techniques *supposent* [les fins dont parle Deleuze] *au lieu de les déterminer* » (IM, p. 82).
2 IT, p. 235 (souligné par Deleuze).
3 IM, p. 82 (nous avons déjà analysé la détermination de ces « deux faces » par Deleuze).
4 IT, p. 361.

caractérisent bien, comme le rappelle Deleuze, « le double aspect de l'image-mouvement, définissant le hors-champ »[1].

Considérons le premier aspect du hors-champ, dont la définition rencontre celle de la première face de l'image-mouvement, le concept de « prolongement » qui caractérise celle-ci correspondant à la notion de « communication avec l'extérieur » qui détermine celle-là[2]. Que se passe-t-il au cinéma, au niveau du sonore, lorsque l'image a cessé d'être sensori-motrice et qu'« il n'y a plus de hors champ » ? « L'extérieur de l'image *est remplacé* par l'interstice entre les cadrages [visuels et sonores] dans l'image », et Deleuze de préciser, en écho à la référence cinématographique sur la question de l'interstice entre deux images, « là encore Bresson fut un initiateur »[3]. Deleuze cite également, à nouveau, la méthode de Godard, relativement cette fois au problème de la disjonction :

> Godard tire toutes les conséquences [du remplacement de l'extérieur par l'interstice] quand il déclare que le mixage détrône le montage, étant dit que le mixage ne comporte pas seulement une distribution des différents éléments sonores, mais l'assignation de leurs rapports différentiels avec les éléments visuels.

Et d'ajouter : « Les interstices prolifèrent donc partout, dans l'image visuelle, dans l'image sonore, entre l'image sonore et l'image visuelle »[4]. Il importe de remarquer que l'accord dissonant entre voir et parler est toujours accompagné, dans l'argumentation deleuzienne, d'une mention faite à la dissonance dans le parlant lui-même. Toutefois il ne s'agit pas d'une corrélation nécessaire entre deux disjonctions, mais plutôt d'une distinction qui permettra à Deleuze d'opérer des différences au sein même de ce qu'il appelle le cinéma « audio-visuel », cinéma des accords discordants où la faculté de parler gagne en « autonomie », voire en « héautonomie ».

L'image « audio-visuelle » fait l'objet d'une étude approfondie tout au long du chapitre 9, mais « l'image de la pensée » qui décide de son actualisation est posée dès le chapitre 7. C'est pourquoi nous trouvons dans ce chapitre quelques cas où la discordance des facultés est déjà cinématographiquement à l'œuvre (chez Bresson, chez Godard, Deleuze évoquant par ailleurs les noms de Marguerite Duras et des Straub). Mais l'ensemble du raisonnement reste orienté vers une détermination de la conception de la pensée dans le cinéma

1 *Ibid.*
2 Sur ce point, voir *ibid.*
3 IT, p. 236.
4 *Ibid.*

moderne, et des conséquences de celle-ci sur la fabrication des images. La précédente citation qui se rapportait à la méthode du « mixage » chez Godard en portait témoignage : ce dont il est question avec la substitution de l'interstice à l'intervalle (caractéristique du prolongement sensori-moteur), c'est une nouvelle signification du montage. Ce que le chapitre 2 annonçait, à savoir l'apparition d'« une nouvelle fonction » du montage dans le cinéma moderne[1], trouve son explicitation véritable dans « La pensée et le cinéma ». Dans ce chapitre (« Récapitulation des images et des signes »), il montrait bien comment les deux faces de l'image-mouvement participaient d'un cercle que le « "*montrage*" » des images-temps allait briser : « nous étions renvoyés du plan au montage, et du montage au plan » – le montage constituant le « tout » comme « représentation indirecte du temps »[2], les plans s'enchaînant les uns les autres suivant une limite qui n'est autre que l'intervalle de mouvement. Cette limite, dans l'enchaînement des images-mouvement, doit être « comprise comme la fin de l'une *ou* comme le début de l'autre, comme la dernière image de la première suite ou la première de la seconde » ; dans tous les cas, le cinéma nous présente « un monde prolongeable »[3]. Nous devinons les effets que le changement du statut du « tout » peuvent avoir sur la question du montage dans le cinéma moderne. C'est sur ce point que les analyses antérieures sur la notion de « dehors » sont susceptibles de rencontrer plus concrètement les opérations du cinéma, et mettre en évidence par là même les solutions positives apportées au problème de la « perte du monde ».

« L'interstice ou la limite... »

La « prolifération » des interstices que Deleuze remarque dans l'image moderne résulte directement de cette mutation du « tout » ; elle lui est strictement « corrélative ». De telle sorte que le nouveau sens du montage, qui découle d'une conception du « tout » entendu comme dehors qui « *s'insère entre* » les images, devra être appréhendé en fonction du concept cinématographique d'« interstice ». Ce double aspect de la nouvelle image bouleverse les deux axes par lesquels l'image-mouvement se définissait. Dans la mesure, en effet, où l'unité de l'homme et du monde est rompue ; dans la mesure où ce problème concerne profondément le cinéma moderne, au sens où son apparition s'accompagne

---

1 IT, p. 59.
2 *Ibid.*
3 IT, p. 362.

d'une faillite du schème sensori-moteur qui assurait l'enchaînement des images entre elles, alors « *l'intervalle se libère, l'interstice devient irréductible et vaut pour lui-même* »[1]. Que l'interstice devienne « irréductible » signifie que, contrairement à l'intervalle de mouvement, il n'appartient ni à l'une ni à l'autre image qu'elle « coupe » – *qu'elle coupe sans même « séparer » ni « répartir »*, car la séparation ou la répartition supposent encore l'idée, spécifique à l'image-mouvement, d'un prolongement entre une suite d'images. C'est en ce sens que Deleuze, s'inspirant du mathématicien Albert Spaier, qualifie l'interstice de « coupure irrationnelle »[2]. « Le faux-raccord est une telle coupure irrationnelle » ajoute-t-il dans le même paragraphe. Certes, le faux-raccord n'était pas absent du cinéma classique, mais il restait subordonné au schème sensori-moteur qui restaurait la suite qu'il pouvait brouiller, et le localisait en le rapportant à l'intervalle comme à son centre[3]. Si désormais l'interstice « vaut pour lui-même », c'est que « les faux raccords sont la relation *non-localisable* elle-même »[4]. C'est dans cette perspective qu'il faut comprendre la disparition du hors-champ (disparition *de droit*, non *de fait*), c'est-à-dire l'abandon de toute extériorité de l'image. Dans une phrase où se nouent, de façon exemplaire, l'un des aspects des liens cinéma-pensée (le problème, « éthique », de la croyance) et les opérations de montage qui caractérisent l'image moderne, Deleuze écrit qu'

> il n'y a plus lieu de parler d'un prolongement réel ou possible capable de constituer un monde extérieur : *nous avons cessé d'y croire, et l'image est coupée du monde extérieur*[5].

Comment penser dès lors la liaison entre des images qui interagissent suivant des coupures irrationnelles ? C'est là que le « ré-enchaînement » prend son sens : « les images ne s'enchaînent plus par coupures rationnelles, mais

---

1 *Ibid.*

2 Voir IT, p. 236 : « tantôt la coupure, dite rationnelle, fait partie de l'un des deux ensembles qu'elle sépare (fin de l'un ou début de l'autre), et c'est le cas du cinéma "classique". Tantôt, comme dans le cinéma moderne, la coupure est devenue l'interstice, *elle est irrationnelle et ne fait partie ni de l'un ni de l'autre des ensembles, dont l'un n'a pas plus de fin que l'autre n'a de début* » (souligné par Deleuze).

3 Sur ce point, voir notamment IT, p. 278 : dans l'image classique, « même quand il y a coupure optique pure, et même quand il y a faux-raccord, la coupure optique et le faux-raccord fonctionnent comme de simples lacunes, c'est-à-dire comme des vides encore moteurs que les images enchaînées doivent franchir ».

4 IT, p. 59.

5 IT, p. 362.

se ré-enchaînent sur coupures irrationnelles ». Deleuze emprunte cette fois le mot à un philosophe du vivant et des techniques, Raymond Ruyer, qu'il cite dans un passage du chapitre 8 consacré à la connaissance scientifique du cerveau. Le « ré-enchaînement » s'applique dans le vocabulaire de Ruyer aux « chaînes de Markoff » qui « se distinguent à la fois des enchaînements déterminés et des distributions au hasard » ; elles concernent « des tirages successifs "partiellement dépendants", des enchaînements semi-fortuits, *c'est-à-dire des ré-enchaînements* »[1]. La notion de « ré-enchaînement » ne *s'applique* pas au cinéma, ni ne sert de *métaphore* pour comprendre le nouveau sens du montage ; elle désigne un *concept de cinéma* devant être appréhendé avec une constellation d'autres concepts de même nature (l'interstice, la coupure irrationnelle, etc.) qui renvoient tous à un problème comme à leur condition (la condition « la plus haute », en l'occurrence, résidant dans la rupture du lien de l'homme et du monde). C'est en ce sens que Deleuze, après avoir théorisé le remplacement de l'intervalle (extériorité) par l'interstice (dehors), peut soutenir que « la question n'est plus : le cinéma nous donne-t-il l'illusion du monde ?, mais : comment le cinéma nous redonne-t-il la croyance au monde ? »[2]. Et c'est dans cette perspective, au niveau du montage précisément, qu'il peut invoquer les « constructions de séries chez Godard, ou des transformations de nappes chez Resnais » comme cas de « morcelages ré-enchaînés »[3].

Il souligne à cet égard que la distinction de l'enchaînement et du « ré-enchaînement » ne recoupe aucunement la fausse opposition du continu et du discontinu. « Jamais le continu et le discontinu ne se sont opposés dans le cinéma, Epstein le montrait déjà » déclare-t-il, avant d'ajouter : « ce qui s'oppose, ou du moins se distingue, c'est plutôt deux manières de les concilier, suivant la mutation du Tout »[4]. Nous retrouvons la démarche argumentative qui consiste à articuler un procédé cinématographique (le montage) avec l'un des aspects

---

1 Voir IT, n. 36, p. 277. Dans la même note, Deleuze cite le roman de Biély, *Petersbourg*, qu'il loue par sa conception du « "jeu cérébral" », l'ensemble du paragraphe de *L'Image-temps* d'où cette note est extraite examine d'ailleurs la « nouvelle image cérébrale ». Une remarque ici sur la présence du mot « ré-enchaînement » au sein de ce chapitre. Il arrive que Deleuze assimile les « coordonnées du cerveau » aux « axes » ou « orientations » de l'image (respectivement classique ou moderne, voir IT, p. 273-274, et surtout p. 361-362), lesquels enveloppent plus généralement les rapports du cinéma avec la pensée (c'est en ce sens que ces axes renvoient à des « noosignes » ; le problème de la distinction du cerveau et de la pensée sera examiné dans *Qu'est-ce que la philosophie ?*, où il sera question d'une « pensée-cerveau », p. 198).

2 IT, p. 237.

3 IT, p. 363.

4 IT, p. 236.

fondamentaux de « La pensée et le cinéma » (la force du « dehors » comme cause d'une nouvelle conception du Tout). Si le « tout » n'est plus « l'ouvert », s'il n'est plus une représentation indirecte du temps constituée par le montage des images-mouvement, il faut considérer la conception du temps qui résulte d'une mutation qui définit désormais le « tout » comme « dehors ». C'est dans cette optique que le couple continu-discontinu est convoqué par Deleuze, et qu'il sert à distinguer les deux montages, celui de l'image-mouvement et celui de l'image-temps. En ce qui concerne le premier, Deleuze soutient que

> tant que le tout est la représentation indirecte du temps, le continu se concilie avec le discontinu sous forme de points rationnels et suivant des rapports commensurables

et, entre parenthèses, il souligne qu'« Eisenstein en trouvait explicitement la théorie mathématique dans la section d'or »[1]. La définition du montage moderne se distingue terme à terme de la précédente :

> *quand le tout devient la puissance du dehors qui passe dans l'interstice*, alors il est la présentation directe du temps, ou la continuité qui se concilie avec la suite des points irrationnels, *selon des rapports de temps non-chronologiques*[2].

Nous savons que la conquête de ce temps « non-chronologique » s'effectue suivant une certaine progressivité dans les cinq premiers chapitres de *L'Image-temps* ; ce que Deleuze appelle la « libération » ou « l'émancipation » du temps. Celle-ci, étant donné la reprise dont elle fait ici l'objet, ne concerne donc pas seulement les « chronosignes » de Welles ou de Resnais, mais a trait intimement à ces autres « puissances » ou « forces » que sont les noosignes et les lectosignes. Ce « brassage » des signes de l'image-temps ne témoigne pas d'une absence de rigueur que manifesterait la taxinomie de *Cinéma 2*, si du moins on la compare à la classification des images et des signes que l'on trouve dans *L'Image-mouvement*[3]. C'est que, d'un volume à l'autre, *c'est le rapport du signe à l'image qui a changé*. Le signe, dans *Cinéma 1*, « supposait (...) l'image-mouvement comme matière qu'il représentait sous ses formes spécifiées ». Or,

---

1 *Ibid.*
2 IT, p. 236-237.
3 À ce sujet, voir la remarque, prudente, d'Alain Ménil : « L'approche se fait en effet plus sinueuse, comme si ce qui était recherché (l'image directe du temps, la présentation du temps qui ne soit plus médiée par celle du mouvement) ne cessait de reculer, toujours insaisissable, sans cesse approximatif et comme inadéquat à son propre terme », in *L'Écran du temps*, *op. cit.*, p. 13.

avec la rupture du schème sensori-moteur, c'est en même temps le processus de spécification qui se brise, de telle sorte que « l'intervalle de mouvement [fait] apparaître comme telle *une autre image que l'image-mouvement* »[1] : une image qui ne possède plus deux « signes de composition » et un « signe de genèse » (conformément à la spécification évoquée, elle-même solidaire de la « déduction » de l'image-mouvement), mais qui est *spécifiée par le signe lui-même*, au-delà de tout ensemble sensori-moteur. Le changement du rapport image-signe désigne une inversion des termes en rapport, puisque c'est le signe qui « [se met] à présenter l'autre image dont il allait lui-même spécifier la matière et constituer les formes, *de signe en signe* »[2].

Cette dernière précision est essentielle pour comprendre les différences qui subsistent entre les deux taxinomies. Différence de fonctionnement ou de logique interne : par enchaînement d'images dans un cas ; on aimerait dire par « ré-enchaînement » de signes dans l'autre. Différence, par conséquent, dans la présentation des classifications : les espèces d'images dans *Cinéma 1* se suivent en fonction d'une « déduction » de l'image-mouvement, tandis que les images-temps, « corrélats » des opsignes et sonsignes, se présentent suivant la manière dont elles « s'émancipent » du mouvement, jusqu'à devenir vraiment « directes » ; il en résulte deux espèces de chronosignes (d'après la série du temps et l'ordre du temps), qui sont elles-mêmes dans un rapport de *corrélation* avec les autres signes de l'image-temps (noosignes, lectosignes), *et inversement*. Différence enfin de « matière », c'est-à-dire de « *matière signalétique* », domaine du *sens* cinématographique qui décide de la « sémiotique pure » envisagée par l'auteur, laquelle possède deux chapitres que sont respectivement l'image-mouvement et l'image-temps. Si nous prenons en considération ces diverses manières de classer, il devient possible de savoir pour quelles raisons nous trouvons au sein d'un chapitre sur les « noosignes » certains auteurs étudiés lors de chapitres antérieurs consacrés aux « chronosignes ». Nous pouvons comprendre pour les mêmes raisons pourquoi Deleuze, dans « La pensée et le cinéma », évoque déjà les noms de plusieurs cinéastes inventeurs de « lectosignes », dont il décrira plus précisément les œuvres dans les chapitres qui suivent. Il est vrai que la question du montage est fondamentale à cet égard, et le chapitre 7, qui décrit la mutation qu'il subit, est probablement le lieu privilégié permettant de penser cette sorte de coexistence entre signes de l'image-temps.

---

1 IT, p. 50 (souligné par Deleuze).
2 *Ibid.*

Ne peut-on pas dire de surcroît que la présentation des images-temps de « *signe en signe* » éclaire en retour cette « puissance du dehors » qui détermine le sens du nouveau montage ? On se souvient que, dès le chapitre 1 de *L'Image-temps*, les signes de l'image-temps (chronosignes, lectosignes, noosignes) étaient assimilés à des « forces immenses », lesquelles *ne désignent rien d'autre que les forces qui peuplent le dehors* – objets du « devenir », non de « l'histoire », et qui nécessitent, pour être appréhendés, un exercice supérieur des facultés. Nous avions constaté que cette assimilation était implicitement reprise au sein d'un passage des « conclusions », où Deleuze énonce « la question [du] cinéma moderne » : « quelles sont les nouvelles forces qui travaillent l'image, et les nouveaux signes qui envahissent l'écran ? »[1]. Si les signes, désormais, « *envahissent* l'écran », c'est qu'ils témoignent de ce « point aléatoire » dont parlait Blanchot, de cette « position d'un dehors comme instance qui fait problème », ainsi que le reprend Deleuze[2]. L'instance problématique correspond à ce « point du dehors au-delà du monde extérieur » *qui passe dans l'interstice* ; « point irrationnel » mais seul capable de redonner croyance au monde[3]. « De signe en signe », c'est cet « irrationnel propre à la pensée »[4] qui fait que le cinéma moderne, confronté au surgissement de nouvelles forces qu'il *donne dans le même temps à voir* – par-delà les « limites du savoir », par-delà les « conditions de l'action », conformément aux exigences de l'esthétique visionnaire –, relève de cette dimension à la fois éthique et politique.

Il ne s'agit pas simplement de considérer le remplacement de l'intervalle par l'interstice, en prenant acte de la nouvelle signification du montage qui l'accompagne nécessairement, et des deux « noosignes » qui en résultent pour l'image-temps ; il s'agit de poursuivre l'étude de ce remplacement « de signe en signe », et d'analyser la coupure irrationnelle en tant qu'elle concerne étroitement la parole *et* l'image, les manières dont celles-ci se « ré-enchaînent » et se rapportent l'une à l'autre, constituant les « lectosignes ». « L'interstice, la coupure irrationnelle passent éminemment entre l'image visuelle et l'image sonore » ; il ajoute : « cela implique plusieurs nouveautés ou changements »[5]. Ces « nouveautés ou changements », en ce qui concerne le sonore, sont présen-

---

1 IT, p. 356.
2 IT, p. 229. Et cette instance, comment la décrire pour celui qui l'investit sinon qu'elle « dépasse (...) les limites du savoir, mais aussi bien les conditions de l'action » ; par elle, on « *atteint à un monde optique pur, où il s'agit d'être voyant* » (IT, p. 229-230).
3 IT, p. 237.
4 *Ibid.*
5 *Ibid.*

tés suivant un mouvement argumentatif que nous avons déjà indiqué schématiquement : le sonore, de composante de l'image visuelle, devient lui-même une image ; une « image sonore », comme dit Deleuze. Ce passage de l'état de composante à l'état d'image décide de la distinction entre un premier et un deuxième « stades du parlant » et dégage, dans ce dernier cas, l'existence d'un cinéma « audio-visuel », celui de la modernité. C'est parce que le sonore conquiert une autonomie proprement cinématographique que la coupure irrationnelle ne concerne pas les seules images visuelles, mais qu'elle passe également entre *les deux images* que sont l'image visuelle et l'image sonore. C'est en prenant la mesure de ce passage qu'il devient possible de comprendre l'abandon du « hors-champ » et, de façon concomitante, celui de la « voix off » dans le cinéma moderne (dès lors que le « monde prolongeable », condition la plus haute de l'image classique, cesse d'être opératoire). Deleuze affirme en ce sens que

> si le hors-champ subsiste en fait, il faut qu'il perde toute puissance de droit, puisque l'image visuelle cesse de se prolonger au-delà de son propre cadre, pour entrer dans un rapport spécifique avec l'image sonore elle-même cadrée (*c'est l'interstice entre les deux cadrages qui remplace le hors-champ*) ; il faut que la voix off disparaisse aussi, puisqu'il n'y a plus de hors-champ à peupler ;

il reste deux images autonomes qui se confrontent l'une à l'autre : « celle des voix et celle des vues, chacune en elle-même, chacune pour elle-même et dans son cadre »[1]. On pressent désormais pourquoi « jamais (…) l'image visuelle ne montrera ce que l'image sonore énonce »[2], puisqu'une disjonction fondamentale s'est instaurée entre elles, suivant le principe du montage par ré-enchaînement qui est de dissocier les images *qu'il concilie par ailleurs.* C'est là tout le problème : comment penser la conciliation de l'image visuelle et de l'image sonore, alors même que l'une ne *correspond* pas à l'autre ? « Et pourtant, comme l'indique Deleuze, *il y a rapport entre elles* » : la dissociation des images ne suppose donc guère une absence de rapports, mais la mise en œuvre d'un nouveau type de rapport, un « rapport incommensurable »[3].

L'analyse de cette incommensurabilité peut permettre de saisir comment fonctionne pratiquement l'interstice au sein de *L'Image-temps*, et savoir dans le même temps en quoi consiste, malgré la disjonction qu'elle instaure, la

---

1 *Ibid.*
2 IT, p. 364.
3 *Ibid.*

jonction du voir et du parler au niveau des images. C'est là que notre thèse principale prend corps, à savoir que le « ré-enchaînement perpétuel » entre le visuel et le sonore obéit, en dernière instance, aux exigences de la doctrine des facultés. Nous avions déjà noté la présence de l'expression « accords dissonants » au chapitre 7 de *L'Image-temps*, expression qui constitue un écho direct de « l'accord discordant » théorisé par Deleuze au chapitre 3 de *Différence et répétition*[1]. L'étude de la disjonction du visuel et de la parole à l'intérieur du cinéma moderne va montrer que cette référence ne désigne pas un résidu accidentel de l'empirisme supérieur, mais que celui-ci demeure au contraire fondamental pour appréhender les passages où il analyse « l'image audio-visuelle ». Considérons sa définition : l'image est « audio-visuelle » lorsque

> la parole atteint à sa propre limite qui la sépare du visuel ; mais le visuel atteint à sa propre limite qui le sépare du sonore. Or chacun, atteignant sa propre limite qui le sépare de l'autre, découvre ainsi la limite commune qui les rapporte l'un à l'autre sous le rapport incommensurable d'une coupure irrationnelle[2].

Nous sommes bien en présence d'un usage transcendantal des facultés – puisque chacune atteint sa *limite* propre – et d'un ordre d'enchaînement des facultés (ou de « ré-enchaînement », très précisément) par lequel elles entrent en rapport – suivant une « [étreinte] au plus loin de leur distance »[3] –, usage et enchaînement qui caractérisent pleinement la doctrine facultaire élaborée par Deleuze. S'il paraît important de remarquer ce point, ce n'est pas seulement pour mettre en évidence la constance d'une démarche méthodologique – celle de l'empirisme supérieur, indissociable d'un « apprentissage » des facultés –, qui traverse la presque totalité de l'œuvre deleuzienne et insiste en des points cruciaux de *L'Image-temps*. C'est également parce qu'il nous semble que le concept d'« interstice », en ce qui concerne « l'image audio-visuelle », ne peut guère être appréhendé de manière satisfaisante s'il n'est pas rapporté à l'usage (supérieur, transcendantal) des facultés, et à la façon dont elles s'étreignent ou se ré-enchaînent ; le ré-enchaînement étant conditionné par une limite com-

---

1 Voir respectivement IT, p. 238 : « … des accords dissonants *ou* des coupures irrationnelles… » et DR, p. 190.

2 IT, p. 364.

3 Pour reprendre une expression de l'étude que Deleuze consacre aux « quatre formules poétiques qui pourraient résumer la philosophie kantienne » (CC, p. 49), et qui entre particulièrement en résonance avec le passage de *L'Image-temps* précité.

mune qui n'appartient à aucune des facultés (ou images) mises en contact : « la limite *ou* l'interstice... »[1].

Mais cette analyse du fonctionnement de la doctrine des facultés, en tant qu'elle nous aide à mieux cerner conceptuellement l'interstice qui passe entre les images modernes, resterait insuffisante si elle ne nous indiquait par ailleurs la portée éthico-politique que recèlent les rapports du visuel et du sonore dans *L'Image-temps*. Emprunter la voie du commentaire n'a de sens qu'à souligner les problèmes qui décident de la fabrication des concepts et de leur agencement dans le texte. Or l'un des problèmes fondamentaux qui préside à sa composition est la rupture du lien de l'homme et du monde, elle-même condition de la rupture du lien sensori-moteur. C'est ce lien qu'il s'agit de « redonner », et c'est dans cette perspective que le thème éthique de la croyance apparaît dans « La pensée et le cinéma ». L'objet du chapitre 8 consistera justement à analyser les images des auteurs qui ont su « filmer le lien » en question, Deleuze menant son analyse depuis les deux figures de la modernité cinématographique auxquelles selon lui il *faut* croire (et qui donnent son titre à ce chapitre) : le corps et le cerveau[2]. Le troisième paragraphe du même chapitre aura une tonalité davantage politique, avec l'étude du cinéma du tiers-monde et du type de « communauté » qu'il véhicule, « cinéma politique » qu'il aborde en faisant ressurgir le motif de l'intolérable en quoi consiste, de manière générique, la rupture de l'homme et du monde. Il faudra revenir sur la reprise de ce motif, et considérer en quel sens elle participe de la « subtile issue » invoquée dans le chapitre 7, en référence à cet « homme [qui] *n'est pas lui-même* un monde autre que celui dans lequel il éprouve l'intolérable, et s'éprouve coincé »[3]. Cette tonalité politique se déploie au sein du chapitre 9, en particulier dans les développements du troisième paragraphe où, précisément, Deleuze théorise la disjonction cinématographique du visuel et du sonore. Les nombreuses descriptions filmiques qui accompagnent cette théorisation participent d'une « archéologie du présent », inscrivant le cinéma moderne dans un rapport critique à l'actualité et au monde. Insistons sur un point : que le lien pouvant exister entre le fonctionnement du concept cinématographique d'interstice et la persistance d'un discours critique qui lui confère son horizon politique trouve dans la doctrine des facultés son lieu d'effectuation. C'est elle qui nous

1 IT, p. 363.

2 D'où les phrases injonctives à l'impératif qui ouvrent les paragraphes où il est respectivement question de ces deux figures : « "Donnez-moi donc un corps" » (p. 246) et « Donnez-moi un cerveau » (p. 265).

3 IT, p. 221 (souligné par Deleuze). Il s'agit de « la situation psychique du voyant ».

permettra de comprendre en quel sens l'exercice supérieur de parler, dans le cinéma moderne, désigne « l'acte de parole pur, l'énoncé proprement cinématographique », et que cet acte constitue précisément « une lutte », « *que c'est lui l'acte de résistance* » (par exemple chez Danièle Huillet et Jean-Marie Straub)[1]. À quoi résiste cet acte de parole, et ce qu'il en est de son « ré-enchaînement » avec l'image visuelle, nous ne pourrons le savoir que plus tard.

Remarques sur l'essentialisme présumé de Deleuze

Au-delà d'un « Nouveau Laocoon »

Il convient auparavant de faire deux mises au point qui concernent de près la thématique choisie dans ce chapitre. Elles engagent plus généralement les *Cinéma* sur le plan de deux problématiques essentielles, qui forment le lieu de nombreux contresens et dont la persistance empêche de prendre la mesure véritable de la démarche esthétique que Deleuze emprunte dans son essai. L'une concerne l'essentialisme supposé de l'auteur (point que nous avons déjà abordé une première fois, en l'évoquant seulement), et le souci qu'il manifeste à désigner ce qui appartient de manière « spécifique » au cinéma. L'autre a trait au « *plus lourd problème* », « celui des rapports cinéma-langage »[2] ; dans ce cas, l'enjeu réside notamment dans la détermination du statut de la narration dans *L'Image-mouvement* et *L'Image-temps*, la confrontation avec la sémiologie d'inspiration linguistique demeurant décisive en la matière. Nous verrons que les deux problématiques sont en vérité étroitement liées, et les objections qui en dérivent, le plus souvent, trouvent leur origine dans une même appréhension manquée de la « sémiotique pure » dont se réclame Deleuze. Nous verrons en outre comment la doctrine des facultés intervient dans un cas comme dans l'autre, comment même l'existence d'« accords dissonants » entre facultés participe de la « matière signalétique » de *L'Image-temps*.

Commençons par aborder la faculté de parler en rapport avec la première problématique, et considérons certaines expressions employées pour caractériser son usage dans les passages sur « l'image audio-visuelle ». L'apparition de cette image coïncide avec le moment où le cinéma « devient *vraiment* parlant », c'est-à-dire quand ce dernier « [conquiert son] *autonomie* » ; lorsque nous par-

1 IT, p. 331 (souligné par Deleuze).
2 IT, p. 38.

venons à saisir « la voix *en elle-même* » ou entendons, « l'acte de parole pur ou l'énoncé *proprement* cinématographique »[1]. Les mots que nous soulignons semblent laisser croire que Deleuze entend dégager un « propre » de la parole cinématographique, « propre » qui ferait l'objet d'une « conquête » tout au long de l'histoire du cinéma, cette histoire ne correspondant à rien d'autre qu'à l'effectuation de l'essence du « septième art ». Ce mouvement d'effectuation, on le sait, constitue ce que l'on appelle communément dans le champ artistique le « modernisme », chaque discipline étant vouée à explorer le médium ou les moyens d'expression dont elle dispose et qui la distinguent des autres. C'est sur la base d'un tel mouvement que Rancière a pu entrevoir la présence souterraine d'une « pensée "moderniste" » dans les *Cinéma* de Deleuze, étant dit, comme il le rappelle clairement, que

> cette pensée, dans sa figure la plus générale, identifie les révolutions modernes de l'art à la manifestation par chaque art de son essence propre. La nouveauté propre au « moderne » consiste alors à ce que le propre de l'art, son essence déjà active dans ses manifestations antérieures, conquière sa figure autonome, en brisant les cadres de la *mimesis* qui l'enserraient (…) La « rupture » n'est finalement que la péripétie obligée du récit édifiant par lequel chaque art prouve son artisticité propre en se montrant conforme au scénario exemplaire d'une révolution moderniste de l'art attestant son essence de toujours[2].

Ce qui est visé en l'occurrence par Rancière – et l'emploi du terme « rupture » en témoigne –, c'est la distinction de l'image-mouvement et de l'image-temps, distinction qui, telle qu'elle se présente, « n'échappe pas à ce cercle général de la théorie moderniste »[3].

Le fait est que cette « théorie moderniste » possède elle-même une longue histoire qui, de Lessing à Clement Greenberg, en passant par Maurice Denis, s'attache effectivement à définir le domaine de spécificité de telle ou telle pratique artistique, à marquer les frontières entre les unes et les autres ; à suivre l'évolution qui appartiendrait singulièrement à chacune d'entre elles, etc. La question est de savoir si les *Cinéma* participent de cette histoire, et s'il est fondé à concevoir l'étude deleuzienne comme l'expression d'un « Nouveau Laocoon »[4]. Nous avons déjà en partie répondu à cette hypothèse : l'exploration

---

1 Voir IT, respectivement, p. 235, 327, 363 et 330.
2 J. Rancière, *La Fable cinématographique*, *op. cit.*, p. 146.
3 *Ibid.*, p. 147.
4 Pour reprendre une expression de Clement Greenberg, cf. « Towards a Newer Laocoon », in *The Collected Essays and Criticism*, Chicago University Press, 1986.

des moyens d'expression d'un art par lui-même (son auto-exploration, en quelque sorte) ne peut constituer une fin en soi pour Deleuze, dans la mesure où ces moyens ou techniques – dont le philosophe affirme, il est vrai, la spécificité pour chaque discipline – sont subordonnés à une autre instance, une instance « problématique », ce qu'il appelle aussi une « idée ». Dans une conférence prononcée à la FEMIS, il énonce la nature de cette subordination :

> Les idées, il faut les traiter comme des potentiels *déjà engagés dans tel ou tel mode d'expression* et *inséparables du mode d'expression* (…) *En fonction des techniques que je connais*, je peux avoir une idée dans tel domaine, une idée en cinéma ou bien une idée en philosophie[1].

Quand Deleuze évoque l'existence d'un parlant « proprement » cinématographique, il ne faut donc pas considérer celui-ci en référence au seul pouvoir spécifique du médium, mais en tant qu'il renvoie avant toute chose à une « idée », un problème au cinéma certes « déjà engagé » dans ce médium, mais que celui-ci n'explique pas. Dans le cas présent, « l'interstice » de l'image-temps et les solutions esthétiques apportées par les cinéastes aux problèmes qui conditionnent son apparition, seront déterminants dans l'appréhension pratique et la compréhension du sens des « actes de parole » engendrés par l'image audio-visuelle[2].

Toutefois, il ne semble pas que l'on ait répondu de manière définitive à l'objection soulevée par Rancière, ne serait-ce que parce que les termes utilisés par l'auteur de *La Fable cinématographique* pour désigner le « modernisme » présumé de Deleuze se retrouvent dans le texte même des *Cinéma*. *L'Image-mouvement* et *L'Image-temps* ne font-il pas expressément mention d'une « essence » du cinéma[3] ? Bien plus, le partage établi par Deleuze entre cinéma

---

1 Voir 2RF, p. 291. Sur le rapport de l'idée cinématographique et du « concept de cinéma », voir D. Zabunyan, « "Grands films" et "mauvais films" selon Deleuze », *Critique*, janvier-février 2005, n° 692-693, p. 117-121.

2 Sur le peu de cas que Deleuze fait d'un raisonnement qui dépendrait du seul paradigme de la spécificité du médium, au lieu de considérer le problème esthétique engagé dans ce médium (et dont tout médium devrait dépendre), exemplaire nous semble la note que le philosophe, dans un autre contexte mais toujours au sein de *L'Image-temps*, consacre à la « polémique » entre Leo Steinberg et Clement Greenberg sur la définition de la peinture moderne. Voir la note 11, p. 349. Deleuze ne cite pas le nom de Greenberg dans ce passage; il le mentionne toutefois dans le cours du 21 mai 1985, où il évoque l'échange entre les deux critiques américains.

3 Pour la référence au sein de *Cinéma 1*, voir p. 12 : « (…) la thèse de *Matière et mémoire*, les coupes mobiles, les plans temporels, et qui pressentait de manière prophétique l'avenir ou l'essence du cinéma ».

classique et cinéma moderne, et l'idée de « révolution » qui décide de ce partage (le cinéma fait sa révolution lorsqu'il renverse le rapport de subordination du temps au mouvement), ne reposent-ils pas, plus profondément, sur le « scénario exemplaire » énoncé par Rancière, celui d'une manifestation, par le cinématographe, « de son essence de toujours » ? Certaines déclarations de Deleuze semblent d'ailleurs confirmer ce « récit édifiant ». À la fin du chapitre 2, suite à un développement qu'il consacre à la faillite du schème sensori-moteur et, en conséquence, au passage d'une « représentation indirecte » à une « présentation directe du temps », il souligne que

> *d'une certaine façon*, le cinéma n'avait jamais cessé de le faire [rendre sensible le « temps en personne », le présenter « directement »] ; mais, *d'une autre façon*, il ne pouvait en prendre conscience que dans le cours de son évolution, à la faveur d'une crise de l'image-mouvement. Suivant une formule de Nietzsche, ce n'est jamais au début que quelque chose de nouveau, un art nouveau, peut révéler son essence, mais, ce qu'il était depuis le début, il ne peut le révéler qu'à un détour de son évolution [1].

Le mot « évolution » peut ici surprendre ; nous avons analysé les raisons pour lesquelles les deux *Cinéma* ne formaient guère une « histoire évolutive », Deleuze privilégiant les « mutations » d'un volume à l'autre, mutations qui supposent une différence de nature entre l'image-mouvement et l'image-temps.

Il soutient par ailleurs que l'essence du cinéma fait l'objet d'une « révélation », révélation de ce que le cinéma « était depuis le début », et dont la nouveauté ne peut apparaître que dans ses manifestations ultérieures ; ce qui fait dire à Rancière : « le nouveau ainsi pensé est toujours déjà préfiguré dans l'ancien » [2]. Dans ces conditions, les livres sur le cinéma ne pourraient suivre qu'un raisonnement en ligne continue, et le renversement des rapports mouvement-temps qui détermine leur séparation constituerait seulement un accident dans une histoire homogène où ce renversement lui-même était prévu. Et, bien entendu, l'image nouvelle, à la pointe de ce processus où elle se révèle à elle en même temps qu'elle révèle au cinéma son essence, cette image serait considérée comme étant « plus profonde », d'une pureté ou d'une splendeur dont l'image ancienne restait fondamentalement séparée. L'argumentation deleuzienne est-

1 IT, p. 61. Jean-Louis Leutrat rapproche avec raison cette « formule » nietzschéenne de celle de Bergson que Deleuze mentionne dans *L'Image-mouvement* (p. 41), voir « Deux temps, trois mouvements », in *Kaléidoscope*, Lyon, PUL, 1988, p. 145.
2 *La Fable cinématographique*, *op. cit.*, p. 146.

elle prisonnière à ce point du « cercle » de la théorie moderniste ? Une autre question surgit néanmoins, contre-pied de la précédente. Si l'on examine certaines déclarations du philosophe, on peut en effet légitimement se demander si le problème même se pose à Deleuze de devoir *choisir* (ou non) d'adhérer à une conception moderniste de ce genre. Prenons un cas paradigmatique de l'analyse deleuzienne, qui a trait au passage de l'image-mouvement à l'image-temps, et qui vaut pour l'ensemble des différences entre ces deux régimes de l'image (en particulier la différence des stades du parlant). Dans un passage où il étudie le statut des « mouvements aberrants » au cinéma – dont l'importance se mesure à « l'émancipation du temps » qu'ils permettent –, Deleuze signale que, « accessoires » dans le cinéma classique, ces mouvements deviennent « constitutifs » dans le cinéma moderne. Dès lors que

> le schème sensori-moteur ne s'exerce plus (...) se produit le renversement : le mouvement n'est plus seulement aberrant, mais l'aberration vaut maintenant pour elle-même et désigne le temps comme sa cause directe [1].

Les mouvements aberrants « ont toujours été là, dans le cinéma », précise-t-il, comme si ceux que l'on pouvait trouver dans l'image classique étaient effectivement la préfiguration de l'aberration que l'image moderne nous donne désormais à voir. Mais il ajoute aussitôt : « *Au choix*, on insistera sur la continuité du cinéma tout entier, ou sur la différence du classique et du moderne » [2]. « *Au choix...* », comme s'il n'y avait pas lieu de distinguer deux approches que tout semble pourtant opposer (une histoire linéaire qui paraît dissiper les différences ; des différences qui appartiennent à une ligne brisée faite de mutations).

Un fantôme hante le cinéma

Les termes de ce choix restent inconciliables entre eux à une seule condition : à condition de séparer la réflexion deleuzienne sur « l'essence du cinéma » du concept de virtuel qui lui est fondamentalement associé. Quand Deleuze déclare de façon énigmatique : « L'image-temps directe est le fantôme qui a toujours hanté le cinéma, mais il fallait le moderne pour donner un corps à ce fantôme » [3], il faut comprendre que ce fantôme est la persistance d'une virtualité que seul un processus de différenciation (en l'occurrence, celui qu'ouvre le

---

1 IT, p. 58. Sur ce point, voir aussi IT, p. 186.
2 IT, p. 59.
3 *Ibid.*

régime de l'image-temps) est susceptible de développer à un moment donné de « l'évolution » du cinéma. Dans le même paragraphe de *L'Image-temps*, Deleuze note que « si virtuel s'oppose à actuel, il ne s'oppose pas à réel, au contraire ». Or il énonçait déjà la même pensée dans *Le Bergsonisme*, puis dans *Différence et répétition*; dans les deux cas, elle accompagne la distinction (bergsonienne) du possible et du virtuel :

> le possible s'oppose au réel; le processus du possible est donc une « réalisation ». Le virtuel, au contraire, ne s'oppose pas au réel; il possède une pleine réalité par lui-même. Son processus est l'actualisation [1].

Il ne s'agit pas de reprendre les différentes étapes argumentatives de la monographie sur Bergson et de l'ouvrage de 1968 sur la question du virtuel, mais d'essayer d'indiquer de quelle manière cette notion nous aide à expliciter les formules bergsoniennes et nietzschéennes que Deleuze fait siennes lorsqu'il évoque l'existence d'une « essence » du cinématographe. Par cette démarche, il s'agit, d'une part, de montrer que la conception deleuzienne de l'essence échappe à toute « pensée moderniste », et d'autre part, plus positivement, de souligner que la notion de virtualité est fondamentale à l'appréhension de la sémiotique élaborée dans les *Cinéma*. C'est le deuxième point signalé plus haut, qui permettra d'approfondir la faculté de parler dans son usage supérieur (lorsque le cinéma devient « vraiment parlant »), en rapport cette fois à la « matière signalétique » de l'image-temps (la confrontation avec la sémiologie de Christian Metz en dépendra substantiellement).

Le processus du virtuel est « l'actualisation », soutient donc Deleuze après Bergson. Il est nécessaire à cet égard de décrire, même schématiquement, le type de processus que constitue l'actualisation. Le virtuel s'actualise suivant un processus *différentiel* : l'actualisation « se fait toujours par différence, divergence ou différenciation », de telle sorte que « jamais les termes actuels ne ressemblent à la virtualité qu'ils actualisent » [2]. Cette dernière précision a son importance; elle doit être reliée au fait que le virtuel ne constitue pas un donné en attente d'être réalisé (le déjà-donné du donné, si l'on peut dire). Le virtuel n'est pas donné chez Deleuze; comme chez Bergson, il désigne « une unité, une

1 DR, p. 272-273. Et dans B, p. 99 : « le possible n'a pas de réalité (bien qu'il puisse avoir une actualité) ; inversement le virtuel n'est pas actuel, mais *possède en tant que tel une réalité* » (souligné par Deleuze). Sur ce point, Badiou a raison d'insister sur le fait qu'« il ne faut surtout pas représenter [le virtuel] *comme double latent ou fantôme préliminaire du réel* », cf. *Deleuze...*, *op. cit.*, p. 74.

2 DR, p. 273. Contrairement au réel qui « est censé être à l'image du possible qu'il réalise » (B, p. 99).

simplicité », « "l'identité originelle" » : « cône universel, *où tout coexiste avec soi* »[1]. C'est cela, la « réalité » du virtuel; c'est elle qui va s'actualiser suivant des lignes divergentes *qui diffèrent en nature.* « L'évolution », en toute rigueur, n'est d'ailleurs rien d'autre : elle « se fait du virtuel aux actuels. L'évolution est actualisation, l'actualisation est création »[2]. Nous pressentons en quel sens ces déclarations d'inspiration bergsonienne concernent intimement le raisonnement de *L'Image-temps.* Si l'on considère le cinéma comme une « totalité virtuelle », les images-mouvement et les images-temps en sont les deux lignes divergentes, issues de deux régimes de l'image différents[3]. Encore une fois, il ne s'agit pas de dire que ces lignes d'actualisation sont préformées dans le virtuel, puisque le virtuel n'est pas donné; ce dernier forme un « *potentiel* » où ces régimes de l'image coexistent, et que seule la « *tendance* » du virtuel, dès lors qu'il se différencie suivant l'un ou l'autre cas, fait surgir ou rend « actuels ». C'est dans cette perspective qu'il faut entendre le sens du mot « évolution » dans *L'Image-temps* (qu'il convient de distinguer, donc, d'une conception évolutionniste de l'histoire mise en cause par ailleurs) : l'évolution, c'est la « tendance », c'est-à-dire la manière dont le virtuel ou le potentiel *se divise* en lignes divergentes actuelles. Les images-mouvement et les images-temps forment les deux lignes d'actualisation d'un virtuel cinématographique qu'elles présupposent (et dont la nature, comme « matière intelligible », ne sera étudiée que plus tard) : elles en opèrent la division suivant deux lignes différentes, et non suivant une seule et même ligne, comme s'il n'y avait là que des différences de degré[4]. C'est dans cette perspective, également, qu'il faut comprendre la formule bergsonienne que l'on trouve dans *L'Image-mouvement* – « les choses ne se définissent jamais par leur état primitif, mais par la tendance cachée dans cet état »[5] –, sachant que ce qui est caché, c'est le « fantôme », ou encore « l'auréole », la « nébuleuse » comme témoignage de « l'origine indivise »[6], et qui, dans le cas du cinéma, accompagne son premier développement (l'image-

---

1 B, respectivement p. 98 et 103.
2 B, p. 101, et dans DR, pour la même idée, p. 273.
3 Les régimes de l'image-mouvement et de l'image-temps désignent les deux dimensions de cette « totalité virtuelle », qui ouvrent respectivement sur « les images-mouvement » et « les images-temps » (au pluriel), chaque dimension procédant à l'actualisation de ses propres images.
4 Voir B, n. 1, p. 98.
5 IM, p. 41.
6 Sur ce point, voir B, p. 97.

mouvement), jusqu'à ce qu'une nouvelle ramification apparaisse donnant corps à ce fantôme (l'image-temps)[1].

Si l'on relit maintenant la formule très bergsonienne de Nietzsche – « ce n'est jamais au début que quelque chose de nouveau, un art nouveau, peut révéler son essence, mais, ce qu'il était depuis le début, il ne peut le révéler qu'à un détour de son évolution » –, on peut essayer d'appréhender « l'essence du cinéma » telle que la conçoit Deleuze, et qui n'a rien à voir avec l'essence impliquée dans la « pensée moderniste ». L'essence dont il parle est indissociable d'un type de division du virtuel qui opère par lignes d'actualisation ; elle correspond au développement le plus avancé de ce qui coexistait dans la virtualité. Au commencement de *L'Image-mouvement*, il évoquait déjà la « formule » de Nietzsche, dans un passage toutefois consacré à Bergson :

> L'essence d'une chose n'apparaît jamais au début, mais au milieu, dans le courant de son développement, quand ses forces sont affermies. Cela, Bergson le savait mieux que quiconque, lui qui avait transformé la philosophie en posant la question du « nouveau » au lieu de celle de l'éternité (comment la production et l'apparition de quelque chose de nouveau sont-elles possibles ?)[2].

En ce sens, s'il existe une « nouveauté » de l'image-temps, c'est parce qu'elle correspond au surgissement d'une tendance du cinéma qui la fait entrer dans un rapport de dissociation avec l'image-mouvement (tendance que celle-ci ne pouvait actualiser, n'ayant pas rencontré les conditions lui permettant de disposer des « forces » nécessaires). On aurait tort néanmoins d'en conclure à la supériorité d'une image sur l'autre ; ce serait là restaurer une conception homogène de l'évolution, et retrouver d'une certaine manière le « récit édifiant » du modernisme (où le nouveau, conquérant la figure autonome d'une pratique artistique, constitue un *progrès* par rapport à l'ancien qui la manquait). Plus généralement, et pour toutes les raisons que nous venons de signaler, il n'existe aucune raison de chercher à savoir si une image « vaut mieux » que l'autre, jugement de valeur à caractère normatif qu'engendre pourtant fréquemment

---

1 C'est peut-être dans cette perspective qu'il faut entendre deux lectures qui se rapprochent de la nôtre. Jean-Louis Leutrat soutient en effet que « l'image-mouvement et l'image-temps sont deux modalités d'une même substance dont rien ne laisse présupposer l'antériorité de l'une sur l'autre », voir « Sur la terre comme au ciel », art. cité, p. 205. Alain Ménil, pour sa part, écrit avec justesse que « c'est moins l'image-temps qui se situe "au-delà" de l'image-mouvement, que celle-ci qui se tient "en-deçà" de sa propre puissance », voir « L'Image-temps : une figure de l'immanence ? », in *Iris*, n° 23, 1997, p. 171.
2 IM, p. 11.

l'appel à la notion d'essence dans le discours esthétique[1]. Deleuze est tout à fait clair sur ce point, comme en témoigne la citation suivante où l'héritage bergsonien apparaît nettement : « il se passe autre chose dans le cinéma dit moderne : non pas quelque chose de plus beau, de plus profond ni de plus vrai, *mais quelque chose d'autre* »[2]. Certes, une certaine finalité n'est pas exempte de ce raisonnement, puisque la tendance

> n'opère pas sans directions; mais il n'y a pas de « but », parce que *ces directions ne préexistent pas toutes faites*, et sont elles-mêmes créées « au fur et à mesure » de l'acte qui les parcourt[3].

La « rupture » de l'image-mouvement et de l'image-temps acquiert par là même une signification précise : elle n'est pas le signe d'une péripétie accidentelle d'une image à l'autre qui adviendrait sur un même plan d'évolution; elle témoigne plutôt d'une bifurcation essentielle dans le cours d'une évolution où le virtuel s'actualise, chaque régime d'images créant une différenciation de ce virtuel qui lui est spécifique. Nous comprenons, dès lors, le sens véritable de la phrase de *L'Image-temps* citée en prélude à cette mise au point concernant le statut de « l'essence », et qui portait alors sur l'exemple paradigmatique des « mouvements aberrants » (ils « ont *toujours été là* », mais « prennent une valeur singulièrement *nouvelle* » dans le cinéma moderne) : « *Au choix*, on insistera sur la continuité du *cinéma tout entier*, ou sur la *différence* du classique et du moderne ». La « continuité » dont il s'agit ici n'est donc pas celle que l'on croyait alors (celle d'une histoire linéaire), mais celle d'une virtualité (le « cinéma *tout entier* ») qui se différencie suivant les deux dimensions de l'image-mouvement et de l'image-temps. La distinction de l'image classique et de l'image moderne, de son côté, ne renvoie guère à une simple différence de degré, mais à une différence de nature entièrement compatible avec la continuité précédemment définie.

---

1 Par ailleurs, énoncer l'existence d'une « essence du cinéma » ne suppose, on l'aura compris, aucun privilège de la philosophie à « dire » cette essence, et à l'inscrire par là même dans une position de surplomb par rapport au cinéma. Précisons que l'essence est ici une catégorie à la fois descriptive et génétique : descriptive, car il s'agit de décrire des *processus* d'actualisation, des *séries* actuelles; génétique, puisque les processus en question constituent fondamentalement des processus de « *création* ». Sur le premier point, voir DR, p. 364; sur le deuxième, B, p. 99.

2 IT, p. 58.

3 B, p. 111, où Deleuze ajoute : « Chaque ligne d'actualisation correspond à un niveau virtuel; mais chaque fois, elle doit (...) créer les moyens pour le développement de ce qui n'était qu'enveloppé, pour la distinction de ce qui était confondu ».

On a vu comment le concept cinématographique d'« interstice » élaboré par Deleuze dans le cadre d'une réflexion plus générale sur « la pensée et le cinéma » fonctionne suivant une « méthode du entre » au cinéma qui rejoint intimement la manière dont les facultés s'enchaînent et communiquent entre elles dans l'empirisme supérieur. Quand il écrit : « il se peut que les deux sortes d'images [sonore et visuelle] se touchent ou se joignent », et qu'il précise aussitôt que ce contact implique malgré tout « une disjonction qui ne doit pas être surmontée », nous savons que cette liaison spécifique correspond exactement à celle qui est à l'œuvre dans un exercice transcendantal des facultés, où c'est « *la discordance qui fait accord* » [1]. La disjonction en question coïncide avec le moment où la parole, dans son usage supérieur, conquiert son « autonomie » et se « ré-enchaîne », précisément, avec l'image visuelle : elle devient alors « proprement cinématographique ». Qu'il existe un « propre » de la parole au cinéma n'implique pas la préexistence d'une figure autonome du parlant. Nous avons essayé de montrer en quel sens la démarche deleuzienne échappait au préjugé essentialiste, et de quelle façon le paradigme de la spécificité du médium, malgré l'insistance de Deleuze à évoquer la spécificité des « moyens d'expression » dont dispose selon lui chaque art, ne pouvait décider à lui seul d'une « volonté d'art originale » [2]. La « conquête » concernant le parlant au cinéma ne renvoie donc pas au « scénario exemplaire » du modernisme. Et si elle advient conformément à « l'essence du cinéma », nous savons que cette essence a fondamentalement trait à une évolution multilinéaire, composée d'une crise (celle de l'image-mouvement), sans toutefois que celle-ci se confonde avec l'idée de « révolution » que l'on trouve dans la théorie moderniste, puisque la ligne d'actualisation qui précède la rupture de la sensori-motricité est aussi inventive (ou « splendide ») que la ligne qui lui succède (l'image-temps). Si bien qu'il n'y a pas lieu d'opposer un « premier stade du parlant », celui du cinéma classique, à un « second », celui du cinéma moderne, de même qu'il n'y a aucun rapport d'opposition entre les « mouvements aberrants » de *Cinéma 1*

---

1 Voir respectivement IT, p. 364 et CC, p. 49.

2 Au contraire, c'est sur cette « volonté d'art » que « se fonde » l'usage des moyens techniques, voire « technologiques ». Voir IT, p. 347-348. Sur l'usage de l'expression « volonté d'art », et sur la subordination du matériau ou de la technique à celle-ci, Deleuze a d'importants prédécesseurs dans le champ de l'histoire de l'art. Worringer note que le « vouloir artistique » est inventé par Riegl (concept, comme on sait, qui sera repris par Panofsky), et cite Wölfflin pour qui « *la technique ne crée jamais un style* », voir W. Worringer, *Abstraction et* Einfühlung, Paris, Klincksieck, 1978, p. 47.

et les « aberrations pour elles-mêmes » de *Cinéma 2*[1]. L'usage de la parole dans « l'image audio-visuelle » est simplement « *autre chose* » que celui à l'œuvre dans l'image-mouvement ; il n'est ni « meilleur », ni « plus profond » ; il survient au « détour » de l'évolution du cinéma – détour qui désigne aussi bien une *mutation*.

« Le plus lourd problème » : Deleuze et la sémiologie du cinéma

Christian Metz kantien

Un problème demeure cependant, lié à la question des rapports du cinéma aux actes de parole ; problème d'autant plus important que son exploration permettra d'approfondir en retour le statut du parlant au sein du cinéma moderne, en même temps qu'elle nous aidera à savoir en quoi consiste la « virtualité » cinématographique précédemment évoquée. Il s'agit du « *plus lourd problème* », et il concerne cette fois les rapports du cinéma avec le langage. C'est la deuxième mise au point que nous souhaitions faire, après celle consacrée à « l'essentialisme » présumé de l'auteur. C'est sur ce point que s'opère la confrontation avec la sémiologie d'inspiration linguistique de Christian Metz, et que, *positivement et depuis les travaux mêmes de certains linguistes*, Deleuze élabore la notion de « *matière signalétique* », chaque volume des *Cinéma* possédant la sienne propre. Ce que l'on aimerait montrer, eu égard à notre thèse de départ, c'est que le processus de disjonction entre images que met en œuvre le concept d'interstice reste essentiel pour appréhender la matière signalétique de *L'Image-temps*. En d'autres termes, la doctrine deleuzienne des facultés, dont nous avons vu l'importance afin de comprendre la manière dont cet interstice fonctionne, intervient également dans la détermination de l'image-temps et des signes qui lui correspondent. Ce qui, en toute rigueur systématique – dès lors que l'on parcourt *Cinéma 2* à la lumière de *Différence et répétition* – ne devrait pas sur-

1 Si l'on reprend un commentaire du *Bergsonisme*, étroitement lié à la méthode deleuzienne que nous décrivons ici, on peut ajouter qu'il n'existe guère non plus de « rapport de gradation » entre les deux régimes de l'image, puisque ce rapport enveloppe encore l'idée d'une « négation », d'une « contrariété » (comme si l'image-mouvement empêchait le cinéma moderne de se développer) : « il suffit de replacer les termes actuels [l'image-mouvement et l'image-temps] dans le mouvement qui les produit, de les rapporter à la virtualité ["le cinéma tout entier"] qui s'actualise en eux, pour voir que la différenciation n'est jamais une négation mais une création, et que la différence n'est jamais négative mais essentiellement positive et créatrice » (B, p. 105).

prendre, puisque la dissonance entre facultés renvoie en dernière instance à « *la source du temps* » : l'accord dissonant entre facultés, c'est-à-dire les facultés *élevées* par un « "*apprendre*" » à leur exercice supérieur, signifie en effet qu'un temps « libéré », « émancipé » (comme celui de l'image-temps) « s'introduit dans la pensée » [1]. Nous sommes confrontés à deux problèmes : le premier concerne les rapports du cinéma avec les actes de parole qui lui appartiennent intrinsèquement ; le deuxième porte plus généralement sur les relations du cinéma et du langage (voire du cinéma et de la langue), que Deleuze aborde en sémioticien autant qu'en philosophe. Ces deux problèmes sont respectivement traités dans les chapitres 9 (« Les composantes de l'image ») et 2 (« Récapitulation des images et des signes ») de *L'Image-temps*. Qu'ils soient « indépendants » l'un de l'autre n'empêche pas que ces problèmes se rencontrent suivant un processus très précis que nous aurons à décrire. Si nous prenons soin d'examiner ces deux points importants c'est, d'une part, afin d'expliciter la nature de la critique adressée par Deleuze à la sémiologie du cinéma (critique dont la portée ne nous semble pas évaluée à sa juste mesure) et, d'autre part, en vue de mettre en évidence la construction sémiotique sur laquelle repose, dans *L'Image-temps*, la parole dans son usage transcendantal (la « voix en elle-même » de l'image audio-visuelle).

En choisissant de distinguer les deux problèmes « cinéma/langage/langue » et « cinéma/acte de parole » – que ce soit au début du chapitre 2 de *L'Image-temps* ou lors du cours d'introduction qu'il consacre au travail de Christian Metz [2] –, Deleuze entend porter le problème de la sémiologie du cinéma au niveau même où son fondateur l'a posé. D'après lui, en effet, ce sont les rapports cinéma-langage qui « semblent conditionner la possibilité d'une sémiologie du cinéma » [3]. C'est pourquoi, dès le commencement de ce chapitre 2, Deleuze formule le type de question qui oriente la démarche méthodologique de Metz :

1 Voir CC, p. 49 et DR, p. 216.

2 Sur cette double formulation, voir le cours du 26 février 1985. Sur la distinction des deux problèmes, voir en outre IT, p. 45. Signalons que si Deleuze consacre seulement huit pages à la sémiologie du cinéma dans *L'Image-temps*, il fait cours sur cette question pendant au moins cinq semaines (soit quinze heures de cours à raison de trois heures par semaine), du 26 février au 26 mars 1985.

3 IT, p. 38.

> au lieu de demander : en quoi le cinéma est-il une langue (la fameuse langue universelle de l'humanité) ?, il pose la question « *à quelles conditions* le cinéma doit-il être considéré comme un langage ? »[1]

Cette expression mérite d'être soulignée parce qu'elle constitue le fondement de la critique adressée à la sémiologie d'inspiration linguistique, critique qui, en retour, nous permettra d'apprécier sur quel genre de questionnement repose la « sémiotique pure » que proposent *L'Image-mouvement* et *L'Image-temps*. Par cette approche, Deleuze évite d'une certaine manière l'écueil d'une condamnation qui se limiterait à repérer la « tendance applicationniste » des sémiologues du cinéma, condamnation que Christian Metz, au regard de ses propres écrits, considérait comme un contresens profond[2]. En prenant soin d'indiquer la question qui anime la démarche metzienne, il distingue dans le même temps deux interrogations qui diffèrent en nature : une interrogation en termes d'« essence » sous la forme « *qu'est-ce que… ?* » ; une interrogation portant sur les « conditions de possibilité » d'un fait donné (le cinéma), suivant la formule « *à quelles conditions… ?* ». Dans un cas, nous avons affaire à une question « *pré-critique* », dans l'autre, à une question de nature « *critique* », au sens où Kant a employé ce mot en philosophie. Il ne s'agit pas, par cette distinction, de laisser entendre que le questionnement détermine la réponse (le cinéma est une « langue » ; le cinéma est considéré « comme un langage »), mais de suivre les différentes étapes du raisonnement qui portent à l'une ou l'autre réponse – en l'occurrence, celle de la sémiologie –, et d'appréhender le problème dont ce raisonnement dépend. Bien entendu, ce procédé n'a de pertinence à être mis au jour que s'il nous autorise, en contrepartie, à signaler la problématique qui décide de l'orientation de la démonstration deleuzienne. C'est en ce sens que la confrontation avec l'œuvre de Christian Metz, loin d'être accessoire comme sa position dans l'analyse pourrait le laisser croire – elle ne constitue pas simplement une « *pause* entre l'image-mouvement et un autre genre d'image », précise d'ailleurs Deleuze[3] –, nous semble décisive en vue de la compréhension de l'économie générale des *Cinéma*, et au fait que ces deux volumes se présentent rigoureusement comme « un essai de classification des images et des signes ». Non que *L'Image-mouvement* et *L'Image-temps* soient élaborés *en réaction* à la

---

1 *Ibid.*

2 Cf. C. Metz, « Au-delà de l'analogie, l'image » (1969), in *Essai sur la signification au cinéma*, II, *op. cit.* p 154. C'est André Parente qui relève la « tendance applicationniste » de la sémiologie metzienne. Cf. *Cinéma et narrativité*, Paris, L'Harmattan, 2005, p. 20.

3 IT, p. 38.

sémiologie du cinéma établie par Metz, mais il apparaît que les éléments de la taxinomie deleuzienne (les images et les signes) sont ceux-là mêmes que cette sémiologie « court-circuite » ou dénonce explicitement.

Indiquons d'abord les grands axes de l'analyse critique menée par Deleuze. Il commence d'abord par l'examen de la double réponse apportée par Metz à la question précédemment posée (« À quelles conditions… ? »), avant de signaler les « difficultés » que cette réponse ne manque pas de soulever. « La réponse est double, précise-t-il, puisqu'elle invoque d'abord un fait, puis une approximation »[1]. Le fait, « la formule de base », comme dit Metz, c'est que le cinéma ne serait pas devenu ce qu'il est sans le cinéma de narration, sans la présentation d'une histoire, et cela, ajoute Deleuze, « en repoussant ses autres directions possibles » ; c'est un fait historique, dont le cinéma américain, hollywoodien est le modèle[2]. En quoi consiste « l'approximation » ? Elle « s'ensuit » du fait de la narration, et elle se définit par une opération de substitution : la substitution de l'image à un énoncé, « le plan sera considéré comme le plus petit énoncé narratif », « un énoncé qui opère par ressemblance »[3]. Deleuze revient alors sur la forme de la question soulevée par Metz, et marque un certain étonnement : « Il posait une question très rigoureuse de droit (*quid juris ?),* et il répond par un fait et par une approximation ». Il faut prendre la mesure de cette remarque, et pressentir la nature de l'objection qu'il est en train d'adresser à la démarche metzienne, objection qui enveloppe en elle-même l'orientation de sa propre philosophie au sein des *Cinéma* et de la sémiotique qui s'y déploie.

Il convient pour cela d'indiquer le troisième moment de la méthode sémiologique, celui de l'assignation des conditions au fait narratif auparavant constaté. Ce moment est pleinement conforme à l'approche kantienne qui caractérise selon Deleuze le raisonnement de Metz : un fait est dégagé (la

1 *Ibid.*

2 Voir IT, p. 38-39. Deleuze note à cet égard la « position intransigeante » de Metz (cours du 12 mars 1985). Voir notamment « Le cinéma : langue ou langage ? », in *Essai sur la signification au cinéma*, I, Paris, Klincksieck, 1968, p. 52 : « La formule de base, *qui n'a jamais changé*, c'est celle qui consiste à appeler "film" une grande unité qui nous conte une histoire, et "aller au cinéma", c'est aller voir cette histoire ».

3 Voir respectivement IT, p. 38 et le cours du 5 mars 1985. Deleuze remarque dans *L'Image-temps* que « Metz insiste lui-même sur le caractère hypothétique de cette assimilation » (p. 38). Cf. sur ce point « Problèmes de dénotation dans le film de fiction », in *Essai sur la signification au cinéma*, I, *op. cit.*, notamment les p. 118-119 où Metz, considérant le plan comme la plus petite unité de l'image, soutient qu'il « *ressemble* à un énoncé plutôt qu'à un mot (…) [ou] *dissemble moins* d'un énoncé que d'un mot » (souligné par l'auteur). Dans tous les cas, « l'image d'une maison ne signifie pas "maison", mais "Voici une maison" ».

narration cinématographique), saisi analogiquement (« l'énoncé iconique ») ; il s'agit alors de trouver les conditions qui rendent possible ce fait. Les conditions de possibilité désignent les « règles d'usage » qui s'appliquent au fait tel qu'il a été préalablement défini. Si, comme l'écrit Metz, « l'image ressemble à un énoncé plutôt qu'à un mot », Deleuze affirme de son côté qu'il

> peut et doit lui appliquer certaines déterminations qui n'appartiennent pas exclusivement à la langue, mais qui *conditionnent* les énoncés d'un langage, même si ce langage n'est pas verbal et opère indépendamment d'une langue,

d'où l'idée de « langages sans langue »[1]. Les « déterminations » en question se confondent avec les opérations linguistiques que sont le syntagme et le paradigme. En quel sens Christian Metz est-il fondamentalement « kantien » ? C'est qu'il s'en tient à une méthode de conditionnement qui manque l'exigence génétique pourtant requise par la question « *quid juris ?* ». Certes, il y a bien subordination du fait de la narration aux règles d'usage (essentiellement syntagmatiques), mais ces règles d'usage « s'appliquent » elles-mêmes à ce fait dans la mesure où celui-ci est assimilé à un énoncé. « C'est un cercle vicieux typiquement kantien » qui serait ainsi à l'œuvre dans l'argumentation de Metz[2]. Si l'on demande sur quoi repose la construction d'un tel cercle, Deleuze répond : sur le « rabattement du droit sur le fait »[3], c'est-à-dire que les conditions de possibilité de la sémiologie du cinéma ne sont elles-mêmes fondées que sur l'extrapolation d'un fait particulier (le fait narratif). Nous reconnaissons la nature de la critique formulée ici par Deleuze : elle est typiquement post-kantienne. On se souvient que l'élaboration d'une doctrine « supérieure » des facultés s'inspirait intimement des exigences postkantiennes, notamment celles énoncées par Salomon Maïmon contre Kant. Rappelons la thèse de fond que Deleuze lui emprunte : « la réduction de l'instance transcendantale [censée répondre à la question *quid juris ?*] à un simple conditionnement, et le renoncement à toute exigence génétique »[4]. Toutes les analyses concernant la « méthode du

1 IT, p. 38-39.
2 IT, p. 39. André Parente a bien cherché à mettre en évidence ce « cercle » dans la démarche metzienne, cercle vicieux qu'il qualifie de « réductionniste » (cf. *Cinéma et narrativité, op. cit.*, p. 19), mais il n'en perçoit pas la nature « kantienne ». Cette omission, comme nous le verrons, le conduit à manquer la signification des thèses que Deleuze développe dans *L'Image-temps.*
3 IT, p. 43.
4 DR, p. 225. C'est une exigence que Deleuze énonce dès *Nietzsche et la philosophie* : « On réclamait un principe qui ne fût pas seulement conditionnant par rapport aux objets, mais vraiment génétique et producteur » (p. 58).

décalque » chez Kant en résultent : lorsque ce dernier décrit l'enchaînement des facultés d'un point de vue apodictique, il ne fait en fin de compte que « [décalquer] les structures dites transcendantales sur les actes empiriques d'une conscience psychologique [soumise au modèle de la récognition] »[1].

La narration comme conséquence des images

C'est ce même raisonnement que l'on retrouve dans *Cinéma 2*, même si Deleuze le développe davantage dans les cours qu'il consacre aux écrits de Christian Metz[2]. C'est suivant cette perspective post-kantienne, et elle seulement, qu'il convient d'appréhender la critique que l'auteur de *L'Image-temps* adresse à la sémiologie du cinéma. C'est depuis « l'exigence génétique » qu'il nous appartient de saisir les « difficultés » que cette sémiologie suscite selon lui. Considérons la première de ces difficultés. Elle est relative au « fait » de la narration : « celle-ci, soutient Deleuze, n'est pas une donnée apparente des images cinématographiques en général, même historiquement acquise »[3]. Encore faut-il savoir en quel sens la narration constitue une « donnée apparente » de l'image.

> Pour Metz, la narration *renvoie* à un ou plusieurs codes comme à des déterminations langagières sous-jacentes *d'où elle découle* dans l'image au titre de donnée apparente[4].

La précision est importante, car elle prend en considération l'ensemble du procédé de « conditionnement » de l'image auparavant exposé : c'est dans la mesure où l'image est assimilée à un énoncé (et qu'elle est conditionnée de ce fait par des opérations de langage) que la narration est considérée comme une donnée apparente de l'image. Que propose Deleuze pour sa part ? « Il nous semble au contraire que la narration *n'est qu'une conséquence* des images apparentes elles-mêmes et de leurs combinaisons directes, *jamais une donnée* »[5]. Il

1 DR, p. 176-177. C'est là que Deleuze dénonce une « image de la pensée » qui « [a fondé] son droit supposé sur *l'extrapolation* de certains faits, et de faits particulièrement insignifiants », ceux de « la Récognition ».

2 Voir notamment le cours du 5 mars 1985, où Deleuze rappelle « le tort de Kant » selon les postkantiens : « s'en tenir à une *méthode de conditionnement* alors qu'il aurait fallu parvenir à une *méthode génétique* ».

3 IT, p. 39.

4 IT, p. 40.

5 *Ibid.*

poursuit son idée en la situant sur les deux plans des narrations classique et moderne :

> La narration dite classique *découle directement* de la composition organique des images-mouvement (montage), ou de leur spécification (...) les formes modernes de narration découlent des compositions et des types de l'image-temps : même la « lisibilité ».

Et avec insistance :

> *Jamais* la narration n'est une donnée apparente des images, ou l'effet d'une structure qui les sous-tend; c'est une *conséquence* des images apparentes elles-mêmes, *des images sensibles en elles-mêmes, telles qu'elles se définissent d'abord pour elles-mêmes*[1].

Les éléments permettant de comprendre pleinement ces affirmations, Deleuze ne les fournit que plus tard, à la fin du premier paragraphe de ce chapitre de « récapitulation des images et des signes ». Avant de les aborder en détail, convenons que la position deleuzienne prise en elle-même – la narration est une conséquence, non une donnée des images –, et sans le travail de remontée vers les conditions qui en déterminent le sens, cette position peut paraître aujourd'hui singulière, si on la compare à celles des philosophes contemporains qui pensent le cinéma. Ceux-ci, d'une manière ou d'une autre, par-delà leurs différences, font reposer leurs analyses sur un primat de la narration et cherchent, plus ou moins sciemment, à échapper à ce que Christian Metz appelait naguère « la citadelle iconique (de la visualité) »[2]. Ainsi Rancière propose-t-il le concept de « fable » qui lui permet d'étudier, à partir d'Aristote, une « dramaturgie fictionnelle » propre au cinéma (que le cinéma « dé-figure » ou pas, suivant le régime représentatif ou esthétique auquel il appartient), de telle sorte que « la fable par laquelle le cinéma dit sa vérité [même chez Epstein, même chez Godard] se prélève sur les histoires que ses écrans racontent »[3]. Dans un autre registre, Badiou déclare « [accorder] un certain primat à la fable, à la narration, à cet exercice après tout fondamental dans la vie en société : raconter un film », ce primat de la narration influant par ailleurs directement sur les

---

1 *Ibid.*
2 Voir « Raymond Bellour / Christian Metz – Entretien sur la sémiologie du cinéma (1970) », in *Essai sur la signification au cinéma*, II, *op. cit.*, p. 199.
3 J. Rancière, *La Fable cinématographique*, *op. cit.*, p. 13.

analyses filmiques qu'il propose [1]. Le « moviegoing » de Stanley Cavell, pour sa part, tout en liant la signification d'un film au contexte de sa projection et au « compagnonnage » qui l'accompagne, privilégie dans une certaine mesure le fait narratif sur lequel, pour ainsi dire, tout le monde est d'accord, « les riches et les pauvres, ceux qui ne se soucient d'aucun (autre) art et ceux qui vivent de la promesse de l'art » [2]. L'un de ses disciples, Marc Cerisuelo, dans une combinaison avec la pensée de Metz, blâme « l'omnipotence du Tout-Image », notamment chez Deleuze, et tente de mettre en question « la prégnance de l'image au sein du dispositif cinématographique » [3].

Deleuze, assurément, n'aurait partagé aucune de ces différentes assertions, hypothèse rétrospective qui ne peut avoir de signification que si elle nous ramène à la démarche deleuzienne elle-même, et à la méthode qui la fonde. Comme il le déclare dans l'un de ses cours : « une fois dit que cela ne me convient pas [la sémiologie de Christian Metz], qu'est-ce que tu vas faire ? Sinon, cela n'a aucun intérêt » [4]. Il s'agit dès lors d'étudier le versant positif de la démonstration deleuzienne, et d'examiner de près la thèse précédemment formulée concernant la narration en tant qu'elle est « *fondée* » dans l'image [5]. Quand Deleuze affirme que la narration est une « conséquence » de l'image, il nous appartient en premier lieu de savoir si le geste argumentatif de *L'Image-temps* ne se confond pas avec le « simple conditionnement » de l'approche sémiologique. Dans quelle mesure, autrement dit, parvient-il à faire sienne l'exigence génétique qu'il reproche à Christian Metz de ne pas satisfaire ? Le raisonnement de ces quelques pages est particulièrement complexe, non pas au simple sens de « difficile », mais parce qu'il renvoie implicitement (Deleuze ne citant jamais en bas de pages ses propres ouvrages) à d'autres moments de l'œuvre – en particulier *Différence et répétition* et *Logique du sens*, mais aussi *Mille plateaux* –, offrant dans ce fragment où se décident les composantes du concept de « matière signalétique » une forme condensée d'une partie du corpus de

1 A. Badiou, « Dialectiques de la fable », in *Matrix – Machine philosophique*, Paris, Ellipses, 2003, p. 121.

2 S. Cavell, *La Projection du monde*, Paris, Belin, 1999, p. 28.

3 M. Cerisuelo, *Hollywood à l'écran – Essai de poétique historique des films : l'exemple des métafilms américains*, Paris, Presses Sorbonne Nouvelle, 2000, respectivement p. 9 et 42 (et p. 41 pour la référence à Deleuze).

4 Cours du 18 juin 1985.

5 Sur l'emploi de ce verbe, voir IT, p. 47. Sur la même idée, que Deleuze trouve cette fois chez un théoricien du cinéma, voir P, p. 167 : « Il y a un manuscrit de Noël Burch qui est essentiel (...) : la narration n'était pas comprise dans le cinéma dès le début (...) Le cinéma n'est pas narratif par nature : il devient narratif quand il prend pour objet le schème sensori-moteur ».

l'auteur. Deux remarques, solidaires l'une de l'autre, sur la portée stratégique de ce raisonnement. D'une part, il s'agit de restaurer les deux notions qui sont « en voie d'évacuation » dans la sémiologie metzienne, à savoir l'image et le signe. Ce qui est « curieux » selon Deleuze, voire « énorme » dans cette théorie, c'est que l'image y perd son caractère mouvant, automatique : en effet, « plus rien ne nous rappelle que l'image cinématographique se meut »[1]. Il remarque par ailleurs que le signe y est considéré, selon le mot même de Christian Metz, comme une « unité pré-scientifique » : c'est pourquoi, d'après Deleuze, la sémiologie, qui « prétend se constituer comme discipline rigoureuse, [écarte] la notion de signe »[2]. Il s'agira par conséquent d'être attentif à la façon dont il reconquiert les notions d'image et de signe, *et au rapport qu'il propose entre elles*, étant dit que cette reconquête est indissociable de l'exigence génétique qu'il cherche dans le même temps à satisfaire. L'autre remarque a trait aux textes et références que l'auteur convoque dans sa démonstration : c'est que la critique de la sémiologie d'inspiration linguistique s'effectue elle-même, en partie, depuis les travaux de certains linguistes (Hjelmslev et Gustave Guillaume). C'est sur le terrain même de la linguistique, en d'autres termes, que Deleuze entend présenter une « sémiotique pure » qui ne soit guère subordonnée à la linguistique, ou du moins une sémiotique dont la linguistique « n'est qu'une partie »[3]. Nous essaierons de signaler les raisons de l'absence de Peirce dans l'argumentation deleuzienne, bien que sa force, « quand il inventa la sémiotique, fut de concevoir les signes à partir des images et de leurs combinaisons, non pas en fonction de déterminations déjà langagières »[4].

Le problème est ici : en quel sens la narration est-elle une « conséquence », non une « donnée » des images ? La solution apportée engage le cinéma considéré comme « système des images et des signes prélinguistiques », mais dont

1 Cours du 26 février 1985. Sur cette question chez Metz, voir entre autres « Le cinéma : langue ou langage ? », in *Essai sur la signification au cinéma*, I, *op. cit.*, p. 53 (texte cité par Deleuze dans son cours) et *Langage et cinéma*, *op. cit.*, p. 29.

2 Voir le cours du 26 mars 1985, où Deleuze renvoie, en le citant, au texte de Christian Metz, cf. « Une étape dans la réflexion sur le cinéma », *Essai sur la signification au cinéma*, II, *op. cit.*, p. 158. Voir aussi *Langage et cinéma*, *op. cit.*, p. 146 : « Il n'y a pas de signe cinématographique », notion relevant « d'une classification naïve » qui manque ces « unités de pertinence » que sont les « codes ». Pour Deleuze, la sémiologie de Metz s'inscrit dans un contexte plus large de la recherche linguistique qui a « tendance à éliminer la notion de signe » (IT, n. 2, p. 342).

3 IT, p. 44 et cela, contrairement au « principe » adopté par Christian Metz « d'après lequel la linguistique n'est qu'une partie de la sémiologie » (IT, p. 38-39).

4 IT, p. 45.

la langue et les énoncés langagiers vont dépendre[1]. Ce système est celui d'une « matière », écrit Deleuze : matière « intelligible », qui n'existe pas, bien qu'elle soit parfaitement déterminée (ce qui correspond exactement à la définition du virtuel deleuzien).

> C'est une masse plastique, une matière a-signifiante et a-syntaxique, une matière non linguistiquement formée, bien qu'elle ne soit pas amorphe et soit formée sémiotiquement, esthétiquement, pragmatiquement.

Et il ajoute : « C'est une condition, antérieure en droit à ce qu'elle conditionne »[2]; précision qui témoigne d'une volonté d'emprunter une méthode génétique, conformément à la lignée post-kantienne indiquée plus haut. Il importe néanmoins de définir la « condition » dont il est question dans ces pages, ce qu'elle engendre et les modalités de la genèse qu'elle autorise. Le concept de « matière » est sensiblement composite dans *L'Image-temps*. Deleuze y revient en conclusion :

> *Ce serait*, écrit-il au conditionnel, ce que Hjelmslev appelle « matière » non-linguistiquement formée, tandis que la langue opère par forme et substance. *Ou plutôt*, poursuit-il, c'est le signifiable premier, antérieur à toute signifiance, dont Gustave Guillaume faisait la condition de la linguistique.

On pourrait ajouter le nom de Félix Guattari, qui propose une lecture de la « matière » chez Hjelmslev critiquant explicitement l'interprétation (saussurienne) qu'en propose Metz, et que Deleuze reprend sans conteste dans *Cinéma 2*[3]. Toutefois, le travail sur les sources ne saurait constituer une fin en soi (les expressions soulignées sont là pour prévenir, sur le mode ironique, une semblable tâche), comme si l'usage du commentaire ne trouvait sa raison d'être ailleurs : non dans la révélation de l'inépuisable réserve des auteurs cités par Deleuze, mais dans les problèmes qu'il a su poser pour son propre compte,

1 IT, p. 343.
2 IT, p. 44.
3 Clotilde Simond a bien mis en évidence la portée de la lecture que fait Guattari à ce sujet dans *La Révolution moléculaire* (1977), voir *Esthétique et Schizophrénie*, *op. cit.*, p. 262 : « Là où Metz comprend la substance comme la rencontre entre la forme et la matière, c'est-à-dire comprend la matière comme instance amorphe (recouvrant le sens) en attente de la forme, Guattari dégage une matière intense, non amorphe, hors du couple forme/substance ». Deleuze dit bien « matière non linguistiquement formée, *bien qu'elle ne soit pas amorphe…* », tandis que Metz soutient que « le terme de "matière" [chez Hjelmslev] (…) désigne par définition une instance non encore formée (= "amorphe" chez Saussure) », cf. *Langage et cinéma*, *op. cit.*, p. 158.

et qui constituent le plus souvent une *reprise* des problèmes que ces auteurs avaient eux-mêmes investis dans leurs recherches respectives.

C'est dans cette perspective qu'il convient d'apprécier la mention faite à l'œuvre du linguiste Guillaume, qui nous semble effectivement déterminante pour la compréhension de cette matière « a-signifiante et a-syntaxique » décrite par Deleuze (d'où le choix de l'expression « *ou plutôt...* »). Nous disions que cette matière n'est pas actuelle, bien qu'elle possède une pleine réalité (elle est « formée sémiotiquement, esthétiquement, pragmatiquement ») : en ce sens, donc, la « condition de droit » en quoi elle consiste appartient bien au domaine du virtuel. On a vu, lors de l'examen de l'expression « essence du cinéma », que la virtualité était inséparable d'un processus d'actualisation ou de création, et par conséquent de genèse. Or il apparaît que Deleuze faisait déjà référence à Gustave Guillaume bien avant *Cinéma 2*, une première fois dans *Différence et répétition*, là même où la notion de virtuel est convoquée. Il y est question d'un « *ensemble virtuel de la langue* », théâtre de deux déterminations inséparables sur la « matière phonique » : la détermination formelle des « phonèmes » et la détermination des « morphèmes en tant qu'éléments de constructions grammaticales » ; les phonèmes permettent certes de distinguer linguistiquement les morphèmes, mais ce sont les morphèmes qui, en se déterminant, décident de la pertinence des phonèmes pour une langue considérée. Ce qui l'intéresse dans ce processus, c'est que la détermination des « morphèmes », qui « *s'emparent* » ou « *font intervenir* » « l'ensemble virtuel de la langue », « [implique] *un temps purement logique capable de mesurer la genèse ou l'actualisation* » du langage [1]. « Ce temps purement logique » définit l'élément propre de l'ensemble virtuel : c'est « le signifiable premier, antérieur à toute signifiance » auquel Deleuze associe le nom de Guillaume dans *L'Image-temps* ; c'est le « signifié de puissance », comme il le déclare dans un cours, qui n'a pas d'actualité dans le langage, bien qu'il soit présupposé en lui comme « procès de temporalisation » ou « mouvement de pensée » [2]. Un système virtuel s'actualise en opérant des « *coupes* » sur

---

1 DR, p. 265.

2 Cours du 18 juin 1985. Sur le « signifié de puissance », voir les commentaires d'Alain Rey dans *Théories du signe et du sens* (Deleuze indique le titre de cet ouvrage dans une note, voir IT, n° 1, p. 342), Paris, Klincksieck, 1976, t. II, p. 263 : « le signifié de puissance, entité cachée, antérieure à toute manifestation sémiologique (...) *fondateur* ». Sur la différence avec la conception saussurienne du signe comme équilibre ou « corrélation d'un signifiant et d'un signifié », voir également le cours du 18 juin 1985, ainsi que celui du 26 mars 1985 (on trouvera également une critique de la linguistique de Saussure et de « la traduction de la différence en opposition » qu'elle opère dans DR, p. 264, page qui précède celle où il est fait mention du nom de Guillaume). A. Rey résume bien à cet égard ce qui sépare les deux linguistes : « Pour Guillaume, l'équation saussurienne

ces procès et mouvements, chaque coupe désignant un signe ou, plus exactement un signe qui « *devient* un signifiant », ce dernier seul produisant le signifié observable dans le discours (ce que Guillaume appelle le « signifié d'effet »)[1]. Le statut du « signifiant » est essentiel dans cette théorie; il nous permet en retour de comprendre ce que Deleuze entend par « matière a-signifiante ». C'est ce qu'a très bien vu Alain Rey : « le "signe" y est un élément second, le "signifiant" un *représentant imparfait* de la réalité psycho-systématique » [les mouvements et procès de temporalisations de pensée, ce que Deleuze nomme dans *L'Image-temps* la « psychomécanique »], ce qui suppose l'existence d'un « état *pré-signifiant* du signe »[2]. C'est ce que Deleuze ne pouvait pas ne pas voir chez Guillaume (bien qu'il ne cite pas ce passage du livre de Rey), puisque son « problème » consiste à savoir « s'il y a des procès sémiotiques non-langagiers, non linguistiques »[3]. Nous allons voir que ces différents aspects de la doctrine de Guillaume sont décisifs pour appréhender le rapport de l'image et du signe[4]. Notons d'abord que c'est bien la « réalité » du signe pré-signifiant

---

langage = langue + parole devient (...) "langage = psychisme + sémiologie, la parole intervenant uniquement pour signifier ce que la pensée, par psychisme, a édifié en elle" (Conférence du 2 décembre 1948) » (*Théories du signe et du sens*, p. 263).

1 Dans les cours des 19 et 26 mars 1985, Deleuze prend l'exemple des mouvements de pensée qui déterminent le sens (ou « signifié de puissance ») des articles définis et indéfinis : respectivement « mouvement de particularisation » et « mouvement de généralisation ». Si l'on considère l'article défini « le » comme « unité significative minimale », dans tous ses emplois, il s'agira d'un mouvement qui généralise, mais suivant la coupe ou le « *point de vue* » que l'on prend sur ce mouvement, c'est-à-dire suivant tel ou tel de ses emplois, son signifié d'effet change : ainsi « l'ami que j'ai vu » et « l'homme est mortel » correspondent à deux points de vue distincts sur un même « signifié de puissance » (la généralisation) : « tout proche du particulier » dans un cas, « proche du sommet de la généralisation » dans l'autre (voir G. Guillaume, *Le problème de l'article et sa solution dans la langue française* (1919), Paris, Nizet, Québec, Presses de l'Université de Laval, 1974). Deleuze évoque également le travail mené par Guillaume sur les signifiés de puissance des verbes qui opèrent par « procès de temporalisation », c'est-à-dire par « chronogenèses ». Voir sur ce point G. Guillaume, *Temps et verbe* (1929), Paris, Champion, 1984, où l'auteur se démarque de la « linguistique traditionnelle » qui « étudie son objet, la langue, dans sa manifestation extérieure, dans ses effets; mais elle se préoccupe peu de le connaître *dans son organisation potentielle*, tel qu'il existe en nous provisionnellement », sachant que le sujet parlant « possède la langue en lui et pour qui l'action de langage consiste en *une suite d'actualisations des virtualités de divers ordres* que la langue contient » (p. 121).

2 A. Rey, *Théories du signe et du sens*, *op. cit.*, p. 263.

3 Cours du 19 mars 1985, où Deleuze demande : « Que sera le signifiant? ». « Selon Guillaume, c'est uniquement le mot, l'unité significative prise avec son signifié d'effet. Mais celui-ci est une *image provisoire* (...) prélevée sur un signifié de puissance qui est pré-signifiant ».

4 André Scala a été l'un des rares commentateurs à signaler l'importance de Gustave Guillaume pour Deleuze; importance qu'il limite toutefois au seul concept d'image-temps. Aussi Scala n'évoque-t-il ni le souci deleuzien porté à la méthode génétique (contre le « conditionnement »

(au sens où il y a une « réalité du virtuel ») qui permet de comprendre le mot « matière » employé dans *Cinéma 2* à la suite de Hjelmslev : « matière signalétique », matière « formée sémiotiquement, esthétiquement, pragmatiquement », qui ne présuppose aucune structure ou déterminations langagières, mais qui est inséparable des « procès » qui l'animent[1]. Peut-être sommes-nous là en présence d'un « idéalisme archaïque », ou s'agit-il au contraire d'un « matérialisme » d'un certain genre, qui renvoie à une « matière idéelle ». À moins que Gustave Guillaume rencontre par son travail le Bergson du premier chapitre de *Matière et mémoire*, qui parvint à établir « les noces d'un pur spiritualisme et d'un matérialisme radical »[2].

Ces questions ne doivent pas nous détourner de l'essentiel, à savoir le souci génétique qui oriente le raisonnement de Deleuze, et qui affecte en particulier le problème de la narration cinématographique. Nous avons essayé de montrer que la « matière intelligible » étudiée dans *L'Image-temps* constituait une totalité virtuelle, et qu'elle était prise de ce fait au sein d'un processus d'actualisation ou de genèse. Nous avons cherché par la suite à mettre en évidence l'importance du nom de Gustave Guillaume dans l'élaboration de ce concept, citant au besoin un passage de *Différence et répétition* où l'œuvre du linguiste est mentionnée par Deleuze comme répondant à cette exigence. La conception deleuzienne du signe, et la critique de la sémiologie linguistique qui l'accom-

---

de la sémiologie), et qui justifie principalement la référence faite au linguiste, ni la conception du signe (présignifiant). Cf. A. Scala, « Signes de temps », *Cinema Studio*, n° 7/8, juillet-septembre 1992, p. 81-83.

1 Dans une formule significative, Deleuze affirme que la « matière signalétique » correspond à la « *détermination concrète de la matière de Hjelmslev* » (cours du 19 mars 1985). C'est précisément sur ce point que les interprétations de Deleuze et de Metz diffèrent sur la célèbre formule hjelmslevienne : la substance est ce qui apparaît « quand on projette la forme sur le sens, comme un filet tendu projette son ombre sur une face ininterrompue » (*Prolégomènes à une théorie du langage*, Paris, Minuit, 1966, p. 76). Pour Metz, la transformation de la matière en substance est le « *résultat* de l'imposition d'une forme », cf. *Langage et cinéma*, *op. cit.*, p. 158. En revanche, pour Deleuze, si « la forme ou le signifiant [projette] son filet sur la matière ou le sens », c'est parce que « le signe [opère] une coupe, et [donne] une image instantanée du signifié de puissance qui *préexiste* au discours » (cours du 19 mars 1985).

2 P, p. 69. Deleuze dit bien dans un cours à propos du « signifié de puissance » que « c'est un peu bergsonien, et Guillaume connaissait Bergson » (cours du 18 juin 1985). Et il ajoute : « Le signifié de puissance, c'est *à la lettre* une matière-mouvement ou une durée, un processus temporel ». Dire que « le signe ou le signifiant, c'est un point de vue sur le signifié de puissance » (Guillaume), c'est comme dire « qu'il y a des coupures [mobiles] sur un mouvement » (sur ce rapprochement, voir aussi le cours du 26 mars 1985). Sur « l'idéalisme archaïque » de Guillaume, voir A. Rey, *Théories du signe et du sens, op. cit.*, p. 263. Sur la « matière idéelle », expression employée par Deleuze, voir le cours du 19 mars 1985.

pagne, demeurent étroitement solidaires de cette exigence, sachant que l'on retrouve au sein de *L'Image-temps*, à propos du système virtuel du cinéma, le même geste argumentatif à partir duquel Deleuze aborde « l'ensemble virtuel de la langue » dans *Différence et répétition* : cet ensemble n'est pas donné, mais il est « ce par quoi le donné est donné ». C'est en ce sens que

> le cinéma n'est pas langue, universelle ou primitive, ni même langage. Il met au jour une matière intelligible, qui est comme *un présupposé, une condition*, un *corrélat nécessaire à travers lequel le langage construit ses propres « objets »* (unités et opérations signifiantes)[1].

Quand il affirme que « la narration est une conséquence des images, jamais une donnée », il faut saisir ce rapport de conséquence eu égard à la condition de droit que constitue la « matière intelligible », et pas autrement. Précisons en outre que s'il existe bien une pluralité de narrations au cinéma, c'est essentiellement en fonction des différents « procès » qui traversent les deux régimes de l'image. Soit le régime de l'image-mouvement : quels sont les procès qui le composent ? Nous pouvons répondre à cette question, puisqu'ils ont déjà été nommés lors de l'étude des premiers chapitres de *Cinéma 1* : il y a un procès de différenciation et un procès de spécification.

> D'une part, comme le rappelle Deleuze, l'image exprime un tout qui change, et s'établit entre des objets (...) D'autre part, l'image-mouvement comporte des intervalles : si on la rapporte à un intervalle, apparaissent des espèces distinctes d'images, avec des signes par lesquels elles se composent.

Ces deux procès constituent la « matière signalétique » de l'image-mouvement[2]. Si l'on considère maintenant le régime de l'image-temps, nous savons qu'il existe également deux procès : un procès relatif à la « série du temps », un autre qui concerne « l'ordre du temps ». C'est dans la mesure où les images-mouvement et les images-temps dépendent respectivement d'une matière intelligible (« a-signifiante et a-syntaxique ») qui leur appartient en propre que

> la diversité des narrations ne peut pas s'expliquer par les avatars du signifiant, par les états d'une structure langagière supposée sous-jacente aux images en général. Elle renvoie seulement à des formes sensibles d'images et à des signes sensitifs correspondants qui ne présupposent aucune narration, mais *d'où découle telle*

---

1 IT, p. 342.
2 IT, p. 43.

> *narration plutôt qu'une autre* (...) la narration falsifiante dépend directement de l'image-temps, des opsignes et des chronosignes, tandis que la narration traditionnelle renvoie aux formes de l'image-mouvement et à des signes sensori-moteurs[1].

Les exigences de la sémiotique deleuzienne

Distinguer les deux régimes de l'image d'après les « procès » qui les composent ne signifie pas déterminer la nature des « matières signalétiques » qui les caractérisent respectivement. Il s'agit de montrer de quelle façon les « accords dissonants » participent de la « matière » de l'image-temps. Avant de traiter ce point important, il faut toutefois poursuivre l'analyse de l'un des aspects de la méthode génétique établie par Deleuze (quitte à approfondir la différence de nature qu'elle entretient avec la « méthode de conditionnement » de Christian Metz), et concevoir la place singulière qu'occupe le cinéma dans la « sémiotique pure » dès lors qu'elle emprunte cette méthode. Ce questionnement n'est pas étranger au point précédent concernant les « accords dissonants » ; au contraire, il est le prélude à l'étude des « énoncés spécifiquement cinématographiques » dont l'acte de parole pur (ou usage supérieur de la faculté de parler) fait partie. Deleuze « [a été] amené à écrire sur le cinéma, [parce qu'il traînait] depuis longtemps un problème de signes » (et ce problème ne pouvait pas ne pas rencontrer le « plus lourd » d'entre eux, celui des relations cinéma-langage). Quelle est la solution de ce problème insistant au terme de *L'Image-temps* ? Les premières lignes des « conclusions » nous enseignent que « le cinéma (...) met au jour une matière intelligible ». Nous savons que cette matière est le « corrélat » du langage et que, « *même inséparable* » de ce dernier, elle demeure « spécifique », Deleuze résumant de manière particulièrement concise son rôle dans les *Cinéma* : « il consiste en mouvements et procès de pensée (images prélinguistiques), et en points de vue pris sur ces mouvements et procès (signes présignifiants) »[2]. Par cette phrase, qui charrie l'ensemble des développements du chapitre 2 (où survient la confrontation avec la sémiologie du cinéma), il souligne à nouveau la nature générale de son essai – une « classification des images et des signes » –, bien que cette indication *ne préjuge d'aucune façon des rapports qu'entretiennent l'image et le signe dans chacun des volumes*, et qui changent précisément en fonction de la « matière signalétique »

1 IT, p. 179. La « narration véridique » et la « narration falsifiante » renvoient aux deux grands types de narration que Deleuze étudie au chapitre 6 de *L'Image-temps*.
2 Voir 2RF, p. 202 et IT, p. 342.

considérée. L'image-mouvement et l'image-temps forment « les deux chapitres de la sémiotique pure », et chaque régime de l'image possède les « procès » et les « points de vue » sur ces procès qui le définissent de façon intrinsèque ; ce sont deux systèmes, ou plutôt deux dimensions du système virtuel du cinéma respectivement animées par deux processus d'actualisation qui diffèrent en nature. Dans tous les cas, la sémiotique deleuzienne ne présuppose aucune structure langagière ; au contraire, « c'est le langage et la langue [qui] se forment *nécessairement* en fonction de certains rapports des images et des signes », ce qui fait de la linguistique un cas particulier de la sémiotique.

Une question s'impose à cet égard : pourquoi Peirce est-il absent de cette démonstration, alors même que Deleuze loue sa « force » d'avoir inventé « la sémiotique [en concevant] les signes à partir des images et de leurs combinaisons, *non pas en fonction de déterminations déjà langagières* »[1] ? On se souvient que sa classification ne « coïnciderait » pas avec celle de Peirce, « même au niveau des images distinguées »[2]. Et s'il emprunte la terminologie de Peirce pour désigner la plupart des signes de *L'Image-mouvement*, ceux-ci possèdent un tout autre sens, la manière dont ils ont de se rapporter aux images relevant substantiellement de la conception bergsonienne de la « matière-mouvement ». Il y a aussi cet autre reproche qu'il lui adresse : reproche « post-kantien », puisque Peirce « se donne les trois types d'images comme un fait, au lieu de les déduire »[3]. Et si Deleuze reprend l'image peircienne de la « tiercéité » au sein de la déduction des images-mouvement (Bergson étant sur ce point encore déterminant) – la tiercéité, ou « image-relation » venant clore cette déduction –, le nom de Peirce disparaît de *L'Image-temps* pour la simple raison que le schème sensori-moteur qui assurait le prolongement d'une image à l'autre s'est rompu avec l'apparition de la nouvelle image. Il est possible de compléter la critique deleuzienne, au regard cette fois des développements consacrés à la « sémiotique pure ». Le reproche concerne en l'occurrence la « relation triadique » entre signes chez Peirce, et principalement la fonction qu'elle assigne à « l'interprétant ». Dans le « triangle peircien » composé du « signe », de « l'objet » et de « l'interprétant »[4], ce dernier correspond globalement au sens, et possède un rôle d'information, de traduction d'un signe dans un autre. Notons

1 IT, p. 45.
2 IM, p. 102.
3 IT, p. 47.
4 Deleuze résume ainsi ce « triangle » dans la théorie de Peirce : « le signe est une image qui vaut pour une autre image (son objet), sous le rapport d'une troisième image qui en constitue "l'interprétant", celui-ci étant à son tour un signe, à l'infini » (IT, p. 45-46).

que chez Peirce, un signe ne fait jamais connaître directement son objet mais « il *présuppose* au contraire la connaissance de l'objet dans un autre signe » ; il « *y ajoute de nouvelles connaissances en fonction de l'interprétant* »[1]. C'est ce qu'a bien montré Claudine Tiercelin dans son commentaire : l'interprétant est « seul parmi les signes [à être] capable d'introduire la généralité dans le processus signifiant, et de permettre la connaissance »[2]. C'est précisément sur ce point que Deleuze ne peut plus suivre le logicien :

> dès lors, écrit-il, il se peut que Peirce se trouve aussi linguiste que les sémiologues. Car, si les éléments de signe [à savoir les « images » que sont la priméité, la secondéité et la tiercéité] n'impliquent encore aucun privilège du langage, il n'en est plus de même pour le signe, et les signes linguistiques sont peut-être les seuls à constituer une connaissance pure, c'est-à-dire à absorber et résorber tout le contenu de l'image (...) *Ils ne laissent pas subsister de matière irréductible à l'énoncé, et réintroduisent ainsi une subordination de la sémiotique à la langue*[3].

C'est pourquoi l'éloge de Peirce s'accompagne toujours chez Deleuze d'une nuance qui n'est pas négligeable, car elle permet d'éclairer en retour le caractère « *pur* » de la sémiotique qu'il entend proposer au sein des *Cinéma*. Quand il déclare dans un entretien que « l'importance d'un logicien comme Peirce est d'avoir élaboré une classification des signes extrêmement riche, *relativement* indépendante du modèle linguistique »[4], il faut apprécier les moyens qu'il se donne pour, de son côté, s'affranchir *absolument* de ce modèle. La détermination de la « matière intelligible » du cinéma s'inscrit dans la perspective d'un tel affranchissement, et l'on a essayé de montrer comment ses images échappent à toute analogie avec l'énoncé (elles restent « prélinguistiques ») ; comment, dans le même temps, les signes que comportent ces images ne répondent à aucune chaîne signifiante (ils demeurent « présignifiants »). C'est en ce sens que le cinéma s'avère déterminant par rapport au « problème de signes » qui hantait, sinon poursuivait Deleuze. Dans l'entretien précité, il souligne qu'« il était d'autant plus tentant de voir si le cinéma n'apportait pas une matière

1 IT, p. 46.
2 Cl. Tiercelin, *C. S. Peirce et le pragmatisme*, Paris, PUF, 1993, p. 76.
3 IT, p. 46. Cl. Tiercelin soutient également que « si la sémiotique met bien en lumière toute une série de signes, et ne se limite donc pas à une typologie des seuls signes linguistiques (...) le modèle linguistique reste prégnant : le sens véritable d'un signe est bien à chercher dans le contexte de la proposition » (*C. S. Peirce et le pragmatisme*, p. 48).
4 P, p. 68.

mouvante *qui allait exiger une nouvelle compréhension des images et des signes* »[1]. La « matière » (intelligible, a-signifiante, a-syntaxique, etc., dans tous les cas non linguistiquement formée) qu'offre le cinéma autorise cette « nouvelle compréhension ». Or il faut être attentif au cheminement de l'argumentation que présentent à ce sujet les « conclusions » de *L'Image-temps*. Il commence, en effet, par écrire que le cinéma « *met au jour* » une semblable matière, et indique aussitôt qu'elle est le « corrélat nécessaire » du langage. Autrement dit, il ne s'agit plus, comme dans *Différence et répétition*, de considérer le seul « ensemble virtuel de la langue » à partir duquel s'organise la genèse des opérations langagières, mais d'apprécier désormais le système virtuel du cinéma comme effectuant cette genèse[2]. *C'est que la définition du cinéma et de ses « conditions de droit » décide maintenant de celle de la sémiotique en général* : « On appelle sémiotique (...) la discipline qui ne considère le langage que par rapport à cette matière spécifique, images et signes ». La formulation qui suit ne fait que confirmer ce point de vue, où la « matière mouvante » du cinéma pose effectivement les exigences d'une nouvelle conception de la sémiotique : « Il nous a semblé que le cinéma, précisément par ses vertus automatiques ou psychomécaniques, était le système des images et des signes prélinguistiques »[3]. C'est la « nouvelle compréhension » qu'invoquait Deleuze au moment de la parution de *L'Image-mouvement*. Et par là même, il serait parvenu à élaborer la sémiotique que Peirce « aurait renoncé à constituer », à savoir la « sémiotique comme "science descriptive de la réalité" (Logique) »[4].

Cette expression – « science descriptive de la réalité » –, Deleuze l'employait déjà quelques pages plus haut, dans le même chapitre, lorsqu'il évoquait la polémique entre Pasolini et Eco concernant le cinéma comme « langue de la réalité ». « "Science descriptive de la réalité", écrivait-il alors, telle est *la nature*

1 Dans l'avant-propos de *L'Image-mouvement*, où il définit son étude comme un « essai classification des images et des signes », Deleuze indique bien que « le cinéma *impose* de nouveaux points de vue sur ce problème » (IM, p. 7).

2 Nous pourrions suivre la même analyse avec le concept d'« *énonçable* » que Deleuze emploie dans *Cinéma 2* (p. 44 et 342-343), l'énonçable étant un autre mot pour désigner la « matière » cinématographique. Il correspond très exactement à « l'exprimable » de *Logique du sens*, notion-clé de la philosophie du langage que cet ouvrage développe et qui, convoquant notamment le concept d'« événement », permet de penser ce qui « *rend possible* » le langage ; l'exprimable est la condition de droit, le corrélat du langage : « il ne lui préexiste pas, mais lui pré-insiste, ainsi lui donne fondement et condition » (LS, p. 212).

3 IT, p. 343.

4 IT, p. 46.

méconnue de la sémiotique, au-delà des "langages existants", verbaux ou non »[1]. Ce que la logique de Peirce avait échoué à établir, puisqu'elle la maintenait encore dans une dépendance à l'égard de la linguistique, le cinéma allait le mettre en évidence; il allait révéler une sémiotique qui restait « méconnue » ou dont nous ne soupçonnions pas même l'existence : celle de la « réalité tout court », par-delà tout soubassement langagier. Nous ne revenons pas sur les détails de la discussion Pasolini-Eco telle qu'elle est rapportée dans ces pages, discussion qui porte sur la double articulation de cette « langue de la réalité » que constitue le cinéma selon Pasolini (les objets réels sont les phonèmes de l'image; l'image est le monème de la réalité). Constatons simplement que le commentaire deleuzien de *L'expérience hérétique,* où la théorie de cette « langue » est établie, reste fortement pénétré du bergsonisme de l'auteur, de telle sorte que le dégagement d'un plan du réel qu'il entrevoit dans le livre de Pasolini est rapproché de celui que Bergson présente au sein de *Matière et mémoire.* La « modulation » du mouvement que le premier chapitre de l'ouvrage de 1896 propose – cette « opération du Réel, en tant qu'elle constitue et ne cesse de constituer l'identité de l'image et de l'objet »[2] – entre effectivement en résonance avec la définition pasolinienne du cinéma comme représentation de « la réalité à travers la réalité » (« les objets réels doivent être considérés de l'image comme constitutifs, et l'image (...) constitutive de la réalité »). C'est pourquoi, « en vérité, cette langue de la réalité n'est pas du tout un langage. C'est le système de l'image-mouvement »[3]. Il serait erroné d'en conclure que la « sémiotique » de Deleuze relève seulement de ce régime d'images; l'image-temps constitue l'autre « chapitre » de la « sémiotique pure », détermine, en fonction des « procès » qui lui sont inhérents, une autre manière de *décrire* la réalité.

La référence à *L'expérience hérétique* offre par ailleurs l'occasion d'une mise au point capitale, qui a trait à l'incompréhension que la thèse de Pasolini a pu engendrer. Si cette mise au point demeure importante, c'est parce qu'elle permet de prévenir un genre de reproches dont la démarche deleuzienne elle-même a fait l'objet, comme si l'auteur des *Cinéma*, soucieux de l'accueil réservé à la théorie de Pasolini, répondait par avance aux objections que la sienne allait connaître. Cette remarque porte sur les « conditions préalables » du raisonnement pasolinien, c'est-à-dire sur « les conditions de droit »; elle enveloppe en

1 IT, p. 42.
2 *Ibid.*
3 IT, respectivement n. 8, p. 42 et p. 43.

ce sens l'ensemble du présent développement, puisque notre recherche consiste bien à mettre en évidence la méthode génétique qui anime le deleuzisme (toute la doctrine des facultés en dépend), jusque dans les livres sur le cinéma (où elle affecte notamment le problème de la narration). Deleuze relève d'abord le reproche que Eco faisait à la thèse pasolinienne : celui d'« ingénuité sémiologique ». Il désigne peu après le type de question soulevée par Pasolini, question « critique » par excellence : « *à quelles conditions* » le cinéma est-il la langue de la réalité ?[1] ; c'est à ce niveau *de jure* que la thèse en question doit être évaluée. Il évoque à ce propos le refus de Pasolini « de parler d'une "impression de réalité" », et qu'il « "reste toujours dans le cadre de la réalité", *sans l'interrompre en fonction d'un système symbolique ou linguistique* »[2]. Puis il apporte cette précision, qui vaut pour l'ensemble de la philosophie des *Cinéma* :

> C'est l'étude des conditions préalables que les critiques de Pasolini n'ont pas comprise : ce sont des conditions de droit, qui constituent « le cinéma », bien que le cinéma n'existe pas en fait hors de tel ou tel film.

Lorsque Pasolini fait des objets les phonèmes de l'image, et des plans les monèmes de la réalité, on ne saurait apprécier cette thèse sans la ramener à un « "Ur-code" » qui, « *indépendamment de tout système langagier* », caractérise les conditions préalables « du » cinéma, à savoir, d'après le mot de Pasolini, « "le cinéma représente la réalité à travers la réalité" », même si, « en fait », il est toujours possible de lui appliquer les codes de la linguistique[3]. Deleuze insiste sur ce point : « L'ensemble de la thèse de Pasolini perd tout son sens dès qu'on néglige cette étude des conditions de droit » ; comme il le laisse entendre dans la même note, « si une comparaison philosophique pouvait valoir », il faudrait chercher à comprendre Pasolini en « *post-kantien* », puisque « *les conditions de droit* [qu'il pose] sont *les conditions de la réalité même* ».

Ainsi se définit la méthode génétique ; c'est d'ailleurs dans ce même passage que Deleuze, pour l'opposer à la précédente, énonce l'opération qui caractérise la méthode de conditionnement de Christian Metz (« le rabattement du droit sur le fait »), celle-là même qu'il dénonce dans sa critique de la sémiologie du cinéma, vouée par cette méthode à ne pouvoir sortir d'un « cercle vicieux typiquement kantien »[4]. C'est que lui aussi est post-kantien, même

1 IT, n. 8, p. 42 (souligné par Deleuze) et p. 42 pour la citation du reproche formulé par Eco.
2 IT, n. 8, p. 42-43.
3 *Ibid.*, n. 8, p. 43.
4 Donnons une autre référence où Deleuze théorise ce « cercle » : il s'agit de *Logique du sens*, où

si cet adjectif n'a de sens à être mentionné que s'il est rapporté à l'étude des conditions de droit de sa propre philosophie. Notre analyse de la « matière intelligible » élaborée dans *L'Image-temps* (mais celle-ci concerne aussi bien *L'Image-mouvement*, l'autre « chapitre » de la sémiotique deleuzienne) n'avait pas d'autre finalité que de mettre en évidence ces « conditions préalables » qui définissent « *le cinéma* » selon Deleuze. L'affirmation qui, dans la continuité de l'examen du « plus lourd problème » (les rapports cinéma-langage), a constitué le point de départ de notre analyse – la narration est une conséquence, non une donnée des images –, cette affirmation doit être saisie en fonction des conditions de droit avec lesquelles cette « matière » se confond, et qui déterminent dans le même temps la « sémiotique pure » des *Cinéma*.

L'un des rares commentateurs à avoir évoqué « l'énonçable » deleuzien (autre mot pour désigner la matière « a-signifiante et a-syntaxique ») fut André Parente. Il relève bien, notamment, les « processus imageants responsables de la formation des images cinématographiques » (la spécification et la différenciation d'une part, l'ordination et la sériation d'autre part)[1], même s'il ne dit mot des signes pré-signifiants qui constituent autant de « points de vue » sur ces processus (ou mouvements de pensée). Cette omission, qui s'accompagne d'une absence de considération pour la construction sémiotique menée par Deleuze, est probablement à l'origine de l'objection qu'il lui adresse, puisque Parente souligne que

> nous ne pouvons tomber en accord avec lui quand il dit que la narration et le récit sont des conséquences des images apparentes elles-mêmes (...) Les processus ou opérations qui déterminent les images cinématographiques sont, certes, imageants. Mais cela n'empêche pas que la plupart des *opérations imageantes* soient *simultanément narratives*, bien que non-langagières.

Et un peu plus loin : « Contrairement à Deleuze, nous estimons que les processus de temporalisation sont *à la fois imageants et narratifs* »[2]. Si l'objection de Parente est légitime, c'est dans la mesure où elle est par ailleurs affirmative (non simplement critique) et possède une cohérence et un contenu intrinsèques, lesquels trouvent leur origine dans le concept de « récit » chez Blanchot. En revanche, elle est tout à fait illégitime au regard de la sémiotique deleu-

---

l'on retrouve précisément cette opposition entre les deux méthodes ; Deleuze a recours au concept de « matière idéelle » (LS, p. 30).

1 Voir *Cinéma et narrativité*, *op. cit.*, p. 55.

2 *Ibid.*, p. 63.

zienne et de l'exigence génétique sur laquelle elle repose. Ce qui est curieux, c'est que Parente oublie d'examiner les « conditions de droit » des *Cinéma*, alors même qu'il en appelle à cette notion pour énoncer son hypothèse. Mais peut-être que ce contresens profond relève précisément, en définitive, d'une confusion du fait et du droit. L'idée d'une « simultanéité » entre images et narrations fonctionne pleinement *de facto* ; Deleuze ne la contesterait pas ; ce qu'il mettrait en cause, c'est qu'elle puisse avoir une valeur en droit. Quand il écrit que la narration est une conséquence des images, il ne veut pas dire que, lors de la projection d'un film, la première succède aux secondes ; ce serait situer l'analyse sur le plan de la réception des images, donc sur le plan des faits (et de toute façon, cela n'aurait aucun sens). Il ne faut jamais perdre de vue que l'invocation de « conditions préalables » (ou d'un système virtuel, comme le « système des images et des signes prélinguistiques » du cinéma) est indissociable d'un processus d'actualisation, donc de *création*, par lesquels ces conditions se différencient (par exemple en « grands films »). Deleuze écrit bien dans *Différence et répétition* : « l'œuvre d'art se réclame d'une virtualité dans laquelle elle plonge »[1]. Et lorsqu'il demande : « qu'est-ce que c'est avoir une idée au cinéma ? », cette question n'a pas d'autre signification que de savoir ce qui se passe à l'occasion de cette « plongée » au sein du virtuel, quels sont les « procès et mouvements de pensée » qui décident de la genèse d'une œuvre cinématographique. C'est cela se situer sur le plan du droit, et c'est pour cette raison que la narration découle des images : on ne crée pas avec des histoires, même si, en fait, « tout a une histoire »[2].

---

1 DR, p. 270. On peut affirmer que cette étude des « conditions de droit » correspond aussi bien à ce que Deleuze nomme le processus de « différen*t*iation » (avec un « t »), celle-ci se définissant comme la « détermination du contenu virtuel de l'Idée », ou de la « matière idéelle » (DR, p. 267). En ce sens, si la « différen*t*iation » correspond aux conditions préalables *du cinéma*, la « différen*c*iation » (avec un « c »), qui renvoie à « la production d'affirmations engendrées finies » (*ibid.*), désigne pour sa part le processus de fabrication *des films*.

2 Voir 2RF, respectivement p. 291 et 292-293 : « *Il n'est pas question d'invoquer une histoire, ou de la récuser*. Tout a une histoire. La philosophie raconte aussi des histoires. Des histoires avec des concepts. Le cinéma raconte des histoires avec des blocs de mouvements/durée ». Voir aussi P, p. 84 : « Le cinéma racontera toujours ce que les mouvements et les temps de l'image lui font raconter ». Si l'on compare ces déclarations avec celles de *Logique de la sensation*, peut-être pouvons-nous noter une certaine inflexion de la position deleuzienne sur cette question (la peinture est également évoquée dans la conférence de 1987 comme « racontant des histoires »). En effet, il s'agissait bien, dans la monographie sur Bacon, de « casser la narration », étant entendu alors que « la peinture n'a ni modèle à représenter, ni histoire à raconter » (LSensation, p. 12).

La « matière intelligible » de *L'Image-temps*

Les énoncés intrinsèquement cinématographiques

Partant de la critique de la sémiologie entreprise par Deleuze, il s'agissait de mettre en évidence son versant positif (sans quoi cette critique serait vaine ou gratuite). L'investissement du problème de la narration cinématographique (donnée ou conséquence de l'image ?) constitue d'une certaine manière le point nodal autour duquel s'organise la problématique plus générale des relations du cinéma avec le langage. Et c'est l'étude de la dénonciation du « fait narratif » chez Metz qui a permis de révéler la portée véritable de la sémiotique instaurée dans les *Cinéma*, « sémiotique pure » qui constitue la solution apportée au « plus lourd problème ». Rappelons le questionnement qui, en amont, a guidé notre propos : le statut des « énoncés proprement cinématographiques », dont le parlant dans son exercice supérieur fait partie. Nous sommes désormais en mesure d'interroger ce statut, qui engage la place de la doctrine des facultés dans l'économie générale de *L'Image-temps* ; nous croyons que sans l'examen des « conditions de droit » du cinéma, l'usage des facultés, aussi bien que le *sens* de cet usage, ne peuvent être rigoureusement établis. Afin de compléter la démonstration, et avant d'aborder le fonctionnement « transcendantal » de la faculté de parler dans l'image moderne, il est nécessaire de résoudre encore deux problèmes : le premier concerne le rapport des énoncés « intrinsèquement cinématographiques » à ceux qui ne le sont pas, et a trait par conséquent à la façon dont les uns et les autres *réagissent* à « l'énonçable » du cinéma ; le second concerne la nature de la « matière signalétique » de l'image-temps (en comparaison avec celle de l'image-mouvement), et rencontre celui de la combinaison, des « accords dissonants » entre les images (visuelles et sonores).

Il est maintenant possible de comprendre la signification de la thèse selon laquelle la « matière intelligible » du cinéma est « une condition, antérieure en droit à ce qu'elle conditionne », mais que « ce n'est pas une énonciation, ce ne sont pas des énoncés »[1]. Cependant, les énoncés du langage existent bien, et si nous voulons montrer dans quelle mesure ils diffèrent de ceux qui appartiennent spécifiquement au cinéma, il nous faut revenir sur la façon dont leur genèse se décrit depuis la « matière » considérée. Certes, la « matière » est « a-signifiante et a-syntaxique », ce qui ne l'empêche pas d'être « sémiotiquement formée » ; seulement, elle ne possède pas de signes linguistiques, même

1 IT, p. 44.

lorsque le signe renvoie à des traits « verbaux (oraux et écrits) »[1]. Deleuze a une formule singulière pour désigner l'actualisation d'une langue et de ses formes signifiantes : c'est que la langue « n'existe que dans sa *réaction* à une *matière non-langagière* qu'elle transforme », c'est-à-dire lorsque « le langage s'empare de cette matière (et il le fait nécessairement) » et que celle-ci, inséparablement,

> donne lieu à des énoncés qui viennent dominer ou même remplacer les images et les signes, et qui renvoient pour leur compte à des traits pertinents de la langue, syntagmes et paradigmes, tout différents de ceux d'où on était parti.

Cette idée est réaffirmée en conclusion : « quand le langage s'empare de la matière ou de l'énonçable, il en fait des énoncés proprement linguistiques qui ne s'expriment plus en images ou en signes »[2], ce qui confirme le fait que la linguistique est envisagée par Deleuze comme un cas particulier de la sémiotique.

Mais quel est ce mouvement de « *réaction* » signalé, réaction de la langue à la matière idéelle, dès lors que le langage s'en empare et lui fournit la pertinence de ses unités et de ses règles d'usage ? On peut reconnaître dans ce mouvement le processus de double détermination étudié auparavant chez Gustave Guillaume, tel qu'il est exposé au chapitre IV de *Différence et répétition*. Il est examiné de façon plus détaillée encore dans *Logique du sens*, au cours de la « vingt-sixième série », qui s'attache formellement à décrire « ce processus de retour ou de réaction »[3]. On retrouve dans cette « série » l'idée d'une totalité virtuelle depuis laquelle le langage s'organise, mais sans que le passage de la phonologie à la morphologie se fasse de manière directe, comme si la totalité en question était homogène et « se développait à partir de racines premières »[4]. Deleuze affine donc son commentaire, et présente en ces termes le mouvement qui anime l'ensemble virtuel de la langue :

> le tout ne peut donc être décrit par un mouvement simple, mais par un mouvement d'aller et de retour, d'action et de réaction linguistiques (...) si l'action phonique forme un espace ouvert du langage, *la réaction sémantique forme un temps intérieur sans lequel l'espace ne serait pas déterminé conformément à telle ou telle langue.*

1 *Ibid.*
2 IT, respectivement p. 45 (« matière non-langagière » est soulignée par Deleuze) et p. 343.
3 LS, p. 215.
4 LS, p. 214-215.

Et Deleuze de rapporter, à la suite de Guillaume, que c'est le verbe qui renvoie non « pas [à] une image d'action extérieure », mais à un « *processus de réaction intérieur au langage.* C'est pourquoi, dans son idée la plus générale, *il enveloppe la temporalité interne de la langue* »[1]. Cette « temporalité interne » correspond exactement aux procès de temporalisation rencontrés précédemment, comme caractéristiques de la « matière intelligible », condition « antérieure en droit à ce qu'elle conditionne » ; c'est elle, également, qui permet de mesurer « la genèse ou l'actualisation » d'une langue, conformément aux analyses de *Différence et répétition.* Le mot « réaction », employé dans *L'Image-temps*, doit être entendu dans cette même perspective. Un commentateur de Guillaume, Edmond Ortigues (cité par Deleuze, qui s'en inspire grandement), a bien mis en évidence le fait que le « principe de différenciation interne » du langage réside dans cette « temporalité purement formelle », dès lors que celui-ci fait intervenir le « système global » de la langue (moment de la « réaction »)[2]. Dans *L'Image-temps*, le « système » est celui du cinéma, que Deleuze continue à définir comme « l'énonçable » de la langue ; le geste argumentatif, quoi qu'il en soit, reste le même : c'est en réagissant à l'énonçable comme « matière non-langagière » que « la langue en tire des énoncés de langage avec des unités et des opérations signifiantes ». Et c'est pour cette raison que « les énoncés et narrations ne sont pas une donnée des images apparentes, mais *une conséquence qui découle de cette réaction* »[3].

Ce mouvement de réaction demeure essentiel à la compréhension du statut des « énoncés cinématographiques » : « énoncés indirects (intertitres) » dans le cinéma muet, « énonciations directes » dans le cinéma parlant (dont les « actes de parole purs », à l'intérieur du deuxième stade). Il s'agit en effet de mettre en évidence la « spécificité de ces énoncés », et la manière, par conséquent, dont ils se distinguent des « énoncés proprement linguistiques ». Il va de soi que l'emploi de la notion de « spécificité » constitue une réponse indirecte à l'usage que l'on trouve de ce mot dans la sémiologie de Christian Metz. *Langage et cinéma* propose à ce sujet des pages importantes sur « l'enchevêtrement des spécificités

1 LS, p. 215.
2 E. Ortigues, *Le Discours et le symbole*, Paris, Aubier, 1962, p. 99, qui ajoute notamment : « le temps appartient non seulement aux conditions matérielles du langage par sa fonction objective, mais aussi à ses conditions formelles par sa fonction logique indispensable pour hiérarchiser des positions successives dans un système », et plus loin il précise que cette temporalité « n'est plus du tout objective mais purement logique et se ramène au pur mouvement de la "différence" » (p. 110).
3 IT, respectivement p. 342 et 45.

au cinéma », la spécificité étant définie, « comme le voudrait l'ensemble de ce livre (...) en termes de codes »[1]. Or la codification metzienne forme l'un des aspects fondamentaux de la critique que Deleuze adresse à la démarche sémiologique, qui concerne « l'approximation » qu'il relève en elle (l'assimilation de l'image à un énoncé)[2]. La « spécificité » deleuzienne ne possède donc aucun rapport avec celle de Metz, et c'est sciemment que l'auteur des *Cinéma* emploie le même mot, en lui donnant une tout autre signification[3]. Mais en quoi consiste-t-elle exactement, au regard de la « matière idéelle », « a-signifiante », précédemment explorée?

> La question de savoir s'il y a des énoncés proprement cinématographiques (...) porte sur [leur] spécificité, sur les conditions de leur appartenance au système des images et des signes, *bref sur la réaction inverse*[4].

Nous retrouvons la notion que Deleuze emprunte à Gustave Guillaume, mais en tant qu'elle s'effectue cette fois suivant un mouvement « inverse ». Dans les « conclusions » de *L'Image-temps*, il évoque à nouveau ce mouvement en retour, en apportant une précision supplémentaire : si les énoncés du langage résultent d'une réaction de la langue à « l'énonçable », il faut savoir que « les énoncés à leur tour *se réinvestissent en images et signes, et fournissent à nouveau de l'énonçable* »[5]. Il est nécessaire, pour appréhender cet argument, d'avoir à l'esprit en quoi consiste la « matière » des *Cinéma* avec ses deux chapitres successifs : les procès ou schèmes de pensée qui les caractérisent chacun respectivement, et les signes qui leur correspondent à chaque fois singulièrement. C'est dans la mesure, en effet, où l'on rapporte les énoncés aux procès de l'image-mouvement d'une part (différenciation et spécification), à ceux de l'image-temps d'autre part (suivant la série et l'ordre du temps), que nous pouvons les

1 *Langage et cinéma*, *op. cit.*, p. 171.
2 IT, p. 40, ainsi que la n. 4 de la p. 41 où Deleuze évoque les « codes spécifiques qui (...) déterminent (...) la structure interne [du] "message visuel" ».
3 Suzanne Liandrat-Guigues a raison à cet égard de souligner que la « taxinomie » de Deleuze « fait pendant ironique au lexique de la sémiologie », laquelle « installa en tout discours l'obligation de définir un langage avec ses caractéristiques spécifiques (...) C'est pourquoi il paraissait nécessaire (comme cela s'était imposé pour la linguistique des langages verbaux) de déterminer l'unité spécifique du cinéma par quoi le distinguer des autres langages. Ce faisant, cette spécificité ne pouvait elle-même être conçue en dehors de l'identification des signes discriminatoires définissant le modèle linguistique sur lequel se calquer », voir *Esthétique du mouvement cinématographique*, Paris, Klincksieck, 2005, p. 86-87.
4 IT, p. 45.
5 IT, p. 343.

considérer comme « intrinsèquement cinématographiques ». Deleuze présente ce point dans l'un de ses cours sous la forme d'une définition :

> On appellera « énoncé proprement cinématographique » tout acte de parole qui vise un énonçable, c'est-à-dire un enchaînement d'images prélevées sur les procès ou processus précédemment définis.

C'est cela « fournir à nouveau » de l'énonçable, ou encore le « recharger », comme il est dit à l'occasion d'un autre cours[1].

C'est en ce sens, et en ce sens seulement, qu'il importe de saisir la thèse selon laquelle « la coupure du muet au parlant n'a jamais paru l'essentiel dans l'évolution du cinéma »[2]. Car, dès lors que les énoncés de langage sont pris au sein de la « psychomécanique » (ou « procès de pensée ») du cinéma, les mutations de celui-ci ne sauraient être solidaires des seuls changements techniques affectant ces énoncés, bien que les changements en question impliquent l'apparition de nouvelles « fonctions de l'œil ». Par exemple, quand apparaît le cinéma parlant, le sonore « fait voir [dans l'image] quelque chose qui n'apparaissait pas librement dans le muet », ce que Deleuze nomme le domaine des « *interactions humaines* », lesquelles échappent aux structures sociales comme au système des actions et des réactions psychiques : toute une « dramaturgie de la vie quotidienne (malaises, duperies et conflits dans l'interaction) » qui « [ouvre] un champ de perception spécial, de visibilité spécifique, et suscitant une "hypertrophie de l'œil" »[3]. Les deux premiers paragraphes du chapitre 9 sont ainsi consacrés aux transformations de l'image visuelle qui surviennent après l'apparition du parlant, lorsque celui-ci devient l'une de ses « composantes ». Le muet et le « premier stade du parlant » participent d'un même ensemble de processus : ceux qui définissent le système de l'image-mouvement. « Déjà, dans le muet, les images s'intériorisent dans un tout qui change, mais en même temps le tout qui change s'extériorise dans les images visuelles » (procès de différenciation). Et de poursuivre : certes,

1 Voir les cours des 26 mars et 18 juin 1985. Dans ce dernier, Deleuze décrit ainsi les deux mouvements « inverses » précédemment indiqués : « Si le mouvement du langage, c'est saisir l'énonçable dans le filet des énoncés, tout le mouvement du cinéma, c'est projeter les énoncés qu'il produit et dont il se sert (...) pour recharger l'énonçable, c'est-à-dire l'ensemble des images et des signes (comme une contre-entropie) ».

2 IT, p. 343.

3 Voir IT, p. 295.

> avec le son, la parole et la musique, le circuit de l'image-mouvement conquiert une autre figure, d'autres dimensions ou composantes ; il maintient pourtant la communication de l'image et d'un tout devenu de plus en plus riche et complexe [1].

La différence entre le cinéma classique et le cinéma moderne ne dépend donc pas de la variété des types d'énoncés ou d'énonciations, mais des deux dimensions de l'énonçable auquel ces énoncés se rapportent ou qu'ils réinvestissent (moment de la « réaction inverse »), devenant par là même spécifiquement cinématographiques [2].

Ceci nous conduit à aborder le second problème – la distinction des « matières signalétiques » de l'image-mouvement et de l'image-temps – dont l'exploration s'avère désormais nécessaire si l'on veut saisir le statut des actes de parole « purs », ceux qui nous intéressent plus particulièrement dans ce chapitre, puisqu'ils se confondent avec un exercice supérieur de la faculté de parler ; aussi, entrent-ils pour cette raison même dans un rapport de disjonction avec l'image visuelle, conformément à l'interstice ou à la coupure irrationnelle qui passe entre eux dans le cinéma moderne. La première occurrence de la « matière signalétique » advient à l'intérieur du chapitre de « récapitulation des images et des signes » ; elle concerne d'abord celle de l'image-mouvement. Constituée par les deux procès qui forment le « système » de cette image (spécification et différenciation), elle « comporte des traits de modulation de toute sorte, sensoriels (visuels et sonores), kinésiques, intensifs, rythmiques, tonaux, et même verbaux (oraux et écrits) » [3] ; c'est d'ailleurs en ce sens qu'elle n'est pas « amorphe », mais « sémiotiquement formée ». Plus loin, après avoir « récapitulé » les espèces de l'image-mouvement et les signes qui leur correspondent, il dit de ces espèces qu'elles « sont les éléments qui font de cette matière une matière signalétique. Et les signes eux-mêmes sont les traits d'expression

---

1 IT, p. 314.

2 En conclusion de *L'Image-temps*, Deleuze signale encore que le cinéma, qui est « le système des images et des signes prélinguistiques », se caractérise par le fait qu'il « [*reprend*] *les énoncés dans des images et des signes propres à ce système* (l'image lue du cinéma muet, la composante sonore de l'image visuelle dans le premier stade du parlant, l'image sonore elle-même dans le second stade du parlant) » (IT, p. 343). C'est à la lumière de ce mouvement de reprise ou de « réaction inverse », qui détermine la spécificité des énoncés ou énonciations du cinéma, qu'il faut comprendre l'insistance avec laquelle Deleuze cherche à marquer la « différence essentielle » qui existe entre ceux-ci et les actes de parole au théâtre. Sur les critères de cette différence, pour le seul chapitre 9, voir IT, p. 294, 298, 300, 303, 306.

3 IT, p. 43-44. Sur le concept de « modulation », que Deleuze emprunte à Gilbert Simondon, mais qu'il utilise ici dans une perspective bergsonienne sur la « matière-mouvement » (et contre les deux « moules » de la sémiologie, « ressemblances » et « codifications »), voir IT, p. 41-42.

qui composent ces images », tout cela « [constituant] la première dimension de la sémiotique »[1]. Or, dans le même chapitre, Deleuze mentionne le nom d'Eisenstein, et rapproche cette matière de l'image-mouvement de ce que ce dernier appelle le « monologue intérieur ». Nous retrouvons cette référence au cinéaste soviétique sur cette même question au sein d'un passage important du chapitre 7, là même où sont étudiés les rapports du cinéma moderne avec la pensée. Nous avons abordé ce chapitre sous deux de ces rapports : en fonction d'un tout du cinéma considéré comme « dehors » qui s'insère entre les images (le concept « d'interstice » en dépend) ; en fonction d'une rupture du lien de l'homme et du monde, lien que l'image moderne a pour tâche de nous « redonner » (en résulte le motif de la « croyance », qui décide, positivement, des analyses du chapitre 8). On sait que ces points de vue ayant trait aux nouveaux rapports cinéma-pensée possèdent leurs pendants dans le cinéma classique, lesquels « s'effacent » avec l'apparition de la nouvelle image (le tout comme ouvert « au profit » du tout comme dehors ; l'unité de l'homme et du monde « au profit » d'une perte de monde).

Il existe un dernier point de vue de la démonstration deleuzienne qui reste à analyser, et qui fait justement appel au « monologue intérieur » d'Eisenstein. Il ne s'agit pas du moment qui va de l'image à la pensée (suivant une « onde de choc », qui assure le passage d'un « je sens » à un « je pense »), mais celui qui, à l'inverse, « retourne de la pensée à l'image », bien que ce second moment « [soit] inséparable du premier »[2]. L'étude de ce moment « pathique » va permettre d'éclairer la « matière » de l'image-mouvement, et aider successivement, dès lors que celle-ci « s'efface », à comprendre la « matière signalétique »

1 IT, p. 49. Sur le rapport des « traits d'expression » à la représentation en tant qu'elle vise un « état de choses » (eu égard au double aspect du système des images et de signes en quoi consiste la matière ou l'énonçable), voir le cours du 18 juin 1985 : « L'énonçable (...) la matière : cela ne se ramène ni à un état de choses ni à des propositions (...) Bien sûr que l'image-cinéma nous présente des états de choses, mais ce n'est pas cela qui compte (tout nous présente des états de choses). Et si je peux assimiler à un énoncé tout ce qui renvoie à un état de choses, une image par exemple, cela ne me dit pas ce à quoi l'image renvoie et qui est plus profond que l'état de choses : c'est l'image en tant qu'expression, c'est-à-dire en tant qu'elle exprime un exprimable », un énonçable. Deleuze développe ce point notamment dans *Logique du sens* ; il n'y oppose guère l'expression à la représentation, mais invoque « un "usage" » de celle-ci qui atteigne l'objet « là où il est », sachant que cet usage « ne se définit pas par une fonction de la représentation par rapport au représenté, ni même par la représentavité comme forme de possibilité », mais engage « le rapport de la représentation à quelque chose d'extra-représentatif, entité non représentée et seulement exprimée », à savoir l'exprimable ou l'énonçable (p. 171).

2 IT, p. 206.

qui caractérise l'image-temps. Deleuze reprend en effet dans « La pensée et le cinéma » le rapprochement opéré auparavant dans le chapitre 2 :

> dans ce second moment, on ne va plus de l'image-mouvement à la claire pensée du tout qu'elle exprime, on va d'une pensée du tout, présupposée, obscure, aux images agitées, brassées, qui l'expriment (…) C'est de ce point de vue, ajoute-t-il, que les images constituent une masse plastique, une matière signalétique chargée de traits d'expression, visuels, sonores, synchronisés ou non, zigzags de formes, éléments d'action, gestes et silhouettes, séquences asyntaxiques. C'est une langue ou une pensée primitives, ou plutôt un *monologue intérieur*, un monologue ivre, opérant par figures, métonymies, synecdoques, métaphores, inversions, attractions… [1].

Cette interprétation tend donc à concevoir le « monologue » d'Eisenstein davantage comme une « matière » que comme une langue, même « primitive ».

Accords dissonants et série du temps

Il s'agit de savoir ce que devient la matière signalétique du cinéma, dès lors que le schème sensori-moteur n'est plus opératoire pour assurer l'enchaînement des images entre elles. Et, en conséquence, de déterminer au profit de quoi « s'efface » le monologue intérieur. Deleuze ne parle d'ailleurs pas d'un effacement, mais d'une « dislocation du monologue intérieur », et il la considère comme une « conséquence », « corrélative au changement de statut du tout » (c'est-à-dire du remplacement de l'ouvert par le dehors). Avant d'étudier la nature de cette dislocation, et le changement de « matière » qu'elle implique, il convient d'apporter une précision concernant « l'évolution » du cinéma. On a déjà examiné le sens de ce mot, et son origine bergsonienne, déterminante pour comprendre ce que Deleuze entend par « essence du cinéma ». Nous sommes en mesure de fournir une indication supplémentaire, eu égard aux analyses précédentes sur la « matière idéelle » du cinéma, dont l'acception s'inspire de façon substantielle de Gustave Guillaume. L'une d'entres elles, essentielle, rapportée aussi bien dans *Logique du sens* que dans *Différence et répétition*, consiste à dire que la totalité virtuelle de la langue, son « signifié de puissance », ne forme pas une entité homogène. Le mouvement « d'action et de

1 IT, p. 207, le verbe « fondre » est souligné par Deleuze, qui indique en outre, comme pour marquer la spécificité cinématographique de cette « matière » que « dès le début Eisenstein pensait que le monologue intérieur trouvait son extension et sa portée dans le cinéma plus que dans la littérature ». Sur ce même point, voir *ibid.* n. 9, p. 44.

réaction linguistiques » en est le témoignage manifeste. Edmond Ortigues a bien montré sur ce point que les « schèmes de pensée » mis en évidence par Guillaume « n'ont pas du tout pour objet la "réalité", mais seulement la dicibilité (...) les possibilités d'énonciation », et que, « l'analyse formelle du langage » demeurait indissociable d'une « *analyse existentielle de l'historicité* », le système virtuel étant dans un rapport de « réciprocité » avec le langage qui s'en empare, de telle sorte qu'il ne saurait se confondre avec un code intemporel[1]. Deleuze reprend cette notion d'une virtualité mouvante – d'une « potentialité » dira-t-il aussi[2] – et l'inscrit dans sa théorie des problèmes, les références du linguiste intervenant justement là où il construit les concepts « d'Idée », de « virtualité », de « sens », c'est-à-dire là où *insistent* des « champs problématiques »[3]. Cela apparaît nettement dans *Logique du sens*, lors de l'exposé du processus de « réaction » en quoi consiste le verbe. S'appuyant sur les conceptions de Guillaume, Deleuze considère notamment son pôle « infinitif », et affirme que celui-ci « n'implique pas un temps intérieur à la langue sans exprimer le sens ou l'événement [ou l'énonçable], c'est-à-dire *l'ensemble des problèmes que la langue se pose* »[4]. Et ces problèmes subissent des changements au cours de l'histoire ou, plus exactement, en fonction des « devenirs » qui doublent l'histoire.

C'est dans cette perspective qu'il faut appréhender le passage d'une « matière signalétique » à une autre, chacune d'entre elles définissant « l'ensemble des problèmes » auxquels le cinéma se confronte à un moment de son évolution. Il est significatif que Deleuze, lors d'un cours sur le cinéma (son dernier), définisse l'image-mouvement et l'image-temps comme des « *insistances*, non des existences », ce qui correspond exactement à l'élément du sens ou de l'énonçable comme champ problématique, *c'est-à-dire comme « conditions de droit »* ; on l'a vu, ce qui « pré-insiste », c'est aussi bien ce qui « donne fondement et condition »[5]. C'est pourquoi lorsqu'il évoque la « dislocation » du monologue intérieur, qui se confond avec « l'éclatement » de la « matière » de l'image classique,

1 E. Ortigues, *Le Discours et le symbole*, *op. cit.*, respectivement p. 98 et 93.
2 Voir le cours du 18 juin 1985.
3 Voir par exemple DR, p. 267 (deux pages après la référence à G. Guillaume), où il pose que « la détermination du contenu virtuel de l'Idée » n'est rien d'autre que celle d'un « champ problématique », et que « c'est toujours [un tel champ] qui conditionne une différenciation à l'intérieur du milieu où il s'incarne ».
4 LS, p. 216.
5 Voir LS, p. 212. Sur « l'insistance » des problèmes, voir également DR, p. 141-142 et 212 : « Un problème n'existe pas hors de ses solutions. Mais loin de disparaître, il insiste et persiste dans ces solutions qui le recouvrent (...) la détermination [d'un problème] est comme la genèse de la solution concomitante ». C'est dans le cours du 18 juin 1985 que Deleuze évoque les deux régimes de

nous devons pressentir que de nouveaux problèmes vont se poser au cinéma, et déterminer corrélativement une nouvelle matière signalétique, celle de l'image-temps. Ces problèmes, à leur tour, vont insister, persister dans l'analyse des différentes espèces d'images-temps (au pluriel), comme leurs conditions. Ce qu'il importe de mettre en évidence, c'est « l'opacité existentielle » qui enveloppe le concept deleuzien de « matière », opacité ne renvoyant pas à l'élément de l'indéterminé, mais au caractère virtuel des problèmes qui la composent – virtualité qui, on le sait, est pleinement « déterminée » chez Deleuze – comme autant d'« impératifs » qui mettent « l'intériorité [du cinéma] en contact avec l'extériorité de l'être » (bien qu'ils ne se réduisent pas à cette extériorité, appartenant davantage à un dehors qui lui est irréductible) [1]. C'est en ce sens que les données d'un problème comme celui de la perte du monde persévèrent dans l'image moderne, mais non à titre de scénario ou de sujet filmique. Tout l'enjeu de la notion de « matière signalétique » est là : les procès de pensée et les mouvements problématiques en quoi elle consiste restent indissociables des opérations de cinéma ; il n'y a pas d'« idée en cinéma » qui n'est pas « déjà engagée dans un processus cinématographique » [2].

La dislocation du monologue intérieur découle donc de l'approche, de l'attirance d'un dehors qui impose des interstices entre les images, signe que le lien de l'homme et du monde s'est rompu. Mais cette dislocation ne survient pas d'un coup ; elle s'effectue suivant une certaine progressivité, qui correspond en réalité au passage en deux temps d'un volume à l'autre. Deleuze dit bien

> qu'un *premier coup* fut porté lorsque le monologue intérieur (...) se brisa en débris anonymes : les stéréotypes, les clichés, les visions et formules toutes faites

---

l'image comme des « insistances » ; c'est dans ce même cours qu'il déclare que seul le « problème » appartient à l'ordre de ce qui insiste.

1 C'est en ces termes que Deleuze conclut son analyse du « tout » dont s'empare le langage, à la suite de la lecture qu'il propose du « verbe » chez Guillaume (LS, p. 216). Nous empruntons l'expression « opacité existentielle » à Edmond Ortigues, qui l'utilise précisément pour désigner l'ensemble virtuel de la langue. Voir *Le Discours et le symbole*, *op. cit.*, p. 93. Signalons que Deleuze et Guattari abordent un problème similaire dans *Mille plateaux*, où ils soutiennent, contre la linguistique et son « ensemble synchronique de constantes », l'existence d'une « *pragmatique interne* » au langage, soucieuse de saisir les « variables d'expression *qui mettent la langue en rapport avec le dehors, mais précisément parce qu'elles sont immanentes à la langue* » (MP, p. 104, souligné par les auteurs). C'est cette pragmatique interne qui permet de penser, par-delà toute conception idéologique de l'énoncé, « l'interpénétration de la langue avec le champ social et les problèmes politiques » (MP, p. 115-116). Rappelons que Deleuze, dans *Cinéma 2*, dit de la « matière non-langagière » qu'elle est « formée pragmatiquement » (IT, p. 44).

2 2RF, p. 296.

> emportaient dans une même décomposition le monde extérieur et l'intériorité des personnages. La « *femme mariée* » [de Godard] se confondait avec les pages de l'hebdomadaire qu'elle feuilletait (...) Le monologue intérieur éclatait, sous le poids d'une même misère à l'intérieur et à l'extérieur [1].

L'argument se réfère à la crise de l'image-action théorisée à la fin de *L'Image-mouvement* ; c'est là, en effet, que Deleuze évoque les clichés comme seul moyen de « [maintenir] un ensemble dans ce monde sans totalité ni enchaînement », bien qu'ils ne restaurent pas le lien perdu. La « misère » du cliché n'est d'ailleurs probablement rien d'autre : un semblant d'unité de l'homme et du monde, où, au mieux, « les gens se supportent, eux-mêmes et le monde » [2]. C'était l'un des aspects du monologue intérieur que de présupposer un énonçable « élargi au limite du monde », où personnages, auteurs et spectateurs composaient un « circuit » à l'intérieur duquel le « choc » des images fonctionnait de la même façon pour tous :

> la manière de voir de l'auteur, celle des personnages, et la manière dont le monde était vu formaient une unité signifiante, opérant par figures elles-mêmes significatives [3].

Cette unité se brise avec la faillite de la sensori-motricité, et ce n'est pas en parodiant le cliché que le cinéma sera susceptible d'apporter une solution à cette situation de crise. Deleuze exprimait déjà sa méfiance sur ce point à la fin de *L'Image-mouvement*, évoquant les risques de toute réflexion critique qui, « à produire et reproduire des clichés » sous prétexte de les détourner, « tourne à vide et devient grinçante » [4]. Il reprend autrement ce point de vue dans le passage de *L'Image-temps* déjà cité, lorsqu'il soutient que le « premier coup » porté au monologue intérieur « n'était que l'aspect négatif ou critique d'une transformation positive plus profonde et plus importante » [5]. C'est le deuxième moment de ce raisonnement progressif, celui où, l'image-temps devenant véritablement « directe », l'auteur définit la matière signalétique qui lui correspond :

1 IT, p. 237-238.
2 Sur tous ces points, voir IM, p. 281.
3 IT, p. 237, et déjà p. 208.
4 Deleuze cite notamment le cas du cinéma d'Altman, et invoque la nécessité d'un « projet esthétique et politique capable de constituer une entreprise positive », voir IM, p. 283-284.
5 IT, p. 238.

> le monologue intérieur fait place à des suites d'images, chaque suite étant indépendante, et chaque image dans une suite valant pour elle-même par rapport à la précédente et à la suivante : *une autre matière signalétique.*

Et de poursuivre en ces termes :

> il n'y a plus d'accords parfaits et « résolus », mais *seulement des accords dissonants ou des coupures irrationnelles,* parce qu'il n'y a plus d'harmoniques de l'image, mais seulement des tons « désenchaînés » qui forment la série [1].

Phrase décisive à bien des égards. D'abord parce qu'elle inscrit la doctrine des facultés au cœur de la « matière intelligible » de l'image-temps, façon de montrer à nouveau que cette doctrine entretient un rapport fondamental au temps, à « la source du temps ». Elle confirme par ailleurs le fait que le concept cinématographique de coupure irrationnelle, auquel celui d'interstice est associé et dont dépend le montage moderne, suppose un mode d'enchaînement ou de « ré-enchainement » entre images (visuelles, sonores) qui répond au type de communications et d'accords entre les facultés considérées dans leur usage supérieur (Deleuze écrit bien : « accords dissonants *ou* coupures irrationnelles », comme tout à l'heure il signalait « la limite *ou* l'interstice »).

Il reste à décrire la façon dont ces accords dissonants fonctionnent au niveau de l'analyse filmique, principalement dans le dernier paragraphe des « composantes de l'image », là où l'image devient « audio-visuelle » à proprement parler. Il faut toutefois indiquer à quel « procès de temporalisation » la nouvelle matière signalétique renvoie, et à quoi « fait place » le monologue intérieur qui servait à définir celle de l'image-mouvement. Deleuze désigne implicitement ce procès à la toute fin de la citation précédente : l'enchaînement spécifique des images suivant un rapport de dissonance forme des « *séries* ». Suit un développement important consacré à « la constitution des séries, de leurs coupures irrationnelles, de leurs accords dissonants, de leurs termes désenchaînés » chez Godard [2]. Qu'est-ce qu'une « série » godardienne ?

> Chaque série renvoie pour son compte à une manière de voir ou de dire, qui peut être celle de l'opinion courante opérant par slogans, mais aussi celle d'une classe, d'un genre, d'un personnage typique opérant par thèse, hypothèse, paradoxe ou même mauvaise astuce [3].

---

1 *Ibid.*
2 Voir IT, p. 238-244.
3 IT, p. 239.

Les descriptions filmiques reposent sur certains des aspects principaux de l'image moderne étudiés plus haut : la « *limite* vers laquelle tendent la suite d'images », qui nous fait passer de l'une à l'autre « par franche *discontinuité* » ; les « relations *indirectes* » entre séries, qui sont du « type "*Et*..." », c'est-à-dire se ré-enchaînent les unes aux autres. L'ensemble de ce passage constitue le pendant de l'exposé consacré au monologue intérieur chez Eisenstein, et de même que ce dernier possédait une valeur pour la totalité de l'image-mouvement, il concerne globalement pour sa part le régime de l'image-temps. Les séries godardiennes répondent en ce sens à une situation problématique plus générale qui oriente le cinéma moderne : c'est que, « de toute façon, *il n'y a plus l'unité de l'auteur, des personnages et du monde, tel que le monologue intérieur la garantissait* ». Cette déclaration resterait à l'état de simple constat si Deleuze n'indiquait ce qui vient remplacer la matière signalétique de l'image classique. « Il y a, note-t-il aussitôt, formation d'un "discours indirect libre", d'une *vision indirecte libre*, qui va des uns aux autres », et de signaler les deux aspects qui caractérisent cette « autre matière » :

> soit que l'auteur s'exprime par l'intercession d'un personnage autonome, indépendant, autre que l'auteur ou que tout rôle fixé par l'auteur, soit que le personnage agisse et parle lui-même comme si ses propres gestes et ses propres paroles étaient déjà rapportés par un tiers. Le premier cas est celui du cinéma dit improprement « direct », chez Rouch, chez Perrault ; le second, celui d'un cinéma atonal, chez Bresson, chez Rohmer ;

Godard, quant à lui, aurait utilisé les deux méthodes, instituant un « sérialisme généralisé » au cinéma[1].

Quelle relation existe-t-il entre ce sérialisme cinématographique et la « matière intelligible » de l'image-temps d'où résultent les accords dissonants ? Ou inversement, en quel sens les coupures irrationnelles entretiennent-elles un rapport avec la « vision indirecte libre » ? Pour le comprendre, il est nécessaire de se reporter au chapitre qui précède « La pensée et le cinéma », celui consacré aux « puissances du faux ». C'est là, à travers la question du « récit », que Deleuze aborde les œuvres de Rouch et de Perrault, même si son argumentation va au-delà du seul cinéma « direct » (« réel », documentaire ou ethnographique) puisqu'il s'agit d'étudier un « nouveau mode de récit » qui affecte aussi bien le cinéma de réalité que celui de fiction. Son hypothèse est la suivante : il existe un « modèle de vérité » dont dépendent ces deux domaines du cinéma,

1 IT, respectivement p. 239 et 361.

sachant que le modèle en question suppose une « “adéquation” du sujet et de l'objet » : « il y a ce que voit la caméra [pôle objectif], ce que voit le personnage [pôle subjectif], l'antagonisme possible et la résolution nécessaire des deux »[1]. Selon lui, le récit cinématographique entre en crise dès lors que survient une « contamination » des deux pôles :

> les images objectives et subjectives perdent leur distinction, mais aussi bien leur identification, au profit d'un nouveau circuit où elles se remplacent en bloc, ou bien se contaminent, ou bien se décomposent et se recomposent.

Ainsi se définit la « puissance du faux », et Deleuze loue Pasolini d'avoir su poursuivre le travail de Fritz Lang et de Welles dans leur « critique de la véracité du récit »[2]. C'est d'ailleurs Pasolini qui, au sein de *L'expérience hérétique*, définit ce nouveau type de récit sous la forme du « discours indirect libre », celui-là même qui se substitue au monologue intérieur de l'image-mouvement[3].

Deleuze reprend cette analyse, et la considère au regard du cinéma « direct » de Perrault et de Rouch ; il signale en outre l'apparition d'une « fonction », et qui s'oppose au « modèle de vérité » évoqué : la « *fonction de fabulation* ».

> Ce que le cinéma doit saisir, ce n'est pas l'identité d'un personnage, réel *ou* fictif, à travers ses aspects objectifs et subjectifs. C'est le devenir du personnage réel quand il se met lui-même à « fictionner », quand il entre « en flagrant délit de légender » (…) Le personnage *n'est pas séparable d'un avant et d'un après, mais qu'il réunit dans le passage d'un état à l'autre*. Il devient lui-même un autre, quand il se met à fabuler sans jamais être fictif. Et le cinéaste de son côté devient un autre quand il « s'intercède » ainsi des personnages réels qui remplacent en bloc ses propres fictions par leurs propres fabulations[4].

---

1 IT, respectivement p. 192 et 195.

2 IT, p. 193-194.

3 Deleuze citait déjà le livre de Pasolini dans *L'Image-mouvement*, en convoquant là aussi le « discours indirect libre », mais pour le considérer dans sa relation à l'image-perception, et suivant un problème déterminé : la « réflexion de soi dans une conscience de soi-caméra » (IM, p. 110). « Ce qui nous intéresse pour le moment, ajoute Deleuze, n'est pas le rapport avec le langage [i. e. celui « de l'image avec le mot, la phrase ou le texte »], que nous ne pourrons considérer que plus tard ». Il indique toutefois en quoi consiste le discours indirect libre : « une énonciation prise dans un énoncé qui dépend lui-même d'une autre énonciation » (p. 106).

4 IM, p. 196. Deleuze entrevoit un phénomène semblable dans les films de Shirley Clarke ou de Cassavetes (p. 200). Cette « fonction de fabulation », bien entendu, Deleuze l'emprunte au Bergson des *Deux sources*. Elle fait l'objet d'un exposé dans *Le Bergsonisme* (p. 113-114 et 117-119). La reprise de ce thème au sein de l'œuvre deleuzienne mériterait une étude à part entière ; nous insistons ici sur le geste philosophique qui caractérise cette reprise : pour Bergson, la fabulation, qui répond à un « besoin vital » de l'espèce humaine confrontée aux représentations « dangereuses »

Ce qui s'annonce dans ces lignes, c'est la « vision indirecte libre » qui sera abordée au chapitre 7 ; remarquons aussi que le *double devenir* de l'auteur et du personnage que cette vision présuppose contraste bien avec l'unité de ces deux termes au sein du monologue intérieur. S'il existe d'ailleurs une conception de « *l'auteur* » qui se développe tout au long de *L'Image-temps*, c'est bien du côté de ce double devenir qu'il convient de la chercher. Le cinéaste moderne, en effet, c'est celui qui, comme Rimbaud, déclare « *Je est un autre* ». Godard avait déjà repris ce mot à propos de Rouch et de son *Moi un Noir*. Mais si Deleuze est fondé à faire sienne cette déclaration, c'est parce qu'elle participe plus globalement au problème de la perte du monde. Nous avions noté à cet égard la relation qui se nouait entre une situation d'« universelle schizophrénie » (qui seule, d'une certaine manière, assemble auteur, personnage et spectateur) et la substitution de la croyance au savoir afin de restaurer le lien de l'homme et du monde. Dans un passage où il invoque à nouveau la notion de double devenir, Deleuze écrit bien : « Communication du monde et du moi, dans un monde parcellaire et dans un moi rompu qui ne cessent de s'échanger »[1]. C'est ce type d'échange, de communication qui coïncide avec la dislocation du monologue intérieur; c'est lui qui l'amène dans le chapitre sur « les puissances du faux » à affirmer que, ainsi, « tout le cinéma (...) devient un discours indirect libre opérant dans la réalité »[2]. N'est-ce pas justement le propre de ce discours, comme certains linguistes l'ont mis en évidence, que d'échapper aux « énoncés individués » comme à « l'emboîtement des sujets d'énonciation », et de révéler « le caractère nécessairement social de l'énonciation » ? C'est ce que Deleuze soulignait déjà dans *Mille plateaux* au moment de l'analyse des « postulats de

---

de l'intelligence (l'instabilité de la vie, etc.), forme, outre la fonction religieuse qui la caractérise primitivement, l'une des sources de l'art; celui-ci, devenu fabulateur, possède alors une valeur proprement collective (cf. *Les Deux sources de la morale et de la religion*, in *Œuvres*, Paris, PUF, 1959 (1991), p. 1066-1067 et 1142-1143). Dans l'acception deleuzienne, et sur un autre plan de réflexion, c'est le discours indirect libre qui témoigne de cette dimension collective, et confère au concept de fabulation la portée politique qui est la sienne dans *L'Image-temps*. Nous pensons par ailleurs que le mot « besoin » – dans l'expression « nous avons besoin de croire en ce monde » – n'est pas dénuée d'une tonalité bergsonienne, ce besoin, en l'occurrence, se déduisant de notre « universelle schizophrénie », c'est-à-dire de notre rupture avec le monde. Sur cette notion chez Bergson, cf. F. Worms, *Bergson ou les deux sens de la vie*, Paris, PUF, 2004, p. 292 (passage consacré à la fonction de fabulation) : « L'homme a *besoin* de donner un sens à la vie, non pas seulement pour des raisons théoriques ou philosophiques, mais pour des raisons pratiques et vitales » (souligné par l'auteur).

1 IT, p. 288.

2 IT, p. 202.

la linguistique », et qu'il voit désormais à l'œuvre dans le cinéma moderne, en fonction des problèmes qui ont affecté son évolution [1].

L'important réside dans le fait de déterminer la temporalisation qui s'effectue dans l'image, de savoir à quel « procès » tout cela renvoie. Le « double devenir » peut aider dans cette perspective de détermination. Car ce que la forme d'un tel devenir remet en question, ce n'est pas seulement le modèle de vérité, c'est aussi la succession homogène du cours du temps. « Au profit » de quoi ? Au profit d'un temps non-chronologique qui ne sépare pas « l'avant » ni « l'après » sans les contenir « *à la fois* ». C'était déjà le sens du fragment de phrase souligné plus haut : « Le personnage *n'est pas séparable d'un avant et d'un après, mais qu'il réunit dans le passage d'un état à l'autre* ». Cette conception du temps qu'enveloppe le récit cinématographique moderne n'est pas dissociable de la caducité avérée du couple formé de la réalité et de la fiction :

> si l'alternative réel-fictif est si complètement dépassée, c'est parce que la caméra, au lieu de tailler un présent, fictif ou réel, *rattache constamment le personnage à l'avant et à l'après.*

Mais elle ne concerne pas la question du récit sans engager une « méthode généralisée de l'image » : « où finit quelque chose, où commence autre chose, qu'est-ce qu'une frontière et comment la voir, mais à force de la franchir et de la déplacer sans cesse » [2]. Deleuze se réfère en l'occurrence aux « séries » de Godard. Or ce qu'il appelle peu après la « *série du temps* » désigne précisément l'un des « procès » qui animent la « matière idéelle » de l'image-temps ; c'est elle qui permet en particulier de comprendre le processus de ré-enchaînement des images à l'intérieur de *Cinéma 2*, et par là même, dès lors qu'elle s'actualise, les accords dissonants que ces images rendent sensibles à l'écran.

> La *série du temps* (…) réunit l'avant et l'après dans un devenir, au lieu de les séparer : son paradoxe est d'introduire un intervalle qui dure dans le moment lui-même [3].

---

1 Voir MP, p. 101, où l'énonciation, dans le discours indirect libre, « renvoie par elle-même à des agencements collectifs ».

2 IT, respectivement p. 198 et 201.

3 IT, p. 202. Le paradoxe, c'est celui du temps en tant qu'il engendre « une mise en crise de la notion de vérité (…) [Non] pas le simple contenu empirique, c'est la forme ou plutôt la force pure du temps qui met en crise la vérité » (IT, p. 170). La notion de « puissance du faux » doit s'entendre dans cette perspective de mise en crise ; elle désigne la « puissance du devenir qui constitue les séries », échappant au modèle de vérité préalablement défini (voir également IT, p. 360).

Ce paradoxe, c'est aussi bien celui de l'interstice qui, devenant « irréductible » aux images visuelles et sonores qu'elle met en rapport, correspond au moment où « l'intervalle se libère », désormais affranchi du schème sensori-moteur. C'est dans la mesure où l'intervalle subit un tel affranchissement qu'il n'y a plus lieu de considérer la séparation de l'avant et de l'après comme simplement empirique ; au contraire, c'est lui qui constitue une « image-temps directe » qui « [brise] la succession chronologique du temps »[1].

Que ce procès de temporalisation soit décisif eu égard à « l'image de la pensée » dans *Cinéma 2*, les chapitres qui succèdent aux « puissances du faux » le prouvent. L'effacement du monologue intérieur au profit d'un cinéma du discours ou de la vision indirects libres trouve sa *condition de droit* dans la série du temps, laquelle constitue l'un des aspects de la « psychomécanique » du cinéma à un moment essentiel de son évolution. Et ce n'est pas un hasard si Deleuze théorise la « dislocation » du monologue intérieur au chapitre sur « La pensée et le cinéma », *après* avoir défini cette image-temps. Car la série du temps, en tant que « mouvement de pensée », est enveloppée par les trois points de vue qui, justement, caractérisent les nouveaux rapports du cinéma avec la pensée (dont le discours et la vision indirects libres). Qu'il s'agisse du nouveau statut du tout, qui détermine (par la dispersion du dehors) le remplacement de l'intervalle par l'interstice ; qu'il s'agisse encore de la perte du monde et du besoin d'y « croire » malgré tout ; à chaque fois, nous constatons une *insistance* de la série du temps dans l'analyse. Ce qui ne devrait pas nous surprendre, si l'on se souvient que le sens ou l'énonçable correspond chez Deleuze à l'ensemble des problèmes que le cinéma se pose.

Le cinéma audio-visuel ou l'intolérable contre-effectué

Lire l'image

Il s'agit de savoir de quelles manières les rapports cinéma-pensée (chapitre 7) interviennent au niveau des « composantes de l'image » (chapitre 9) ; comment le procès sériel de temporalisation (qui en forme la condition préalable) fonctionne. Il s'agit, autrement dit, d'étudier en détail les accords dissonants entre le visuel et le parlant que *L'Image-temps* donne à voir dans son paragraphe final, là

1 IT, p. 202.

où la faculté de parler devient « autonome », et le cinéma enfin « audio-visuel ». Il est apparu que la sémiotique deleuzienne, dans son contenu même et son évolution, entretient un rapport fondamental au dehors, aux « circonstances », bien qu'elle ne les « reflète » pas. La saisie de ce rapport demeure inséparable de la théorie des problèmes établie dès *Différence et répétition*. C'est pour cette raison que les deux dimensions de cette sémiotique, l'image-mouvement et l'image-temps, sont considérées comme des « insistances », sachant que ce qui insiste (ou « pré-insiste »), ce sont les problèmes, les « champs problématiques », conditions de toute actualisation, de toute création. C'est en ce sens que Deleuze peut écrire à la fin de *L'Image-mouvement*, lors de l'examen de la crise de l'image-action : « *nous avons besoin de nouveaux signes* », étant donné que change le problème auquel le cinéma se confronte après la guerre. Problème qui trouvera sa formulation précise, comme un écho de la phrase précédente, dans « La pensée et le cinéma » : « *nous avons besoin de croire à ce monde-ci* »[1]. Si les signes de la nouvelle image répondent à ce problème, c'est dans la mesure où ils contribuent à restaurer le lien rompu avec le monde ; autrement, on ne comprendrait pas pourquoi la matière signalétique de l'image-temps est considérée comme une « une transformation positive plus profonde et plus importante » que les signes apparaissant avec la crise de l'image-mouvement (les opsignes et sonsignes), lesquels, précisément, ne sont pas suffisants pour « relier l'homme à ce qu'il voit et entend »[2].

Le chapitre 9 de ce second volume, où les lectosignes font l'objet d'une étude approfondie, constitue celui où Deleuze aborde le problème soulevé au chapitre 2 : celui des « énoncés proprement cinématographiques, intrinsèquement cinématographiques, écrits dans le cinéma muet, oraux dans le cinéma parlant »[3]. C'est la question de l'appartenance *spécifique* des énoncés et des énonciations au cinéma, en tant qu'ils « réinvestissent » l'énonçable. Indiquons l'architecture générale de ce chapitre consacré aux « composantes de l'image ». Il est formé de trois paragraphes (à l'instar de tous les chapitres des deux *Cinéma*). Le premier d'entre eux s'attache à étudier la répartition de ces composantes, respectivement dans le cinéma muet et le cinéma parlant. « L'image muette est composée de l'image vue, et de l'intertitre qui est lu (seconde fonction de l'œil). L'intertitre comprend entre autres éléments les actes de parole », ceux-ci, puisque scripturaux, sont au style indirect (« l'intertitre "je vais te

1 Respectivement IM, p. 279 et IT, p. 225.
2 Voir IT, respectivement p. 238 et 223.
3 IT, p. 45.

tuer" est lu sous la forme "Il dit qu'il va le tuer" »). Que se passe-t-il avec l'apparition du parlant ? « L'acte de parole ne renvoie plus à la seconde fonction de l'œil, il n'est plus lu, mais entendu », et passe de ce fait au style direct. Où réside fondamentalement la différence entre ces deux répartitions ? Dans un cas, nous avons l'image visuelle et « une autre image » (l'intertitre) ; dans l'autre, « le parlant, le sonore sont entendus, mais comme *une nouvelle dimension de l'image visuelle, une nouvelle composante* »[1]. Dans le même paragraphe, Deleuze fait une observation qui suppose qu'une troisième répartition existe ; après avoir noté que l'on « entend » désormais l'acte de parole au cinéma, il note en effet : « on remarquera que le cinéma ne devient pas pour cette raison *audiovisuel* »[2]. La signification de ce mot, qui reste relativement opaque à ce niveau de l'analyse, nous ne la connaîtrons que plus tard. Mais tout laisse à croire qu'une distinction plus profonde existe au sein du parlant lui-même, d'autant plus que le début de ce premier paragraphe tend à soutenir l'existence d'un rapport d'implication entre le muet et le sonore comme « composante de l'image »[3]. Ce point sera développé plus loin par Deleuze, et nous allons voir de quelle façon sa compréhension reste solidaire de la « réaction inverse » auparavant évoquée ; si l'énonçable « reprend » l'énonciation au sein d'un système d'images et de signes, (opération en quoi consiste cette « réaction »), il le fait nécessairement suivant les procès et mouvements de pensée qui définissent cet énonçable ; et si le muet implique le premier stade du parlant, c'est parce qu'il se rapporte à une même « matière intelligible ». Le rapport d'implication n'induit évidemment pas une confusion des termes en rapport ; l'ensemble de ce paragraphe relate bien « *ce qui arrive* » avec le cinéma parlant, et le « renversement » qu'il induit par rapport au cinéma muet. Par exemple, « en tant qu'entendu, il *fait voir* en elle quelque chose qui n'apparaissait pas librement dans le muet » : ce sera le domaine des « interactions humaines », ou celui de la conversation, voire de la « subconversation »[4]. Ce qui conduit Deleuze à envisager une certaine « lisibilité » de l'image dans le parlant, qui n'a plus rien à voir avec le fait de lire un intertitre ; c'est pour cette raison qu'il prend soin de signaler que,

1 IT, p. 292 et 294 (souligné par Deleuze).
2 IT, p. 294.
3 Voir IT, p. 292 : « On a souvent marqué la rupture du parlant avec le muet, et les résistances qu'elle a suscitées. Mais on a montré avec autant de raisons comment le muet appelait le parlant, l'impliquait déjà ». Et Deleuze de défendre cette dernière position.
4 Voir IT, respectivement p. 294 (souligné par Deleuze), 303 et 301.

quand la parole se fait entendre, on dirait qu'elle fait voir quelque chose de nouveau, et que l'image visible, dénaturalisée, commence à devenir lisible pour son compte, *en tant que* visible ou visuelle [1].

Deleuze poursuit l'examen de cette notion de « lisibilité » dans le deuxième paragraphe. Celui-ci débute par une référence implicite à la conception metzienne des « éléments sonores » composant l'image cinématographique. « On rappelle parfois, écrit-il, qu'il n'y a pas une seule bande sonore, mais au moins trois groupes, paroles, bruits, musiques » [2]. Il ne renvoie pas nommément aux textes de Christian Metz, mais il est clair que, derrière l'usage du pronom impersonnel, c'est la confrontation avec la sémiologie qui continue. Déjà, l'insistance avec laquelle il formulait la question de la « spécificité » des énoncés au cinéma (éloquente la répétition au sein de la phrase : « … s'il y a des énoncés proprement cinématographiques, intrinsèquement cinématographiques… ») laissait entendre que cette confrontation n'était pas close [3]. Dans le présent chapitre, il se réfère, implicitement, à un texte de Metz, un passage de *Langage et cinéma* consacré à « l'enchevêtrement des spécificités » [4]. Deleuze soutient que les trois éléments de la bande-son énumérés par Metz ne sont « peut-être » pas suffisants en nombre, et qu'il conviendrait d'en « distinguer » davantage (les bruits, les sons, les phonations, etc.) [5]. Il considère en outre comme « évidente » l'idée que ces différents groupes « peuvent entrer en rivalité, se combattre, se suppléer, se recouvrir, se transformer », mais l'essentiel est ailleurs : il subsiste dans l'existence d'« un seul *continuum sonore*, dont les éléments ne se séparent qu'en fonction d'un référent ou d'un signifié éventuels ». Deleuze reprend l'exemple de Fano, « l'œuvre sonore de Mizoguchi », par exemple dans

---

1 IT, p. 298. C'est probablement dans une perspective critique que Deleuze souligne le « *en tant que* », en rapport avec l'approche sémiologique que Christian Metz assimile notamment au « parcours d'une "lecture" », au sens où « il ne chemine pas vers le film (ce qui est le trajet du cinéaste), mais à partir du film, *vers tel ou tel de ses systèmes* » (*Langage et cinéma*, *op. cit.*, p. 56). Dans ce cas, c'est l'assimilation de l'image à un énoncé qui nous autorise à la « lire ». Marc Cerisuelo rappelle bien, sur ce dernier point, que « *lire l'image* » s'entend d'après le principe d'une « appartenance (…) du cinéma aux arts littéraires » (cf. *Hollywood à l'écran*, *op. cit.*, p. 27, et du même auteur, « La philosophie et le cinématographe », in *L'Univers philosophique*, Paris, PUF, 1998, p. 2411 : « (…) le cinéma appartient aux arts littéraires (Hamburger, Metz) »).

2 IT, p. 304.

3 IT, p. 45.

4 Cf. *Langage et cinéma*, *op. cit.* p. 171 : « *Cinéma-télévision* : image obtenue mécaniquement, multiple, mobile, combinée avec trois sortes d'éléments sonores (paroles, musique, bruits) et avec des mentions écrites ».

5 Voir IT, p. 304.

Les Amants crucifiés; il cite par ailleurs Godard, le début de *Week-end*. Dans tous les cas, les composantes sonores de ce continuum

> ne se font pas entendre sans être vues aussi, pour elles-mêmes, indépendamment de leurs sources, en même temps qu'[elles] font lire l'image un peu comme une partition [1].

Encore faut-il déterminer les modalités cinématographiques de cette « lecture » qui contribuent à éclairer le rapport d'appartenance du sonore au visuel.

> Si le continuum (ou la composante sonore) n'a pas d'éléments séparables, *il ne s'en différencie pas moins à chaque moment, suivant deux directions* (...) Ce double rapport passe par le hors-champ [2].

Deleuze insiste d'autant plus sur ce point que le parlant, dès son apparition, fut confronté à un problème simple à énoncer : « comment faire pour que le son et la parole ne soient pas une simple redondance de ce qu'on voit ? ». D'où l'attention portée à la dimension sonore du hors-champ, à savoir la voix off, dont la source, justement, n'est pas vue, et qui « peuple » « l'à-côté » ou « l'ailleurs » de l'image visuelle. (Bien entendu, lorsque le continuum se différencie, il entre « en communication » avec la voix in, et ne cesse de se reconstituer). Or le double rapport par lequel le continuum sonore est considéré comme composante spécifique de l'image ne désigne rien d'autre que le procès de différenciation de l'image-mouvement. Les deux rapports du hors-champ, « inversement proportionnels », sont « le rapport actualisable avec d'autres ensembles, le rapport virtuel avec le tout »; « l'un comme l'autre sont strictement inséparables de l'image visuelle, *et apparaissent déjà dans le muet* » [3]. Le muet et le parlant obéissant à un même « procès », relèvent donc d'une même « matière », et c'est en ce sens que, à la fin du paragraphe, Deleuze peut écrire que celui-ci « *parachève* » celui-là [4].

C'est au paragraphe 3 qu'un nouvel usage du parlant, du sonore apparaît, celui qui caractérise le « cinéma dit moderne ». C'est là que les accords disso-

1 *Ibid.*
2 *Ibid.*
3 IT, p. 307.
4 IT, p. 314. Ce paragraphe contient par ailleurs un passage substantiel sur la musique au cinéma, « véritable "corps étranger", dans l'image visuelle »; c'est l'autre thème de ce paragraphe, après celui consacré au « continuum sonore », avec lequel il se concatène.

nants invoqués au chapitre 7, en tant qu'ils participent à la définition d'« une autre matière signalétique », sont décrits dans la variété de leurs manifestations filmiques. Nous disposons de suffisamment d'éléments qui, considérant l'économie générale de *L'Image-temps*, sauront permettre de saisir au mieux le sens et la portée de ces descriptions. Simultanément, l'étude pratique de la discordance entre l'image visuelle et l'image sonore (en quoi consiste ce nouveau « stade » du parlant) pourra nous éclairer sur la dimension esthétique de la doctrine deleuzienne des facultés. Dimension esthétique qui demeure indissociablement critique, si l'on apprécie ce terme d'après son acception nietzschéenne que l'on retrouve dans le type de classification élaborée par Deleuze, critique qui s'inscrit elle-même dans un horizon à la fois éthique et politique. C'est avec une référence au discours indirect libre que s'ouvre ainsi le troisième paragraphe des « composantes de l'image ». Deleuze commence en effet en signalant

> que, avec le cinéma moderne, surgit une utilisation de la voix très spéciale, qu'on pourrait appeler le style indirect libre, et qui dépasse l'opposition du direct et de l'indirect [1].

En ce sens, il ne considère pas d'emblée la disjonction du visuel et du sonore, mais, dans la nouvelle image, l'usage de la voix seule. Et il l'appréhende aussitôt suivant l'aspect fondamental qui détermine le cinéma de l'image-temps : la rupture de la sensori-motricité. Quelle est la conséquence de cette rupture au niveau de l'acte de parole ?

> Il se replie sur lui-même, il n'est plus une dépendance ou une appartenance de l'image visuelle, il devient une image sonore *à part entière*, il prend une *autonomie* cinématographique, et le cinéma devient *vraiment* audio-visuel [2].

Par ces précisions, Deleuze se sépare des positions respectives de Balazs et de Metz. Directement si l'on considère la « malédiction » de Balazs, pour qui « il n'y a pas d'image sonore... » [3]. Indirectement, si l'on reprend le passage de *Langage et cinéma* mentionné, où Metz propose une conception de « l'audiovisuel » qui contraste profondément avec celle établie par Deleuze, « ne présuppose rien du langage » et ne relève que du cinéma. Pour Christian Metz, au contraire,

---

1 *Ibid.*
2 IT, p. 316.
3 IT, p. 327.

> ce qu'on appelle l'audio-visuel, c'est un groupe de langages voisins (...) qui comprend le cinéma, la télévision, la radio (...) la photographie, le photo-roman (...) la bande dessinée (...) ce qui explique l'intrication des codes et des spécificités respectives[1].

Qu'il existe un acte de parole « autonome » au cinéma ne signifie pas qu'il répond au paradigme médiumnique. L'exposé des rapports cinéma-langage a prévenu contre l'écueil d'une telle interprétation. D'autant plus que Deleuze, non sans persévérance, indique positivement à quel « *régime* » appartient le parlant dès lors qu'il ne constitue plus une « composante » de l'image visuelle, mais qu'il est lui-même devenu une image : le « régime de l'indirect-libre », c'est lui « qui fait l'unité de toutes les nouvelles formes de l'acte de parole (...) cet acte par lequel le parlant devient enfin autonome ». Il faut comprendre littéralement l'expression « acte de parole » : dans l'image audio-visuelle, la parole est un « acte », et cet acte se nomme « fabulation ». La notion, on le sait, apparaît au chapitre 6 de *L'Image-temps*, plus exactement dans le paragraphe consacré au « récit » moderne ; nous avons étudié le « double devenir » qui emporte l'auteur et le personnage, notamment dans le « cinéma-vérité » de Perrault et de Rouch. On retrouve les noms des deux représentants majeurs de ce cinéma au troisième paragraphe des « composantes de l'image » ; Deleuze signale également l'œuvre de Rohmer, qui « à d'autres niveaux, avec d'autres moyens », entreprend une « *analyse des mœurs d'une société en crise* qui permet de dégager la parole comme "affabulation réalisante", créatrice de l'événement ». Plus globalement, il ajoute : « indirect libre, l'acte de parole devient acte politique de fabulation, acte moral de conte, acte supra-historique de légende »[2]. On le voit, le discours indirect libre auquel renvoie le « second stade du parlant » possède une dimension éthique ou politique y compris chez certains auteurs qui peuvent paraître « sages » (comme le déclare Deleuze à propos de Rohmer)[3].

Deleuze reprend ainsi, au chapitre 9, certains des développements qu'il avait menés dans « Les puissances du faux », *mais sur un autre plan que celui du récit*, au niveau des « composantes de l'image » justement. La suite de l'analyse a d'ailleurs trait à l'image visuelle, seule, indépendamment de son rap-

1 *Langage et cinéma, op. cit.*, p. 170.
2 *Ibid.*, p. 317.
3 Voir le cours du 21 mai 2005.

port disjonctif à l'image sonore. Elle constitue comme le pendant de l'exposé précédent.

> *La rupture du lien sensori-moteur n'affecte pas seulement l'acte de parole* qui se replie, se creuse, et où la voix ne renvoie plus qu'à elle-même et à d'autres voix. *Elle affecte aussi l'image visuelle*, qui révèle maintenant les espaces quelconques, espaces vides ou déconnectés caractéristiques du cinéma moderne.

Elle paraît en ce sens séparer les termes de l'accord dissonant (le visuel, le sonore), de telle sorte que la spécificité de cet accord demeure encore inconnue, même s'il laisse entrevoir, peu après, qu'un rapport subsiste effectivement entre eux. En témoigne cette autre phrase, extraite du même passage :

> c'est comme si, la parole s'étant retirée de l'image pour devenir acte fondateur, l'image, de son côté, faisait monter les fondations de l'espace, les « assises », ces puissances muettes d'avant ou d'après la parole, d'avant ou d'après les hommes [1].

Une certaine progressivité anime en fait l'argumentation, comme souvent chez Deleuze ; une analyse de concept est amorcée, puis s'interrompt, mais se poursuit quelques pages plus loin, le moment d'interruption correspondant à l'étude d'un autre concept avec lequel le premier entre en relation, en « coalescence ». Ainsi se définit le mouvement de différenciation interne des concepts, et il est même possible de constater que, dans le cas présent, les développements respectifs consacrés à l'image visuelle et à l'image sonore se ré-enchaînent, jusqu'à aboutir, au terme de la démonstration, à la description de l'accord dissonant qui met en rapport ces deux images.

Après avoir défini le nouveau statut de la parole, Deleuze examine celui de l'image. L'image désormais donne à voir ces « puissances muettes d'avant ou d'après la parole, d'avant ou d'après les hommes ». Ce sont là les éléments de la « série du temps » : « l'avant » et « l'après », par-delà leur succession empirique, en tant qu'ils concernent la qualité intrinsèque du temps, et assurent une présentation directe du temps. Mais cette indication implique une fonction supérieure de l'œil, et engage plus globalement l'esthétique deleuzienne, esthétique qui s'affirme toujours davantage comme « visionnaire ». Les « puissances muettes » renvoient aux « couches désertes » ou « lacunaires » de notre temps, là où reste enfoui « ce qui s'est passé » mais qui demeure co-présent à notre histoire : les morts, les guerres, même les fétiches, toute une « interminable

1 IT, p. 317 pour les deux citations.

histoire »[1]. Les motifs du paysage vide ou de l'espace déconnecté, évoqués au commencement de *L'Image-temps*, prennent une nouvelle signification, ou conquièrent celle qui était la leur depuis le début; ils participent d'une véritable « *archéologie du présent* »[2]. Au niveau de la composition des images – les images elles-mêmes sont dites « archéologiques », « stratigraphiques » –, on remarquera la récurrence du motif de « l'abstrait » dans les analyses filmiques proposées : « les déserts d'Antonioni, qui ne conservent plus à la limite que *des parcours abstraits*, et recouvrent les fragments multipliés d'un couple primordial » (*Zabriskie point*) ; chez Rohmer, « la mer, ou surtout l'espace de *Perceval*, sont affectés d'une courbure qui s'impose à *des trajets presque abstraits* »; les paysages des Straub, « où les mouvements de caméra (quand il y en a, notamment les panoramiques) tracent *la courbe abstraite* de ce qui s'est passé, et où la terre vaut pour ce qui y est enfoui », par exemple, dans *Fortini Cani*, « les carrières de marbre et la campagne italienne où furent massacrées des populations civiles »[3]. Ce caractère abstrait de l'image n'est pas nouveau; on se souvient des passages consacrés à la scène de l'usine dans *Europe 51*, qui apparaissait comme un authentique « abstract visuel », composé seulement de « certains traits de l'usine »[4]. C'est de ce cinéma qu'il s'agit encore au chapitre 9 – cinéma de l'intolérable, conformément à la définition de la « voyance », indissociable de celle de l'image-temps – et la saisie des « puissances muettes » réclame bien un usage transcendantal de la faculté de voir : on ne peut appréhender autrement ces espaces « d'avant ou d'après l'homme ».

Ces déclarations dépassent le seul domaine du cinéma; nous retrouvons la dernière d'entre elles au septième chapitre de *Qu'est-ce que la philosophie?*, « Percept, affect et concept ». Y sont évoqués « le paysage d'avant l'homme, en l'absence de l'homme », les montagnes de Cézanne par exemple, mais aussi, en littérature, « les collines de Faulkner, la steppe de Tolstoï »[5]. Le raisonnement s'appuie notamment sur le concept de « devenir », puisqu'on n'atteint pas aux « *paysages non humains de la nature* », à son « être de sensation » par-delà la représentation, sans passer dans la nature elle-même, sans devenir « avec » elle, jusqu'à ce que « le paysage [*voie*] ». C'est pourquoi Deleuze peut associer les deux concepts, et considérer l'artiste comme « *un voyant, un devenant* »[6]. Toute

1 IT, p. 317-318.
2 IT, p. 317.
3 IT, p. 317-318.
4 Voir IT, p. 63 et 65.
5 QqP, p. 159.
6 QqP, respectivement p. 160 (souligné par Deleuze) et 161.

sa conception du percept et de l'affect en dépend, et par là même celle de l'art, dans la mesure où

> le but de l'art (...) c'est d'*arracher* le percept aux perceptions d'objet et aux états d'un sujet percevant, d'*arracher* l'affect aux affections comme passage d'un état à un autre.

« À chaque fois », écrit aussi Deleuze, il s'agit de « *s'élever* des perceptions vécues au percept, des affections vécues à l'affect »[1]. Or l'acte par lequel cet arrachement, cette élévation advient dans *Qu'est-ce que la philosophie ?* consiste précisément en une « fabulation créatrice », si l'on considère que l'artiste

> a vu dans la vie quelque chose de trop grand, *de trop intolérable aussi*, et les étreintes de la vie avec ce qui le menace, de telle manière que le coin de nature qu'il perçoit, ou les quartiers de la ville, et leurs personnages, *accèdent* à une vision qui compose à travers eux les percepts de cette vie-là, de ce moment-là, *faisant éclater les perceptions vécues dans une sorte de cubisme*, de simultanéisme, de lumière crue (...) qui n'ont plus d'autre objet ni sujet qu'eux-mêmes[2].

Phrase exemplaire, qui résonne avec les analyses de *L'Image-temps*, où l'image « abstraite » ne peut être saisie que dans une vision supérieure, dans la mesure où « l'intolérable » a rompu les mécanismes de la reconnaissance habituelle ou sensori-motrice.

Les espaces « d'avant » (ou d'après) l'homme réclament en ce sens, pour être *littéralement* montrés ou perçus, un usage transcendantal de la faculté de voir. On peut railler Deleuze et déclarer que « le paysage d'avant l'homme » désigne « ce que précisément l'homme ne peut décrire », mais c'est manquer la portée méthodologique de sa doctrine des facultés, et les questions qu'elle permet de soulever dans le champ esthétique (en l'occurrence, cinématographique) ; en bref, une telle objection se situe sur le plan des faits, qui autorise toutes les objections, et non sur le plan du droit, qui désigne celui où les problèmes sont constitués, et le seul susceptible d'accueillir certaines objections, en fonction

---

1 QqP, respectivement p. 158 et 160. Et p. 159 : « Le roman s'est souvent *élevé* au percept ». Le passage, « l'élévation » de la perception au percept, de l'affection à l'affect, définit par ailleurs le « style » selon Deleuze (p. 160). C'est dans *Différence et répétition*, rappelons-le, au chapitre III où le thème de l'apprentissage est exploré comme tel, que ce mouvement d'élévation trouve son lieu de théorisation : « L'apprenti (...) *élève* chaque faculté à l'exercice transcendant » (DR, p. 214).
2 QqP, p. 162.

du « découpage » que ces problèmes imposent aux choses[1]. Si nous insistons sur les exigences de la doctrine facultaire, c'est parce qu'elles interviennent également dans la compréhension du concept de « lisibilité », au niveau cette fois du cinéma moderne. Ce point est d'autant plus important qu'il va conduire Deleuze à spécifier la répartition du visuel et de la parole au sein de la nouvelle image. Deleuze reprend en premier lieu le concept cinématographique d'interstice, et affirme que les

> espaces déconnectés (...) sont l'objet d'un ré-enchaînement spécifique par-dessus l'intervalle : l'absence d'accord n'est que l'apparence d'un raccordement qui peut se faire d'une infinité de manières. En ce sens, l'image archéologique (...) est *lue* en même temps que vue[2].

Dans un deuxième temps, il cite Noël Burch, qui constitue sur cette question l'une de ses sources majeures. Il remarque que la « lecture » de l'image chez Burch est théorisée à partir du problème suivant : que se passe-t-il lorsque « les images cessent de s'enchaîner "avec naturel", lorsqu'elles renvoient à un usage systématique du faux-raccord ou du raccord à 180° » ? « On dirait que les plans (...) "se retournent", et leur appréhension requiert un effort considérable de mémoire et d'imagination, autrement dit, une *lecture* »[3]. Cette idée d'un retournement des plans, Deleuze la retrouve chez les Straub, et il utilise à cet égard certains aspects de l'interprétation que propose Serge Daney de *Moïse et Aaron*, les deux personnages étant comme « l'envers et l'endroit d'une même pièce (...) et dans les paysages eux-mêmes se produit toute une "coalescence" du perçu avec le mémoré, l'imaginé, le su »[4]. Il est significatif qu'il ait été sensible à ce rapport entre facultés dans les propos de Burch et de Daney (le mot « coalescence » lui appartient), et la reprise qu'il opère de leurs textes respectifs sur ce point l'est probablement plus encore.

Elle repose, précisément, sur le jeu discordant des facultés; jeu qui, on le sait, se confond avec un enchaînement « aux limites » : l'une d'entre elles,

---

1 C'est Rancière qui formule l'objection concernant le « paysage d'avant l'homme », cf. « Y a-t-il une esthétique deleuzienne? », art. cité, p. 532.

2 IT, p. 319 (souligné par Deleuze).

3 *Ibid.* (souligné par Deleuze). Si Burch semble aborder la question de la « lecture » du point de vue du spectateur (en invoquant son « effort »), donc du point de vue de la *réception* de l'image filmique, il faut savoir que ce n'est guère la perspective d'étude adoptée par Deleuze, même si c'est toujours le spectateur qui lit l'image. Seulement, cette lecture advient conformément à cette déclaration qui a valeur de principe : à savoir que « rien ne se passe dans la tête du spectateur qui ne provienne du caractère de l'image » (IT, p. 136).

4 IT, p. 319.

irréductible aux autres, « forcée » de s'exercer et atteignant de ce fait sa propre limite, *contraint* à son tour une ou plusieurs facultés à un usage supérieur, suivant un ordre de communication qui passe par toutes sortes de bifurcations. C'est pourquoi la « lisibilité » détermine une perception tout à fait singulière, qui n'est guère interchangeable avec les autres facultés, bien que, justement, elle soit en « coalescence » avec elles. Deleuze, après Daney, précise ce qu'il entend par ce mot : il y a « coalescence »

> non pas au sens où l'on disait autrefois : percevoir, *c'est* savoir, c'est imaginer, c'est se souvenir, mais au sens où la lecture est une fonction de l'œil, *une perception de perception*, une perception qui ne saisit pas la perception sans en saisir aussi *l'envers*, imagination, mémoire ou savoir [1].

La première partie de la phrase fait référence à la critique deleuzienne du « sens commun » : le sens commun présuppose une collaboration réglée entre facultés, conformément au modèle de la « récognition », de telle sorte que le sensible se rapporte

> à un objet *qui peut être rappelé, imaginé, conçu* (...) [il] n'est pas seulement référé à un autre objet qui peut être autre chose que senti, mais *peut être lui-même visé par d'autres facultés.*

La critique deleuzienne vise notamment le Descartes de la seconde des *Méditations métaphysiques* :

> La récognition se définit par l'exercice concordant de toutes les facultés sur un objet supposé le même : *c'est le même objet qui peut être vu, touché, rappelé, imaginé, conçu*... Ou, comme dit Descartes du morceau de cire, « c'est le même que je vois, que je touche, que j'imagine... » [2].

Le « autrefois » de la citation de *L'Image-temps* renvoie à ce moment cartésien de l'histoire de la philosophie. Quant à son deuxième fragment, il considère la lisibilité comme une faculté supérieure de la vision, et sous-tend, dans le même temps (en toute rigueur), l'accord dissonant qui la met en rapport avec les autres facultés mentionnées [3]. Car qu'est-ce qu'une « perception de perception », sinon

---

1 *Ibid.* (Deleuze souligne « *c'est* »).

2 DR, respectivement p. 182 et 174. C'est le type même d'un exercice empirique des facultés. On retrouve cette même critique du « sens commun » en relation au jeu facultaire dans *Logique du sens* (p. 96).

3 C'est en ce sens que Deleuze peut déclarer, en rapport à la « nouvelle image » : « on dirait que la *voyance* en fait quelque chose de "*lisible*" encore plus que visible » (P, p. 75).

une perception *élevée* à son usage transcendantal ? Et qu'est-ce que « l'envers » de cette fonction de l'œil, sinon la limite où elle entre en contact avec l'imagination, la mémoire, le savoir, bien que la perception ainsi entendue ne soit réductible à aucune de ces facultés ? C'est pourquoi il est possible de traduire la « coalescence » dans les termes de *Différence et répétition* : la perception, comme faculté supérieure de l'œil, est « [*mise*] *en présence* de sa différence et de sa divergence avec toutes [les autres] »[1]. La « lecture » dans *L'Image-temps*, c'est une perception qui accède à la présentation « irisée » du corps féminin (Rohmer), aux « âges du monde » d'où reviennent les vivants (Resnais), à la « préhistoire » de notre propre histoire (Pasolini) ; l'imaginé, le mémoré, le su, mais que *seule* la perception saisit.

> Ce que nous appelons lecture, signale Deleuze, c'est l'état stratigraphique, le retournement de l'image, *l'acte correspondant de perception qui ne cesse de convertir le vide en plein, l'endroit en envers*[2].

Il est significatif qu'un tel « acte » de retournement persiste dans certains textes consacrés à la littérature ; bien plus, tout *Critique et clinique* en procède. Si l'on considère en effet le « matériau particulier » de l'écrivain (« les mots, et la syntaxe »), son travail ne consiste-t-il pas à « creuser » une

> langue étrangère (…) dans la langue même sans que tout le langage à son tour ne bascule, ne soit *porté à une limite, à un dehors ou un envers* consistant en Visions et Auditions qui ne sont plus d'aucune langue,

mais que seul le langage rend possible[3]. Au cinéma, c'est la « perception de la perception » qui expérimente cet envers où sont enfouis « nos propres fantômes », cette limite où se présente la « bordure du temps qui entoure notre présent », pour reprendre une expression de Foucault dont *L'Archéologie du savoir* insiste dans ces pages. C'est dans cette perspective que Deleuze ajoute : « lire, c'est ré-enchaîner au lieu d'enchaîner, c'est tourner, retourner, au lieu de suivre à l'endroit »[4]. Phrase qui éclaire la présente analyse, tout en convoquant les précédentes ; le concept de « ré-enchaînement » engendre bien une liaison spécifique entre images « par-dessus l'intervalle », liaison qui correspond parfaitement à ce que Deleuze nomme, dans *L'Image-temps*, un « accord dissonant ».

---

1 DR, p. 190.
2 IT, p. 319.
3 Voir CC, p. 16 et QqP, p. 158 sur le matériau spécifique de la littérature.
4 IT, p. 319.

Or le ré-enchaînement n'a pas seulement trait aux images visuelles ; il concerne tout autant la limite qui passe entre l'image visuelle et l'image sonore. De telle sorte que l'étude de la « lisibilité » ne peut être entièrement achevée, si on ne met pas en évidence la façon dont le visuel et la parole se distribuent dans le nouveau cinéma. Ce qui suppose notamment, à titre de comparaison, de revenir à leur répartition dans le « premier stade du parlant ». C'est un point que Deleuze avait pris soin de souligner : le sonore, dès son apparition, a constitué une « *nouvelle composante* » de l'image visuelle, au sens où il « donnait à voir » quelque chose en elle, et était lui-même vu (par exemple, tout le domaine mondain des interactions et des conversations) ; c'est en ce sens que l'image était dite lisible. Le premier paragraphe des « composantes » se terminait précisément ainsi :

> l'acte de parole devient visible en même temps qu'il se fait entendre, mais aussi l'image visuelle devient lisible, en tant que telle, en tant qu'image visuelle où s'insère l'acte de parole comme composante [1].

Avec la rupture du schème sensori-moteur, une semblable insertion de l'acte de parole *dans l'image* n'est plus possible : désormais, « il se replie », il devient indépendant, « autonome ». Or c'est dans le même temps que l'image visuelle, pour son compte, conquiert « une lecture *qui la concerne tout entière, et ne concerne qu'elle* » [2]. Autrement dit, l'image n'a plus besoin de la parole pour *devenir* lisible, elle *est* lisible en elle-même, pour elle-même, comme puissance archéologique où subsistent les sédimentations de notre temps. Cette acception de l'image lisible – la lecture « la concerne *tout entière* » – suppose que l'image visuelle soit également devenue « autonome » ; c'est ce qu'indique bien Deleuze : il y a désormais une « double autonomie » de l'élément visuel et de l'élément sonore, et c'est elle qui fait que l'image accède à une dimension « vraiment » audio-visuelle [3].

1 IT, p. 303. Cf. aussi IT, p. 320, où Deleuze mentionne la notion d'« *image lue* » inventée par Eisenstein, en relation à l'élément musical, « mais là encore, écrit-il, c'était parce que la musique faisait voir en imposant à l'œil une orientation irréversible ».

2 IT, p. 321.

3 Voir le cours du 23 avril 1985.

La conquête de l'audio-visuel : images autonomes et images héautonomes

Au regard du questionnement initial touchant la spécificité des « accords dissonants », nous disposons bien de deux images, l'une visuelle, l'autre sonore. Si l'on reprend la terminologie que Deleuze emploie dans l'un de ses cours à ce sujet[1], il est possible de dire que, « formellement », l'image sonore se définit par le discours indirect libre et que, « matériellement », elle consiste en un acte de fabulation. L'image visuelle, pour sa part, renvoie à la forme non-chronologique du temps (essentiellement celle de « l'avant » et de « l'après »), sa matière résidant dans la coupe archéologique qu'elle trace dans les choses. Il reste à déterminer les « modalités » par lesquelles ces images se rencontrent, et donnent sens aux accords discordants qu'elles engendrent. Deleuze commence par indiquer, assez sommairement, que le cinéma moderne se caractérise par un « "va-et-vient entre la parole et l'image" ». Cependant, dans le même passage, il fournit une indication capitale, dont nous ne pourrons comprendre la portée véritable que plus tard ; essentielle, bien qu'énigmatique, cette indication l'est à raison même du concept qu'elle fait intervenir : le concept d'événement.

> L'acte de parole aérien crée l'événement, mais toujours posé de travers sur des couches visuelles tectoniques : ce sont deux trajectoires qui se traversent. Il crée l'événement, mais dans un espace vide d'événement[2].

Retenons cette idée d'un croisement entre les deux images – l'une aérienne, l'autre stratigraphique –, et que de ce croisement fulgure un événement. Lequel ? Nous ne le savons pas encore, mais nous pressentons déjà la topologie à laquelle il obéit, le lieu (ou « non-lieu ») d'où il surgit : dans l'interstice des deux images, dans la disjonction de voir et de parler. Le statut de l'image audio-visuelle en dépend. Notons que le raisonnement suit un mouvement argumentatif qui, une fois encore, s'effectue suivant une certaine progressivité. Le « second stade du parlant », autrement dit, ne constitue pas un régime de l'image homogène, qui regrouperait sur un même plan formel ou esthétique l'ensemble des cinéastes modernes.

En témoigne le début de l'analyse consacrée aux films pour la télévision de Rossellini : « *Dans le cas le plus simple*, cette nouvelle distribution du visuel et du parlant se fait dans la même image, mais dès lors audio-visuelle »[3]. C'est le prélude à l'examen de la « pédagogie » par le cinéma, suivant la formule de Daney,

---

1 Cours du 28 mai 1985.
2 IT, p. 322.
3 *Ibid.*

mais que Deleuze fait sienne suivant ses propres exigences philosophiques. Remarquons sur ce point le caractère « *absolument nécessaire* » de l'émergence de la « grande pédagogie » rossellinienne. Déjà, peu avant, il avait insisté sur le « "*devoir*" de lire l'image » dans le cinéma moderne[1]. Nous savons la signification que possède le mot « nécessité », le fait qu'il renvoie à un « champ problématique » qui assure à tout « acte de création » sa genèse véritable ; les problèmes forment les « impératifs » à partir desquels toute œuvre se développe comme nécessaire. Au sein de *L'Image-temps*, ces impératifs sont enveloppés à l'intérieur des divers points de vue qui définissent les nouveaux rapports du cinéma avec la pensée. Le problème « le plus haut », qui décide de la rupture du schème sensori-moteur, c'est la « perte du monde », sa fondamentale *dé-liaison*. Or nous savons que ce problème n'est aucunement solidaire d'une « rhétorique de l'apocalypse » voire d'une pensée du deuil, mais qu'il possède une pleine positivité (comme toute instance problématique chez Deleuze), et qu'il appartient au cinéma de l'affronter comme telle, de filmer « le *lien* de l'homme et du monde » afin de redonner une « croyance en ce monde-ci ». Badiou a mis en évidence ce double mouvement qui anime l'argumentation deleuzienne (dans une référence explicite au « cinéma moderne ») : d'une part, « exposer la pensée à la pure et simple dé-laison » ; d'autre part, outre le fait que

> nous *devons* affronter la disjonction dans ses abrupts les plus déconcertants (...) nous *devons* nous y trouver *contraints* (...) jusque dans la conviction que le non-rapport est pensable comme rapport[2].

Badiou ne mentionne pas la thématique de la croyance, mais l'impératif qui la sous-tend est clairement exprimé : il s'agit bien de redonner un lien avec le monde, dans la dé-liaison même, c'est-à-dire sans chercher à restaurer une « unité » qui demeure de toute façon perdue. C'est à cet impératif que se confronte la « pédagogie » de Rossellini (et à sa suite celle de Godard, celle des Straub) ; pour cette raison même, elle est appréciée comme étant « absolument nécessaire »[3].

---

1 IT, p. 321-322.

2 A. Badiou, *Deleuze...*, *op. cit.*, p. 124 (c'est Badiou qui souligne « *contraints* »).

3 Ce thème de la « déliaison » n'apparaît évidemment pas avec *L'Image-temps* ; il possède une assez longue histoire dans le domaine des arts, et ne concerne pas le seul champ cinématographique. On se reportera sur ce point au beau livre de Sylvie Triaire, *Une esthétique de la déliaison* (Paris, Champion, 2002), qui examine l'apparition de ce thème en littérature avec Flaubert. Dans une autre perspective, Rancière en propose une « généalogie » dans *Le Destin des images*, *op. cit.*, p. 43-51.

Si l'on reprend cette question au niveau des « composantes de l'image », en quoi consiste la « nouvelle distribution » évoquée par Deleuze ? Il est bien souligné que la « didactique » de Rossellini ne saurait simplement résider dans le fait de « rapporter des discours » et de « montrer des choses », car alors elle se confondrait avec un exercice seulement empirique des facultés considérées ; elle s'exposerait de surcroît au risque que le « premier stade du parlant » cherchait à prévenir, celui d'une redondance entre ce que l'on dit et ce que l'on voit. Les « leçons » rosselliniennes, au contraire, se proposent de « *dégager* la structure simple du discours, l'acte de parole », le « parler » de Louis XIV par exemple, qui détermine de nouvelles conditions d'énonciation, « tandis que les choses se font conformément à son dessein »[1]. Et les choses justement, dans leur surgissement même, ne sont pas montrées sans qu'elles n'entretiennent un rapport d'opposition avec l'ancien, *en tant qu*'elles entretiennent ce rapport (« l'espace aménagé » de Versailles contre les « entassements de Mazarin »), de telle sorte qu'il faut apprendre à voir « *sous les choses* » si l'on veut appréhender la manière dont un monde est structuré. (Et peut-être ce monde est-il encore le nôtre ? Ou nous permettra-t-il, par contraste, de comprendre notre monde contemporain ? De retrouver un « lien » avec lui ?) Il serait toutefois erroné de croire que les deux leçons (de mots et de choses) sont indépendantes l'une de l'autre : « les deux trajectoires *se combinent* », comme il est écrit dans ce même passage ; nous retrouvons en ce sens l'idée d'un croisement entre l'acte de parole et l'image archéologique évoquée plus haut. La « combinaison », dans le cas de Rossellini, consiste en une « lutte », condition de « l'émergence du nouveau » : « une lutte qui ne peut se révéler qu'à travers les deux [le visuel et la parole], grâce à leur va-et-vient ». Il est remarquable que Deleuze emploie par ailleurs ce même mot de « lutte » pour désigner le type d'accord entre facultés dans le sublime kantien – « c'est une lutte terrible entre l'imagination et la raison… » –, accord qu'il qualifie dès *Différence et répétition* de « discordant », et qui est déterminant par-delà le commentaire de Kant, à l'établissement de sa propre doctrine facultaire[2].

---

1 IT, p. 323.

2 Voir CC, p. 49. L'idée de « va-et-vient » est également présente dans ce texte (cf. p. 48-49), que Deleuze publie une première fois en 1986 dans la revue *Philosophie*, soit un an après la publication de *L'Image-temps*, et la même année que le *Foucault* (où il parlera de « *bataille audio-visuelle* »). On se souvient que Deleuze, dans *Différence et répétition*, abordait le cas de l'imagination dans le sublime de Kant en ces termes : « la pensée et l'imagination entrent (…) dans une *violence réciproque* qui conditionne un nouveau type d'accord » (n. 1, p. 187).

Nous retrouvons celle-ci, d'un autre point de vue encore, dans la phrase de résumé de la « didactique » rossellinienne, à travers l'emploi du verbe « (s')arracher » dont nous avons vu qu'il était synonyme d'« élever ».

> Que ce soit de Socrate, du Christ, d'Augustin, de Louis XIV, de Pascal ou de Descartes, l'acte de parole *s'arrache* au vieux style, en même temps que l'espace forme une nouvelle couche qui tend à recouvrir l'ancienne,

et Deleuze de poursuivre :

> partout une lutte marquant l'itinéraire d'un monde qui sort d'un moment historique pour entrer dans un autre (...) sous la double pince des mots et des choses, acte de parole et espace stratifié[1].

Que cette composition de l'image audio-visuelle, dont « héritera » Godard, entre étroitement en résonance avec la conception « archéologique » de Foucault, Deleuze le signale dans cette même page. C'est que les deux « leçons » de la pédagogie du cinéma sont reprises dans le *Foucault* afin de caractériser les deux aspects essentiels du « savoir » d'une époque : le régime du visible et le régime de l'énonçable. C'est ce que montre très bien le chapitre consacré aux « strates ou formations historiques », Deleuze soulignant que « l'affaire de l'archéologie », c'est « la leçon de choses *et* la leçon de grammaire », chaque leçon se définissant en outre par une opération d'*extraction*, qui fait bien écho à l'acte d'*arrachement* invoqué dans *Cinéma 2* : « extraire des mots et de la langue les énoncés correspondant à chaque strate et à ses seuils, mais aussi extraire des choses et de la vue les visibilités ». « Extraire », c'est le travail de l'archéologue confronté aux strates du temps, « *qui ne* [*renvoient*] *pas nécessairement au passé* » : « il y a une archéologie du présent »[2]. L'importance accordée à la « pédagogie » ne se limite donc pas au seul champ cinématographique, bien que l'archéologie foucaldienne ne constitue pas en soi une « didactique ». Nous croyons simplement que le point commun à ces différents moments de l'œuvre deleuzienne trouve son origine dans cette « pièce (...) tout à fait nécessaire dans le système de la philosophie » que constitue la doctrine des facultés. Non

---

1 IT, p. 323.

2 Sur tous ces points, voir F, p. 56-60. Les expressions « leçons de choses » et « leçons de mots », Deleuze les reprend à Godard, en particulier la première, qui constitue le titre de l'épisode 2A de *Six fois deux*. Voir P, p. 57 : « il y a deux idées dans les émissions de Godard, qui ne cessent d'empiéter l'une sur l'autre (...) chaque émission est divisée en deux : comme à l'école primaire, les deux pôles, la leçon de choses et la leçon de langage » (Notons que Deleuze dit bien, dans *L'Image-temps*, à propos de Rossellini (p. 322) : « c'est comme s'[il] avait su réinventer une école primaire... ».)

pas uniquement au regard de son fonctionnalisme, mais suivant les exigences d'une véritable *Bildung* qui lui sert de fondement pratique. Sinon, comment comprendre que le jeu facultaire se définit comme relevant d'un « apprentissage », lequel engage une « *éducation* des sens » non moins qu'un « "*dressage* de l'esprit" », pour reprendre l'expression de Nietzsche citée par Deleuze ?[1] Dans *Cinéma 2*, la notion de « lecture » doit assurément être entendue ainsi, ce qui engage tout un « régime esthétique » de l'image, qui est le signe d'une histoire, d'une « époque », en même temps qu'il en permet le déchiffrement. Quand à savoir s'il ne s'agit pas là d'un « pouvoir exorbitant conféré aux vertus » de l'art, comme le soutient Rancière, c'est un point que nous aborderons seulement en conclusion[2].

Le raisonnement des « composantes de l'image » se poursuit en indiquant que c'est « sur cette base pédagogique que se construit le nouveau régime de l'image », régime de l'image-temps repris dans ces pages à la lumière de la didactique godardienne ou de la « pédagogie démonstrative » de Jean Eustache. Une attention particulière est portée également à la « nouvelle asynchronie » de Robbe-Grillet, la description de *L'année dernière à Marienbad* constituant comme une première inflexion dans le cheminement argumentatif du chapitre 9. Deleuze précise que, certes, dans ce film, « le parlant et le visuel ne collaient plus, ne correspondaient plus », mais qu'ils « se démentaient et se contredisaient, sans qu'on puisse donner "raison" à l'un plutôt qu'à l'autre ». De telle sorte que – là réside l'inflexion – « les contradictions ne nous laissent plus simplement confronter l'entendu et le vu *coup par coup*, ou *un à un*, *pédagogiquement* : leur rôle est d'induire un système de décrochages et d'entrelacements » où les deux composantes de l'image, « *tour à tour* », bouleversent la présentation des « différents présents », comme le déroulement du récit, « rétrogradable ou progressif », placé désormais « sous le signe du faux »[3]. Cette distinction entre le « un à un » et le « tour à tour », relativement peu claire si on la considère isolément, renvoie en réalité à deux types de distribution du visuel et de la parole, qui concernent néanmoins tous deux le « second stade du parlant ». Elle est caractérisée au début de ce qui forme bien la deuxième partie du paragraphe consacré au cinéma audio-visuel, même si certaines indications de Deleuze annonçaient d'une certaine manière déjà cette distinction. Il notait en

---

1 DR, p. 214-215.
2 Cf. J. Rancière, *Le Destin des images*, *op. cit.*, p. 37.
3 IT, p. 326.

effet, au préalable, que la pédagogie de Rossellini fondait « *le cas le plus simple* » d'une image audio-visuelle, précisant que la répartition du visuel et du parlant advenait alors « *dans la même image* ». C'est cette idée qui est reprise dans la seconde moitié des « composantes de l'image », où s'opère un « *développement* de la première [nouveauté] » (le surgissement de deux images autonomes). Il approfondit, autrement dit, les conséquences de l'écroulement du schème sensori-moteur (d'où résultait l'autonomie du visuel et de la parole), dont la principale est « qu'il n'y a plus du tout de hors-champ ni de voix-off, en aucun sens »[1]. Cette double disparition correspond au procès de différenciation de l'image-mouvement (avec ses deux pôles), disparition théorisée une première fois au chapitre 7 de *L'Image-temps*, et explorée au chapitre 9 au niveau des rapports visuel-sonore. Tout se passe comme si Deleuze explorait maintenant certains cas *plus complexes* du cinéma moderne. Reste à déterminer cette plus grande complexité eu égard à la composition des images (étant entendu que ce critère ne préjuge en rien de la « beauté » ou de la « profondeur » d'un cas par rapport à l'autre).

Dorénavant, « ce ne sont même plus *deux composantes autonomes d'une même image audio-visuelle* », écrit Deleuze, « ce sont *deux images "héautonomes"*, une visuelle et une sonore, avec une faille, un interstice, une coupure irrationnelle entre les deux »[2]. Le critère qui distingue un cinéma de l'autre – par exemple, celui de Rossellini d'une part, celui de Marguerite Duras d'autre part – se définirait donc suivant le lieu où advient la « lutte » entre les composantes : soit elle survient à l'intérieur « d'une même image audio-visuelle », soit les composantes visuelles et sonores appartiennent respectivement à deux images que sépare une coupure irrationnelle, la « lutte » s'effectuant alors par-delà l'interstice. La logique qui préside à cette différence des deux sortes images audio-visuelles demeure selon nous bergsonienne. Elle repose sur l'idée de « tendance » que Bergson explore notamment dans *L'Évolution créatrice*, une chose se définissant moins par un « état » réalisé que par sa « tendance » à la réalisation, c'est-à-dire par sa tendance à changer (d'où le point de vue de l'intuition chez Bergson, qui consiste à saisir les choses en durée). Et « l'essence d'une tendance, indique-t-il, est de se développer en forme de gerbe »[3]. Nous pensons que les deux espèces d'images constituent les gerbes d'une même tendance, celle du cinéma audio-visuel. Cette hypothèse trouve son origine

---

1 IT, p. 327.
2 *Ibid.*
3 H. Bergson, *L'Évolution créatrice*, Paris, PUF, 2003, respectivement p. 13 et 100.

dans une précision apportée par Deleuze lui-même, lorsqu'il reprend, quelques pages plus loin, la distinction établie précédemment. Ainsi,

> le visuel et le sonore sont devenus deux composantes autonomes d'une même image vraiment audio-visuelle (par exemple Rossellini). *Mais on ne peut pas arrêter ce mouvement* : le visuel et le sonore vont donner lieu à deux images héautonomes, une image auditive et une image optique, constamment séparées, dissociées, décrochées par coupure irrationnelle entre les deux (Robbe-Grillet, Straub, Marguerite Duras).

« On ne peut pas arrêter le mouvement… » : n'est-ce pas l'un des attributs de la « tendance » chez Bergson, en tant qu'elle « se différencie » ? D'autant plus que Deleuze évoque l'idée d'une « *nouvelle consistance* » conquise par « l'image devenue audio-visuelle », consistance « qui dépend d'un lien plus complexe de l'image visuelle *et* de l'image sonore »[1].

Il convient maintenant d'aborder l'autre point essentiel que comportent les deux citations de ce même fragment. C'est que les composantes sont qualifiées de manière différente selon qu'elles participent du cas « simple » ou du cas « complexe » : en effet, elles sont soit « *autonomes* », soit « *héautonomes* ». Deleuze indique en note qu'il emprunte cette distinction à Kant, que ce dernier « crée (…) dans un autre contexte », ajoute-t-il[2]. Ce contexte, c'est celui de la « première introduction » à la *Critique de la faculté de juger*, où le problème général est de savoir à quel type de législation est susceptible d'obéir le sentiment de plaisir ou de peine (la faculté de cette troisième *Critique*), alors même que Kant le présente comme le lieu d'une « indétermination législative » (contrairement à l'entendement dans la *Critique de la raison pure*, ou à la raison dans la *Critique de la raison pratique*). Il ne s'agit pas d'entrer dans le détail de la démonstration kantienne. Quelques précisions sont néanmoins nécessaires pour essayer de comprendre ce qui intéresse véritablement l'auteur des *Cinéma* dans la distinction proposée par Kant. Une remarque en extériorité s'impose avant cela. Bien que le sens donné par Deleuze à certains termes diffère de l'acception kantienne, le fait est qu'il use d'une terminologie qui s'applique de façon continue à un réseau de facultés. « L'autonomie » deleuzienne diffère bien entendu de celle de Kant ; c'est en partie l'objet de la confrontation qui a lieu avec le transcendantal kantien au chapitre III de *Différence et répétition*[3].

---

1 IT, p. 329-330 (souligné par Deleuze).
2 IT, n. 49, p. 327.
3 Même si, dans *La Philosophie critique de Kant*, la monographie de 1963, il affirme que « sous sa

C'est pourquoi on ne saurait être tenté d'appréhender la distinction autonome-héautonome telle qu'elle existe originellement au sein de la troisième *Critique*, et considérer, par décalque, comment elle fonctionne dans *Cinéma 2*. Ce qui ne nous empêche pas d'éclairer la fine différence instaurée par Kant entre les deux notions. D'après la « première introduction » à la *Critique de la faculté de juger*, la législation de cette faculté ne porte ni sur le domaine théorique de la connaissance, ni sur le domaine pratique de la liberté, mais substantiellement sur « elle-même »[1]. C'est ce point que Deleuze reprend à l'occasion du cours d'introduction au cinéma audio-visuel :

> Kant pensait qu'une chose était autonome quand elle contenait une loi, sa loi [qu'elle appliquait à ses objets] (...) Héautonome, c'est quand la loi que je contiens s'applique à moi-même.

Deleuze formulait déjà cette distinction, pratiquement dans les mêmes termes, près de vingt ans auparavant :

> Kant refuse (...) l'emploi du mot « autonomie » pour la faculté de sentir sous sa forme supérieure : impuissant à légiférer sur des objets, le jugement ne peut être que *héautonome*, c'est-à-dire légifère sur soi[2].

Nous retiendrons dans ce qui suit, par-delà le problème de la législation, certes essentiel chez Kant, mais qui ne peut coïncider avec ceux de *L'Image-temps*, l'idée d'une héautonomie comme autonomie « plus propre », voire comme

---

forme supérieure, une faculté est (...) *autonome* », mais c'est dans une tout autre perspective que celle qui deviendra la sienne, car chez Kant, autonome veut dire aussi « législateur », usage déterminé et déterminant d'une faculté (et, par conséquent, collaboration réglée avec une ou plusieurs facultés). Voir PCK, p. 9 : « On dit qu'une faculté a une forme supérieure quand elle trouve *en elle-même* la loi de son propre exercice (même si, de cette loi, découle un rapport nécessaire avec une des autres facultés) » (souligné par Deleuze).

1 Cf. E. Kant, « Première introduction » à la *Critique de la faculté de juger*, in *Œuvres*, II, Paris, Gallimard, Pléiade, 1985, p. 880 : « On devrait proprement nommer héautonomie cette législation, attendu que la faculté de juger ne donne la loi ni à la nature ni à la liberté, mais simplement à elle-même ».

2 Voir respectivement le cours du 23 avril 1985 et PCK, p. 69-70 (souligné par Deleuze). Récemment, Olivier Dekens a proposé un commentaire approfondi de l'héautonomie kantienne, et de la « différence essentielle » qu'elle entretient avec le concept d'autonomie, cette différence « passe entre une autonomie (...) qui consiste pour une faculté à déterminer les lois de son propre domaine, et une [héautonomie], qui consiste alors, pour cette faculté, à se déterminer en l'absence de tout domaine, c'est-à-dire à déterminer sa détermination ». Ce qui le conduit à souligner que « loin d'être une forme secondaire de l'autonomie, l'héautonomie (...) en serait plutôt *le modèle*, ou peut-être (...) *le préalable* (...) [la] forme transcendantalement plus ancienne, plus souple, et plus propre, de l'autonomie », voir *Le Devoir de justice, op. cit.*, p. 153 et 155.

« préalable » à toute autonomie. C'est en ce sens que Deleuze opère une reprise de la distinction kantienne, bien qu'il le fasse sur un tout autre plan d'investigation philosophique, et conformément à une tout autre « image de la pensée ».

Nous pourrions indiquer que les composantes « héautonomes », séparées par un interstice, témoignent d'une autonomie plus affirmée encore que celles contenues dans « une même image ». C'est ce que laisse clairement entendre Deleuze, lorsqu'il affirme que « l'héautonomie des deux images ne supprime pas, mais *renforce* la nature audio-visuelle de l'image, elle *affermit la conquête de l'audio-visuel* ». Si Deleuze fait intervenir la notion d'image héautonome, c'est en vue de poser les problèmes qui demeurent encore en suspens, et qui se montrent toujours plus insistants au fur et à mesure que la démonstration se déploie. Ces problèmes sont au nombre de deux. D'une part, il s'agit de définir, « dans les conditions créatrices du cinéma », en quoi consiste l'acte de parole pur, « créateur d'événement », mais dont la portée *critique* – la « parole pure » possède une « valeur politique » – reste encore relativement obscure. D'autre part, et corrélativement, il s'agit d'explorer le lien « *complexe* » entre le visuel et le sonore, ce qui passe et se passe dans ce lien, c'est-à-dire dans l'interstice, au *croisement* des deux images audio-visuelles (d'où l'importance du concept d'« image héautonome », sans lequel ce problème ne saurait être abordé rigoureusement).

En ce qui concerne le premier point, Deleuze précise que l'acte de parole pur est « celui qu'on pourra appeler "énoncé ou énonciation proprement cinématographiques" »[1]. Cette indication institue une légère nuance par rapport à ce qu'il soutient en d'autres endroits de *L'Image-temps*, puisque sont également considérées comme « intrinsèquement » cinématographiques l'image lue du muet ou la composante sonore dans le premier stade du parlant[2]. Nous savons en quel sens il convient d'appréhender ces expressions, au regard de « l'énonçable » que forme la « matière intelligible » du cinéma, et qui renvoie à la sémiotique pure. Nous savons également que cette sémiotique est composée de deux dimensions successives, dont celle de l'image-temps qui coïncide avec le moment où le cinéma révèle son « essence ». C'est suivant cette évolution qu'il faut comprendre pourquoi Deleuze, au moment d'achever son essai, conçoit le parlant, l'acte de parole de l'image audio-visuelle (laquelle constitue l'une des manières d'exprimer cette essence), comme énoncé « proprement

1 IT, p. 329.
2 Voir notamment IT, p. 45 et 343.

cinématographique ». Dans ce fragment final des « composantes de l'image », il commence par l'analyse de l'œuvre de Danièle Huillet et Jean-Marie Straub, dont « le premier aspect », précisément, consiste à « *dégager* l'acte de parole pur, l'énoncé proprement cinématographique ou l'image sonore »[1]. Ce passage constitue bien une reprise du début du chapitre 9, où il était déjà question des Straub, mais le propos possède maintenant une forme davantage monographique, rendue possible par la « réalisation », dans les pages qui précèdent, du régime audio-visuel (au sens où, comme on l'a vu chez Bergson, une tendance « se réalise »).

Ce qui frappe, de ce point de vue, c'est la récurrence du verbe « *arracher* » : l'acte de parole « doit être arraché à son support lu, texte, livre, lettres ou documents ». Mais pourquoi « arracher » ? Et qu'arrache-t-on exactement ? Ces interrogations n'auraient pas de signification claire sans une troisième qui leur est étroitement solidaire : *à quoi* l'acte de parole s'arrache-t-il dans les films des Straub ? D'après Deleuze, de tout ce qui relève du « préétabli », du « dominant », de ce qu'il appelle aussi parfois la « langue des maîtres » ; bref, de tout ce qui résiste au *devenir* (tant qu'il se distingue de l'histoire). C'est Moïse qui cherche « à vaincre la résistance du texte, du langage préétabli des dieux » ; c'est Bach qui « [bouscule] la répartition du profane et du sacré » ; c'est même « l'auteur Fortini » en rapport à ses propres livres, qu'il peut désapprouver « dix ans après »[2]. L'acte de parole doit par conséquent se mesurer à un « système de *majorité* » qu'il est *impossible* pour un artiste de ne pas affronter. C'est d'ailleurs le sens du rapprochement que Deleuze établit avec l'œuvre de Kafka :

> peut-être ce qui explique la rencontre des Straub avec Kafka, c'est que Kafka aussi pensait que nous *n'*avions *qu'*un acte de parole pour vaincre la résistance des textes dominants (...), des verdicts déjà décidés[3].

Ces pages sont décisives afin de saisir le statut fondamental de l'acte de parole : l'acte de parole comme « *acte de résistance* » ; statut bien connu, souvent cité,

1 IT, p. 330.

2 Voir IT, p. 330-334.

3 IT, p. 331. Deleuze mentionnait déjà le nom de Kafka au chapitre 8 de *L'Image-temps*, dont le dernier paragraphe est consacré au « cinéma politique ». C'est là qu'il décrivait notamment comment ses représentants (dans le tiers-monde, en particulier) se trouvait « dans l'impasse décrite par Kafka : impossibilité de ne pas "écrire", impossibilité d'écrire dans la langue dominante, impossibilité d'écrire autrement » (p. 283 et 282 pour l'expression « systèmes de majorité »). Notons que ce paragraphe, dans sa construction même, est le miroir du chapitre 3 du *Kafka*, où Deleuze évoque l'existence d'un « langage *arraché* au sens, conquis sur le sens » (p. 38), le « sens » renvoyant à « un usage ordinaire du langage (...) *extensif ou représentatif* » (p. 37, souligné par Deleuze).

mais dont l'appréhension demeure incertaine tant que l'on oublie de souligner qu'il n'y a pas de résistance de la parole sans quelque chose qui lui résiste, et à quoi elle doit s'arracher, justement. Et inversement, « on ne dégage pas l'acte de parole de ce qui lui résiste sans le faire lui-même résistant, contre ce qui le menace »[1]. En ce sens, contrairement à ce que l'on pourrait croire, la parole pure ne s'inscrit pas dans un rapport d'*opposition* à ce à quoi elle résiste, mais entretient plutôt une relation de *composition* avec le majoritaire, seule relation susceptible de la faire devenir véritablement résistante. (C'est tout le sens, par exemple, au niveau des textes sur la littérature, d'une formule comme celle invoquant le fait d'« être *dans* sa propre langue comme un étranger »[2]).

Amours et colères du cinéma moderne

L'acte de parole « résiste », donc, et son mouvement est ascendant : « irrésistiblement, il monte ». Nous avons mentionné avec Deleuze le caractère « aérien » de cet acte, en tant qu'il « crée l'événement » ; plus loin, il indique aussi que la parole « le fait lever »[3]. C'est cela que l'acte de parole « arrache » : il arrache un événement à un état de choses menaçant, ou intolérable, quitte à risquer un « retour à l'aphasie »[4]. Mais nous avons parallèlement remarqué que ce mouvement était indissociable d'un autre, mouvement descendant, d'enfoncement de l'espace sous la terre, et qui concerne cette fois la composante visuelle. Or cette terre *contient* elle-même ses événements, « entassement silencieux » de notre propre histoire, de telle sorte que l'image visuelle

1 IT, p. 331.

2 Voir K, p. 48 (souligné par Deleuze). C'est dans cette page qu'il est par ailleurs question de « la fascination de Kafka pour les serviteurs et les employés (...) [et] la possibilité [pour l'écrivain] de faire de sa propre langue, à supposer qu'elle soit unique, qu'elle soit une langue majeure ou l'ait été, un usage mineur ». Nous prenons soin de citer cette idée, car Deleuze la reprend dans son commentaire d'*Amerika, rapports de classes* des Straub : « le héros prend la défense de l'homme souterrain, le chauffeur d'en dessous, puis doit affronter la machination supérieure (...) l'acte de parole, l'image sonore est acte de résistance » (IT, p. 334).

3 Voir IT, p. 331-334.

4 Suivant une expression des Straub, citée dans IT, n. 53, p. 331. Il est significatif, là encore, que l'aphasie puisse désigner ce que l'acte de parole « arrache ». Le motif n'est pas nouveau chez Deleuze. Il apparaît dans le chapitre central de *Différence et répétition* ; peu après avoir posé les exigences de sa doctrine des facultés, dans un passage où le nom d'Artaud est également invoqué, Deleuze désigne en effet « l'apathique dans le langage » comme une impuissance, certes, de la faculté de parler, mais comme l'expression, corrélativement, de sa « plus grande puissance » (DR, p. 192).

> *ne laisse pas voir*, mais *fait lire* ses enfouissements archéologiques (...) atteste les travaux qui furent nécessaires et les victimes immolés pour fertiliser un champ, les luttes qui se déroulèrent et les cadavres jetés (*De la nuée*, *Fortini Cani*).

On retrouve la notion de « lecture », qui s'adresse à un usage supérieur de la faculté de voir (si l'image « ne laisse pas voir », c'est uniquement du point de vue d'une vision empirique) ; cette indication est essentielle quant au sens de la notion d'événement dans ce passage ; Deleuze insiste tout particulièrement sur ce point :

> si l'on veut saisir un événement, *il ne faut pas le montrer*, il ne faut pas passer le long de l'événement, mais s'y enfoncer, passer par toutes les couches géologiques qui en sont l'histoire intérieure (*et pas seulement un passé plus ou moins lointain*) [1].

Notons que si les pages consacrées à l'œuvre des Straub doivent assurément au commentaire que Serge Daney a proposé de leurs films – les deux précédentes citations en témoignent [2] –, il reste que le raisonnement de *L'Image-temps* convoque un certain nombre d'opérations conceptuelles qui renvoient éminemment à la philosophie deleuzienne. Ces opérations *impliquées dans les descriptions filmiques* ne sont le plus souvent guère apparentes, même si elles surgissent parfois au détour d'une phrase, nous faisant alors entrevoir les « insistances », les impératifs qui ne cessent pas et n'ont pas cessé d'animer cette philosophie.

Prenons l'exemple de *Moïse et Aaron*, qui va être l'occasion de revisiter un certain nombre de nos analyses antérieures, avec le souci de les conduire vers un point de condensation ; et cela, dans la tentative d'apporter une réponse à l'une des questions préalablement posées : qu'est-ce qui se passe dans l'interstice entre l'image visuelle et l'image sonore (les « deux trajectoires »), étant donné que cet interstice vaut pour lui-même, et possède sa propre autonomie ? Deleuze considère respectivement Moïse et Aaron comme deux images, la sonore et la visuelle. Autrement dit, leurs rôles ont valeur de composantes de l'image. En réalité, les choses sont un peu plus compliquées : ces composantes, en toute logique, constituent autant de « concepts de cinéma » ; corrélativement, les figures esthétiques ou cinématographiques du film des Straub (Moïse, Aaron) deviennent elles-mêmes des personnages conceptuels de la démonstration de Deleuze. Si l'on s'appuie sur les thèses de *Qu'est-ce que la*

1 IT, p. 332.
2 S. Daney, « Une morale de la perception », in *La Rampe*, Paris, Cahiers du cinéma – Gallimard, 1996 (1ère éd. 1983), p. 143-152 (p. 147 pour le motif de la résistance).

philosophie ? pleinement opérantes bien que non théorisées dans les *Cinéma*, on peut dire que leurs « traits personnalistiques se *joignent étroitement* (...) aux traits intensifs des concepts ». Il existe en ce sens un système de substitutions qui noue intimement deux « plans » (la philosophie, l'art cinématographique) et deux « puissances » (celle du concept, celle du percept et de l'affect)[1]. D'un côté, donc, il y a Moïse, « le nouveau nomade, celui qui ne veut pas d'autre terre que la parole de Dieu, toujours errante » ; c'est l'image sonore. De l'autre, Aaron, le prêtre, qui « donne à voir » suivant une perception supérieure « la continuité [venant] de la terre », et qui aspire à un territoire pour le peuple ; c'est l'image visuelle. L'acte de parole de Moïse résiste à la « [répartition] des prêtres et du peuple », et s'efforce de la transformer ; mais l'image visuelle, à son tour, résiste à l'image sonore. « Qu'est-ce que le peuple choisira, demande Deleuze, l'acte de parole ou la terre ? ». Car si Moïse résiste à Aaron, « Moïse sans Aaron n'a pas de rapport avec le peuple, avec la terre ». Et il ajoute, faisant intervenir une notion qui fait littéralement effraction dans le raisonnement : « on peut dire que Moïse et Aaron sont *les deux parties de l'Idée* »[2]. Ce qu'est une « Idée », le lecteur de *L'Image-temps* ne peut le savoir (ni même ce que désignent ses « parties »). La notion, étudiée en détail dans *Différence et répétition*, ne fait guère l'objet d'un développement, ni même d'un rappel conceptuel au sein des *Cinéma*. Pourtant, elle demeure essentielle à la compréhension de la disjonction entre le visuel et le parlant du cinéma audio-visuel. Deleuze, d'ailleurs, poursuit son argumentation et relève que

> ces parties [de l'Idée] ne formeront plus jamais un tout, mais une *disjonction de résistance*, qui devrait empêcher la parole d'être despotique, et la terre d'appartenir, d'être possédée, soumise à sa dernière couche.

Et plus généralement peut-être, au-delà de *Moïse et Aaron*, dans un passage où les « deux parties » idéelles sont assimilées aux « deux trajectoires » évoquées plus haut, il indique que

> l'une résiste à l'autre, mais c'est dans cette *disjonction toujours recréée* que l'histoire sous la terre prend une valeur esthétique émotive, et que l'acte de parole (...) prend une valeur politique intense[3].

1 Voir QqP, p. 67 et p. 64 sur les « alliances », « bifurcations » et « substitutions » qui se produisent entre les personnages conceptuels et les figures esthétiques.
2 IT, p. 333.
3 *Ibid.*

Il faut revenir brièvement à *Différence et répétition*, à son chapitre IV en particulier, là où s'établit la théorie de l'Idée, là où réside par conséquent le sens de ce passage de *L'Image-temps* relativement obscur en première lecture. Deleuze y fait notamment référence au texte de Péguy, *Clio*, également cité dans ce volume sur le cinéma, la raison d'être de cette référence se trouvant en partie dans « l'admirable description de l'événement » que propose l'écrivain. L'événement, selon Péguy, dispose de deux lignes, qui correspondent chez Deleuze au double aspect de l'Idée et de son incarnation. Il existe donc un lien théorique entre l'Idée et l'événement. Quel est ce lien, schématiquement ? Nous savons que l'Idée deleuzienne se confond avec la notion de « problème », et que « le problème est de l'ordre de l'événement », aussi bien du point de vue de ses « conditions » que des « cas de solution » qui l'actualisent[1]. Il y a d'une part ce qu'il appelle les « événements idéaux » (ou « singularités idéelles »), qui forment les « conditions du problème », et d'autre part ce qui « condense » et fait surgir l'événement dans l'actuel, qui l'effectue dans l'espace et dans le temps. Ce sont les deux parties de l'Idée, ou ses « deux faces », qui sont comme « l'amour et la colère » : l'amour dans la détermination des conditions du problème ; la colère dans la condensation des événements idéaux, « qui définit (...) le recueillement d'une "situation révolutionnaire" et fait éclater l'Idée dans l'actuel »[2]. La « valeur esthétique émotive » de l'image visuelle et la « valeur politique intense » de l'image sonore, auparavant évoquées coïncident respectivement avec « l'amour » et la « colère » ainsi définis. Et « *à la croisée* » des deux, il y a « l'internel » de Péguy, la « vérité éternelle » de l'événement, la disjonction « toujours recréée » dans l'histoire[3]. L'événement, qui est « problématique et problématisant »[4], désigne principalement le concept qui permet d'appréhender ce que Deleuze nomme le « dehors ». François Zourabichvili a bien montré à cet égard que « le concept d'événement marque l'introduction du dehors dans le temps, ou le rapport du temps à un dehors qui ne lui est plus extérieur », de telle sorte que s'il existe une « *extra-temporalité de l'événement* », celle-ci « *est immanente* ». Cette conception a de profondes conséquences sur la notion d'histoire ou d'historicité dans la mesure où Deleuze l'envisage « elle-même [comme étant] en devenir, affectée du dedans par [un dehors de

---

1 Voir DR, p. 244.
2 DR, p. 246.
3 Sur ce point, voir DR, p. 244 et LS, p. 68.
4 LS, p. 69.

l'événement] qui la mine et la fait diverger d'avec elle »[1]. D'où la dimension politique dont procède l'ensemble de *L'Image-temps*, et qui s'exprime explicitement dans les « composantes de l'image ». Lorsque Deleuze affirme la nécessité de « maintenir *à la fois* que la parole crée l'événement, le fait lever, et que l'événement silencieux est recouvert par la terre » – le « *à la fois* » renvoyant aux deux parties indissociables de l'Idée –, et qu'il ajoute : « L'événement, c'est toujours la résistance, *entre* ce que l'acte de parole arrache et ce que la terre enfouit »[2], il fait du cinéma de l'image-temps un cinéma effectivement politique, *en fonction même du dehors qui s'insère entre ses images.*

Nous connaissons le nom qu'il donne à ce dehors tout au long de *L'Image-temps* : il s'agit de *l'intolérable.* Mais alors quelle distinction faire entre « l'intolérable » et la « résistance », si tous deux désignent une même instance événementielle, à l'intersection du visuel et du sonore? Pour le comprendre, il convient de rappeler l'origine stoïcienne du concept d'événement chez Deleuze, qui demande de « ne pas confondre l'événement avec son effectuation spatio-temporelle »[3]. Il y a certes une effectuation de l'événement dans l'actuel, mais le sens ou l'essence de l'événement n'est pas « ce qui arrive (accident) ». L'événement, c'est le « problème »; dans *L'Image-temps*, l'événement problématique, c'est la rupture de l'homme et du monde; c'est l'intolérable comme « vérité éternelle » de notre monde. Si la résistance constitue un événement à part entière, c'est dans la mesure où elle forme le lieu d'une « *contre-effectuation* » de cet événement pur qu'est l'intolérable. La contre-effectuation, c'est vouloir « quelque chose *dans* ce qui arrive », quelque chose « de conforme à » cet intolérable « qui nous fait signe et nous attend »[4]. En ce sens, les deux parties de l'Idée que Deleuze décrit dans le cinéma de Danièle Huillet et Jean-Marie Straub, définissent les deux faces inséparables d'une même contre-effectuation, d'où *se dégage* la résistance comme redoublement, voire comme

1 F. Zourabichvili, *Le Vocabulaire de Deleuze*, *op. cit.*, respectivement p. 12 et 40 (souligné par l'auteur).
2 IT, p. 334.
3 LS, p. 34.
4 LS, p. 175 et p. 176-179 sur la distinction entre « effectuation » et « contre-effectuation » : « Dans tout événement, il y a bien le moment présent de l'effectuation, celui où l'événement s'incarne dans un état des choses, un individu, une personne (...) et le futur et le passé ne se jugent qu'en fonction de ce présent définitif, du point de vue de celui qui l'incarne (...) Mais il y a d'autre part le futur et le passé de l'événement pris en lui-même, qui esquive tout présent (...) étant impersonnel et pré-individuel (...) ou plutôt qui n'a pas d'autre présent que celui de l'instant mobile qui le représente, toujours dédoublé en passé-futur, formant ce qu'il faut appeler la contre-effectuation » (p. 177).

« transmutation » de l'intolérable[1]. C'est pour cette raison que le problème de la perte du monde ne relève guère d'une pensée tragique ou endeuillée, mais demeure positif, et possède une réelle valeur politique *qui concerne l'ensemble du cinéma moderne comme cinéma de voyant*. Dès lors, nous sommes peut-être en mesure de comprendre la phrase du chapitre d'ouverture de *L'Image-temps*, citée au commencement de cette étude et dont la signification ne pouvait alors que paraître incertaine, à savoir que seuls les voyants

> savent *dégager* de l'événement la part irréductible à ce qui arrive : cette part d'inépuisable possibilité qui constitue l'insupportable, l'intolérable, la part du visionnaire[2].

« L'inépuisable possibilité qui constitue l'intolérable », c'est la contre-effectuation toujours possible par laquelle, si nous le *voulons*, l'intolérable se retourne contre lui-même, et se dédouble en résistance. Deleuze ne dit pas autre chose lorsqu'il déclare, revenant sur la disjonction du visuel et du sonore dans le cinéma audio-visuel, qu'elle « est une résistance *issue* de l'écroulement du schème sensori-moteur »[3]; « issue », c'est-à-dire *dégagée* de cet événement « insupportable ». Et cette résistance, à la fois fabulaire et créatrice – là réside le sens de l'expression « invention d'un peuple » –, c'est corrélativement ce qui nous redonne le lien de l'homme et du monde, ou une « croyance en l'avenir », par-delà la rupture de la sensori-motricité.

Mais cette résistance, pour finir, désigne ce qui sépare l'image visuelle et l'image sonore, aussi bien que ce qui les lie l'une à l'autre : ce en quoi consiste l'interstice. Au chapitre 9, elle ne concerne pas seulement les Straub, mais également Marguerite Duras et, dans les « conclusions », Syberberg (que nous aborderons nous aussi en conclusion de ce travail, en essayant de fournir une explication sur la position stratégique qu'il occupe dans *Cinéma 2*). De telle sorte qu'un glissement s'opère dans le texte deleuzien : « l'acte de résistance », modalité de la parole chez les Straub, définit maintenant, comme « résistance », ce qui insiste dans l'interstice des images audio-visuelles, comme en témoigne la citation précédente qui a une portée générale, et qui sert proprement de transition entre le commentaire des Straub et celui consacré à Marguerite

---

1 C'est l'autre mot que Deleuze emploie pour caractériser la « contre-effectuation », voir notamment LS, p. 175 : « Si vouloir l'événement, c'est d'abord en *dégager* l'éternelle vérité (...) ce vouloir atteint au point où la guerre est menée contre la guerre (...) la mort retournée contre toutes les morts. Intuition volitive ou transmutation ».

2 IT, p. 31.

3 IT, p. 334.

Duras. L'interstice possède une double dénomination : du point de vue des composantes de l'image (le visuel et le parlant), et du point de vue des facultés (voir et parler), et chacune des œuvres de ces trois auteurs sera caractérisée suivant cette double perspective. On sait comment Deleuze spécifie les composantes visuelles et sonores des Straub : l'image archéologique (la roche ou la terre), pour l'une ; le pur acte de parole comme « arrachement » (l'acte de résistance), pour l'autre. Et que se passe-t-il dans l'interstice ? « *La lutte des classes* » : c'est elle « qui *ne cesse de circuler entre les deux images incommensurables* »[1].

Dans son analyse du cinéma de Marguerite Duras, qu'il explore suivant un même schéma conceptuel[2], Deleuze considère l'image visuelle comme « une calme puissance fluviale et maritime qui vaut pour l'éternel », « le visible se désincorpore ou se vide (...) les choses s'effacent sous la marée » ; c'est pourquoi « la lisibilité propre à l'image visuelle devient océanographique plutôt que tellurique et stratigraphique ». En ce qui concerne le sonore, l'acte de parole « est l'amour entier ou le désir abslolu » – silence, chant ou cri –, « c'est lui la fabulation créatrice coextensive à tout le texte d'où il s'arrache », en vue d'une « histoire qui n'a plus de lieu ». Et dans l'interstice, reprenant une expression de la cinéaste, il y a la « "*classe de la violence*" » :

> dans son éloignement du marxisme, indique Deleuze, Marguerite Duras ne se contente pas de personnages qui seraient traîtres à leur propre classe [comme Fortini, Mallarmé ou Kafka chez les Straub], elle convoque les hors-classes, la mendiante et les lépreux, le vice-consul et l'enfant, les représentants de commerce.

C'est cette classe, par-delà toute représentation directe de la violence qu'elle subit ou fait subir, « *qui remplit à son tour la fonction de circuler entre les deux sortes d'images, et de les faire communiquer*, l'acte absolu de la parole-désir dans l'image sonore, la puissance illimitée du fleuve-océan dans l'image visuelle »[3].

---

1 IT, p. 338.

2 Sur ce point, on se reportera à la clause liminaire énoncée dans un cours : « Le schéma des Straub pourrait se confondre avec celui de Duras, et pourtant ce sont deux types de cinéma tellement différents (...) pour moi, la différence entre deux auteurs n'a jamais exclu la consistance d'un concept qui leur serait commun. Ce qui n'empêche pas pour nous de marquer les différences. Ce qu'il y a de commun : l'héautonomie du visuel et du sonore (...) et l'interstice entre les deux » (cours du 28 mai 1985).

3 IT, p. 335-339.

Doctrine des facultés et résumé de l'image-temps

Si l'on résume ce qui contre-effectue l'intolérable dans les films des Straub et de Marguerite Duras, on peut dire qu'il s'agit respectivement de la « lutte des classes » et de la « classe de la violence » ; ce sont eux – et à chaque fois comme « événement », comme « résistance » – qui peuplent ou remplissent l'interstice entre les deux images héautonomes. Le chapitre 9 de *L'Image-temps* ne se termine toutefois pas avec la distinction, composante par composante, des œuvres de ces cinéastes « modernes ». Deleuze consacre en effet ses deux dernières pages à ce qui forme comme un résumé d'ensemble du troisième paragraphe de cet ultime chapitre. Il commence par formuler de nouveau la définition de l'image audio-visuelle (« Donc, au second stade, le parlant... ») : la conquête de l'autonomie « ou, plus encore » de l'héautonomie par chacune de ses composantes, la visuelle *et* la sonore. Mais, en vérité, cette fin du chapitre 9 constitue davantage qu'une simple reprise des développements précédents ; elle met en évidence le geste philosophique qui a présidé à la démarche deleuzienne, non seulement au cours de ce chapitre, mais tout au long de *L'Image-temps*. Ce geste, c'est celui de l'empirisme transcendantal, qui pose les exigences de la doctrine des facultés établie au sein de *Différence et répétition*, *et que Deleuze expose formellement dans ce passage*. Il s'agit d'étudier le rapport entre les composantes de l'image, depuis leur non-rapport même, et cela en termes facultaires. Ce rapprochement entre le « ré-enchaînement » des images et la communication « supérieure » des facultés ne forme pas un détour, ou même une digression à l'intérieur de l'argumentation. Au contraire, c'est la doctrine en question qui va nous permettre de comprendre *en quel sens un non-rapport est un rapport*. La signification ultime du concept cinématographique d'interstice en dépend, puisque c'est lui qui assure « une liaison spécifique entre images désenchaînées »[1].

Deleuze commence par citer une phrase de Blanchot, qui paraît coïncider avec la disjonction qu'il perçoit à l'œuvre dans l'image audio-visuelle : « c'est le cas de dire avec Blanchot : "parler, ce n'est pas voir" »[2]. Et il affirme : « Il semble ici que parler cesse de voir, de faire voir et même d'être vu », la thèse de l'écrivain rencontrant la définition du second stade du parlant. Plus globalement, on peut ajouter que cet usage de la parole rompt avec un exercice qualifié de « quotidien », et considéré le plus souvent comme solidaire d'un principe de

---

1 IT, p. 362.

2 C'est le titre d'un sous-chapitre de *L'Entretien infini*. Voir M. Blanchot, « Parler, ce n'est pas voir », in *L'Entretien infini*, Paris, Gallimard, 1968, p. 35-45.

conjugaison où le caractère irréductible des facultés a tendance à se perdre : ce dont on parle, cela peut être *aussi bien* ce que l'on voit ou ce que l'on nous montre[1]. Il donne toutefois l'impression de se démarquer de la pensée de Blanchot, ou du moins, de ne pas y adhérer entièrement. « Seulement, écrit-il, une première remarque est nécessaire »[2]. Une seconde « remarque » surviendra plus bas, tout aussi « nécessaire », et c'est à ce moment-là qu'il deviendra possible de saisir pourquoi Deleuze se détache en fin de compte du texte de *L'Entretien infini*. En quoi consiste la première de ces remarques ? Ni plus ni moins qu'à rappeler ce qui définit un usage supérieur de la faculté de parler :

> parler *ne* rompt ainsi avec ses attaches visuelles *que* s'il arrive à se tourner vers une limite qui est à la fois comme l'indicible et pourtant ce qui ne peut être que parlé (« parole différente, qui porte de-ci de-là, et elle-même différant de parler… »)[3].

Nous retrouvons là l'exigence primordiale, énoncée dès *Différence et répétition*, qui détermine l'élévation d'une faculté à son exercice disjoint ou transcendant. C'est effectivement en « se tournant », ou plus exactement en *apprenant* à se tourner vers sa limite, qu'une faculté découvre la « passion qui lui est propre », c'est-à-dire que, portée « au point extrême de son dérèglement » (puisque le « sens commun » n'est plus opérant, lui qui *réglait* sa collaboration avec les autres facultés), elle atteint corrélativement à un usage absolument non réductible aux autres, et un objet qui ne concerne qu'elle ; en l'occurrence, pour la faculté de parler : « l'indicible et pourtant ce qui ne peut être que parlé ». C'est exactement ce processus que décrit le chapitre central de *Différence et répétition*, lorsqu'il signale les « violences » dont est la proie une faculté dès lors qu'elle s'élève à son exercice supérieur, violences « de ce qu'elle est forcée de saisir et qu'elle est seule à pouvoir saisir, pourtant l'insaisissable aussi (du point de vue de l'exercice empirique) »[4]. Dans le cinéma audio-visuel, la limite du « parler » peut être un cri – le cri du vice-consul dans *La Femme du Gange* de Duras, ou celui de Bach (« Hinaus ! ») dans *Chronique d'Anna Magdalena Bach* des Straub –, ou même un acte de parole ne relevant pas « forcément [d'une] parole au sens strict », l'essentiel étant de considérer cet acte comme limite, prise en ce sens dans une « série » où il se ré-enchaîne

1 Sur ce point, voir le cours du 28 mai 1985, où Deleuze reprend implicitement la critique qu'il fait par ailleurs du modèle de la récognition tel qu'il fonctionne chez Descartes (voir *supra*).
2 IT, p. 339.
3 *Ibid.* La phrase entre guillemets est extraite du texte de Blanchot (*L'Entretien infini*, *op. cit.*, p. 40).
4 Sur tous ces points, voir DR, p. 186.

avec une autre image sonore, qui « peut constituer à son tour une limite » par rapport à d'autres[1]. On peut constater comment la notion de « limite » passe insensiblement d'une indication se rapportant à la doctrine des facultés à une observation qui engage l'usage du parlant dans l'image-temps directe (la série du temps), preuve supplémentaire de son importance dans la détermination des concepts du « cinéma moderne ».

Cependant, l'exigence facultaire n'affecte pas uniquement la parole ; elle concerne tout autant la composante visuelle.

> On aurait tort [de] conclure, précise Deleuze après cette première remarque, à la prévalence du sonore dans le cinéma moderne. La même remarque en effet vaut pour l'image visuelle[2].

C'est là que prend sens la réserve auparavant pressentie vis-à-vis de la position de Blanchot, qui considère le « parler » au détriment du « voir » : selon Deleuze, il laisse à la vue un rôle plutôt « secondaire »[3]. Mais cette apparente critique repose sur une thèse positive, qui seule lui confère sa pertinence. Précisons d'abord en quoi consiste la deuxième remarque qui a trait cette fois à la faculté de voir :

> voir ne conquiert une héautonomie que s'il s'arrache à son exercice empirique, et se porte à une limite qui est à la fois quelque chose d'invisible et qui pourtant ne peut être que vu (une espèce de voyance, différant de voir, et passant par les espaces quelconques, vides ou déconnectés). C'est la vision d'un aveugle, de Tirésias, comme la parole était celle d'un aphasique ou d'un amnésique[4].

Là encore, l'argumentation repose sur la doctrine des facultés apparue avec *Différence et répétition*, et l'invisible deleuzien doit être appréhendé en fonction de la distinction des usages – empirique ou supérieur –, et guère autrement. En tant que limite de la faculté de voir, l'invisible implique la dénonciation du système de la représentation, dont nous avons essayé de poser les termes et les attendus en ouverture de ce travail. Mais l'invisible suppose également

---

1 IT, p. 339. Deleuze considère même le silence comme limite de la parole (DR, p. 187).
2 IT, p. 340.
3 Voir IT, n. 66, p. 340, et le cours du 28 mai 1985, où Deleuze propose une analyse plus détaillée que dans le texte de *L'Image-temps* ; il cite notamment le passage de la p. 41 de *L'Entretien infini* où Blanchot parle d'une « fascination » s'emparant de la vision, « qui n'est pas notre situation habituelle de voir », signale Deleuze (c'est-à-dire qui ne relève pas d'un usage empirique de cette faculté).
4 IT, p. 340.

une conception de la vision (nécessairement supérieure) qui possède une valeur éthique, politique, voire « révolutionnaire » au sein de *L'Image-temps*; nous avons tenté de montrer à cet égard la portée réellement pratique dont jouissait cette thématique tout au long de ce second volume, Deleuze n'hésitant d'ailleurs pas à confondre « cinéma de l'image-temps » et « cinéma de voyant »[1]. Il importe malgré tout de suivre la déduction deleuzienne jusqu'au bout, car il s'agit bien d'une « chaîne de déduction » dans ces pages. Nous sommes donc en présence de deux facultés : voir et parler, chacune envisagée dans leur usage supérieur. Or que se passe-t-il, en toute logique, lorsque deux facultés, appréhendées ensemble, atteignent à leurs limites respectives? (C'est cette question que Blanchot, ne privilégiant qu'une seule faculté alors même qu'il en convoque deux, ne nous autorise pas à poser.) « *Dès lors, aucune des deux facultés ne s'élève à l'exercice supérieur sans atteindre à la limite qui la sépare de l'autre, mais la rapporte à l'autre en la séparant* »[2]. C'est la définition même de l'accord dissonant; il n'y en a pas d'autre; et c'est en ce sens, seulement, que le non-rapport constitue un rapport, même si ce rapport demeure « paradoxal ». Rappelons en quels termes cet « accord » est énoncé dans *Différence et répétition* :

> l'accord des facultés [dans leurs usages supérieurs] ne peut être produit que comme un *accord discordant*, puisque chacune ne communique à l'autre que la violence qui la met en présence de sa différence et de sa divergence avec toutes[3].

On retrouve la même idée dans l'interprétation que propose Deleuze du sublime kantien (pour les facultés que sont l'imagination et la raison) :

---

1 Deleuze, on le sait, s'inspire du « romantisme révolutionnaire » (de Blake ou de Coleridge), qui « [fait] de la vision pure un moyen de connaissance et d'action » (IT, p. 29 et IM, p. 282). Probablement, la présence de ce thème chez Deleuze, au milieu des années 1980, a-t-elle une signification politique qui nous concerne encore aujourd'hui. Sur ce point, voir M. Potte-Bonneville et P. Zaoui, « Deleuze : portrait du philosophe en ami », art. cité, p. 885 : « l'enjeu [n'est] plus de dire ce qu'est le monde ou comment y agir, mais comment *apprendre à le voir* ».

2 IT, p. 340, nous soulignons uniquement « *dès lors* », comme marque de la déduction à l'œuvre dans ce passage; Deleuze considère explicitement son raisonnement comme une « chaîne de déduction », voir le cours du 28 mai 1985.

3 DR, p. 190 (souligné par Deleuze). Sur le sens de l'adjectif « paradoxal », voir *ibid.* : « L'usage transcendant des facultés est un usage à proprement parler paradoxal, qui s'oppose à leur exercice sous la règle d'un sens commun ».

> L'une pousse l'autre à la limite, mais chacun fait que l'un dépasse la limite de l'autre. C'est au plus profond d'elles-mêmes, et dans ce qu'elles ont de plus étranger, que les facultés entrent en rapport [1].

Comment les facultés de voir et de parler entrent-elles en rapport dans le cinéma audio-visuel ? Deleuze a cette formule que l'on ne peut citer (et saisir) véritablement que maintenant, après avoir décrit l'image audio-visuelle et cherché à explorer en détail ses composantes (l'image archéologique, souterraine, et l'acte de parole pur, aérien, suivant leurs diverses modalités) : « ce que la parole profère, c'est aussi bien l'invisible que la vue ne voit que par voyance, et ce que la vue voit, c'est ce que la parole profère d'indicible » [2]. C'est le « va-et-vient » entre images autonomes, et plus encore les décrochages et dissociations entre images héautonomes. Mais alors, où est passé l'interstice dans la déduction deleuzienne ? Qu'est-ce qui s'y joue, ou plutôt : qu'est-ce qui s'y *noue* ? L'interstice, c'est la limite commune aux deux images héautonomes, « c'est la limite de chacune qui la rapporte à l'autre » [3]. Le problème qu'il faudrait désormais poser demeure le suivant : *quelle faculté pour l'interstice, au niveau de la disjonction de voir et de parler ?* Nous disposons de plusieurs éléments conceptuels permettant de répondre à cette question. Si l'on se remémore l'un des acquis primordiaux du chapitre 7, à savoir qu'il y a une disjonction entre les images parce qu'un dehors s'insère entre elles, et que ce dehors, c'est précisément ce que la pensée affronte, alors la faculté de l'interstice ne peut être que la faculté de penser. Et la pensée ne se confronte pas au dehors sans que celui-ci ne la démembre du dedans ; c'est ce que Deleuze appelle « l'impensé » – l'impensé du point de vue d'un exercice empirique ou naturel, non du point d'un usage supérieur, par lequel la pensée, au contraire, atteint à sa « passion », à sa plus grande puissance (puisque l'impensé est sa « limite »). C'est « l'image de la pensée » qui anime tout *Cinéma 2* : il n'y a plus

> intégration ni différenciation [comme dans *Cinéma 1*], mais affrontement d'un dehors et d'un dedans indépendamment de la distance, cette pensée hors d'elle-même et cet impensé dans la pensée [4].

---

1 Respectivement DR, p. 190 et CC, p. 49.
2 IT, p. 340.
3 *Ibid.*
4 IT, p. 363.

L'interstice est le lieu de cet affrontement, et le dehors ne l'occupe pas sans que *se crée* un dedans de la pensée, comme « objet-limite » de son plus haut pouvoir. Or ce processus aura son concept chez Deleuze dès l'année qui suit la publication de *L'Image-temps* : ce concept, c'est le *pli*[1]. L'interstice de Deleuze en 1985 est sensiblement proche du pli de *Foucault* en 1986, bien que celui-ci n'apparaisse pas au sein du volume sur le cinéma ; il ne s'agit de toute façon pas de confondre les deux notions.

De quoi s'agit-il ? Dans la monographie qu'il dédie à l'auteur des *Mots et les choses*, monographie non dénuée de survivances cinématographiques, Deleuze évoque cet « *espace du dedans*, qui sera tout entier co-présent à l'espace du dehors sur la ligne du pli », il signale que « penser, c'est plier, c'est *doubler* le dehors d'un dedans qui lui est coextensif »[2]. La thèse développée dans *Foucault* va cependant plus loin, et détermine le sens fondamental de cette pliure ou dédoublement du dehors au dedans ; elle éclaire aussi en retour *L'Image-temps*. C'est que le pli est le signe d'une auto-affection de la pensée (c'est tout le sens du verbe « doubler »), ou plus exactement d'une « auto-affection du dehors » dans la pensée, pour reprendre une formule de Badiou[3].

> Si le dehors, plus lointain que tout monde extérieur, est aussi plus proche que tout monde intérieur, *n'est-ce pas le signe que la pensée s'affecte elle-même, en découvrant le dehors comme son propre impensé ?*

Mais dès lors que la pensée s'affecte elle-même, ne devient-elle pas fondamentalement *éthique* ? C'est la leçon du « dernier » Foucault : « l'impensé problématique fait place à un être pensant qui se problématise lui-même, comme sujet éthique »[4]. La lecture de *Cinéma 2* nous montre que cette « expérience moderne de la subjectivation » y est d'une certaine manière déjà à l'œuvre, sur

---

1 Dans son commentaire, Badiou écrit ceci : « Qu'il y ait un pli du dehors (que le dehors se plisse) signifie ontologiquement qu'il *crée* un dedans », cf. *Deleuze…*, *op. cit.*, p. 133. Notre hypothèse, par-delà l'interprétation de Badiou, c'est de soutenir que cette *création* d'un dedans selon un pli du dehors est déjà opérante dans *L'Image-temps*.

2 F, p. 126 (souligné par Deleuze). Raymond Bellour a fourni des commentaires éclairants de ce passage, voir la « notice » qui accompagne *La Vie dans les plis*, in H. Michaux, *Œuvres complètes*, t. II, Paris, Gallimard, Pléiade, 2001, surtout la p. 1098, où l'auteur commente cette « expérience moderne de la subjectivation » où « le dedans double sans fin [les] mouvements » du dehors.

3 Cf. *Deleuze…*, *op. cit.*, p. 133. Badiou montre bien que « le moment le plus profond » de la philosophie deleuzienne, c'est lorsque « la limite est pensée comme pli, et où par conséquent l'extériorité se renverse en intériorité. *La limite (…) est un pli du dehors. Elle est auto-affection du dehors (ou de la force, c'est la même chose)* ».

4 F, p. 126.

un autre plan de pensée et de création. Nous savons que le terme « éthique » figure et insiste dans le développement ; toute la thématique de la croyance lui est associée. Il ne s'agit pas de faire coïncider les différentes éthiques (celle de Foucault, celle du cinéma moderne), mais de mettre en évidence le fait que les deux analyses, en creux, se rejoignent, au niveau même des opérations conceptuelles qui les animent. L'éthique de l'image-temps réside dans sa « capacité » à filmer le lien de l'homme et du monde, seule façon pour nous d'y « croire » encore. C'est là en tout cas, pour le philosophe, que s'affirme la « puissance de la pensée », à condition de « [faire] place, alors, à un impensé dans la pensée (...), *point du dehors* au-delà du monde extérieur, mais *capable* de nous redonner croyance au monde »[1]. Le dehors du cinéma moderne, c'est « l'intolérable » ; c'est lui qui creuse et se glisse dans l'interstice des images. Mais cet interstice ne conquiert de consistance cinématographique que s'il réussit à doubler ce dehors, et *à transformer l'intolérable en résistance* : c'est la transmutation éthique, mais aussi politique (dans le cinéma audio-visuel), qui traverse positivement l'ensemble de *L'Image-temps*. La « capacité » à redonner croyance en ce monde-ci n'a pas d'autre signification, et c'est pourquoi le dédoublement, la pliure deleuzienne se présente à la fois comme créatrice et critique, à la fois comme « acte de création » et « acte de résistance ».

Nous l'avons dit, le concept de pli n'est pas désigné comme tel dans ce second volet de l'essai sur le cinéma, même si ce qui le compose (son « chiffre ») est en quelque sorte convoqué, appelé par le raisonnement[2]. Deleuze évoque néanmoins l'existence d'un « *point du dehors* » qui est indissociable de son dédoublement, de son *plissement* dans la pensée, là où se loge l'interstice,

1 IT, p. 237.

2 Voir surtout IT, p. 363 : « la pensée naît d'un dehors plus lointain que tout monde extérieur, et (...) s'affronte à un dedans, un impensable ou un impensé plus profond que tout monde intérieur ». Le pli engage fondamentalement un problème de nature topologique (comme en témoignent l'ouvrage homonyme et une section entière du *Foucault*, intitulée « Topologie – Penser autrement »). Or la topologie est mentionnée dans *Cinéma 2*, en liaison avec la thématique du cerveau (p. 274-275). D'autant plus que Deleuze, au sein du *Foucault* (p. 127, passage sur le « plissement ») fait référence à Andrei Biély, ce même écrivain qu'il loue dans *L'Image-temps* pour avoir procédé « par application du dedans sur le dehors, des deux côtés d'une membrane » (IT, p. 277, on sait de surcroît que le cerveau répond dans *Cinéma 2* au souci éthique que suppose le motif du « croire »). C'est un point qui mériterait une étude à part entière, et qui convoquerait, outre la notion d'auto-affection, celle d'automatisme, qui lui est étroitement solidaire dans *L'Image-temps* ; sur leur rencontre au sein de cet ouvrage, voir IT, p. 233. Tous ces questionnements aboutissant au problème du temps chez Deleuze : « "l'affection de soi par soi" comme définition du temps » (IT, p. 111).

là où la croyance « fait de l'impensé la puissance propre de la pensée »[1]. Or cet interstice possède plusieurs noms, chacun devant être saisi comme le résultat d'un affrontement singulier avec le dehors, lorsque la pensée, passant dans l'interstice, acquiert la capacité de s'élever à son usage supérieur, et de « contre-effectuer » l'intolérable. Si l'on considère les représentants majeurs de l'image audio-visuelle, il s'agit de « l'irréconciliable chez les Straub », de « l'impossible chez Marguerite Duras », de « l'irrationnel chez Syberberg »[2]. Dans chaque cas, l'impensé, c'est-à-dire la pensée qui découvre son usage supérieur, est défini comme la limite commune à voir et parler ; c'est là que l'intolérable en même temps « se plisse » et satisfait à l'exigence éthique mentionnée par Deleuze (et c'est en se dédoublant ainsi que l'intolérable se transforme en « impossible », en « irréconciliable », etc.). De quelle façon s'opère le plissement évoqué au niveau des « composantes de l'image » ? Comme l'indiquent les dernières lignes de ce dernier chapitre : nous sommes devant une image

> avec ses deux faces dissymétriques, non totalisables (...) celle d'un dehors plus lointain que tout extérieur, celle d'un dedans plus profond que tout intérieur, ici où s'élève et s'arrache une parole musicale, là où le visible se recouvre et s'enfouit[3].

Et dans l'interstice, la pensée qui s'affecte elle-même en même temps qu'elle affecte voir et parler, cette affection de soi par soi qui engendre ces « forces immenses » dont parlait Deleuze au commencement de *L'Image-temps* (dont les lectosignes du cinéma audio-visuel font partie), seules susceptibles de redonner une « croyance en ce monde-ci ».

---

1 IT, p. 221.
2 Cf. IT, p. 363, ainsi que p. 237. Voir également la fin du cours du 28 mai 1985.
3 IT, p. 341.

Conclusion

DELEUZE ET LA « SECONDE MORT » DU CINÉMA

Au moment d'achever cette étude, il nous semble pourtant que tout commence. Cette impression ne découle pas du simple constat qui s'impose à tout commentateur de *L'Image-mouvement* et de *L'Image-temps*, à savoir que l'analyse de ces deux livres vertigineux n'a potentiellement pas de fin. Elle provient notamment de la forme de cet essai sur le cinéma, forme taxinomique qui demeure comme telle inachevée. Deleuze le répète à plusieurs reprises dans ses cours ou à l'occasion d'entretiens : les classifications qu'il propose sont variables, illimitées, infinies. Ces caractéristiques dépendent bien entendu de ce qui compose sa taxinomie (les images et les signes). On se souvient par ailleurs de l'invocation qui vient clore *L'Image-mouvement* : « *nous avons besoin de nouveaux signes* » [1], ce qui suppose l'existence d'un lien rigoureux entre le devenir du monde et celui du cinéma. Nous avons essayé de montrer comment ce lien fonctionnait chez Deleuze, à l'intérieur de ces « livres de philosophie » que constituent les deux *Cinéma*. Ce qui nous a naturellement conduit à investir la délicate question du passage d'un volume à l'autre, et à opérer un certain nombre de mises au point quant à la conception deleuzienne de l'histoire (et l'historien, en l'occurrence, comme chez Nietzsche, se fait « symptomatologiste », ou « archéologue du présent » à la manière de Foucault). La doctrine des facultés, qui nous a servi de fil conducteur tout au long de ce travail, a permis corrélativement de clarifier la distinction, à la fois relative et absolue, entre un « cinéma classique » et un « cinéma moderne », la « voyance » (ou faculté supérieure de voir) déterminant formellement ce dernier. La modernité du cinéma correspond aussi bien au moment où son « essence » se révèle, et

1 IM, p. 279.

nous avons exposé en quel sens ce terme devait s'entendre selon Deleuze (lecteur de Bergson) : l'essence se révèle « à un détour de son évolution… » ; ainsi apparaît l'image-temps [1].

Or le premier paragraphe des « conclusions » laisse entendre que cette évolution ne saurait se satisfaire des seules images rencontrées au sein de *Cinéma 2* ; ce qui, en toute logique philosophique (là encore, l'évolutionnisme bergsonien est décisif), ne devrait pas nous surprendre, même si c'est une dimension de la taxinomie deleuzienne sensiblement négligée de la part des commentateurs. Remarquons que l'auteur n'invoque pas un « au-delà de l'image-temps », comme il y a un « au-delà de l'image-mouvement », mais l'existence d'« aspects *non encore connus* de l'image-temps » [2]. Cette annonce intervient dans le cadre d'une réflexion qui pose une alternative que l'on pourrait qualifier sans emphase de *tragique* : « nouveau commencement » ou « mort violente » du cinéma. Quelque chose est en train de se passer, au cours des années 1980, qui menace l'art des images, ou peut au contraire le « relancer ». De quoi s'agit-il ? Afin de saisir ce qui est en jeu dans ce passage final de l'ouvrage, il convient de rappeler les termes de la sémiotique pure élaborée par Deleuze, dont l'image-mouvement et l'image-temps composent précisément les deux volets. Nous savons en quoi elle consiste schématiquement : en mouvements et procès de pensée, et en points de vue pris sur ces mouvements et procès, soit respectivement les images et les signes. Ainsi se présente le « système du cinéma ». Nous connaissons l'un des noms que Deleuze attribue à ce système : la « psychomécanique » (mot qu'il reprend au linguiste Guillaume). Or la psychomécanique est synonyme d'une autre notion importante des *Cinéma*, celle d'automatisme : ainsi, souligne-t-il les « vertus automatiques *ou* psychomécaniques du cinéma » [3]. Notre tâche n'est pas ici d'approfondir ce concept chez Deleuze. Il s'agit de signaler le problème qui sous-tend l'alternative précédemment énoncée, et qui engage *l'avenir du cinéma*. C'est dans cette perspective qu'insiste la question de l'automatisme, la finalité de notre approche étant de mettre en évidence la « métapolitique » à laquelle obéit la doctrine deleuzienne des facultés, dans la mesure où c'est elle, nous le verrons

1 IT, p. 61.
2 IT, p. 348. Sur le fait qu'il n'y a pas de dépassement possible de l'image-temps selon Deleuze, voir les remarques du cours du 4 juin 1985 : « Je m'engage à ne pas chercher d'au-delà à l'image-temps. Il ne peut rien y avoir au-delà du temps, dès lors qu'il n'est plus subordonné au mouvement. Pour moi, le temps, c'est l'excès ».
3 IT, p. 343.

à travers l'exemple des accords dissonants chez Syberberg, qui permettra de « sauver » le cinématographe.

Que l'automatisme soit propre au « septième art », nous pouvons le comprendre d'après ce qui vient d'être dit à propos de son « système », puisque celui-ci se définit fondamentalement en mouvements de pensée, et que l'automate spirituel désigne pour sa part « l'exercice le plus haut de la pensée », là où il conquiert sa plus grande autonomie ; en retour, nous comprenons également la portée esthétique et noétique de la déclaration du chapitre 7 de *L'Image-temps*, selon laquelle « l'essence du cinéma (...) a pour objectif (...) la pensée, rien d'autre que la pensée et son fonctionnement »[1]. C'est le point de vue interne de l'automatisme, qui fait du cinéma un « art spirituel » ; c'est lui, en outre, qui nous autorise à savoir « ce que signifie penser » au cinéma, étant donné qu'à chaque régime de l'image correspond un type singulier d'automatisme[2]. Il existe néanmoins aussi un point de vue extrinsèque, qui concerne les rapports de l'homme et de la machine, et qui se rapporte aux puissances insoupçonnées dont dispose le cinéma socialement, aussi bien qu'il met au jour les pouvoirs de domination auxquels il doit se confronter pour survivre. Deleuze note ainsi la présence d'« automates pendulaires » et autres « personnages d'horlogerie » dans le cinéma français, dès ses débuts ; ou encore le « cortège des somnambules, hallucinés, magnétiseurs-magnétisés » dans l'expressionnisme allemand. Le soin avec lequel les cinéastes ont pu filmer ces personnages n'est pas accidentel ; il découle au contraire, à chaque fois, d'un souci profond où ils expérimentent, grâce au machinisme, de nouvelles connexions et associations au sein de la pensée (le « fonctionnement de la pensée »), « *toujours pour poser la question de l'avenir* »[3]. Mais justement, cette expérimentation peut tout à fait se retourner contre le cinéma, prendre sa place d'une certaine façon, ou « le "réaliser" affreusement », comme l'écrit Deleuze : « c'est l'automate hitlérien dans l'âme allemande », ainsi que le soutenait Kracauer. Idée que Benjamin allait développer plus tard et autrement, en se situant plus près encore des

---

1 Voir IT, respectivement, p. 343 et 219. Dans les deux cas, Deleuze cite le livre de Jean Louis Schefer, *L'homme ordinaire du cinéma*, qui décrit « l'automate spirituel, "homme mécanique" (...) ludion en nous, corps inconnu que nous n'avons que derrière la tête » (IT, p. 220). Notons que Deleuze cite Schefer *avant* de faire référence à Spinoza (IT, n°4, p. 344), qui fut l'un des premiers à introduire l'automate spirituel en philosophie. Sur ce point, on se reportera à l'article de Réda Bensmaïa, « Les transformateurs-deleuze ou le cinéma comme automate spirituel », in *Cinema Studio, op. cit.* Bensmaïa met bien en évidence la source spinoziste de ce concept dans *L'Image-temps* (p. 106-107), mais il ne le reprend pas au niveau, essentiel, de la sémiotique deleuzienne.

2 Voir IT, respectivement p. 344 et 346.

3 IT, p. 344.

« données immédiates » du cinéma, puisqu'il s'agissait de montrer comment « l'art du mouvement automatique (...) devait lui-même coïncider avec l'automatisation des masses ». Les espoirs mis dans le cinématographe par les grands pionniers, qui y voyaient bien l'aurore d'une « nouvelle pensée » au service du peuple (qui « était là », qui ne « manquait » pas encore), ces espoirs ne *pouvaient* plus être :

> Les fiançailles révolutionnaires de l'image-mouvement avec un art des masses devenues sujet se rompaient, laissant place aux masses assujetties comme automate psychologique, et à leur chef comme grand automate spirituel [1].

Deleuze abordait déjà ce devenir néfaste de l'art des images dans « La pensée et le cinéma », où il affirmait en effet que « l'automate spirituel [était] devenu l'homme fasciste » [2]. La thèse principale qu'il défendait alors était que ces circonstances mettaient radicalement en question le régime de l'image-mouvement, jusqu'à le « *rendre impossible* » : c'était la mort du « premier cinéma » [3]. C'est dire que les points de vue intérieur et extrinsèque eu égard à l'automatisme demeurent intimement liés, même si Deleuze ne confère de valeur qu'au premier d'entre eux; valeur esthétique, animée d'une « puissante volonté d'art, obscure, condensée, *aspirant à se déployer* », à condition que les pouvoirs extérieurs ne l'en empêchent. Qu'est-ce qu'une « volonté d'art originale » en rapport avec cette question de l'automatisme? La réponse à cet égard est simple, si l'on se rappelle la définition de la « psychomécanique » : elle réside par exemple « dans le changement qui affecte la matière intelligible du cinéma lui-même : la substitution de l'image-temps à l'image-mouvement » [4]. Mais voilà que l'image-temps, en conclusion de *Cinéma 2*, est à son tour menacée, en fonction du déploiement massif de nouveaux automates, non plus moteurs, mais « informatiques et cybernétiques », voire « électroniques », qui sont le signe de cette menace. Toutefois, conformément à une démarche

1 Voir IT, p. 344-345. Sur « l'automate psychologique », versant « psychiatrique » qui complète celui, « philosophique », de l'automate spirituel, voir IT, p. 343-344; celui-ci atteint à l'autonomie de la pensée par une prise de conscience supérieure (« la pensée pense et se pense elle-même »), celui-là par une série de « visions » et d'« actions rudimentaires ».

2 IT, p. 214.

3 Deleuze reprend ici une thématique explorée par Serge Daney dans *La Rampe*, qu'il cite dans cette même page de *L'Image-temps*. Sur ce point, voir également la « Lettre » à Daney, P, p. 103 : « le pouvoir d'autorité, culminant dans le fascisme et les grandes manipulations d'État, avait rendu impossible le premier cinéma ».

4 IT, p. 347 pour les deux citations.

qui se refuse par principe à toute pensée du deuil (ce qui ne signifie pas qu'elle ne soit « tragique »), ce risque s'accompagne toujours chez Deleuze, ensemble avec l'énoncé précédent, de la possibilité « d'une autre volonté d'art », c'est-à-dire d'un nouveau régime de l'image. En témoigne l'emploi d'un *ou bien... ou bien...* significatif :

> L'image électronique, c'est-à-dire l'image télé ou vidéo, l'image numérique naissante, devait *ou bien transformer le cinéma, ou bien le remplacer, en marquer la mort*[1].

Il s'ensuit une mise au point concernant les « nouvelles images », et le « nouvel automatisme » que tout cinéaste appelle de ses vœux avec la crainte, toujours, que d'autres puissances ne s'en emparent et le brisent.

> L'artiste, indique Deleuze, est toujours dans la situation de dire *à la fois* : je réclame de nouveaux moyens [en vue d'un nouvel automate spirituel], et je redoute que les nouveaux moyens n'annulent toute volonté d'art[2].

Le raisonnement de ces pages oscille entre une présentation de la manière dont l'image-temps a déjà su affronter la « nouvelle race d'automates » – « automates de calcul et de pensée, automates à régulation et feed-back » (comme l'ordinateur de *2001* de Kubrick) –, et ce qui est susceptible de se présenter à cette même image au moment d'affronter une technologie récente (« l'image numérique naissante ») : ou bien la découverte d'autres sortes d'images-temps, ou bien le risque qu'un pouvoir s'approprie les techniques et « [tue] le second cinéma »[3]. Quel est toutefois ce pouvoir dont nous parlons et qui insiste effectivement au sein des « conclusions » ? Ce pouvoir, c'est celui de *l'information* ; l'automatisme moteur, dans le cas précédent, aboutissait à la figure d'un « chef unique et mystérieux, inspirateur des rêves, commandeur des actions » ; désormais, avec l'automatisme électronique, « le pouvoir (...) [se dilue] dans un réseau d'information dont des "décideurs" [gèrent] la régulation, le traitement, le stock »[4]. Nous devinons que ces « décideurs » appartiennent essentiellement à la télévision, et que c'est elle, la télévision, la véritable puissance à laquelle

1 IT, p. 346.
2 IT, p. 347-348.
3 C'est l'expression qu'utilise Deleuze dans sa « Lettre » à Serge Daney (P, p. 102). La même idée se trouve dans IT, p. 349 : « C'est l'image-temps qui appelle un régime original des images et des signes, avant que l'électronique ne le gâche ou, au contraire, ne le relance ».
4 IT, p. 346.

le cinéma devra se confronter s'il veut épargner les « nouvelles images » de ne posséder plus qu'une « fonction sociale ». Cette fonction aura un nom dans *Pourparlers* : le « contrôle » ; la télévision, par l'information, étant « la forme sous laquelle les nouveaux pouvoirs de "contrôle" deviennent immédiats et directs », preuve selon Deleuze d'une « organisation de la débilité du cervelet », qui nuit par là même à « l'essence » du cinématographe [1]. On peut d'ailleurs noter à la lecture de la « Lettre à Serge Daney », publiée en 1986, soit un an après la parution de *L'Image-temps*, une consolidation des thèses de ce second volume, comme si la préoccupation de l'auteur quant à « la vie *ou* la survie du cinéma » [2] avait gagné en intensité. Dans tous les cas, le motif de l'information s'inscrit entièrement à l'intérieur du mouvement d'oscillation que nous venons de constater, et s'il concerne en droit l'ensemble de l'image-temps, il semble malgré tout intervenir davantage au niveau de ce qui la met en question.

C'est pourquoi, très certainement, le nom de Syberberg apparaît en conclusion de *Cinéma 2*, et non au chapitre 9, bien que son œuvre, au même titre que celles des Straub ou de Marguerite Duras, participe également du régime audio-visuel [3]. Nous sommes en réalité devant un double problème. Il s'agit d'abord de savoir en quoi consiste ici ce pouvoir de l'information. Puis, dans un second moment, de savoir ce que peut la disjonction du visuel et du sonore face à ce pouvoir. De la réponse à ce dernier questionnement découlera, plus globalement, la portée « métapolitique » de la doctrine des facultés chez Deleuze, et, de façon concomitante, le régime esthétique auquel il est susceptible d'appartenir. Si l'on considère le premier point, il faut prendre soin de ne pas confondre deux choses : l'information en tant qu'elle caractérise de manière factuelle un état du monde (et *fait problème* à l'art du cinéma), et l'information comme principe de domination (auquel cet art doit *s'arracher* s'il ne veut pas que la fonction esthétique des images disparaisse). D'une part, donc, « le monde moderne est celui où l'information remplace la Nature », soutient Deleuze, là où il y a « perte de monde », la Nature désignant au contraire un monde où la « dé-liaison » n'est pas encore advenue [4]. D'autre part, « l'information toute-puissante (le journal, et puis la radio, et puis la télé) », dont la spécificité réside

1 P, p. 107 et 109.
2 IT, p. 354.
3 Sur ce point, voir encore la « Lettre » à Daney, où Deleuze cite le nom de Syberberg, qui « réclame (...) un *cinéma de l'avenir* » (P, p. 108).
4 Voir IT, p. 352 et la « Lettre » à Daney, P, p. 107, où Deleuze, sur cette même question de l'information, parle explicitement d'une « perte de monde ».

dans une fonction efficace de « contrôle ». Dans un cas, des circonstances problématisantes qui, si l'on suit l'argumentation deleuzienne, renvoient à un âge du cinéma où « l'image ne cesse de se découper dans une autre image (...) de glisser sur d'autres images dans un "flot incessant de messages" » ; de l'autre, des puissances informatiques et médiatiques qui « trahissent » le développement des images dans les nouvelles techniques, les nouveaux automates [1]. Pour Deleuze, l'importance du travail de Syberberg se mesure au fait qu'il soit parvenu à « exprimer » le premier, tout en réussissant à « dépasser » le second. On pourrait dire, en ce sens, que c'est en *composant* avec l'un qu'il devient possible de *s'opposer* à l'autre. Pour toutes ces raisons, Syberberg inaugure probablement un régime singulier de l'image-temps, engendrant peut-être un automatisme électronique cette fois conforme à l'essence de son art [2].

Deleuze utilise le même schéma conceptuel que celui des « composantes de l'image » afin d'analyser les films du cinéaste allemand. Il y a d'abord la composante visuelle, qui nous montre, le plus souvent par projection de diapositives au sein de l'image, « les milieux existants, ou qui n'existent plus » – les espaces vides et les châteaux lugubres du *Cuisinier du roi* ; la chancellerie déserte d'*Hitler* –, comme autant de couches de l'histoire de l'Allemagne, images de la « fin du monde » et où, en même temps, « tout [se vaut] et [forme] un *réseau*, sous des rapports qui ne sont jamais de causalité ». Et du côté du sonore : « les discours, les commentaires, les témoignages » incessants, « toutes les *informations parlées* ». Pour l'une et l'autre composante, c'est un « *vaste espace d'information* » qu'a su élaborer Syberberg : « espace complexe, hétérogène, anarchique, où voisinent aussi bien le trivial et le culturel, le public et le

---

1 Voir IT, p. 349 et la « Lettre à Serge Daney », P, p. 101. Dans cette « lettre », Deleuze distingue cet âge cinématographique – où la question est devenue « comment s'insérer dans l'image, comme s'y glisser, puisque toute image glisse maintenant sur d'autres images ? » – d'un autre, qui le précède, où il s'agissait de savoir « comment voir l'image elle-même », âge qui relevait d'une « pédagogie de la perception » ; nous avons essayé de montrer comment cette pédagogie, par-delà la source d'inspiration que constitue sur ce point le texte de Daney, caractérisait un domaine substantiel du cinéma de l'image-temps, auquel, pourtant, appartient encore le nouvel âge considéré (celui de « l'information »). En d'autres termes, Deleuze sépare dans la « Lettre » deux âges de l'image qui le ne sont pas au sein de *L'Image-temps*, comme si la nécessité d'une « autre volonté d'art », ci-dessus mentionnée, s'était renforcée d'un texte à l'autre.

2 Bien qu'il ne fasse pas forcément « appel à de nouvelles technologies », dans la mesure où, d'après Deleuze, comme on sait, « le nouvel automatisme spirituel et les nouveaux automates psychologiques dépendent d'une esthétique avant de dépendre de la technologie » (IT, p. 349). Cette précision s'inscrit dans une perspective visant à mettre en cause toute « détermination technique » dont procéderait l'acte de création cinématographique (sur ce point, voir IT, p. 366).

privé, l'historique et l'anecdotique »[1]. Mais le nouvel automatisme ne qualifie pas un contenu, un simple thème filmique ; il est déterminé esthétiquement, et c'est précisément la disjonction du visuel et du parlant qui le définit comme tel ; c'est elle qui « [va] être chargée d'exprimer cette *complexité* de l'espace informatique »[2]. Toutefois, on ne comprendrait guère la portée réelle de cette détermination si on ne révélait parallèlement sa dimension critique, car le travail de Syberberg n'exprime pas le monde moderne de l'information sans mettre en cause l'information elle-même, dès lors qu'elle devient « toute-puissante ». Et, de fait, si le cinéaste entreprend de réaliser un film sur Hitler, ce n'est pas simplement pour critiquer « l'individu Hitler », et le système de propagande qui l'a rendu possible « suivant des rapports de causalité », mais plus profondément « Hitler en nous », en tant qu'il « n'existe que par les informations qui constituent son image en nous-mêmes », fragmentée et pourtant prégnante. De telle sorte que le problème qu'affronte Syberberg c'est que « *nulle information, quelle qu'elle soit, ne suffit à vaincre Hitler* », et c'est pourquoi « il faut dépasser l'information pour vaincre Hitler et retourner l'image »[3]. « *Dépasser* » l'information : c'est le geste proprement critique qui accompagne la construction de « l'espace d'information » auparavant évoqué, et ce geste trouve ses modalités d'effectuation dans la doctrine des facultés établie par Deleuze. Si l'on reprend l'analyse au niveau des composantes, il s'agit bien de

> *dépasser* toutes les informations parlées, en *extraire* un acte de parole pur, fabulation créatrice qui est comme l'envers des mythes dominants, de paroles en cours et de leurs tenants, acte capable de créer le mythe au lieu d'en tirer le bénéfice ou l'exploitation.

Par ailleurs,

> il faut aussi *dépasser* toutes les couches visuelles, *dresser* un informé pur capable de sortir des décombres, de survivre à la fin du monde, capable ainsi de recevoir dans son corps visible l'acte pur de parole.

« Extraire », « dresser », voilà encore deux verbes qui font pleinement référence aux « actes » d'un empirisme transcendantal. Ce que la parole extrait, c'est la « source » de l'information, qui n'appartient guère à cette dernière, ou

1 IT, p. 351.
2 IT, p. 352 (souligné par Deleuze, qui reprend le mot à Syberberg, voir le cours du 28 mai 1985, où il cite le livret de *Parsifal* d'où provient ce terme).
3 IT, p. 352-353 (souligné par Deleuze).

qu'elle a pervertie et qu'elle exploite : ainsi, la tête gigantesque de Wagner dans *Parsifal*, qui comme chant permet de renouer avec la puissance du mythe dont « Ludwig, Karl May et Hitler ne sont que l'utilisation dérisoire ou perverse ». Ce que l'image dresse, par-delà l'interstice, c'est en revanche le « destinataire » de l'information : dans *Parsifal*, toujours, c'est le couple qui sort de la tête de Wagner, un « Parsifal garçon » et un « Parsifal fille », seul capable de recevoir l'acte de parole, le chant, la source. Et au sein de l'interstice, ce qui traverse ces « automates modernes » ou bien se réfléchit en eux, c'est « l'irrationnel » dont parle le cinéaste dans *L'Art qui sauve de la misère allemande*, ce qu'il appelle aussi la « *fusion de la déchirure* », expression que Deleuze ne pouvait pas ne pas reprendre pour nommer la « limite commune » aux composantes de son image audio-visuelle [1], là où penser atteint à son exercice supérieur (l'irrationnel est « l'impensé » de Syberberg), là où l'information a cessé de manifester son emprise [2]. Et de part et d'autre de l'interstice, donc, les deux pôles par lesquels s'opère son dépassement : la *source* et le *destinataire*. D'une manière générale, selon Deleuze, l'automate informatique, dans sa fonction sociale, ne peut saisir ni l'un ni l'autre, « parce que la source de l'information n'est pas une information, pas plus que l'informé lui-même » : là réside d'ailleurs sa « nullité », son « inefficacité radicale », mais cette nullité et cette inefficacité font toute la force de l'information, qui dégrade toujours *ce qui arrive*, tout le domaine des événements, des « insistances », aussitôt subtilisés et détournés de l'ordre des problèmes auquel ils appartiennent. « S'il n'y a pas de dégradation de l'information, écrit Deleuze, c'est que l'information même est une dégradation » [3]. C'est cela qu'il *faut* dépasser ; c'est en tout cas la tâche de l'art cinématographique telle qu'elle s'énonce à la fin du premier paragraphe des « conclusions » : « la création au-delà de l'information ».

Nous venons de le voir, la réalisation de cette tâche trouve ses exigences dans la doctrine deleuzienne des facultés ; c'est l'accord dissonant entre

1 IT, p. 351 : « le visuel et le sonore ne reconstituent pas un tout, mais entrent dans un rapport "irrationnel" suivant deux trajectoires dissymétriques. L'image audio-visuelle n'est pas un tout, c'est une "fusion de la déchirure" ».

2 Et comme dit Syberberg, l'irrationnel « repose sur la simple reconnaissance des *limites* (...) *de notre faculté de penser* », et cette limite, c'est la civilisation (« Wagner et Mozart ») en tant « qu'elle s'efforce de ne pas capituler », voir H. J. Syberberg, « L'art dans son anxieuse tentative de porter le deuil », in *Syberberg/Paris/Nossendorf*, Centre Pompidou – Yellow Now, 2003, p. 62.

3 IT, p. 353 et p. 352 sur la « nullité » de l'information. L'étude de la « source » et du « destinataire » de l'information, précise Deleuze, se trouve également dans la « pédagogie godardienne » (IT, p. 353), preuve que la distinction entre un âge de la pédagogie et un âge de l'information au cinéma n'est pas encore établie, comme elle le sera dans la « Lettre » à Daney.

le visuel et le sonore qui permet en effet de comprendre la lutte que mène le cinéma, *de l'intérieur*, contre ce qui le menace ou cherche à le dominer. (C'est tout l'intérêt du concept d'automatisme que de rendre possible l'analyse de cette « lutte intérieure »[1].) Cette dernière instaure de fait une séparation franche entre le cinéma comme art et certaines formes d'expérience qui, elles, restent soumises aux pouvoirs de domination (dont l'information fait partie) ; on pourrait même dire qu'elle *autonomise* le cinématographe, c'est-à-dire qu'elle tend à faire de lui le lieu d'une expérience sensible qui diffère en nature de celle que nous pouvons faire ordinairement (ou « empiriquement », comme dirait Deleuze). Dans le même temps, nous savons bien que la spécificité de cette expérience singulière, « dissonante », ne sous-tend guère une clôture sur soi du cinéma, mais qu'elle l'oriente au contraire vers ce qui n'est pas du cinéma (ou de l'art), cela peut être un « peuple » (qui « manque encore »), une « classe » (à qui l'on fait « violence »), une « civilisation » (que l'on a « dégradée ») ; dans tous les cas, cette expérience s'accompagne de l'idée d'une « pédagogie » qui possède une valeur critique, voire d'une « rédemption » par l'art au nom d'une communauté à venir (même s'il est déjà « trop tard »)[2]. L'exemple de Syberberg est certainement paradigmatique à cet égard. Nous croyons cependant que ce double mouvement en apparence contradictoire – affirmation d'une expérience propre du cinéma, et engagement du cinéma vers autre chose que lui-même – va au-delà du seul « cas » Syberberg, et concerne même le fond de la démarche deleuzienne au sein de *L'Image-temps*. Ce qui nous autorise à formuler une pareille hypothèse, c'est que les opérations conceptuelles qui composent cette démarche reposent elles-mêmes sur le geste philosophique le plus haut chez Deleuze : celui de l'empirisme supérieur, qui s'effectue précisément dans sa doctrine des facultés, au niveau des accords dissonants qu'elle comporte. Nous avons cherché à montrer au cours de cette étude que cette doctrine animait la démonstration dont procède le passage de *Cinéma 1* à *Cinéma 2*, et qu'elle traversait l'ensemble de ce dernier volume – de « l'au-delà de l'image-mouvement » qui débute, entre autres, avec l'analyse du néo-réalisme italien, jusqu'aux « composantes de l'image » et les « conclusions », qui portent sur le cinéma audio-visuel contemporain. Le « cinéma de voyant » semble effectivement répondre aux deux procès (indissociables l'un de l'autre) que nous venons de mentionner. Si l'on prend un exemple du début de *L'Image-temps*, nous sommes bien confrontés, d'une part, à une vision supérieure dont le *propre* est

---

1 Sur cette expression, voir IT, p. 354.

2 Sur la « rédemption » qui arrive « trop tard », voir *ibid.*

de suspendre la reconnaissance sensori-motrice des choses, assimilée alors à une reconnaissance opérant par clichés (Deleuze évoque les « *pouvoirs* » d'une « civilisation du cliché »), de telle sorte que le nouveau cinéma va consister tout d'abord à « *arracher* aux clichés une véritable image » [1]. D'autre part, et corrélativement, la voyance attribue au cinématographe une portée « révolutionnaire », au sens où, dès lors que l'image parvient à montrer « l'intolérable » au-delà du schème sensori-moteur, la « vision pure [devient] *un moyen de connaissance et d'action* » [2]. Un même cheminement d'idées se rencontre également au niveau de la faculté de parler, dans la mesure où, particulièrement au sein du cinéma audio-visuel, un énoncé « *intrinsèquement* cinématographique » n'échappe pas à ce qui lui résiste (les « textes dominants », chez Danièle Huillet et Jean-Marie Straub), sans qu'il ne contribue à ce que Deleuze appelle « *l'invention d'un peuple* ». Nous pourrions multiplier les cas d'analyses filmiques où l'on retrouve ce même schéma argumentatif, qui fait intervenir les facultés dans leur usage supérieur, et par conséquent dans leurs accords discordants où elles s'enchaînent, se « ré-enchaînent » les unes aux autres.

Or cette approche du philosophe qui considère la pratique d'un art comme le lieu d'une expérience (sensible, noétique) demeurant autonome, en tout cas séparée d'un ordre envisagé comme dominant, et qui par ailleurs, suivant son autre versant, oriente cet art vers un horizon éthico-politique, cette approche s'inscrit au sein d'une assez longue tradition dans le champ de la réflexion esthétique. Nous devons à Jacques Rancière d'avoir su mettre en évidence la scène généalogique d'où elle provient. Dans *Malaise dans l'esthétique*, il fait en effet remonter à Schiller – aux *Lettres sur l'éducation esthétique de l'homme* – l'origine d'une conception de l'art nouant l'affirmation de sa spécificité avec une invocation qu'il qualifie pour sa part de « métapolitique ». Signalons que la spécificité dont il est ici question ne renvoie guère au paradigme matériel du médium, mais dépend d'un « régime d'identification » de l'art qui le distingue, précisément, des formes communes de l'existence (tant, du moins, que celles-ci n'échappent pas aux jeux d'un pouvoir préétabli). D'après Rancière, ce qui est spécifique à l'art dans ce régime, c'est d'investir « un milieu sensible, un *sensorium* particulier, étranger aux formes ordinaires de l'expérience sensible », de telle sorte que « les choses de l'art [sont définies] par leur appartenance à un *sensorium* différent de celui de la domination » [3]. Par ailleurs, et simultanément,

1 IT, p. 32-33.
2 IT, p. 29.
3 J. Rancière, *Malaise dans l'esthétique*, *op. cit.*, respectivement p. 42 et 46.

ce régime n'est pas séparable d'une « éducation esthétique » qui promet une nouvelle forme d'existence, affranchie de ce qui la domine. C'est cette tension qui parcourt selon Rancière les *Lettres* de Schiller, « où l'autonomie de l'art et la promesse d'une humanité émancipée sont fondées ensemble dans l'expérience d'un sensorium d'exception »[1]. Ce n'est pas le lieu de reprendre ici tous les termes de la lecture qu'il propose de ces *Lettres*, ni d'insister sur la distinction entre les deux « régimes » de l'art qu'il présente dans son commentaire : le régime « esthétique », celui de Schiller, et le régime « représentatif », celui où les « arts de la *mimesis* » restent solidaires de « l'ordre de la domination »[2]. Ce qui nous intéresse plus particulièrement, c'est que l'esthétique schillerienne, suivant les deux perspectives « paradoxales » que nous venons d'indiquer, et qui correspondent sensiblement au double mouvement évoqué chez Deleuze, repose elle aussi sur l'idée d'un « désaccord » facultaire[3].

Il ne s'agit évidemment pas de confondre deux pensées inconciliables que deux siècles séparent. Il s'agit plutôt d'émettre une hypothèse quant au statut des dissonances entre facultés à l'intérieur de *Cinéma 2* en tant qu'elles participent d'une conception de l'art ayant sa propre histoire, et à laquelle les analyses de Deleuze semblent appartenir encore. Certes, l'acte de parole pur relevant du « cinéma politique » ou audio-visuel – qui relève d'un usage supérieur de la faculté de parler, laquelle entre en discordance avec la vision supérieure inhérente à « l'image archéologique » –, cet « acte » n'est pas uni à la promesse d'une émancipation universelle; au mieux, par sa fonction de fabulation, est-il considéré « *comme la préfiguration du peuple qui manque* », mais toujours suivant les exigences d'une *contre-effectuation locale*, au sein d'une situation « impossible », en fonction de cette « impossibilité de vivre sous [une] domination » présente[4]. Toutefois, l'attention portée par Deleuze au niveau de l'image à la notion de « pédagogie », déjà citée, entre en résonance avec le souci

1 *Ibid.*, p. 133.

2 Sur ce point, voir *ibid.*, p. 136.

3 À ce propos, voir *ibid.*, p. 130-133. La particularité du « dissensus » ou du « désaccord » des facultés chez Schiller est que ce dernier s'inspire davantage de « l'Analytique du Beau » que de « l'Analytique du Sublime » de Kant : pour Schiller, en effet, « le "libre accord" de l'entendement et de l'imagination est déjà, en lui-même, un désaccord (...) Il n'y a alors aucune rupture entre une esthétique du beau et une esthétique du sublime ». Mais, à la différence de Kant, il ne « cherche pas, [à travers "l'état esthétique"], à unir le raffinement de l'élite à la simplicité naturelle des gens du peuple (...) Il ne se contente pas de rapprocher les classes distantes. *Il remet en cause le partage du sensible qui fonde leur distance* (...) Le libre jeu – ou la neutralisation – esthétique définit *un mode d'expérience inédit*, porteur d'une nouvelle forme d'universalité et d'égalité sensibles ».

4 Voir IT, p. 290-291.

d'une « éducation esthétique » développée par Schiller. Sans doute cette idée d'une « valeur éducative de l'art » n'est-elle pas neuve; elle remonte à Platon, comme Cassirer, entre autres, a su le montrer[1]. Mais si Deleuze rencontre plus substantiellement la *Bildung* des Romantiques, dont Schiller est l'un des représentants majeurs, c'est à travers l'idée même d'un « *apprentissage* » exposée au chapitre III de *Différence et répétition*; apprentissage qui préside à « l'élévation » des facultés à leur exercice transcendantal, c'est-à-dire à leurs limites, et qui est présupposé comme tel à chaque fois qu'il est question d'un exercice facultaire de cette nature, comme l'analyse des livres sur le cinéma a pu le mettre au jour. De telle sorte qu'un rapport d'identification s'établit entre les opérations du cinématographe et une expérience sensible ou noétique considérée, de fait, comme fondamentalement hétérogène à ce dont elle « s'arrache ». C'est en ce sens que la doctrine deleuzienne des facultés peut légitimement satisfaire à ses exigences au sein du domaine de l'art; d'une certaine façon, elle est même *appelée* à s'effectuer en lui, comme si tout « apprentissage », toute « éducation » ne pouvait être en définitive qu'esthétique. Telle est bien, en tout cas, la « métapolitique » qui anime principalement l'image moderne selon Deleuze, et qui demeure insaisissable si nous omettons de la rapporter aux accords discordants qui en constituent le caractère distinctif.

Aujourd'hui, que reste-t-il de ces « puissances immenses » dont parlait l'auteur au commencement de *L'Image-temps*, ces *forces* que sont les chronosignes, les noosignes et les lectosignes, et qui spécifient les images de la modernité en engageant à chaque fois, dans une dissonance manifeste, un usage supérieur de la vision, de la parole et de la pensée? Le signe chez Deleuze, on le sait, est à la fois un symptôme, un chiffre d'histoire et ce qui permet de résister à cette histoire, en portant témoignage d'un « devenir » qui la double (ou la « fait fuir », c'est la même chose). C'est pourquoi le cinéma est le lieu d'une expérience de l'hétérogène, ou du supplément, ou tout simplement de la différence : un « *plus de voir* », un « *plus de penser* ». L'esthétique du voyant assure bien le déchiffrement des symptômes de cette modernité, grâce à la suspension des « pouvoirs qui ont intérêt à nous [les] cacher » (les pouvoirs de la « civilisation du cliché »)[2]. Mais cette vision supérieure n'existe pas sans qu'elle

1 Cf. à ce sujet, de Cassirer, « La valeur éducative de l'art », in *Écrits sur l'art*, Paris, Cerf, 1995, p. 175-191 (Cassirer cite les *Lettres* de Schiller, p. 188).

2 Voir IT, p. 33. La « suspension » évoquée est le corrélat de l'absence de réaction (sensori-motrice) du voyant.

favorise une fonction de conservation, de « création conservante », comme il est écrit à la suite de Daney; c'est la définition même du supplément, qui correspond en vérité, par-delà le commentaire du *Ciné-journal*, au concept deleuzien d'événement, sachant que ce qui se conserve en art, pour Deleuze, ce sont « les percepts [qui] ne sont plus des perceptions (...) [des] affects [qui] ne sont plus des sentiments ou affections, ils débordent la force de ceux qui passent en eux »[1]. La scène de l'usine dans *Europe 51* de Rossellini, citée à neuf reprises dans *Cinéma 2*, est l'un des exemples forts d'une image qui conserve : l'usine est vue dans son caractère intolérable, mais ce que l'on voit, c'est « *l'être de l'usine* », l'événement-usine, « la part irréductible à ce qui arrive », la part du visionnaire[2]. À lire la « Lettre à Serge Daney », nous pressentons bien que Deleuze interroge le statut contemporain de cette fonction supplémentaire de l'image, fonction d'autant plus « précaire » que le cinéma est en train d'affronter sa « seconde mort éventuelle », qui « [passe] par la télévision »[3] : c'est le problème de sa « survie », sur lequel s'achevait également *L'Image-temps*. Tout se passe comme si Deleuze était sur le point de dire : « nous avons besoin de nouveaux signes », ainsi qu'il le déclarait déjà, dans d'autres conditions, à la fin de *L'Image-mouvement*. La question n'est pas de savoir en quoi peut consister la « nouvelle résistance » susceptible d'émerger du « troisième âge » de l'image qui se dessine dans ces lignes (au sein de la « Lettre », comme en conclusion de *Cinéma 2*) ; la question est de chercher à appréhender les moyens théoriques que se donne Deleuze afin de penser cette nouvelle situation, et de les apprécier au regard de ce qui se passe aujourd'hui dans le champ des images, que celles-ci se rapportent ou non à l'art du cinéma – *qui n'est plus seul*.

Si « toute image glisse maintenant sur d'autres images », si tout est flux d'images autrement dit, et flux d'un temps empirique qui « *coule* » au présent, quelle en est la conséquence eu égard aux accords dissonants? (Ces mêmes accords, rappelons-le, qui composent la matière signalétique de l'image-temps, et qui ne relèvent plus d'une succession extérieure, mais ont trait à une temporalité non-chronologique (celle, à la fois, de l'avant et de l'après), c'est-à-dire

---

1 Voir respectivement P, p. 104-105, et QqP, p. 154 : « L'art conserve, et c'est la seule chose au monde qui se conserve. Il conserve et se conserve en soi (*quid juris?*), bien qu'en fait il ne dure pas plus que son support et ses matériaux (*quid facti?*) ». Nous avons montré plus haut que le percept désignait un événement en tant qu'il était extrait d'un état de choses perçues (de même pour l'affect).

2 Voir IT, p. 31-32.

3 P, p. 106.

d'un temps qui « *dure* »[1].) C'est la possibilité même de ces accords qui semble remise en cause, puisque c'est bien la perception d'un « envers » de l'image que Deleuze invoquait lors de l'analyse (ou la « lecture ») du cinéma audio-visuel – envers qui disparaît, comme happé dans le flux –, « perception de la perception » qui entrait alors en coalescence avec l'image sonore, afin de former la discordance de la « pédagogie » straubienne. Mais il y a un constat certainement plus profond encore, qui semble ruiner par avance la portée critique que Deleuze assignait à la division des composantes de l'image en 1985 ; constat énoncé par Serge Daney à la fin de sa vie, repris et absolutisé par Rancière aujourd'hui : que la dissociation du visuel et du sonore est devenue le lot commun des opérations médiatiques et publicitaires. La

> « déliaison chirurgicale » qui libère les composantes les rend ainsi compatibles avec les « jeux infinis du médiatique ». « *Prélèvement, autonomisation, coupure, humour* » qui furent les armes du cinéma critique deviennent les « *maîtres mots du paysage actuel* », ceux dont la publicité vit et dont elle enseigne elle-même les procédures et la jouissance aux consommateurs malins[2].

Peut-être que cette remarque de Rancière – qui radicalise la position de Daney au risque de la déformer, en laissant entendre, non sans ambiguïté, que les procédures de la publicité trouvent leur « *genèse* » dans la modernité cinématographique – n'est-elle en fait qu'une saine réaction du philosophe contre toute posture de surplomb, qu'il abhorre quel que soit le domaine considéré. Car, en deçà des opérations menant à la séparation des corps et des voix, Rancière entrevoit plus généralement une stratégie de l'auteur moderne qui « réapprendra [au spectateur] à percevoir et à mettre à distance le flux des messages médiatiques qui ordinairement le subjuguent » ; selon lui, c'est là un « pouvoir exorbitant conféré aux vertus » de l'art, dans la mesure où

1 Sur cette distinction entre un temps qui « coule » et un temps qui « dure », voir P, p. 105. Pour Deleuze, le « temps cinématographique » ne peut appartenir qu'au dernier (la référence à Bergson étant ici implicite), « sauf dans les mauvais films » (qui coulent toujours « au présent », sur ce point, cf. notamment IT, p. 54).

2 J. Rancière, « Celui qui vient après – Les antinomies de la pensée critique », art. cité, p. 146, les citations entre guillemets (anglais) sont extraites de *L'Exercice a été profitable, Monsieur* de Serge Daney (Paris, POL, 1993, p. 345). Rancière développe la même idée à propos notamment de « l'arrêt sur image » ou de la « coupure » dans *Le Destin des images*, *op. cit.*, p. 36.

> les interruptions, dérivations et réagencements qui modifient, moins pompeusement, la circulation des images n'ont pas de sanctuaire. Elles ont lieu partout et n'importe quand [1].

D'où la méfiance de Rancière à l'égard d'une conception critique qui traite « tout film (...) en symptôme d'un monde où il n'y a plus que des symptômes », conception qui suppose, de fait, qu'un pouvoir de déchiffrement de ces symptômes soit attribué au cinéaste ou à son commentateur (dès lors, nécessairement « démiurges ») [2].

On perçoit l'écart qui sépare les pensées de Rancière et de Deleuze sur tous ces points, bien que Deleuze ne conçoive évidemment pas les auteurs de cinéma comme des « maîtres » ou des « démiurges » (ni leurs critiques d'ailleurs), et qu'il n'a jamais envisagé de « parler pour les autres » [3]. Si nous prenons soin de citer le nom de Rancière, c'est parce qu'il propose lui-même l'analyse d'un symptôme ayant trait à la « politique de l'esthétique » contemporaine, analyse d'autant plus intéressante qu'elle nous ramène d'une certaine manière au « troisième âge » du cinéma évoqué par Deleuze, celui du « flot incessant » des images. Le raisonnement de Rancière porte sur les « transformations de l'art critique » ; bien qu'il fasse essentiellement référence aux arts plastiques, nous pensons que son diagnostic vaut également pour la situation décrite par Deleuze à la fin de *L'Image-temps* et dans la « Lettre » à Daney, du moins au niveau des craintes que cette situation suscite en lui. Indiquons schématiquement l'idée de Rancière : il signale qu'une série de glissements se sont opérés des formes polémiques de l'art des années 1960 aux procédures ludiques présentes aujourd'hui au sein de nombreuses expositions. Le critère pour les distinguer réside dans le « mélange des hétérogènes », entre l'art et le non-art, entre ce qui possède une fonction esthétique (pour reprendre la terminologie deleuzienne) et ce qui possède une fonction sociale (mélange qui n'allait pas sans une dénonciation plus ou moins directe du « grand art », comme chez Warhol) : dans un cas, une certaine « autocritique de l'art » se mêle à « la critique des mécanismes de la domination étatique et marchande » ; dans l'autre, au contraire, les

1 *Le Destin des images*, *op. cit.*, p. 37.
2 « Celui qui vient après – Les antinomies de la pensée critique », art. cité, p. 143.
3 Sur ce point, voir l'éloge de Foucault par Deleuze, dont le contenu vaut en retour pour toute son œuvre : « À mon avis, vous avez été le premier à nous apprendre quelque chose de fondamental, à la fois dans vos livres et dans un domaine pratique : l'indignité de parler pour les autres » (ID, p. 291).

> procédures de délégitimation passées du registre critique au registre ludique deviennent, à la limite, indiscernables de celles qui sont produites par le pouvoir et les médias (...) La seule subversion restante, poursuit Rancière, est alors de jouer sur cette indécidabilité, de suspendre, dans une société fonctionnant à la consommation accélérée des signes, le sens des protocoles de lecture des signes [1].

Le problème est de savoir si ce jeu, cette suspension, correspondent au « supplément » invoqué par Deleuze à la suite de Daney. On peut en douter. Nous croyons pourtant que Deleuze rencontre cette problématique de l'indécidabilité dans les textes où il aborde le motif de l'information, qui se réfère, on l'a vu, à un monde où l'image se découpe ou glisse toujours sur une autre image, « à l'infini »; monde parcouru de flux audio-visuels de toutes sortes et « qu'il *faut* voir » comme tel, tout en sachant qu'ils sont « *directement* contrôlés et *immédiatement* traités par la télévision *qui en exclut toute fonction supplémentaire* ». D'où les questions inquiètes qui surgissent alors : « comment parler d'art encore? » Et qu'est-ce que résister au sein « d'un monde qui fait *son* cinéma », quand celui-ci nous apparaît « comme un mauvais film » [2]?

Or les éléments de réponse que fournit Deleuze semblent bien tendre vers une certaine indiscernabilité des deux fonctions esthétiques et sociales, pourtant antinomiques. Il s'agit, écrit-il, d'« *aller au cœur* de la confrontation », c'est-à-dire

> se demander si le contrôle ne peut pas être *retourné*, mis au service de la fonction supplémentaire qui s'oppose au pouvoir : *inventer un art du contrôle, qui serait comme la nouvelle résistance*. Porter la lutte *au cœur* du cinéma, faire que le cinéma en fasse son problème *au lieu de le rencontrer du dehors* [3].

Mais que serait un « art du contrôle », expression à la fois mystérieuse et assez effrayante? Le philosophe établit à cet égard une distinction que l'on ne saurait négliger, et qui tranche en réalité la question de l'indécidabilité : en effet, il convient de différencier le fait de « *retourner* » le contrôle, et celui de le « *court-circuiter* ». Le « court-circuit », c'est peut-être la « subversion » de l'art ludique, mais on voit mal comment la réduplication des procédures médiatiques qu'il opère, avec de légers décalages, échappe à la répétition du même et ne favorise pas en fin de compte les pouvoirs dont il prétend se moquer (dans le meilleur des cas). Le court-circuitage du pouvoir télévisuel, « au cœur de la

1 Voir J. Rancière, *Malaise dans l'esthétique*, *op. cit.*, p. 72-76.
2 Voir P, p. 107-108 (l'adjectif « *son* » est souligné par Deleuze).
3 P, p. 107.

confrontation », paraissait en tout cas impossible à Deleuze : « il ne s'agit pas de court-circuiter la télévision » affirmait-il, avant d'ajouter de façon définitive : « comment serait-ce possible ? »[1]. Le « retournement » est autre chose, et ne va pas sans un « combat » entre le cinéma et ce avec quoi il doit pourtant *composer*, d'où « l'état de convulsion cinéma-télévision » que Deleuze repère dans le *Ciné-journal* de Daney. Ce « retournement », c'est là l'essentiel, a pour finalité, suivant une autre « volonté d'art », l'établissement d'un nouveau régime de l'image, *c'est-à-dire d'une nouvelle psychomécanique*, le combat advenant sur un terrain

> *où l'art et la pensée sautent avec le cinéma dans un nouvel élément*, tandis que le pouvoir de contrôle s'efforce de leur dérober cet élément, de l'occuper déjà pour en faire la nouvelle clinique sociale-technique[2].

Ce « nouvel élément », ce sont les mouvements et procès de pensée de l'automate contemporain, ce que Deleuze appelle aussi « les nouveaux circuits cérébraux d'un cinéma de l'avenir » ; ce sont eux qui serviront de *conditions* au cinéma afin qu'ils parviennent à « *arracher* » la télévision « aux jeux comme aux informations », prélude, peut-être, à de nouvelles dissonances entre voir et parler[3]. C'est en ce sens qu'une « nouvelle résistance » est susceptible de se mettre en place selon Deleuze, qui coïncide avec « le développement du cinéma *dans* les nouvelles images », dès lors qu'il « [tend] des *rapports spécifiques* avec la vidéo, l'électronique, les images numériques »[4].

Mais alors, c'est peut-être là que tout commence, ou recommence. Vingt ans ont passé depuis la publication de *L'Image-temps* et de la « Lettre à Serge Daney ». Des mutations profondes, de toutes sortes, ont touché le domaine des images, qui ne pouvaient pas ne pas affecter l'évolution du cinéma (et continuent de l'affecter). Il ne s'agit pas ici de proposer un catalogue de ces mutations, ni de poursuivre dans le détail, en fonction des « nouvelles images », l'entreprise taxinomique initiée par Deleuze. Il s'agit plutôt, pour finir, de poser un problème simple qui a trait au statut même du cinéma au sein de *L'Image-mouvement* et de *L'Image-temps*, et à *l'actualité* de ce statut pour nous qui lisons aujourd'hui ces deux ouvrages. Ce problème concerne, si l'on reprend un mot

---

1 P, p. 108.
2 P, p. 109.
3 P, p. 108. Deleuze cite l'exemple des clips comme expressions potentielles d'accords dissonants inédits, même s'ils sont d'emblée « capturés par un marché de la chansonnette, froide organisation de la débilité du cervelet » (P, p. 108-109). Voir aussi 2RF, p. 265.
4 P, p. 108.

de Daney en le transformant, *la solitude du cinéma*, lequel reste pour ainsi dire *à côté* des formes non cinématographiques de création des images, *y compris lorsque Deleuze y fait explicitement référence*[1]. L'argumentation de la « Lettre », à peine rapportée, insiste également en conclusion de *Cinéma 2*. Et Deleuze y mentionne bien « l'image électronique », « l'image numérique naissante », citant à cet égard Nam June Paik ou les travaux de certains critiques sur les arts plastiques (ceux de Jean-Paul Fargier, notamment). Cependant, il apparaît que leur exploration n'est envisagée qu'en relation avec l'image du « septième art », non pour elles-mêmes, si bien que la « solitude » évoquée ne semble être que l'envers d'une puissance exclusive du cinématographe, seul détenteur d'une « fonction esthétique et noétique » :

> Nous ne prétendons pas faire une analyse des nouvelles images, qui dépasserait notre projet, mais seulement marquer certains effets dont *le rapport avec l'image cinématographique* reste à déterminer[2].

En vérité, le geste théorique consistant à ramener sur le territoire du cinéma des inventions visuelles et sonores qui ne lui appartiennent pas forcément – en omettant par exemple de soulever la question du dispositif qui leur est pourtant consubstantielle (car les vidéos de Paik sont disposés, « installés » dans un espace) –, ce geste doit être appréhendé à la lumière du thème de la « spécificité » ou du « propre » de l'art chez Deleuze. Nous avons abordé ce thème selon deux points de vue (l'un généalogique, l'autre fonctionnaliste) : d'après la généalogie schillerienne, qui nous a permis d'étudier avec Rancière la méta-politique inhérente, par-delà Kant, à l'idée de discordance facultaire ; d'après la détermination deleuzienne d'une « matière intelligible » ou « idéelle » du cinéma (notion étudiée lors de notre troisième partie), et qui comporte deux régimes de l'image, successivement l'image-mouvement et l'image-temps. Dans les deux cas, nous l'avons dit, la spécificité en question ne renvoie guère

---

1 Sur le mot de Daney, cf. « Passion de l'image : des *Cahiers du cinéma* à *Libération* – Entretien avec Serge Daney par Michel Crépu, Gilles Delavaud, Michel Mesnil et Olivier Mongin » (novembre 1983), in *La Maison cinéma et le monde – 2. Les Années* Libé *1981-1985*, Paris, POL, 2002, p. 27 : « le cinéma est (…) la seule chose dont nous disposions pour nous y retrouver dans les images d'aujourd'hui. C'est un instrument forcément inadéquat, mais c'est *le seul* » (souligné par Daney). On retrouve la même idée dans *L'Exercice a été profitable, Monsieur, op. cit.*, 1993, p. 157 : « "Le cinéma, seul" (…) parler de ce que seul le cinéma a à charge de poursuivre ». Cet extrait est cité par Raymond Bellour dans « "Le cinéma, seul" / Multiple "cinémas" », in *Le Septième art*, J. Aumont (éd.), Paris, Léo Scheer, 2003, p. 257.

2 IT, p. 346. Sur la « fonction esthétique » du cinéma en tant qu'elle se distingue de la « fonction sociale » de la télévision, voir P, p. 103.

au paradigme médiumnique. Et si Deleuze insiste à plusieurs reprises sur l'existence de modes d'expression propres au cinéma, nous savons que ceux-ci dépendent plus essentiellement d'une « volonté d'art originale » qui se les approprie et les subordonne à une *idée proprement cinématographique*, bien que cette idée, dans sa conception et son effectuation, soit indissociable des techniques dont cette volonté dispose. Mais toujours ces techniques sont considérées en tant qu'elles renvoient aux « données immédiates » du cinéma, à savoir l'auto-mouvement et l'auto-temporalisation de l'image ; ce que Deleuze appelle aussi des « blocs de mouvements/durée »[1]. « Avoir une idée au cinéma », suivant l'un ou l'autre régime de l'image, ne peut se faire qu'en fonction de ces blocs de mouvements/durée. Plus généralement, nous pouvons dire que chaque discipline possède ses « idées » (qui sont autant de « problèmes » qui l'animent et qu'elle actualise), et si des « rencontres » ne cessent effectivement de se produire entre différentes pratiques (conformément à la théorie des problèmes issue de *Différence et répétition*), le fait demeure que le raisonnement de Deleuze n'échappe pas à un certain régime de *séparation* entre les arts. Il faut reconnaître que c'est précisément ce régime, d'après la spécificité précédemment énoncée, qui rend possible, de façon rigoureuse, les *interférences* entre les disciplines, par-delà les facilités de l'interdisciplinarité[2]. Il faut reconnaître aussi que c'est lui, probablement, qui maintient le cinéma dans une espèce de « solitude », et le situe en quelque sorte à la lisière des « multiples "cinémas" » dont Deleuze était déjà le contemporain[3].

---

1 Voir 2RF, p. 293.

2 Dans les *Cinéma*, ces interférences sont nombreuses. Si l'on considère la définition de l'interférence de type « extrinsèque » proposée dans *Qu'est-ce que la philosophie ?* – « chaque discipline reste sur son propre plan et *utilise ses éléments propres* » (QqP, p. 205) –, nous pouvons indiquer, outre les interférences cinéma-philosophie (Bergson, Kant, Nietzsche, essentiellement), celles qui existent entre le cinéma et la peinture (cf. par exemple IM, p. 72, 126 ; IT, p. 98, 140, 203), entre le cinéma et la littérature (par exemple, IM, p. 281, IT, p. 70, 111 et 207). Parmi les interférences « intrinsèques » – quand des figures esthétiques « semblent sortir » de leur propre plan « pour se glisser » dans un autre (QqP) –, l'exemple paradigmatique est probablement celui d'Irène d'*Europe 51*, qui devient personnage conceptuel du raisonnement deleuzien consacré au motif de la voyance. Enfin, les interférences « illocalisables », où les disciplines, si elles se distinguent encore suivant les « idées » qu'elles ont respectivement, ne le sont plus dès lors qu'on les rapporte à la « courbure des plans », au bord du « chaos », où le problème commun à toutes est « [d'extraire] l'ombre du "peuple à venir" » (QqP, p. 206). Ce que *L'Image-temps* invoquait peut-être déjà, depuis le problème matriciel de la « perte de monde » qui rendait illocalisables, « dans notre universelle schizophrénie », les rencontres entre cinéma et philosophie ?

3 Sur ce point, voir R. Bellour, « "Le cinéma, seul" / Multiples "cinémas" », art. cité, p. 257, qui note « l'idée assurée » de « l'insertion toujours plus irréversible du cinéma au sein de multiples

C'est pour toutes ces raisons de fond, en particulier, que la question du dispositif de projection ou d'exposition des images ne se pose jamais chez Deleuze, *et ne peut pas même se poser*. Un écran suffit, pourrait-on dire, même lorsque celui-ci perd « le privilège de la verticalité » qu'il possède par convention. Si Deleuze note bien, en outre, que les nouvelles images rendent possible l'apparition d'un « espace omnidirectionnel », il ne cherche pas à interroger ces images *dans* l'espace à trois dimensions où elles sont montrées, et qui n'est pas forcément une salle obscure [1]. On l'aura compris, le problème qui s'impose au moment de conclure ce travail concerne le rapport de l'image cinématographique aux autres pratiques de l'art, où l'image en mouvement est également présente. Il ne s'agit pas d'investir ce problème en termes de pureté ou d'impureté des arts, thématique féconde qui, de Bazin à Badiou, a accompagné la théorie du cinéma. Il s'agit plutôt de confronter la conception « idéelle » du cinéma élaborée par Deleuze aux créations des arts plastiques (et des arts du spectacle, où l'image animée est de plus en plus fréquemment utilisée), et de savoir si elle peut nous servir aujourd'hui à les appréhender, sachant qu'elles mettent en œuvre des disjonctions entre les composantes visuelle et sonore d'une portée esthétique, et par conséquent métapolitique, inappréciable. Qu'est-ce que c'est « avoir une idée » pour un artiste faisant des « installations », et convoquant des images dans son travail, les disposant parfois sur plusieurs écrans ? Cette question même a-t-elle un sens ? Qu'aurait dit par exemple Deleuze devant *Video Surveillance Piece : Public Room, Private Room*, œuvre de l'artiste Bruce Nauman réalisée en 1969, et qui correspond peut-être très exactement à « l'art du contrôle » qu'il appelle de ses vœux quelques années plus tard ? Il faut à cet égard s'interroger sur l'absence de référence aux arts plastiques chez Deleuze, non seulement d'un point de vue circonstanciel, mais d'un point de vue méthodologique, interne à la pensée du cinéma qu'il propose. La circonstance principale, Erik Bullot l'a énoncée clairement, c'est que « la critique cinématographique en France s'est construite, dès Louis Delluc, sur une forclusion de l'art » [2], et l'on connaît l'importance accordée par Deleuze à cette critique dans le choix de ses descriptions filmiques. Eu égard à la méthode, outre les raisons que nous avons pu signaler jusqu'à présent, l'étude des arts plastiques aurait probablement amené Deleuze sur un terrain

---

dispositifs d'images et de sons, en des lieux et sous des formes qui échappent à la contrainte depuis si longtemps établie de ce qu'on a pu croire être son dispositif propre ».

1 Voir IT, p. 347.

2 E. Bullot, « L'impératif du présent », *Critique*, n° 692-693, janvier-février 2005, p. 73.

qu'il ne souhaitait pas explorer, par goût philosophique : celui de la réception des images ou du régime spectatoriel, qu'une analyse des dispositifs contemporains ne peut pas ne pas rencontrer. Les livres de Deleuze sur le cinéma sont foncièrement du côté de l'auteur, de celui qui invente les images, non du côté de celui qui les reçoit, puisque, de toute façon, « rien ne se passe dans la tête du spectateur qui ne provienne du caractère de l'image » [1]. Mais peut-être avons-nous changé de cinéphilie, comme l'a montré Dominique Païni, de telle sorte que la question du temps cinématographique se pose maintenant aussi bien dans la salle qu'au musée, puisque « c'est tout l'enjeu d'un musée ou d'une exposition de cinéma que de *monter* finalement des vitesses antagonistes dans le parcours du spectateur-visiteur » [2]. L'automate spirituel n'est plus immobile ou assis, il marche aussi et se déplace dans l'espace, même s'il n'est plus devant l'image, mais dans « l'entre-images », comme l'écrit Raymond Bellour, là où certains cinéastes, dédiant leur art à l'installation de musée, permettent au spectateur de « démultiplier sa vision en singularisant son écoute », et d'éprouver ainsi « un peu plus de réel » [3]. Un peu de temps à l'état pur. Le « cinéma de l'avenir » comme nouvelle discordance se réalisera peut-être là où Deleuze ne l'avait pas imaginé, mais il sera difficile pour nous de le penser sans lui.

1 IT, p. 136.

2 D. Païni, *Le Temps exposé – Le cinéma de la salle au musée*, Paris, Cahiers du cinéma, 2002, p. 17 (souligné par Païni).

3 Voir R. Bellour, « Un peu plus de réel », *Trafic*, n° 54, été 2005, p. 12.

Bibliographie sélective

Ouvrages

BADIOU, Alain, *Deleuze – La Clameur de l'Être*, Paris, Hachette, 1997.

ENGEL, Lorenz, FAHLE, Oliver (éds), *Der Film bei Deleuze. Le Cinéma selon Deleuze*, Verlag der Bauhaus-Universität Weimar / Presses Sorbonne Nouvelle, 1997.

MARRATI, Paola, *Gilles Deleuze, cinéma et philosophie*, Paris, PUF, 2003 (repris dans *La Philosophie de Deleuze*, Paris, PUF, 2004).

SAUVAGNARGUES, Anne, *Deleuze et l'art*, Paris, PUF, 2005.

ZOURABICHVILI, François, *Deleuze – Une philosophie de l'événement*, Paris, PUF, 1994 (repris dans *La Philosophie de Deleuze*, Paris, PUF, 2004).

————————, *Le Vocabulaire de Deleuze*, Paris, Ellipses, 2003.

Articles

BELLOUR, Raymond, « Penser, raconter. Le cinéma de Gilles Deleuze », p. 139-157, in *L'Entre-Images 2*, Paris, POL, 1999.

DURING, Élie, « Deleuze, et après ? », *Critique*, n° 623, avril 1999, p. 291-310.

LEBRUN, Gérard, « Le transcendantal et son image », in *Gilles Deleuze : Une vie philosophique*, Éric Alliez (éd.), Paris, Éditions Synthélabo, collection « Les Empêcheurs de tourner en rond », 1998, p. 207-232.

LEUTRAT, Jean-Louis, « Deux temps, trois mouvements », in *Kaléidoscope – Analyses de films*, Lyon, PUL, 1988, p. 143-162.

———, « Une allégorie à la Deleuze », *Revue d'esthétique*, n° 45, 2004, p. 87-97.

———, « Deleuze et le cinéma – "Une espèce de roman policier" », *Murmure*, hors-série « Du sensible au cinéma » (sous la direction de Suzanne Liandrat-Guigues), octobre 2005, p. 110-129.

MÉNIL, Alain, « Deleuze et le "bergsonisme du cinéma" », *Philosophie*, n° 47, septembre 1995, p. 28-52.

———, « L'image-temps : une figure de l'immanence ? », *Iris*, n° 23, printemps 1997, p. 165-190.

POTTE-BONNEVILLE, Mathieu, ZAOUI, Pierre, « Deleuze : portrait du philosophe en ami », *Critique*, n° 679, décembre 2003, p. 883-898.

RANCIÈRE, Jacques, « Existe-t-il une esthétique deleuzienne ? », in *Gilles Deleuze : Une vie philosophique*, Éric Alliez (éd.), Paris, Éditions Synthélabo, collection « Les Empêcheurs de tourner en rond », 1998, p. 525-536.

———, « D'une image à l'autre ? Deleuze et les âges du cinéma », in *La Fable cinématographique*, Paris, Seuil, 2001, p. 145-163.

ZABUNYAN, Dork, « "Grands films" et "mauvais films" selon Deleuze », *Critique*, n° 692-693, janvier-février 2005, p. 113-124.

INDEX DES NOMS

F

G

H

J

K

L

M

N

O

P

R

S

T

V

W

Z

Mise en page

Anne Fragonard-Le Guen (34560, Villeveyrac)

Imprimé en France par Vasti-Dumas Imprimeurs
42000 Saint-Etienne
N° imprimeur : 08-03-0284
Dépôt légal : juin 2008